Georg Christoph Kreysig

Beiträge zur Historie derer Chur- und fürstlichen sächsischen Lande

Sechster Teil

Georg Christoph Kreysig

Beiträge zur Historie derer Chur- und fürstlichen sächsischen Lande
Sechster Teil

ISBN/EAN: 9783743656963

Hergestellt in Europa, USA, Kanada, Australien, Japan

Cover: Foto ©ninafisch / pixelio.de

Weitere Bücher finden Sie auf **www.hansebooks.com**

Beyträge zur Historie
derer
Chur- und Fürstlichen
Sächsischen Lande
gesammlet theils
von weiland
M. George Christoph Kreysig
theils aber auch und zugleich heraus gegeben
von
Heinrich Gottlieb Francken.

Sechster Theil.

Altenburg,
in der Richterischen Buchhandlung, 1764.

Vorrede.

Meinem, bey der Ausgabe des fünften Theils dieser Beyträge gethanen Versprechen zu gebührender Folge, erscheinet nunmehro der sechste Theil derselben, obgleich etwas späte, weil viele Schwierigkeiten und besonders die betrübten Folgen des letztern Landverderblichen Krieges, solche bis anhero verhindert haben. Ehe ich aber von denen darinnen anzutreffenden Abhandlungen dem G. L. eine nähere Nachricht ertheile, will unumgänglich nöthig seyn, einige andere kleine Vorerrinnerungen voraus zu schicken.

Es haben nemlich verschiedene Hochgeneigte Gönner und Freunde seit der Bekanntmachung des fünften Theils mir einige gelehrte Abhandlungen zuzuschicken beliebet, wofür denselben gleich Anfangs den verbindlichsten Dank abstatte.

Alleine diese rühmliche Gewogenheit hat mich in eine doppelte Verlegenheit gesetzet, nemlich unter denselben eine dem Publico recht gefälli=

Vorrede.

ge Wahl zu treffen, indem es ohnmöglich gewesen alle hinein zu bringen, besonders da es noch ungewiß ist, ob es möglich seyn werde, künftig diese nützliche Arbeit, auf die gleichfals in der Vorrede des nächst vorhergehenden fünften Theils versprochene Art und Weise, fortzusetzen. So denn ferner und zweytens habe die in den vorigen Theilen beliebte Ordnung der Materie, gleichwie ich auch schon, bey den nächstvorhergehenden fünften Theil, angezeigter Maßen, davon abzugehen genöthiget worden, wiederum so genau nicht beobachten, noch von allen Gattungen derselben, so wie sie in denen ersten Theilen anzutreffen, etwas hinein bringen können. Sollte sich aber annoch ein Weg zeigen, die von mir anderweit bemerkte Sammlung dem Publico mittheilen zu können; so werde gewiß keinen Fleiß noch Mühe sparen, um solche so gemeinnützlich zu machen, als nur möglich seyn will. Um, jedoch auch auf den Inhalt gegenwärtigen Theils näher zu kommen, so erscheinen in selbigen eilf gründlich ausgearbeitete Abhandlungen, welche, wie ich gewiß überzeugt bin, dem G. L. nicht unangenehm seyn werden, zumahln selbige aus solchen Federn geflossen, die sich bereits durch andere wohl aufgenommene Proben, den Ruhm einer nicht geringen Kenntniß der Geschichte und Rechte hiesiger Lande erworben.

Den Anfang machen

I.

Einige Anmerkungen zur Sächsischen Historie über Bischoffs Ditmars Chronicka, *Edit. Maderi de* 1667.

Vorrede.

Es sind diese Anmerkungen bereits dem seel. M. **Kreysig** von deren sich um die Sächs. Geschichte ganz besonders verdient gemachten Herrn Verfasser mitgetheilet worden. Sie erläutern verschiedene dunkle Stellen des **Ditmari**. Und ob wohln hernach der gelehrte Herr Verfasser derselben, sich zu verschiedenen mahlen gegen mich geäussert, daß er solche nicht würdig erachte, gedruckt zu werden; so glaube doch, es dürfte vielen dadurch kein unangenehmer Dienst geleistet werden.
Hierauf folgen

II.
Christian Schöttgens Abhandlung von dem Ursprunge der Thüringer.

Es wird allhier von dem Ursprunge der Thüringer eine ganz neue Meynung vorgetragen und behauptet, daß ihrer nemlich, unter dem Kayser *Augusto* zum erstenmahl Erwehnung gethan würde, und daß sie in Frankreich, zwischen den *Arborichis* und Burgundern, also besonders nach heutiger Art und Weise zu reden, einen Theil von Lothringen und Burgundiern bewohnet hätten. Er berufet sich dieserhalb auf den *Procopium de Bello Gothico* l. 12. p. 340. Nach diesen sollen sie sich dem Rhein je mehr und mehr genähert haben, und sodann weiter nach dem nachhero, und zum Theil, noch jetzo bekannten Thüringen gezogen seyn.

Vorrede.

III.

Anmerkungen zu weiland Herrn Schöttgens Abhandlung von dem Ursprunge der Thüringer. *M. R.*

Diese Anmerkungen haben den bereits N. I. angeführten gründlichen Kenner der Sächs. Geschichte zum Verfasser, darinnen er zur Gnüge erweiset, daß die Thüringer jederzeit dißseits des Rheins, in Deutschland gewohnet, und so denn die Meynung des seel. Herrn Schöttgens, auf eine bündige Art und Weise widerleget.

IV.

Von der Bekehrung der Sorben-Wenden in Obersachsen zu der christlichen Religion *M. I. F. R.*

Gegenwärtige sehr beträchtliche Abhandlung ist aus eben der Feder geflossen, so die nächst vorhergehende entworfen, und in zwey Abschnitte getheilet worden. Der erstere handelt vom Anfange der christlichen Religion, unter den Sorben-Wenden, bis aufs Jahr 968. Der zweyte aber von der weitern Ausbreitung der christlichen Religion, unter den Sorben-Wenden, zur Zeit der Bischöffe. Man findet allhier viele singularia, z. E. von den verschiedenen Gattungen des geistlichen Zehenden, des Stiftes Meißen.

V.

Von dem Gau, oder *Pago* Zwickouwe, von M. J. G. Wellern.

Vorrede.

Vor besagte wohlabgefaßte Beschreibung des *Pagi Zwickouwe*, ist gleichfals annoch dem seel: Herrn M. **Kreysig** zu deren Bekanntmachung überschicket worden. Der Verfasser derselben, der jetzige berühmte und hochverdiente Herr Superintendent **Weller** in Zwickau, hat hernach eine eigene Sammlung, unter dem Titel: Altes aus allen Theilen der Geschichte, oder alte Urkunden, alte Briefe, und Nachrichten von alten Büchern, mit Anmerkungen, an das Licht treten lassen, wovon biß dato, da ich dieses schreibe, 7 Stück zum Vorschein gekommen sind. Die 6 ersten Stück, machen zusammen den ersten Band, mit einem Register aus. Wie denn diese Sammlung den Beyfall der Gelehrten, und zwar mit Recht, erlanget. In der gegenwärtigen Beschreibung des oft angezogenen Pagi Zwickouwe zeiget der Herr Verfasser, daß dieser *Pagus* besonders in den Bosauischen Closter-Brieffen vorkomme, bemercket so denn die Gränzen desselben und handelt hierauf von dessen Beherrschern, erörtert auch endlich einige hieher gehörige Fragen v. g. ob die Stadt Zwickau zu der *Terra Plisnensi* gehöret habe.

VI.

Historie der in dem Ober-Erzgebürge gelegenen Herrschaft Wildenfels, und derer davon ehemals benannten Herren. Mit Beylagen *A.* biß *P.* verfertiget von George Dörffeln. *A. M.*

Vorrede.

Diese mit einem ganz besondern Fleiß und Genauigkeit ausgearbeitete Historie der Herrschaft Wildenfels, ist von dem Seel. Herrn M. Kreysig selbsten, unter den, auf dem Titel derselben, bemerckten Nahmen, entworffen worden. Warum es ihm gefallen, nicht seinen eigenen, sondern einen andern Nahmen anzunehmen, ist mir unbekannt. Der angenommene mag von ihm vermuthlich deßwegen seyn beliebet worden, weiln sein Geburthsort, so bekanntermaßen, nahe bey Annaberg gelegen, diesen Nahmen führet. Daß ihm aber diese Arbeit, sehr viel Mühe und Sorgfalt müsse gekostet haben, bezeugen, unter andern, auch die beygefügten Urkunden, so insgesamt anjetzo zum erstenmal im Druck erscheinen. Zu einiger Ergäntzung und Verbesserung des No. 15. enthaltenen Verzeichnisses derer Personen, welchen Wildenfels zu administriren übergeben worden, will ich nur dieses annoch hinzu fügen, daß anjetzo Herr Johann Friedrich Koch und nicht Noch wie p. 211. stehet, die Stelle eines Raths und Amtmannes in Wildenfels bekleidet, und daß *ibid.* p. 211. *lin.* 6. an statt Wende, Berge müsse gelesen werden. Ingleichen muß ich auch noch bemerken, daß mehr berührte Historie von Wildenfels, nach der Zeit Ordnnug, abgefasset worden, und daß verschiedenes darinnen vorkomme, so zu Erläuterung der Sächs. Historie überhaupt gar wohl kann gebraucht werden.

VII.

M. S. Schneiders, Past. in Gerichshayn, historische Abhandlung von dem
Adlichen

Vorrede.

Adlichen Hofe und Rittergute Groitzsch an der Mulde, eine halbe Meile über Eilenburg, aus ältern und neuern Zeiten.

Der gelehrte und fleißige Herr Verfasser dieser beträchtlichen Abhandlung, hat sich besonders, durch sehr viele und wohl abgefaßte Aufsätze, so er in den Dreßdner gelehrten Anzeigen einrücken lassen, vielen Ruhm erworben, und sich dadurch um die Sächsische Geschichte besonders verdient gemacht. Er theilet die nur jetzt bemeldete historische Abhandlung in 2 *Sectiones*. In der erstern handelt er von der Benennung, den verschiedenen Orten gleiches Nahmens, und den vornehmsten Schicksaalen dieses ansehnlichen Ritterguths. Die zweyte *Sectio* erzehlet die Besitzer desselben, und das merkwürdigste von jeden, so viel der Herr Verfasser davon in Erfahrung bringen können. Es hat sich derselbe dadurch das Publicum wiederum sehr verbindlich gemacht, und ich erstatte ihm so wohl im Nahmen desselben, als auch vor mich, vor die hochgeneigte Mittheilung dieser mühsamen und unten sub No. IX. und X. annoch vorkommenden gründlichen Ausarbeitungen, insonderheit, den gebührenden Dank ab.

VIII.

M. I. F. R. Aelteste Nachrichten von dem Bißthum Merseburg.

Nur angezogene Nachrichten haben gleichfalls den so oft gerühmten Herr Verfasser einer überaus großen Anzahl in diesen Beyträgen vorkommenden vortrefflichen Abhandlungen zum Urheber. Er theilet

Vorrede.

theilet selbige in drey Abschnitte. In dem ersten beschreibet er uns die Stiftung dieses Bißthums, und besonders die dieserhalb entstandenen Streitigkeiten. Der zweyte Abschnitt handelt von der Zerstreuung dieses Bißthums, welche sehr umständlich erörtert wird. Der dritte Abschnitt zeiget die Wiederaufrichtung des Stiftes Merseburg, nicht weniger ausführlich. Der vierte enthält endlich das merkwürdigste von den ältesten Bischöffen, welche diesem Stiffte, nach der Wiederaufrichtung desselben, vorgestanden, von dem Bischoff Wiprecht an biß auf den funfzehenden Arnold mit Nahmen, und besonders biß auf Jahr 1126, wo derselbe verstorben.

IX.

Von den Schicksalen der verbotenen Priester-Ehe nach der Reformation in Sächsischen Landen, durch *M. S. Schneidern.*

Es ist dieses eigentlich nur eine Fortsetzung der gelehrten Abhandlung, welche der Herr Verfasser überhaupt von dieser Materie ausgearbeitet. Die vier ersten *Sectiones* derselben stehen in dem vierten Stücke der neuern Kießlingischen Beyträge von dem Alten und Neuen de a. 1761. Weiln sie aber doch auch gewissermaßen, als eine ganz besondere Ausführung gar füglich kann betrachtet werden, und zwar als eine solche, welche die hiesigen Lande ganz alleine betrifft, so verdienet sie, meines Erachtens, mit allem Recht, einen Platz in den gegenwärtigen Beyträgen, und in diesen

Vorrede.

Betracht', habe sie auch, als eine ganz besondere Abhandlung, mit eindrucken lassen, ob sie wohl sonsten, in Ansehung der obangezeigten Haupt-Materie, die fünfte *Section* derselben seyn sollte. Man findet allhier verschiedene merkwürdige Beyspiele, wie hart man unter der Regierung Herzogs Georgen von Sachsen, wider die verheyratheten Geistlichen, und die Priester-Ehe überhaupt, in den hiesigen Landen, und ganz besonders in den Stifftern Meißen und Naumburg verfahren.

X.

Von den Schicksalen der bestrittenen Priester-Ehe, beym *Interim*, bey und nach dem *Concilio Tridentino* durch M. S. Schneidern.

Gegenwärtige Abhandlung machet von der, bey der vorhergehenden *Num.* bemerkten Haupt-Materie, eigentlich die sechste *Section* aus, hat aber doch mit der nächst vorhergehenden allhier eingerückten Abtheilung, eine so genaue Verbindung, daß sie von selbiger nicht können getrennet werden, zumahlen selbige gleichfalls die hiesigen Lande vorzüglich mit betrifft. Sie verdienet allerdings, wegen ihres merkwürdigen Inhalts, gelesen zu werden.

XI.

Rechtliche Bewährung, daß in den Hochfürstlichen Sächsischen Coburg- und Hildburghäusischen Landen die Eheleute, bey der daselbst hergebrachten *Com-*
munions

Vorrede.

munione bonorum in Ermangelung ein anders besagender Ehepacten der errichteten letztern Willens-Verordnungen, zwar *ab intestato* einander erben, doch aber eher und anderer Gestalt nicht, als wenn sie ein Jahr lang zusammen in wirklicher Ehe gelebet haben.

Nur besagte Rechtliche Bewährung hat der, durch seine gründlich gelehrte und mit einem allgemeinen Beyfall aufgenommene Abhandlung, *de Pecunia Mutuatica tuto collocanda* (Gott. 1761. 4.) sich um die wahre Rechtsgelehrsamkeit, auf eine ausnehmende Art, verdient gemachte Hochfürstl. Sächs. Hildburghäus. geheimbde Secretarius Herr D. Johann Friedrich Robe, ein würdiger Sohn des Verdienstvollen Herrn Hof- und Consistorial-Rath Robens, daselbst bey einer besondern Gelegenheit verfertiget. Er beweiset seinen Satz, auf eine ganz unwiderlegliche Art und Weise, 1) durch die Rechts-Gelehrten dasiger Gegenden, und ihre einmüthige Zeugnisse, 2) durch die mancherley und ebenfalls gleichstimmige Statuta, derer Coburgischen und Hildburghäusischen Städte, und 3) durch die hierüber ertheilte triftigste gerichtliche Attestate. Mein ernster Wille war, daß unter andern, vorzüglich auch eine von eben diesem fleißigen und geschickten Herrn Verfasser entworffene vortreffliche Abhandlung, so den Titel führet, Summarische Nachricht von der Verfassung derer Gesetze und Ordnungen, in den Hochfürstl. Sächs. Landen der Ernestinischen Linie, ingleichen die Eisenachischen Stadt-

Vorrede.

Stadt-Statuta vom 1. Mart. 1670. annoch in diesem Theile mit erscheinen sollten. Allein die einmal bestimmte Zahl der Bogen desselben, hat solches verhindert, so mir gewiß sehr empfindlich gefallen. Vielleicht findet sich aber dem ohngeachtet bald Gelegenheit, solche annoch durch den Druck bekannt zu machen.

Zum Beschluß dieser kurzen Vorrede, muß annoch erinnern, daß, da der Druck an einem etwas entlegenen Orte besorget worden ist, sich hier und dar einige Druckfehler mit eingeschlichen, v. g. p. 126. *lin.* 14, da statt Losauischen Bosauischen, ingleichen p. 128. *lin.* 20, wo statt Betegori Belgori, und eben daselbst *lin.* 22. statt Tucherrü, Tucherin oder Tuchurino und p. 133. *lin.* 32. statt Hiermansdorff Hermansdorff, muß gelesen werden, noch einiger anderer dergleichen zu geschweigen, welche der g. L. verhoffentlich, auf eine gar leichte Art, verbessern wird. Im übrigen beziehe mich nochmahlen auf dasjenige, was ich in meiner Vorrede zu dem nächst vorhergehenden 5ten Theil, und besonders, beym Beschluß derselben angeführet habe, und erwarte eine geneigte und beyfällige Aufnahme auch des jetzigen Theils. Geschrieben zu Leipzig den 1. May 1764.

Heinrich Gottlieb Francke.

Verkürzter Inhalt.

1) Anmerkungen zur Sächs. Historie pag. 1
2) Christ. Schöttgen, von dem Ursprunge der Thüringer p. 24.
3) Anmerkungen über bevorstehende Abhandlung von M. R. p. 36
4) Von der Bekehrung der Sorben-Wenden in Ober-Sachsen zu der Christl. Religion, von M. I. F. R. p. 52
5) Von dem Gau Zwickouwe v. M. J. G. Wellern p. 122
6) Historie der Herrschaft Wildenfels, von George Dörffeln p. 151
7) M. S. Schneiders Historie von dem Rittergute Groitzsch p. 210
8) M. I. F. R. Aelteste Nachrichten von dem Bißthum Merseburg p. 286
9) Von den Schicksaalen der verbotenen Priester-Ehe von M. S. Schneidern p. 345
10) Von den Schicksaalen der bestrittenen Priester-Ehe, beym Interim, bey und nach dem Concilio Tridentino von M. S. Schneidern p. 366
11) Rechtliche Bewährung die in den Hochfürstl. Sächs. Coburg- und Hildburghausischen Landen unter den Eheleuten hergebrachte communionem bonorum, und deren Würckung betreffend. p. 389

I.
Einige Anmerkungen zur Sächsischen Historie über Bischofs Ditmars Chronicka,
Edit. Maderi de 1667.

Lib. I. p. 2. sagt Ditmar, daß Erwin in urbe, quam antiquam ciuitatem nominamus, das meiste besessen; im codice Dresd. heißt es: in urbe prædicta, quam &c. Da er nun vorhero der Stadt Merseburg gar nicht gedenket, sondern kurz zuvor von der Stadt Würzburg redet, so scheinet es, als ob Erwin ein reicher Herr im Frankenlande gewesen, und davor hat ihn Brotuf. auch gehalten. Denn er schreibet in der Merseburgischen Chronicke L. 1. C. 23. Hatteburch, eine Tochter Herrn Ervini, Grafen von Oldenburg, welche zu Würzburg an der alten Stadt das meiste Theil gehabt, und allegiret diesen locum Ditmari, so muß also in seinem MSto Ditmari, das er gebrauchet, auch das Wort prædicta gestanden haben.

I. Einige Anmerkungen,

L. I. p. 3 stehet: ea tempestate Conradus — arcem tenebat regni, es wird, wie man aus dem Zusammenhang siehet, das Schloß in Merseburg verstanden; und also ist es gewiß, daß dieses Schloß nicht zu den erblichen Gütern Henrici aucupis gehöret, sondern zu den Reichs-Domainen der alten Fränkischen Kayser; man muß aber das Schloß daselbst mit denen dahin geschlagenen Dörfern von der Stadt selbst unterscheiden; diese hat eigenthümliche Herren gehabt, ist auch zeitlich den Bischöffen zu Theil worden: das Schloß aber ist einige Secula hindurch ein Kayserliches Reichs-Schloß geblieben.

Ibid. wird der Bischoff in Halberstad Pastor orientalium genennet. Man muß in der alten Historie die orientales populos von den Ostphalen unterscheiden. Die Ostphalen hatten einen Theil von dem alten Sachsenlande inne; sie breiteten sich aber hernach weiter aus gegen Morgen und gegen Mitternacht. Die Colonien in den mitternächtigen Gegenden hießen Nortliuti, die andern aber, welche sich in der Halberstädischen Diöces, und also auch in der heutigen alten Mark, niedergelassen, wurden Osterliuti, Ostrelendi oder orientales genennet. Man glaubt nicht ohne Grund, daß die alten Thüringer vor Zeiten diese ganze Halberstädische Diöces inne gehabt: ein gewisser Beweis ist, daß so viele Städte und Dörfer sich auf lebe endigen, welches bey den Thüringern eben so viel, als bey den Sachsen Hayn oder Hagen bedeutet, und ursprünglich von einer Löbe oder Hecke, oder Zaun um ein Stück Landes herzuleiten ist.

L. I. p. 9 Henricus der Vogler ward einstmals von den Avaren überwunden, und mußte sich in die Stadt Bichni retiriren. Herr Abel in seinen Noten über Meibomii Wollbeck. Chronicke p. 38 will dieses nicht von den Bichen in Meißen an der Mulda, sondern von dem Ort Becken im Stift Münster erklären.

Ich halte davor, daß Ditmar selbst den Schlüssel darzu giebt, wenn er darzu setzt: urbanos majori gloria, quam hactenus haberent, vel comprovinciales hodie teneant — honorat. Comprovinciales sind entweder die Städte oder die Leute, welche in einer Gegend beysammen sind, so nennt Ditmar L. 1. p. 16 die Städte um Merseburg comprovinciales. Wer wollte nun glauben, daß die Städte in Sachsen zu Ditmari Zeiten so schlechte Ehre gehabt, daß er sich hier darüber beschweren dürfen. Hingegen die Städte in den flavischen Ländern hatten damals das Ansehen und die wichtigen Freyheiten nicht, als in Sachsen; wie denn auch die Bißthümer in den flavischen Landen nicht so privilegiret waren, als in Sachsen; dahero ist allhier ohne Zweifel das Pichen an der Mulde zu verstehen, welches Ditmar L. 3. p. 55 eine Stadt nennet. Und wie oft hat er nicht in dieser Gegend mit den Avaribus zu streiten gehabt, welche der Dalemincier Wenden Bundsgenossen waren, und gar öfters durch Dalemincien ihren Weg nahmen, wenn sie in Sachsen einfallen wollten, wie aus Witekindi Annalibus erhellet.

L. II. p. 25. Gero wird marchio orientalium genennet. Darum bekannt ist, daß sich seine Marggraffschaft über das Brandenburgische und die Lausitz erstrecket, so kann man daher sicher schließen, daß alle Wenden, welche an die Saxones orientales oder Osterleutos gränzten, Slavi orientales, diejenigen aber, welche an die Nortleutos stießen, aqvilonales Slavi sind genennet worden. Deswegen heißt auch die Gegend um Zeitz bey Ditmaro L. 2. p. 39 oriens. Es ist also unrecht, wenn man diese Gegenden um deswillen orientales genannt zu seyn vorgeben will, weil sie in Ansehung Thüringens gegen Morgen liegen. Vielmehr muß man glauben, daß es in Ansehung desjenigen Theils von Sachsen geschehen, welcher

cher oriens, oder plaga orientalis von den Alten genannt worden. Nachdem aber die mitternächtigen Wenden anno 982 die Brandenburgische Marggrafschaft eingenommen, und lange Jahre unter ihrer Gewalt behalten; so ist sie hernach von vielen marchionatus aquilonalis genennet worden: Doch hat Helmoldus zu seiner Zeit noch den Namen orientalis beybehalten.

L. II. p. 29. Anno 968 in den Weihnachts-Feyertagen hat der Erzbischoff in Magdeburg Burchardum zum Bischoff in Meißen consecriret; so muß er also vorher noch nicht Bischoff daselbst gewesen seyn, welches auch da her kann bewiesen werden, weil nach Ditmaro L. 2. p. 39 dem Bischoff Boso die Wahl gelassen worden, wenn er wollte sich das Bißthum Meißen auslesen. Es kann also das Diploma Fundationis Eccleſiæ Misn. nicht bestehen, man mag es ins Jahr 948 oder ins Jahr 965 setzen, oder man muß sagen, daß das Vorhaben des Kaysers vor dem Jahr 968 nicht zu Stande gekommen. Dahero ist auch nicht zu glauben, daß der Bischoff in Meißen jemals so weit zu gebieten gehabt, als der Kirchen-Sprengel in der Fundation angewiesen ist, sondern die ganze Schlesien dießeit der Oder und ein Theil von der Oberlausitz ist unter das Bißthum Prage gekommen, ehe wirklich ein Bischoff in Meißen eingesetzt worden, wie denn auch vieles zwischen der Mulde und Elbe zum Merseburgischen Kirchensprengel ist gezogen worden. Diese neue Einrichtung der Diöces ist ohne Zweifel anno 968 bey der solennen Confecration in Magdeburg gemacht worden, denn Ditmar setzt darzu: disposita singulis quibusque parochia speciali.

Ibid. Da der neue Erzbischoff in Magdeburg anno 968 sollte eingewiesen werden, befahl der Kayser allen Sächs. Fürsten, daß sie die nächsten Weihnachts-Feyertage in Magdeburg erscheinen sollten. Der Befehl

fehl des Kaysers stehet in Sagittarii antiqu. Magdeb. §. CXI. Darinnen werden drey Marggrafen erwähnet, Wigbert, Wigger und Günther, welche in Obersachsen damals zu befehlen gehabt, und welche Besehl vom Kayser bekommen, bey der Einrichtung des Meißnischen, Zeitzischen und Merseburgischen Bißthums behülflich zu seyn. Güntherus ist bekannt, er ist Marggraf zwischen der Saale und Mulde gewesen, die beyden andern aber, Wigbert und Wigger, sind bisher von keinem Sächsischen Geschichtschreiber erwähnet worden, da doch der eine in Meißen, der andere in der Niederlausitz Marggraf muß gewesen seyn. Ueber dieses findet man zu der Zeit noch den Marggraf Ditmar, welcher aber in diesem Kayserl. Besehl aus besondern Ursachen, davon gleich Meldung geschehen soll, außengelassen ist, der seines Vaters Christiani Marggrafschaft inne hatte zwischen der Saale und Elbe, welche lange Zeit darnach die Landsbergische genennet wurde. So sind also in den ältesten Zeiten 4 Marggrafen zugleich nicht in Meißen, sondern in Ober-Sachsen gewesen.

L. II. p. 32. Der Marggraf Ditmar war ein Bruder des Erzbischoffs in Cöln Geronis. Der Marggraf war bey dem Kayser in großen Ungnaden, und dieses hätte auch bald seinem Bruder Gero Verdruß gemacht, daß er nicht Erzbischoff geworden. Wolmer, der Cölnische Erzbischoff, war anno 969 den 18. Jul. gestorben, und bald darauf Gero erwählet worden; der Kayser wollte wegen des Hasses gegen den Marggrafen in diese Wahl nicht einwilligen, es verzog sich die Bestätigung bis auf Ostern 970. Man siehet daraus, daß diese Ungnade heftig gewesen, und lange gedauert: und das ist ohne Zweifel der Grund, warum Ditmar in dem oben angeführten Kayserl. Besehl de anno 968 unter den übrigen Obersächsischen Marggrafen nicht erwähnet wird.

L. II. p. 35. Der Bischoff Ditmar saget, daß Kayser Otto anno 972 aus Italien in Bayern gekommen, und anno 973 den Palm-Sonntag in Magdeburg geseyert. Der Aufbruch des Kaysers ist anno 972 im August geschehen; im Herbste hielt er einen Synodum in Ingelheim, wo der Erzbischoff in Magdeburg, Adelbertus, mit seinem Suffraganeis Fukkone, den Bischoff in Meißen, und Gililherio, den Bischoff in Merseburg, zugegen war, vid. Diplom. in Eccardi historia geneal. p. 298. Da die Bischöffe in ihren Unterschriften ordentlich den Rang nach den Amts-Jahren in acht nahmen, so könnte man schließen, daß Fokko eher Bischoff worden, als Gisillarius. Gisillarius ist anno 971 im Jun. consecriret worden. Ditmar L. 2. p. 40. Wenn aber Fokko noch eher Bischoff worden, so würde die gemeine Meynung, daß sein antecessor, Burchardus, anno 972 XVIII. Cal. Jul. gestorben, wegfallen. Ditmar nennet diesen Bischoff nicht Fokko, sondern Volculdum, welches aber auf eines hinaus läuft. Denn wie aus Burchardus Bucco, also kann aus Volculdus Fokko gemacht werden; und unter dem Namen Vocco trifft man ihn an anno 975, da das Kloster von Tangmansfeld nach Nienburg verleget wurde. vid. Leucfeldii antiqvit. Halb. p. 661.

L. III. p. 55. Da Gisillarius, nachdem er anno 981 Erzbischoff in Magdeburg worden, die Merseburgischen Urkunden theils verbrannt, theils mit veränderten Namen dem Erzbißthum zuschreiben lassen: so kann man leichte glauben, daß viele Diplomata, welche aus den Copiariis Magdeburgensibus bisher durch den Druck bekannt worden, und gewisse Oerter im Stift Merseburg betreffen, verfälschet, und durch ungeschickte Notarios verderbet worden. Dieses ist fast augenscheinlich zu ersehen an 2 Urkunden, welche in Eccardi hist. geneal. p. 187 beysammen stehen, und
beyde

beyde anno 983 in einem Tage sollen seyn ausgefertiget worden. Sie betreffen die Stadt Corin und das Dorf Brezinsa. Corin war dem Stift Merseburg um das Jahr 974 vom Kayser geschenkt worden, wie Ditmar L. 3. p. 46 berichtet, und Bresniz anno 977, wie das Diploma in Lunigs Spicil. Eccl. 2. Anh. p. 100 bezeuget. Beyde nahm Gisiler mit nach Magdeburg, und ließ sie anno 983 dem Erzstift zuschreiben; der Copist hat wollen den pagum, worinnen sie lagen, darzu setzen, der doch vermuthlich in den rechten Urkunden, zum wenigsten in der letzten, nicht darbey gestanden, und hier hat er geirret. Es ist niemals ein pagus gewesen, der Scuntira geheißen, und Corin hat nicht im pago Daleminza gelegen. Es ist ohne Zweifel das Choron zwischen Merseburg und Rochlitz, dessen Ditmar L. 8. p. 245 gedenket, und welches bey der Wiederaufrichtung des Stifts Merseburg von dem Erzbischoff zurücke gegeben worden. Breznisa halte ich vor Briesen an der Schnauder, aus welchem Fluß der Copiste den pagum Scuntira gemacht.

L. III. p 56 Die Luititier Wenden haben anno 982 im Jun. Havelberg und Brandenburg eingenommen; und aus der Beschreibung Ditmari sollte man schließen, als wenn zu eben der Zeit das Stift Zeiz von den Böhmen wäre geplündert und der Bischoff Hugo wäre verjagt worden. Der Chronographus Saxo und Annalista Saxo haben sich durch diese Beschreibung Ditmars verleiten lassen, diesen Einfall der Böhmen ins Jahr 982 oder 983 zu setzen. Da aber anno 981 schon Fridericus Bischoff in Zeiz gewesen, L. 3. p. 55. der erste Bischoff Hugo aber bey gedachtem Einfall noch gelebet, so muß dieses alles viel eher geschehen seyn. Die neuern Geschichtschreiber, als Langius in Chron. Citiz. der Monachus Pirn. sub artic. Wendland, it. Hugo setzen die Verwüstung des Stifts Zeiz ins Jahr 974. Ich halte davor, daß diese große

Verwüstung des Meißner Landes, davon man bey den Alten wenig findet, anno 976 geschehen sey. Herzog Heinrich in Bayern empörte sich wider den Kayser Ottonem II. er machte mit den Pohlen, Böhmen, Dänen und vielen deutschen Fürsten anno 974 ein Bündniß, wie Lambert. Schaffn. bezeuget; es kam aber diese Rebellion erst 975 zum Ausbruch; anno 976 recirirte sich der Herzog nach Böhmen, der Kayser folgte ihm mit einer Armee nach, und damals fiel der Herzog in Pohlen, Miseco, dem Herzog in Bayern zu Hülfe in Meißen, und Dedo, der nebst andern sächsischen Herren Henrico in Bayern auch anhieng, nahm etliche Böhmen zu sich, und führte sie in das Stift Zeitz, verwüstete dasselbe, und nahm viele Gefangene, darunter auch seine eigene Mutter war, mit sich hinweg. Ditm. L. 6. p. 152. Was die Pohlen damals ausgerichtet, ist nicht gemeldet; daß sie glücklich gewesen, und viele Beute gemacht, so, daß die Sachsen gezwungen worden, einen ihnen nachtheiligen Frieden mit dem Pohlnischen Herzog zu schließen, kann man aus Ditmaro L. 4 p. 90 erkennen, da er die Vermählung Herzog Misconis mit des Marggrafen Theoderici Tochter Oda beschreibet, welche anno 977 geschehen, nachdem die erstere Gemahlin, Dobrowa, anno 976 gestorben. vid. Cosmas Prag. ad h. a. er sagt, es hätten zwar die Bischöffe in diese Heyrath nicht willigen wollen, allein propter salutem patriæ & corroborationem pacis necessariæ hätte man es geschehen lassen; und diese Ehe hätte auch den Erfolg gehabt, daß eine große Menge Gefangene wieder in ihr Vaterland zurück gekommen. Die neuern Geschichtschreiber haben die damaligen Progressen der Pohlen allzu groß vorgestellet; sie sollen Merseburg, Acken, Magdeburg, ja Hamburg zerstöret haben. So viel ist wohl gewiß, daß eine Streif-Rotte sich bis nach dem Kloster Nienburg an der Saale gewagt, welche

aber

aber von dem Marggraf Ditmar geschlagen, und zurück gejaget worden. vid. Chron. montis Sereni p. 36.

L. IV. p. 70. In den Worten Ditmars: urbem unam nomine possedit, ist ein offenbarer Schreibefehler; entweder der Name der Stadt muß nach dem Worte unam in der Avtographo gestanden haben, oder, welches ich für wahrscheinlicher halte, ist das Wort unam selbst das nomen proprium, nur daß es von den Abschreibern verderbet, und aus nimci das Wort unam gemacht worden. Denn daß die Stadt Nimptsch in Schlesien in diesem Jahre 990 verwüstet worden, sagt Cosmas ad h. a. item eodem anno Nemci perdita est. vid. Menke T. 3. p. 1777.

Ibid. p. 71. Da die Sächsischen Fürsten von Nimptsch, in Schlesien, ihren Rückweg nach Magdeburg genommen, haben sie durch die Niederlausitz gehen müssen. Die Luititier Wenden jagten ihnen nach, und das erfuhren die Sachsen a quodam Hudonis comitis satellite. Man kann in dieser Erzählung einen Beweis finden, daß Hudo Marggraf in der Niederlausitz gewesen. Eccardus in hist. geneal. p. 116 weis nicht, wo er dessen Marggraffschaft suchen soll, endlich hält er davor, er hätte die sogenannte neue Mark gestiftet, welches aber nicht seyn kann, weil die Pohlen dieselbe Gegend, und auch sonst vieles Land dießeit der Warte besessen, von welchem sie ao. 972 dem Kayser Tribut gaben. v. Ditmar. L. 2. p. 35.

L. IV. p. 81. Daß jedes Land in Handel und Wandel, in gerichtlichen Contracten, besonders auch in Ehestiftungen, seine besondere Rechte und Gewohnheiten gehabt, ist bekannt. Als demnach Marggraf Ekkard seine Tochter Luidgerdam an Wirnern, Marggraf Lutharii Sohn, versprach, so sagt Ditmar: promisit legitime Ekkard Luthario eandem se filio suo daturum in uxorem more suo & jure. Marggraf Ekkard war aus Thuringia australi, oder dem heuti-

heutigen Thüringen, der Bräutigam aber aus Thuringia septentrionali, oder dem heutigen Niedersachsen. So müssen also die Thüringer ihre besondern Rechte, welche von dem Sächsischen Rechte unterschieden, damals gehabt haben; und obgleich Nord-Thüringen vor Zeiten zu dem Thüringschen Reiche gehört, so muß doch Sec. X. daselbst alles auf Sächs. Fuß schon eingerichtet, und das Sachsen-Recht eingeführet gewesen seyn. Wenn also auch nach Reinharden in antiquitatibus marchionatus Thuringici das Land Thüringen, wegen des besondern Thüringschen Rechts, sollte seinen besondern Pfalzgrafen gehabt haben. so würde doch dessen Meynung p. 8. daß er Süd- und Nord-Thüringen unter sich gehabt, aus obigem Grunde unrichtig seyn.

L. V. p. 107. Was der Marggraf in Meißen, Eccardus I. vor Macht und Ansehen zu seiner Zeit gehabt, siehet man aus der Beschreibung Ditmari, sonderlich da er sagt: Bojemiorum ducem Bolizlaum, qui cognominatur ruftus, ad militem fibi, aliumque ad amicum familiarem blanditiis ac minis adipifcitur. Man lernet daraus, daß Boleslaus, Herzog in Pohlen, aus Furcht vor Eccardo, so lange Eccard Marggraf gewesen, Friede gehalten, Boleslaus aber, der Herzog in Böhmen, sey gar sein Vasall geworden. Obgleich einige dieses letztere also erklären wollen, als habe Boleslaus als ein Alliirter dem Marggrafen im Kriege beygestanden, so leidet doch solches der stylus Ditmari nicht, der das Wort miles allezeit pro Vafallo gebrauchet, zudem bezenget eben dieser Ditmar L. 7. p. 219, daß Eccard in Böhmen sich einer Oberherrschaft angemaßet, indem er den Bischoff in Prag, Thiddagum, etlichemal wieder eingesetzt, wenn ihn der unruhige Herzog daselbst verjagen wollen. Die Gelegenheit zu dieser Unterwürfigkeit war ohne Zweifel der anno 999 angefangene Streit Boleslai ruti mit

seinen

seinen 2 Brüdern, welche er vertreiben wollte; Eccard stund ihnen bey, und trieb Boleslaum so in die Enge, daß er, so lange der Marggraf lebte, unterthänig seyn mußte. So bald der Marggraf tod war, vertrieb er seine Brüder, ward aber darüber selbst von den Böhmen verjaget. Da hin zielet Ditmar L. 5. p. 110. Bolizlaus — antiquo more jam paululum refrenato, (anno 1002) duci aspiravit Henrico. Man kann aus diesen Worten sehen, daß Boleslaus bis anno 1002, da Eccard starb, nicht vollkommen eigner Herr gewesen.

L. VI. p. 108. Anno 1002 war Wilhelm, Graf in Weymar, ein sehr alter Herr, und dessen Sohn war auch schon so erwachsen, daß er 2 Männer, welche vermuthlich Marggraf Eccardi Lehn-Leute waren, umbringen können. Wenn man nun der genealogischen Vorstellung, die man in Eccardi hist. geneal. p. 241 findet, und sich auf das Zeugniß Annalist. Sax. gründet, glauben wollte, so wären die beyden Marggrafen in Meißen, Wilhelm, der 1062 gestorben, und Otto, welcher 1067 den Weg alles Fleisches gegangen, des bey Ditmaro erwähnten Wilhelmi Söhne. Dieses läßt aber die Chronologie nicht zu. 1) Wie kann man glauben, daß der Marggraf Wilhelm anno 1061 habe zum erstenmal heyrathen wollen, da er zum wenigsten auf solche Art 70 Jahr schon alt gewesen; 2) noch viel ungereimter ist es, daß des alten Wilhelmi, der 1003 gestorben, Wittbe, Oda, fast 50 Jahr nach des ersten Mannes Tode sollte den jungen Marggraf in Lausitz, Dedo, geheyrathet, und mit ihm einen Sohn gezeuget haben, welcher anno 1069 in pueritia sua erstochen worden. Derowegen wird nöthig seyn, noch einen andern Wilhelm einzuschalten, welchen die Annales Hildes. ad 1034 Wilhelmum Thuringorum prætorem nennen, und welcher noch vor dem Jahr 1046 muß gestorben seyn, weil zu vermuthen, daß sonst der Vater eher, als der Sohn, in diesem Jahre die Meißnische Marggrafschaft würde bekommen haben. Es könnten bey dieser Genealogie noch mehrere Verbesserungen gemacht werden; ich will alles zusammen nehmen, und die Genealogie dieses Gräflichen Hauses also vorstellen:

```
Wilhelm, Graf in Weymar, starb alt anno 1003.
    │
    ├── Wilhelm, prætor in Thüringen, † um 1045, uxor Oda de Bichlingen
    │       │
    │       ├── Wilhelm, Marggr. † 1062.
    │       ├── Otto, Marggr. † 1067.
    │       └── Poppo, marchio in Cärnthen,
    │
    └── Poppo, Graf in Weymar.
            │
            Agnes, beyrathete um 1000 Fridericum de Goseck, indem der Sohn, Adelbert, anno 1043 Ertzbischoff geworden.
            │
            ├── Ulricus, Marggraf in Cärnthen, † 1070.
            └── Ulricus, † 1112 als der letzte dieses Stammes.
```

L. V. p. 115. Der Herzog in Pohlen, Boleslaus, nennt den Marggraf in Meißen, Gunzelinum, seinen Bruder, und dieser jenen auch, welches einige mehr von der Gemüths-Vereinigung, als Bluts-Verwandschaft auslegen. vid. Dipl. Nachlese P. 6. p. 201. Ich halte vor wahrscheinlicher, daß sie beyde eine Mutter gehabt, nämlich die Dobrowa, Herzog Boleslai in Böh-

Böhmen Schwester. Diese heyrathete um das Jahr 965 den Herzog in Pohlen, Miseconem, daher dieser schon anno 966 gener Boleslai bey Witekindo L. 3. Ann. genennet wird. Aus Cosma Prag. kann man schließen, daß sie, als sie dieß gethan, schon alt und eine Wittbe gewesen, denn er schreibt ad an. 976: hoc anno obiit Dubrawka, quæ quia nimis improba fuit, jam mulier profectæ ætatis, cum nupsisset Polonienli duci, peplum capitis sui deposuit. Aus dieser Ehe ist der gedachte Boleslaus erzeuget worden. Wenn nun Gunzelinus ein Bruder Boleslai heißt, und die Mutter Boleslai zuvor einen andern Herrn zur Ehe gehabt, so muß Gunzelinus aus dieser erstern Ehe herkommen; der Vater Gunzelini ist also post 960 gestorben, und die Mutter hat hierauf nach Pohlen geheyrathet, und den Boleslaum gebohren. Auf solche Art aber kann der Marggraf in Thüringen, Güntherus, nicht des Gunzelini Vater gewesen seyn, wie man insgemein glaubet: denn Güntherus lebte noch, da die Dobrowa schon in Pohlen war. Eccard. in hist. geneal. p. 158 irret sehr weit, indem er behaupten will, Guntheri Wittbe sey Ricdagi, marchionis, Schwester gewesen, und sey nach dem Tode Güntheri anno 982 an Micislaum in Pohlen verheyrathet worden, und habe Boleslaum gebohren; es streitet diese Meynung wider die Geschichte und Chronologie. Man hat aber Gunzelinum zu einen Sohn Güntheri und Bruder Eccardi I. machen wollen, weil Ditmar L. 6. bey Erzählung der Streitigkeiten Gunzelini mit des Eccardi I. Kindern sagt: semper patrui in fratrum filios severi. Allein dieser Gunzelinus kann auch patruus filiorum Eccardi I. mit Recht heißen, wenn man sagt, er sey Güntheri Bruder gewesen. Meine Meynung ist also diese:

N. †

N. † 960.
hatte 2 Gemahlinnen, 1) N.   2) Dobrowa, Bohem. quæ
                                nupsit postea Micislov.

Güntherus, marchio.   Gunzelinus, natus   Boleslaus,
                      circa 960.   natus 967.

Eccardus I.

Hermann. Eccard.

Ibid. Als Boleslaus in Pohlen von seinem Bruder Gunzelino verlangte, daß er ihm die Stadt Meißen aufgeben sollte, entschuldigte sich dieser unter andern damit, sunt mecum senioris mei satellites. Der Marggraf in Meißen hatte den ganzen pagum daleminci unter seiner Herrschaft, alle Herren, die darinnen Lehns-Güter hatten, waren seine milites oder Kriegs-Officire, welche er zur Defension des Landes und der Stadt Meißen aufbieten konnte. Die Einwohner in der Stadt Meißen waren auch so abgerichtet, daß sie als Soldaten zur Gegenwehr konnten gebraucht werden. Dahero werden bey Ditmaro duces burgensium erwähnet. cf. Obersächs. Nachlese P. 6. p. 198. Diese alle aber reichten noch nicht zu, diese Haupt-Festung zu beschützen, und daraus die benachbarten Wenden im Zaume zu halten, sondern der Kayser legte auch von seinen militibus eine Guarnison darein, dergleichen war damals auch geschehen, darum sagt Gunzelinus: sunt mecum Senioris mei, i. e. Imperatoris, satellites. Wenn außerordentliche Gefahr da war, ward diese Besatzung von dem Kayser verstärket, dergleichen geschahe anno 1004. Gunzelino, Marchioni, ceterisque patriæ defensoribus positis auxiliatur (Imperator præsidiis. Ditmar. L. 5. Sonst aber waren ordentlicher Weise gewisse Kayserliche milites mit ihren Kriegsdiensten zur Beschützung dieser Festung angewiesen, und es ist wahrscheinlich,
daß

daß ein bestimmter Bezirk gewesen, wer darinnen Lehns-Güter gehabt, hat die Kriegsdienste zur Festung Meißen thun müssen, und dergleichen Strich Landes hat den Namen der Marggrafschaft geführet. Daher findet man 1) daß der Bischoff in Merseburg und viele Grafen öfters zur Besatzung nach Meißen gezogen. Ditmar L. 6. p. 168 schreibet vom Jahr 1012 fui in præsidio ad Misnam, 2) daß sie nicht alle auf einmal, sondern nach einer gemachten Ordnung daselbst Kriegesdienste verrichtet, Ditmar L 6. p. 154. interea prædictam urbem Bruno, comes, ordine vicis suæ custodiebat, und L. 7. p. 198 Wilhelmus, qui ordine suo eandem tunc custodivit civitatem, 3) daß sie ordentlich alle Monat abgewechselt, Ditmar L. 6. p. 154 Misni ad tempus providendum Friderico committitur, (welche Worte man fälschlich von einer Burggraffschaft ausgeleget) und L 7. p. 197 wird die Zeit genauer bestimmt: committentes urbem Friderico, comiti, ad IV. hebdomadas; ja es ist wahrscheinlich, daß die Abwechslung allezeit mit dem Anfange des Monats geschehen, weil Ditmar von sich schreibet L 7. p. 217. pridie Cal. Apr ego ad Misni præsidio veniebam. Daß diese erwähnte Ordnung auch in andern Marggrafschaften üblich gewesen, kann man aus dem, was Ditmar L. 4 von der Festung Arnburg in der alten Mark erzählet, deutlich schließen. Wie weit aber diese Custodes oder Provisores der Stadt dem Marggrafen subordiniret gewesen, da sie nicht seine eigne, sondern des Kaysers milites gewesen, ist schwer zu bestimmen. Der Marggraf Gunzelin furchte sich damals vor ihnen, denn er spricht: sunt mecum senioris mei satellites, qui talia non patiuntur.

Ibid. p. 115. Anno 1003 war die Stadt Strela der Tochter Boleslai zum Leibgedinge verschrieben, deswegen schonete der Pohlnische Herzog bey damaligen

gen feindlichen Einfalle derselben. Daß aber diese Stadt Hermanno, Marggraf Eccardi Sohne, gehöret, findet man L. 6. p. 153. Daher ist unstreitig, daß dieser Hermann schon 1003 des Boleslai Tochter zur Gemahlin gehabt, wie denn auch Boleslaus im Jahr 1007 focer Hermanni heißt L. 5. p. 141. Anno 1002 im August plünderte und verbrannte Boleslaus diesen Ort, wie man in Ditmaro restituto liest, und anno 1003 im August gehörte er seiner Tochter, l. c. daher muß die Vermählung in diesem Jahre geschehen seyn. Anno 1015 feyerte Hermannus das Osterfest bey seinem Schwiegervater in Pohlen, L. 7. p. 188. Daher man wahrscheinlich schließen kann, daß seine Gemahlin damals noch gelebet. Wideburg in antiquit. Misn. p. 83. hat vieles von der Gemahlin Hermanni geschrieben; man muß sich aber wundern, daß er läugnen will, daß Ditmar iemals dem Hermanno eine Gemahlin aus Pohlen zugeschrieben. Auch kann nicht bestehen, was Eccard in geneal. hist. p. 166 behaupten will, als habe dieser Hermann anno 1007 des Marggraf Lotharii Wittbe, Godilam, geheyrathet, und nach ihrem Tode vor dem Jahre 1015 diese Pohlnische Prinzeßin. Es muß der Godilæ anderer Gemahl nicht der Meißnische Hermann, sondern ein anderer Graf gleiches Namens gewesen seyn. Man kann aber auch aus dieser Vermählung Hermanni mit des Boleslai Tochter den Grund ersehen, warum oben Güntherus und Gunzelinus als Stiefbrüder angegeben worden, denn wäre die Dobrowa des Güntheri Mutter gewesen, so würde diese Heyrath nach den Kirchen-Gesetzen nicht seyn zugelassen worden.

p. 118. Die Sächsischen Kayser haben sich ofte auf dem Schlosse Dornburg aufgehalten. Man hat wegen der Lage dieses Orts nicht einig werden können. Manche haben es von Därnburg im Halberstädischen, manche von dem Ort Dornburg an der Elbe verstanden;

den; ich halte es mit denen, welche das **Dornburg** an der Saale darunter verstehen. Unter andern kann auch dieser locus Ditmari einen Beweis abgeben: der Kayser war anno 1004 in **Dornburg**, der Erzbischoff in Magdeburg, Gisiler, ward daselbst krank, und ließ sich auf einem Wagen nach seinem Gute Tribure bringen, wo er auch nach zwey Tagen gestorben. Dieses Erzbischöfliche Gut Tribure liegt nicht allzuweit vom benannten **Dornburg** an der Saale, und heißt itzo Treiber, und das Erzstift Magdeburg hatte anno 1000 diese villam intra Thuringiam nomine Driburi von dem Kayser bekommen, wie das Diploma bezeuget in Felleri monumentis inedit. p. 19.

Lib. VI. p. 129. Was man itzo das Erzgebürge nennet, war Sec. X. ein großer Wald, welcher den Namen Miriquidvi, oder Miriquido führete; es war damals noch nicht angebauet, daher darf man keinen besondern pagum daselbst suchen; es ist also vergeblich, zu fragen, in welchem pago die Stadt Freyberg gelegen, da der Platz, wo hernach diese Stadt aufgebauet worden, zu dem Walde Miriquidvi gehöret. Denn die alten Documenta erwähnen in der Gegend keinen pagum, sondern nemus, quod est inter daleminciam & Bohemiam. vid. Dipl. in ill. de Bunau Leben des Kaysers Friederichs p. 426. Daß dieser Wald bis an Böhmen gereichet, siehet man aus den Worten Ditmari; der Pohlnische Herzog Boleslaus hatte Böhmen eingenommen, der Kayser gieng mit einer Armee anno 1004 im August da hin, ihn zu vertreiben, der Herzog wollte ihm den Eingang in Böhmen verwehren, daher bevestigte er in sylva, quæ Miriquidvi dicitur, montem quendam, und besetzte ihn mit Bogenschützen, der Kayser aber bemächtigte sich dieses Passes bald, und brach darauf in Böhmen ein; so muß also dieser Wald bis an die böhmische Gränze

Gränze gegangen seyn. Daß aber dieser Wald bis an Rochlitz und Colditz herunter gereichet, und also noch weiter, als das heutige Erzgebürge, gehet, kann man aus einem Dipl. de anno 974 bey Wideburg. de pagis Misniæ p. 148 lernen, da dem Bischoffe in Merseburg in seinem Walde bey Rochlitz das Wild zu jagen erlaubet wird, sowohl welches er daselbst unterhalte, als auch dasjenige, welches ex magna sylva, quæ Miriquido dicitur, da hin kommen möchte, woraus denn folget, daß dieser Wald Miriquido bis an die Gegend um Rochlitz gegangen. Sollte in den Originalien etwa anstatt Miriquidvi, Mitiquidvi gefunden werden, wie denn r und t nach der alten Schreibart gar leichte zu verwechseln, so würde man den Ursprung des Namens der Stadt Mutweide entdecken können.

p. 142. Anno 1007 wird Hermann, Marggraf Eccardi Sohn, marchio genennet, und gleichwohl sagt Ditmar L. 6. p. 154, daß er die Marggrafschaft Meißen nur im Sommer anno 1010 erhalten. Dieses und andere historische Umstände geben Gelegenheit, zu muthmasen, daß nach Eccardi I. Tode dessen Länder in zwey Marggrafschaften eingetheilet worden. Die ehemalige Marggrafschaft Thüringen nebst der Stadt Meißen wurde Gunzelino gegeben, und von der Zeit haben alle Thüringsche Marggrafen das Territorium Meißen mit besessen, wie denn Lambertus ad 1076 ausdrücklich sagt, daß Ecberto, dem Marggraf in Thüringen, die Stadt Meißen zugehöret. Hingegen der Milciener Gebiete, welches die pagos Milsca, Nisane und andere in sich begriff, und bis anno 1002 das eigentliche Resier war, welches der Marggraf in Meißen im Zaum halten mußte, ward unter dem Tittel einer Marggrafschaft Hermanno übergeben, und die Stadt Bautzen zur Hauptfestung darinnen gemacht, daher man ihn nicht unbillig mar-

chionem

zur Sächsischen Historie.

chienem Budissinensem nennen könnte. Im Ditmaro restituto L. 5. p. 372 stehen die Worte vom Jahr 1002: Boleslaus autem Misnensem urbem tantummodo innumerabili pecunia acquirere satagebat, & quia opportunitas regni non erat, apud Regem non valebat, vix impetrans, ut hæc fratri suo Gunzelino daretur, redditis sibi Luidizi & Milcieni regionibus. Gunzelin empfieng also die Stadt Meißen auf Vorspruch Bolesläi, sollte aber dieser Vorspruch gültig seyn, so mußte Boleslaus die Ober und Niederlausitz wieder hergeben, welche er vor einigen Wochen weggenommen; er behielt sie also nicht vor sich, wie diese Worte in der Nachlese P. 6. p. 428. unrecht ausgeleget worden, sondern mußte sie dem Kayser abtreten, welcher bald hernach Milcieni dem Hermanno übergab. Dieser mochte wohl aus Hoffnung, diese Oberlausitz desto ruhiger zu besitzen, dieß Jahr des Boleslai Tochter geheyrathet haben; wie oben bewiesen worden; allein Boleslaus schonete auch seines Schwiegersohnes nicht. Ao. 1003 im Jul. nahm er der Milciener Land mit List ein. vid. Chronographus Saxo ad h. a. Adelbold, C. XXII. Ao. 1004 im Febr. wollte ihn der Kayser daraus vertreiben, er mußte aber wegen des harten Winters unverrichteter Sachen wieder zurücke gehen. Ditm. L. 6. p. 124. Hingegen gelung es ihm besser eben dieß Jahr im September: er belagerte Bautzen, gewann es, und legte præsidium novum darein. ibid. p. 133. So bekam also Hermann seine Marggrafschaft wieder, aber nur auf kurze Zeit, denn anno 1007 im Herbste nahm sie Boleslaus wieder weg. Ditm. L. 5. p. 142. Bolizlaus — Budissin civitatem, præsidio Hermanni comitis munitam, socer invidus obsedit. Und von der Zeit an ist diese Marggrafschaft lange Jahr bey Pohlen geblieben; anno 1010 hielt sich Boleslaus daselbst auf. L. 6. p. 154. Anno 1013 empfieng er dieses Land, daß er

26 *I. Einige Anmerkungen*

bisher wider Willen des Kaysers inne gehabt, sogar in Lehen L. 6. p. 176. Bolizlaus munera — cum beneficio diu deliderato suscepit. Da aber bald darauf ein neuer Widerwille zwischen dem Kayser und dem Herzog entstund, forderte der Kayser diese Länder wieder zurück. v. Chron. Qvedlinb. ad an. 1015. Boleslaus wegerte sich dessen, maintenirte sie auch, und so blieb denn Bautzen nebst dem darzu geschlagenen Lande bey Pohlen. Anno 1029 belagerte der Kayser Budissin, urbem quandam, suo regno non parentem. vid. Chron. Sax. ad h. a. Anno 1032 demüthigte sich Miseco, der Herzog in Pohlen, vor dem Kayser, da ward ihm vieles von seinen Landen abgenommen, und insbesondere auch der Milciener Land, und dem Graf Theoderico in Wettin übergeben; er kam aber nicht zum ruhigen Besitz, bis nach seinem Tode der Sohn, Dedo, dieses Land behauptet, und mit der Marggrafschaft Niederlausitz verbunden. Anno 1075 aber ward es vom Kayser dem Herzog in Böhmen eingeräumet. v. Lambert. ad h. a.

L. VII. p. 192. Als der Kayser anno 1015 den Herzog in Pohlen überziehen wollte, so macht Ditmar folgende Beschreibung von dessen Marsche: a Magdeburg ad locum, qui Slanciswardi vocatur, cum exercitu glomerato perrexit, & magnum cum provincialibus & marchioni eorum Geroni intulit damnum — postquam nostri Albim transierunt — in pagum Lusici venerunt. Was Slanciswardi für ein Ort sey, kann man nicht gewiß sagen Dingelstedt in seinen Noten ad Meibomii Chron. Walbec. p. 35. hält es für Schlackenwerda, Abel aber ib. p. 38 für Franckfurt an der Oder. Da aber der Kayser, wenn er in den pagum Lusizi ziehen wollte, gemeiniglich um Belgern über die Elbe setzte, und man da herum die Dörfer Cunizwerda und Paulswerda antrifft, so wollte lieber hieher muthmaßen. Sb viel ist gewiß, daß

daß dieser Ort dießeit der Elbe gelegen, und daß die Armee, nachdem sie von da aufgebrochen und über die Elbe gegangen, in den pagum Lusizi gekommen. Das merkwürdigste ist, daß Gero Marggraf über die Gegend Slancisward genennet wird; so hat also Gero zwey Marggrafschaften gehabt, eine über der Elbe, i. e. die Lausitzer, welche er anno 997 nach Hudonis Tode bekommen, und die andere dißeit der Elbe, welche sein Vater und Großvater schon gehabt hatten. Und auf diese Eintheilung sehen die Worte Ditmari L. 5: Bolizlaus omnem Geronis comitis marcham citra Albim iacentem comprehendens — invasit. Diese beyden Marggrafschaften sind lange Zeit vereiniget blieben, bis Henricus ill. anno 1263 sie trennete, die Lausitz für sich behielt, und die andere dießeit der Elbe unter dem Namen der Landsbergischen Marggrafschaft seinem Prinzen Theoderico überließ.

p. 215. Anno 1017 zogen einige Sächsische Bischöffe und Fürsten an die Mulde, und verlangten vom Herzog Boleslao, der sich in Ciazani oder Scitiani aufhielt, er sollte an die Elbe zu einer Friedenshandlung kommen; und da er nicht wollte, so erboten sie sich, zu ihm an die schwarze Elster zu kommen. Man kann aus dieser Erzählung schließen, daß die Stadt Ciazani an der schwarzen Elster gelegen. Dieser Ort wird bey dem Ditmar etlichemal erwähnet. Anno 1012 ward der Erzbischoff in Magdeburg, Walther, vom Boleslao da hin invitiret, um mit ihm wegen des Friedens eine Unterredung anzustellen, da wird dieser Ort Ciziani oder Scitiani geschrieben. p. 162. und man siehet, daß er dem Herzog in Pohlen gehöret. Als die Kayserl. Armee anno 1015 in den pagum Lusici eingerücket, hat die Pohlnische Besatzung aus der Stadt Ciani einen Ausfall auf sie gethan. p. 192, so muß also dieselbe nahe bey dem pago Lusici gelegen haben. Anno 1018 ward die Vermählung Boleslai mit der Oda, Marggraf Ekkhardi I. Tochter daselbst angestellet. L. 8. p. 232. Oda —— Zizau venit. Es ist hier ein Punctum von dem Abschreiber übersehen worden, und soll heißen Zizani, wie denn Annalista Saxo 'Zizezane gelesen. Die meisten suchen diese Stadt in der Niederlausitz. v. Obersächß. Nachl. P. 3. p. 431. wie kann man aber glauben, daß man in dieser Marggrafschaft dem Pohlnischen Herzoge eine Festung eingeräumet, worinnen er seine Besatzung gehalten? Da aber oben behauptet worden, daß der Milcienerland vom Jahre 1007 bis 1032 dem Herzoge in Pohlen unterwürfig gewesen, so halte davor, daß sie in der Milciener Lande an der Niederlausitzer Gränze zu suchen sey, und zwar an der schwarzen Elster; ich muthmaße, daß das in der Historie bekannte castrum Satain hierunter zu verstehen. Dieses gränzt nicht nur an den pagum Lusizi, und liegt an der schwarzen Elster, sondern es erstreckte sich auch der Milciener Gebiete bis da hin, daher auch der pagus Milzca in der Mappa, welche man bey P. 3. der Obersächsischen Nachlese findet, in dieser Gegend gezeichnet worden. Leibnitz hat in seinen Noten über den Ditmar seine Gedanken auf die Stadt Zittau gerichtet; allein die oben angeführten Stellen aus dem Ditmar widersprechen ihm augenscheinlich.

p. 216. Anno 1017 befahl der Kayser in Magdeburg, ut villas tresque sub prædicto erant episcopo (Misnensi) Hermannus marchio aut Misnensi ecclesiæ sacramento retineret, aut mihi (Episcopo Merseb.) redderet. Man siehet allhier deutlich, daß der Marggraf Hermann in Meißen auch des Stifts Meißen Advocatus gewesen, der die weltliche Jura und das Interesse des Stifts vor den Kayserlichen Gerichten und sonst auf mancherley Art zu besorgen hatte. Und ich halte dafür, daß die advocatia dieses, und der Stifter Zeitz und Merseburg gleich vom Anfang

fang den Marggrafen in OberSachsen von dem Kayser Ottone I. übergeben worden. Dieses kann man schließen aus dem Kayserlichen Befehl an die Marggrafen de anno 968. in Leucfeldii antiquit. Halb p. 656 da heißt es: ne vero iidem Episcopi, qui ordinandi erunt, pauperes & villanis similes æstimentur, volumus caveatis (o Marchiones) & qualiter sustententur inveniatis. Es ist also alles falsch, was man bisher von dem Ansehen, Gewalt und Amte der Burggrafen in Meißen bey dem Stifte daselbst vorgegeben.

L. VIII. p. 245. Das Stift Merseburg hatte anno 974 einen großen Wald bey Rochlitz vom Kayser bekommen. Da nun derselbe so nahe an Rochlitz lag, so suchten die Grafen Hermann und Eccard, welchen die Stadt Rochlitz erblich gehörte, denselben bald mit List, bald mit Gewalt an sich zu ziehen. Anno 1028 fiengen sie deswegen einen gerichtlichen Proceß an; sie producirten die Kayserliche Diplomata, worinnen ihnen die Stadt Rochlitz erblich war zugeeignet worden; weil nun in dergleichen Urkunden allemal die Worte gelesen werden: cum terris cultis & incultis, agris, pratis, campis, pascuis, sylvis &c so wollten sie daraus beweisen, daß auch dieser Wald ihnen zugehöre. Wenn Ditmar dieses erzählet. l. c. braucht er diese Worte: ut eum sibi & confratri super duorum proprietatem burgwardorum Rochliz — Imperatoris vindicarent præceptis. Hier werden zwey Burgwarde genennet, und dennoch ist der Name des andern ausgelassen. In Ditmaro restituto Leibn. aber findet man das andere genennet Titibuzic, es muß dasselbe auch nahe bey diesem Walde gelegen haben. In der Obersächs. Nachlese P. 7. p. 392 ist dieser ganze Handel unrichtig vorgetragen worden, und wird daselbst gesagt, daß Zettlitz und Zettritz bey Rochlitz einige Gleichheit damit hätten. Noch mehrere Aehnlichkeit hat das Dorf Teizig, welches zwischen

zwischen Rochlitz und Colditz lieget, dessen in Thammii Chron. Coldiz. p. 738 und 745 gedacht wird; und dieses kommt auch dem gedachten Walde der Lage nach näher. Teizig soll an der Abendseite der Mulde Lassau gegen über liegen, und also gleich an dem Colditzer Walde, in den Special-Charten aber finde ichs nicht.

II.
Christian Schötgens
Abhandlung
von dem
Ursprunge derer Thüringer.

Nachdem ich den Ursprung der alten Meißner aus Servien in der diplomatischen Nachlese zu Ober-Sachsen angeführet, so will ich nunmehro auch der Thüringer Ursprung untersuchen. Zwar haben sich die sogenannten Gelehrten viel Mühe gegeben, den wahren Ursprung derselben auszufinden. Allein sie haben weder alte Scribenten recht eingesehen, noch die Zeit ordentlich und gnugsam in acht genommen; dannenhero unter einander hin geschrieben, daß es für einen Gelehrten ein wahrhaftiges Brech-Pulver abgeben könnte. Ich will also die Sache aus dem Grunde untersuchen, und ganz besondere Spuren an die Hand geben. Das allererstemal werden die Thüringer gemeldet unter dem Kayser Augusto, daß sie nämlich in Frankreich gewohnet, zwischen den Arborichis

von dem Ursprunge der Thüringer.

richis und Burgundern: und zwar habe ihnen solches Land Kayser Augustus zu bewohnen eingegeben. *a)* Der Scribent, welcher solches vorgiebet, Procopius, ist zwar etwas neuer, und hat erst im sechsten Jahrhundert nach Christi Geburth gelebet. Allein er kann schon ältere Nachrichten bey der Hand gehabt haben, welche wir heutiges Tages nicht mehr besitzen. Und hierbey kann ich unerinnert nicht lassen, daß der Herr von Eckhard durch Augustum den sogenannten letzten Augustulum verstehe. *b)* Allein er hat den Autorem selber nicht recht eingesehen: Denn es stehet ausdrücklich dabey, es sey der erste Römische Kayser Augustus gewesen. Ich weis wohl, daß die Gelehrten über die Arboricher critisiren, und daß sie sich nicht drein finden können, warum sie nicht mit dem bekannten und gewöhnlichen Namen Armoricher, oder Armorici, geschrieben werden. Allein ich wundre mich, daß sie es gethan: Denn wer nur etwas weniges in der griechischen Critic gethan, der wird wissen, daß in denen Manuscripten, die nicht mit Quadrat-Littern geschrieben, das μ und β gar wenig von einander unterschieden sind, so, daß ein Abschreiber, der die Historie nicht verstanden, solche gar leicht mit einander verwechseln können. Die Arborici aber sind diejenige Nation,

---

a) Procopius de bello Gothico I. 12. p. 340. edit. Regiæ. Horum (Francorum) sedes contingebant Arborychi, cum reliqua omni Gallia atque Hispania Romanis jam pridem subditi: secundum quos μετὰ δεαυτὲς ad orientem, Thoringi concessam sibi ab Augusto Cæsare Imperatorum primo regionem colebant. Non procul ab his, ad Austrum versus, degebant Burgundiones: ultra Thoringos Suabi & Alimanni, validæ nationes.

b) Eccardus rerum Francicarum II. 11. p. 30. Sed sub Cæsaris Augusti nomine Augustulum intelligendum esse, infra ostendemus.

Nation, welche am Meere gelegen, c) und sonderlich wo heutiges Tages Bretagne und Normandie befindlich, vor diesem gewohnet haben. Die Burgunder werden sonst zu so alten Zeiten nicht gemeldet, sondern kommen erst im dritten Jahrhundert vor. Wir können aber die Worte Procopii so erklären, daß er dadurch anzeigen wollen, die Thüringer hätten zu Augusti Zeiten zwischen denen damaligen Armoricis und nachgehends Burgundern gelebet. Diese aber haben anfänglich um die Rhone herum gewohnet, hernach sind sie etwas weiter gegen Mitternacht gezogen. d) Da wir nun die Thüringer zu so alten Zeiten gemeldet finden, und bekannt ist, daß vor Julii Cæsaris Zeiten man von denen Galliern sehr wenig zuverläßige Nachricht gehabt, so ist weiter zurück zu gehen nicht nöthig, sondern wir sind zufrieden, daß wir sie so weit haben. Nun wollen wir dieser Spur nachgehen. Siehet man sich auf der Landcharte von dem alten Gallien um, so findet man folgende Orte, welche mit dem Namen der Thüringer einige Verwandschaft haben: Turones, Durocasses, Durocortorum, Rhemonum, Durocassellauni, so, daß es das Ansehen hat, die Thüringer haben anfänglich tief genug in Frankreich hinein gewohnet.

Im dritten Jahrhundert kommen die Theuringer oder Thöringer vor, zu Zeiten des Kaysers Maximiani, daß sie sich nebst denen benachbarten Völkern, denen

c) Cæsar de bello gallico VII. 55. 4. Universis civitatibus, quæ Oceanum attingunt, quæque eorum consvetudine Armoricæ appellantur. Man giebt insgemein vor, Moor bedeute das Meer, allein ich glaube vielmehr, daß Moor so viel, als sumpfigte Gegenden seyn soll.

d) Gregorius Turonensis II. 9. Burgundiones quoque Arrianorum sectam sequentes habitabant trans Rhodanum, qui adjacet civitati Lugdunensi. Chronica Regia S. Pantaleonis Tom. I. Eccardi p. 801. Burgundiones quoque, juxta Rhodanum fluvium.

denen Alemanniern, Gothen und Taifalen mit denen Vandalen und Gepiden wacker herum geschlagen, daraus aber zu unserm Werk nichts sonderliches zu schließen, ausgenommen, daß wir einige von ihren Nachbarn kennen lernen. e) Als nachgehends die Franken nach Gallien gezogen, schreiben beglaubte Scribenten ausdrücklich, daß sie von Pannonien (nämlich Alt Pannonien) welches damals fast bis nach Bayern hin reichte, ausgezogen, und erst an dem Rhein gewohnet, hernach über denselben gegangen, und durch derer Thüringer Gränze gezogen wären. f) Hieraus ist nun zu sehen, daß die Thüringer um selbige Zeit weiter hervorgerückt und dem Rhein näher gekommen seyn, so, daß sie weiter vor, die ersten Franken aber, welche in Gallien angekommen, weiter hinter gelegen. Der P. Calmet g) gestehet ein, es sey unmöglich, daß die Franken, nachdem sie eine Zeit lang an dem Rhein gewohnet, hernach über denselben zurück gegangen, und sich in das Teutsche Thüringen begeben; daher einige für Thüringen lieber Tongern lesen wollen. Er führet noch verschiedenes von denen Thüringern an, kann sich aber in den Handel nicht finden, und läßt die Sache unerörtert. Der französische

e) Cl. Mamertinus in Genethliaco Maximiani Aug. c. 17. Gothi Burgundios penitus excindunt. Rursum provictis armantur, Alamanni, itemque Teuringi (al. Thoringi) pars alia Gotthorum adjuncta manu Thaifalorum adversum Vandalos Gepidesque concurrunt.

f) Gregorius Turonensis II. 9. Tradunt enim multi eosdem (Francos) de Pannonia fuisse digressos. Et primum quidem litora Rheni amnis incoluisse dehinc transacto Rheno Thoringiam transmeasse.

g) Calmet hist. de Lorraine Tom. I. p. 209. Or il est impossible, que les François, a prés avoir demeuré pendant quelque tems sur les bords du Rhin ayent en suite passé ce meme fleuve, pour aller dans la Thuringie, puisque la Thuringie est au la de Rhin.

fifche Hiftoricus Valefius, *b*) welcher unſer heutiges
Thüringen im Kopfe gehabt, hat ſich ebenfalls
nicht finden können, und deswegen an ſtatt des
Rheins den Mayn geſetzt, alſo eine unnöthige Aenderung vorgenommen, welches auf keine Art zu entſchul-
digen. Der P. Daniel machts noch ſchlimmer, indem er vorgiebt, Kayſer Probus hätte die Franken ans ſchwarze Meer hin geſchaft, darauf hätten ſie
ſich etlicher Schiffe bemächtiget, an der Küſte von
Aſien, Griechenland, Africa und Sicilien Seeräube-
rey getrieben, wären endlich auf der Nord-See, und
von dar in Gallien angelanget; folglich hätten ſie gar
wohl erſt über den Rhein gehen können, da ſie nach
Thüringen gewollt. Der Leſer urtheile ſelbſt, ob man
ſolche gewaltige Sprünge zu machen Urſache habe.
Ferner iſt zu ſehen, daß die Franken in der Thüringer
Gränzen gewohnet, und crinitos reges (das iſt, Könige mit ſehr langen Haaren) gehabt haben, wobey
auch eine Stadt, Namens Diſpargum, gemeldet
wird. *i*) Als Vegetius in ſeinem Buche, wie man
das Vieh curiren ſoll, die beſten Pferde beſchreibet,
ſo nennet er derer Thüringer und Burgunder ihre zuſammen

b) Valeſii hiſt. Galliæ Lib. p. 112.

i) Gregorius Turonenſis l. c. & verbis immediate sequentibus,
*ibique iuxta pagos vel civitates Reges crinitos super se
creaviſſe, de prima*, &, ut ita dicam, *nobiliori ſuo-
rum familia.* — *Ferunt etiam tunc Chlogionem uti-
lem ac nobiliſſimum in gente ſua regem Francorum fuiſſe, qui apud Diſpargum habitabat, quod eſt in termino
Thoringorum.* In Termino Thoringiæ, hoc eſt in ipſa
Thoringia ſicut explicat Albericus ad a. 428. *Rex Cleo-
dius habitavit in Diſpargo caſtello Thoringiæ.* Sigéber-
tus Gemblacenſis ad a. 431. *Clodio Thoringiam invadit,
& in Diſpargo caſtello Thuringiorum aliquamdiu habitavit.*

von dem Ursprunge der Thüringer.

sammen, *k*) daraus zu sehen, daß sie mit einander Nachbarn gewesen. Im Jahr Christi 451 als Attila mit seinem Schwarm nach Frankreich zu gienge, so hatte er nicht allein Hunnen und ander slavonisches Volk unter seiner Armee, sondern weil es auf die Franken loß gieng, so geselleten sich auch ihre Feinde, die Thüringer, zu ihnen. *l*) Und was braucht es viel Worte, die Franken und Thüringer haben lange mit einander zu streiten gehabt; ich meyne diejenigen Franken, welche nach Gallien gezogen: und folglich können wir die Thüringer anders nirgends, als in Frankreich aufsuchen und finden. *m*) Nach Odoacri Tode haben sich die Thüringer und West-Gothen für denen Deutschen (das ist Franken) gefürchtet, und sich um derer Gothen und Theodorici Freundschaft beworben. *n*) Beyde Nationen, derer Thüringer Freunde, die West-Gothen, als auch ihre Feinde, die Franken, darf man in den heutigen Thüringen nicht suchen, sondern in Gallien. Nachgehends anno 491 hat König Clodavæus die Thüringer überzogen und unterthänig gemacht. Diese aber erlangten Freundschaft und Schutz von denen West-Gothen und dem Italienischen Könige
Theo-

---

k) Vegetius Artis veterinariæ L. V. c. 4. §. 2. 3. *ad bellum Hunniscorum longe primo docetur utilitas patientiæ laboris frigoris, famis, Toringos deinde Burgundiones injuriæ tolerantes.*

l) Sidonius Apollinarius in Panegyrico Aviti Carm. VII. 324. *Chunus Bellonotus Neurus Bastarna, Toringus.*

m) Se Gendre Antiquitez de la nation & de la Monarchie Françoise p. 505. *Orla Thuringie de la Germanie n'a point fait partie des conquetes de Clovis. On ne voit point, que la Thoringie Gauloise aitappartenu aux predecesseurs de Clovis.* Er beruft sich auch auf das Zeugniß des Abbé de Bos, in seiner hist. crit. Liv. 3. ch. 21.

n) Procopius de bello Gothico Lib. 12. p. 341. *Post Odoacri necem, Thoringi & Visigothi jam auctam Germanorum potentiam veriti, Gotthorum ac Theoderici Societatem magno studio ambierunt.*

Theodorico. Hieraus ist zu sehen, daß die Thüringer zu Ende des fünften Jahrhunderts derer West-Gothen, welche damals in Frankreich wohneten, ihre Nachbarn gewesen.

Anno 507 werden auch derer Thüringer Könige schon gemeldet, und es kommen deren in der Fränkischen Historie eine ziemliche Anzahl vor. Einmal wird gemeldet, daß als die Franken und Thüringer mit einander gestritten, so seynd diese von jenen in die Flucht geschlagen, und bis an die Unstrut gejaget worden. o) Der Corbeyische Mönch Wittikind p) setzt noch hinzu, es wäre auch eine starke Schlacht bey Runiburg gehalten worden: dabey es denn wieder an Gedanken nicht fehlet, indem einige Ronneburg, andere aber Tenneberg in Thüringen dadurch verstehen wollen. Hieraus hat man wollen schließen, daß das Königreich Thüringen bis an das heutige Thüringen und die Unstrut gereichet habe. Ich lasse alles vorbey, was von denen Thüringischen Königen gemeldet worden, und nicht ausgemacht ist, ob nicht ein Fluß dieses Namens auch anderswo zu finden: so lasse ich das hin gestellet seyn, ob sich nicht ein ander Schidingen anderswo finden würde, und also die ganze Tradition von dem Königreich in dem deutschen Thüringen wegfallen möchte. Denn es wird kein anderer Ort in

ganz

---

o) Gregorius Turon. III. 7. *Denique cum se Thuringi cædi vehementer viderent, terga vertunt, & ad Onestrudem fluvium usque perveniunt.* Gesta Francorum epitomata c. 22. *Fugit autem Ermenfridus cum Toringis usque Onestrudem fluvium, illic eum persequentes Franci.* Aimoinus II. 9. *aflosque in fugam usque Onestrudti fluvium persequuntur.*

p) Wittichindus Corbeiensis L. I. p. 631. *Et cum gravi exercitu appropians terminos Turingorum invenit cum valida quoque manu generum suum se expectantem in loco, qui dicitur Runibergum & commisso certamine pugnatum est.*

ganz Thüringen mehr gemeldet, da doch Erfurt eine sehr alte Stadt gewesen. Und die Lebensbeschreiber der alten Thüringischen Prinzeßin, hernach Fränkischen Königin, Radegundis, wie auch Vegetius Fortunatus, gedenken zwar des Thüringer Landes, aber man findet gar die geringste Spur nicht, daß von unsern heutigen Thüringern die Rede sey. Alle Fränkische Scribenten bezeugen, Chlodarius habe der Thüringer König, Bertharium, überwunden, und dessen Prinzeßin, Radegundis, zur Gemahlin angenommen. q) Allein der Pater Mabillon r) glaubet es nicht, weil ihm die damalige Macht derer Franken viel zu klein geschienen, als daß sie hätten in so weit entlegene Länder, dergleichen das heutige Thüringen ist, sollen Kriege führen. Der Herr von Eckard s) in seinen Fränkischen Geschichten schreibet dem Leser viel vor von einem großen Thüringen, welches das ganze Frankenland und ein groß Stück von Bayern in sich begriffen. Allein er redet vor sich, und hat die geringste Autorität eines alten Scribenten nicht aufzuweisen.

Ich fahre fort, in meinen Satz auf folgende Art zu beweisen: Zu Zeiten Clodionis, des dritten Königes der Franken, zogen die Franken aus Pannonien über den Rhein und durch Thüringen. Hingegen gieng zur andern Zeit Clodio über den Rhein, und schlug die Römer. t) Ein gewisser Historicus erzählet, daß die König-

q) Gregorius Turonensis III. 7. Venantius in vita S. Radegundis c. 1. in Actis Sanctorum Tom. III. Aug. p. 68. Walfinus Boetius in vita S. Juniani Abbatis c. 1. p. 3. ib. p. 39. *Inter ceteras famosissimas & ferocissimas nationes Toringorum valde nobilissimam gentem sui nuperii ditionibus fecit esse subiectam.*

r) Mabillonius in Actis SS. ord. Bened. T. I. p. 3.
s) Eccardus rerum Francicarum T. I. p. 45.
t) Ivo Carnotensis in Chron. *Clodio post Didionem Rex Francorum tertius. Hic de Thoringorum finibus egressus Rhenum transiit, victoque Romano exercitu Carbonariam silvam tenuit ibique sibi sedem statuit.*

II. Abhandlung

Königreiche derer Franken, Thüringer und Auſtrier denen Kindern Königs Merovæi in Frankreich zugeſtanden. *u*) Der König Attila gieng aus Pannonien über den Rhein, hernach durch der Thüringer Land, und fiel endlich die Franken an. *x*) Und der Römiſche General Artius nahm die Thüringer zu Hülfe, daß er die Hunnen wieder fortjagen konnte. *y*) In dem Teſtamente des Heil. Remigii ſtehen auch einige Orte gemeldet, welche in Auſtria, ſive Thuringia, gelegen. *z*) Da nun durch das erſtere nichts anders, als Auſtraſien kann verſtanden werden, ſo ſiehet man wohl, daß das andere, nämlich Thüringen, gleich neben demſelben gelegen; denn das Wort ſive hieß bey den damaligen Scribenten ſo viel als et, wie aus vielen Stellen darzuthun iſt. Anno 554 rebellirten die Sachſen, welche man damals in denen Niederlanden und Weſtphalen zu ſuchen hat, wider die Franken. Chlodarius, ihr König, überwand ſie; und weil die Thüringer jenen Beyſtand geleiſtet, ward ihr Land auch zugleich mit verwüſtet. *a*) Ich ſchließe ferner auf dieſe

u) Jacobus Guiſius ſcriptor ſeculi XIV. in Annalibus MSS. à Bucherio editus, Belgii Romani Lib. XVI. 4. Denique cum extranei regna Francorum Toringorum & Auſtriorum ad dictos tres pueros (filius Merovei regis) pertinentia invaſiſſent.

x) Paullus Diaconus de geſtis Longobardorum IV. 12. Hunni quoque, qui & Avares dicuntur a Pannonia in Turingiam ingreſſi bella graviſſima cum Francis geſſerunt.

y) Idacins in Chron. Aetius patricius inſtructus Francorum auxiliis Hunnos diſcedentes usque ad Thoringiam, procul inſecutus.

z) Apud Miræum in Opp. diplom. Tom. I. p. 2. Villasque in Auſtria ſive Toringia; ubi Miræus in margine: Auſtria id eſt Auſtraſia.

a) Gregorius Turonenſis IV. 10. Chlotarius rex maximam eorum partem delevit pervagans totam Thoringiam ac devaſtans, pro eo, quod Saxonibus ſuppetias præſtitiſſent.

diese Art. Wenn durch das bisher abgehandelte Thüringen das heutige Thüringen in Deutschland zu verstehen wäre, so müßten die Franken, deren Königreich damals nicht so groß war, viele Meilen durch fremder Herren Gebiete gezogen seyn, ehe sie nach Thüringen gekommen, und die Thüringer wiederum, ehe sie nach Franken gekommen. Davon wird aber in keiner Historie etwas gemeldet; wie denn auch kein einziger Ort, als der Fluß Onestrut, und die Festung Sidinga, gemeldet werden. Und dieses letztere Wort ist noch darzu auf sehr verschiedene Art geschrieben; insbesondere Chidingen, daß also darben noch unterschiedenes möchte zu erinnern seyn. Ich habe dabey diesen Einfall gehabt, es könnte möglich seyn, daß, nachdem die Gallischen Thüringer weiter hervor nach Deutschland gerückt, sie auch in dem neuen Lande den Namen der Unstrut und Scheidingen beybehalten, dergleichen man bey andern Migrationen wahrgenommen. Es stehet auch dahin, wenn man eine tüchtige Geographie mittlerer Zeiten von Lothringen oder Burgund einsehen könnte, ob sich nicht daselbst ein Fluß und Festung dieses Namens finden möchte. Indessen ist diese bishero vorgetragene Meynung nicht ganz neu, sondern es haben einige Scribenten dieselbe schon ehedem einigermaßen eingesehen, obgleich dieselbe nicht so vollkommen ausgeführet. Der Marquis de Saint Aubin führet eine Stelle an aus denen Geschichten derer Herren d'Amboise, daß der Thüringische König Balinus sein Land gehabt hätte über den Fluß Soone oder Arar über Tull bis Lion. *b*) Ein anderer,

---

b) Auctor de compositione castri Ambasiæ & ipsius dominorum gestis, in spicilegio Dacherii Tom. III. p. 269. edit. novæ *Bissinus iste terram suam super Sauconam fluvium, qui alio nomine Arar dicitur, a Tullo usque ad Lugdunum possidebat.*

anderer, Johannes Candida, welcher zur Zeit König Carls des fünften gelebet, saget ausdrücklich, Thüringen sey so viel, als Lothringen. c) Ein anderer ungenannter Scribent schreibet, der Fränkische König Childerich hätte sich zu Basino, der Thüringer König, gewendet, welches man itzund Lothringen nennete. d) Und der berühmte Caspar Barth hat eben dergleichen Gedanken deutlich angegeben. e) Hieraus ist zu ersehen, daß diese Meynung von der alten Wohnung der Thüringer mitten in Frankreich weder ungegründet, noch ungewohnet sey. Wir müssen aber nun weiter fortgehen und sehen, wie diese Thüringer entweder eine Colonie aus Frankreich in das heutige Thüringen geschickt, oder nach und nach hervorgerücket seyn. Das erste, daß sie nach und nach hervorgerücket, hat Herr Zöllmann f) sich bemühet, zu erweisen, indem er auf einer besondern Landcharte gezeiget, daß man von dem Rheine an bis nach Thüringen die Spur derselben zeigen könne. Wie denn nicht weit vom Rhein lieget Dornberg, weiter herein Derscheid, Dörnbach, Darmstad, und also bis nach Thüringen hinein. Es ist glaub-

c) Allegat. Le Gendre dans les antiquitez de la Nation & de Monarchie Francoise p. 512.

d) Faits memorables à Lyon chez Benoit Rigaud, en 1577 p. 22. *Childeric s'en alla à Metz, & se retira devers Basin Roi de Toringe, à présent nommée Lorraine.* Allegat. idem l. c.

e) Barthius ad Guilelmi Britonis Philippida l. 147. p. 34. 35. ubi post quam verba Martini Dumiensis allegaverat, sic pergit: *Cujus ut et aliorum ævi Fortunatiani & vicinarum ætatum Toringi sunt Lotharingi sæpe sequentium: quod minus animadvertentes docti viri Tongros & alias gentes frustra muginati sunt, de quo copiosi alibi: fefellit enim vocis paritas veluti fieri non potuerit, ut Lotharingia post a Lothario fuerit ante Toringia dicta populique Toringi.*

f) Frid. Zöllmanni obs. de vera Orig. Thuringorum in Miscellaneis Lips. Tom. XI. p. 521. seqq.

glaublich, daß solcher Zug derer Thüringer zu Ende des sechsten und siebenten Jahrhunderts geschehen, da sie von den Franken sehr oft gedemüthiget, und ihr Land mehr als ehmal verwüstet worden. Also findet man sie dießeits des Rheins; und das itzige Thüringen, ist nach und nach angebauet und bewohnet worden. Auf der andern Seite habe ich anzuführen erstlich die Tradition, daß einige Thüringer in Sachsen, insbesondere aber im Hadeler-Lande angekommen, welche von denen Sachsen einen Korb voll Erde um einen silbern Kleinod gekauft; hernach aber dieselbige Erde herum gestreuet, und auf ihrem Grund und Boden eine Festung erbauet. Ich nenne es eine Tradition, weil der Geschichtschreiber Wittekind g) sie nur aus alten Liedern hergenommen; indessen aber siehet man doch, daß einige Thüringer eine Colonie vorwärts in Deutschland geschickt haben. Ferner kommen vor die bekannten Leges Angliorum & Werinorum, sive Thuringorum, aus welchen zu ersehen, daß im achten und neunten Jahrhundert, da diese Gesetze mögen verfertiget seyn, die Thüringer schon an der Werra mögen gewesen seyn. Wie denn aus Carln des Großen Historie bekannt ist, daß Erbesfurt oder Erfurt schon damals eine berühmte Handel- und Lager-Stadt gewesen. Ich könnte dieses alles weitläuftiger ausführen; es mag aber an diesen gnug seyn. Denn nunmehro gehet die Historie des heutigen deutschen Thüringer Landes gut fort, nachdem der Heil. Bonifacius in dasselbe gekommen, und daselbst den christlichen Glauben geprediget; denn von derselben Zeit an ist das Land mehr und mehr angebauet worden: und die Thüringischen Scribenten geben uns nunmehro ganz gute Nachrichten.

g) Witichindus Corbeiensis Lib. I. princ.

III. An-

III.
Anmerkungen
zu weyland
Herrn Schötgens Abhandlung
von dem
Ursprunge der Thüringer.
M. R.

Es werden die Thüringer bey den alten Geschichtschreibern bis auf das Jahr 600 öfters erwähnet. Sie sollen Könige über sich gehabt haben, welche mit den mächtigen Königen der Franken, Gothen und Longobarder befreundet gewesen. Man hat in den neuern Zeiten nicht einig werden können, in welcher Gegend dieses Volk gewohnet. Herr Winkelmann sezt in den Niederlanden zwischen der Maaß und Schelde. Herr Laurentius findet sie am Ober-Rhein in der Schweiz, und einem Theil Schwabens. Hr Zollmann zeichnet sie zwischen dem Mayn, Rhein und Rure. Der sel. Herr Schötgen hat sich in obstehender Abhandlung viel Mühe gegeben, zu beweisen, daß sie in Frankreich, und besonders einen Theil Lothringens und Burgundiens bis auf das Jahr 600 gewohnet, hernach nach Deutschland gerückt, und nach und nach die Gegend zwischen der Saale und Weser angebauet. Die gewöhnliche Meynung ist, daß das alte Thüringerland in Deutschland, und zwar da, wo noch izo die Landgrafschaft Thüringen zu finden, gesucht werden müsse, doch so, daß das ehemalige Königreich einen weitern Umfang gehabt, und sonderlich die alte Mark, das Magdeburgische, Halberstädische, und einen Theil Frankenlandes eingeschlossen. Diese letzte Meynung
soll

III. Anmerk. zur Abhandl. vom Ursprunge ꝛc. 37

soll hier kurz und bündig bestätiget, und des Herrn Schörgens Gedanken mit Bescheidenheit geprüfet werden. Das Urtheil wird dem aufmerksamen Leser überlassen.

Die Geographie und Historie des alten Galliens leidet nicht, daß man die Thüringer darinnen suchen könne. Es geben alle einmüthig zu, daß ganz Gallien bis zum Jahr 400 unter der Herrschaft der Römischen Kayser gestanden. Damals war das Land in viele Provinzien eingetheilet, und die angegebene Gegend, wo die Thüringer sollen gewohnet haben, gehörte theils zu Lugdunensi prima, theils zu Belgica prima, und die Einwohner hießen Aedui, Sequani und Belgier. Bis da hin sucht man die Thüringer daselbst vergeblich. Nach dem Jahr 400 kamen viele fremde Völker in Gallien, das Burgundische Reich ward gestiftet, welches bis an den Fluß Saonne sich erstreckte, wo die Thüringer sollen gewohnet haben. In den Niederlanden setzten sich die Franken feste. Das übrige Gallien zwischen den Burgundiern und Franken blieb unter der Herrschaft der Römer bis auf das Jahr 486, in welchem der Franken König das Römische Gebiete einnahm, und seine Herrschaft bis an der Burgunder Gränzen ausbreitete. Daß aber auch die Thüringer den Römern ein Stück Galliens abgezwackt, und ein Königreich daselbst aufgerichtet, wird nirgends erwähnet. Von dem Jahr 486 an bis auf 600 hat man bey den Fränkischen Geschichtschreibern sehr umständliche Nachricht von den Bißthümern, Klöstern, Städten und Begebenheiten der Gegend an dem Fluß Saonne, daß man unmöglich ein Thüringisches Königreich daselbst aufsuchen kann.

Daß aber die Thüringer dießeit des Rheins in Deutschland gewohnet, davon kann man untrügliche Beweisthümer angeben. Wir wollen sie in 4 Ordnungen eintheilen.

1) Die

III. Anmerkungen zur Abhandlung

1) Die **Thüringer** werden unter den deutschen Völkern erwähnet, welche den Römern in Ansehung der **Donau** gegen Mitternacht am nächsten gewohnet. Aethicus in Cosmographia schreibet also: Oceanus occidentalis habet gentes, Gothos, Thuringos, Herulos, Marcomannos, Longobardos, Svevos, Alanos, Alamannos, Ansibarios &c. Wenn Sidonius im Panegyrico die mitternächtigen Völker nennet, welche anno 451 mit der Hunnen König, Attila, in Gallien eingefallen, gedenket er auch der **Thüringer.**

— — — Subito cum rapta tumultu
Barbaries totas in te transfuderat Arctos,
Gallia, pugnacem Rugum, comitante Gelono,
Gepida trux sequitur, Scyrum, Burgundio cogit,
Chunus, Bellonotus, Neurus, Bastarna, *Thoringus,*
Bructerus, ulvosa vel quem Nicer alluit unda.
Prorumpit Francus. — —

Sind nun die **Thüringer** damals mit den andern deutschen Völkern in Gallien eingefallen, so können sie nicht darinnen gewohnet haben.

2) Das Thüringische Land wird so beschrieben, daß man siehet, daß es weit von Gallien entfernet gelegen. Denn als der König der Franken, Childericus, anno 457 von seinen Vasallen aus Frankreich verjaget wurde, begab er sich nach Thüringen zum König Basino. Sieben Jahr hernach ward er wieder zurück gerufen. Die Gemahlin des Königs Basini ward ihrem Herrn untreu, und zog ihm nach. Bey ihrer Ankunft in Gallien redete sie der König also an: Warum sie aus einem so weit entlegenen Lande, als Thüringen wäre, zu ihm gekommen? Gregorius Turon. L. 2. C. 9 erzählet dieses alles weiter. Daß aber die Worte: qua de causa ad eum de tanta regione venisset, von der weiten Entlegenheit zu verstehen, kann man aus der Antwort der Königin deutlich schließen,

sen, denn sie sagt, sie trüge kein Bedenken, einen solchen Herrn, wie Childericus wäre, auch über dem Meere aufzusuchen. Hieher gehören auch die Worte Venantii Fortunati in vita Radegundis: beatissima Radegundis, natione barbara, de regione Thuringia, avo rege Basino, patruo Hermenfrido, patre rege Berthario, quo altitudinem seculi tangit, Regina de germine, celsa licet origine, multo celsior actione. Quæ cum suis parentibus brevi commanens tempore, tempestate barbarica, Francorum victoria regione vastata, *vice Israelitica exit & emigrat e patria*. Dieses letztere Gleichniß würde nicht statt haben können, wenn die gefangene Radegundis aus einer Stadt Galliens in eine andere wäre geführet worden.

3) Es werden von den Thüringern solche Begebenheiten erzählet, welche deutlich zu erkennen geben, daß sie in keinem andern Lande, als in Deutschland, können gewohnet haben. Anno 428 ward der Fränkische König, Clodio, aus Gallien vertrieben, allwo seine Unterthanen nahe an dem Rheine vor einigen Jahren sich feste gesetzt hatten. Prosper ad h. a. pars Galliarum propinqua Rheno, quam Franci possidendam occupaverant, Aetii comitis armis recepta. Gregorius Tur. L. 2. 9. setzt darzu, Chlodio wäre über den Rhein gewichen, und habe das Land der Thüringer durchstreift, dehinc transacto Rheno, Thoringiam transmeasse, und in der Thüringischen Festung Dispargum seine Residenz genommen. Folglich müssen die Thüringer dießeit des Rheins gewohnet haben. Und diese in etwas dunkeln Worte des Gregorii werden von den ältesten Geschichtschreibern eben also erkläret. Gesta Regum Francorum: habitabat itaque Chlodio Rex in Dispargo, castello in finibus Toringorum *in regione Germaniæ*. Eben dieses bezeuget auch Aimonius L. 1. C. 4. finitimos itaque bello lacessando Thoringorum, *qui Germaniam incolunt*,

incolunt, fines depopulantes caſtellum quoddam Diſpargum nomine occupant, in quo Rex Chlodio ſedem ſui conſtituit regni. Daß dieſes Diſpargum dießeit des Rheins gelegen, erwähnet Aimonius noch einmal, wenn er des Chlodio neuen Einfall in Gallien vom Jahr 438 beſchreibet. Rex autem Chlodio anguſtos regni fines dilatare cupiens, exploratores a Disburgo *trans Rhenum* dirigit, & ipſe cum exercitu ſubſecutus Cameracum urbem obtinuit. Wo dieſe Feſtung Disburg gelegen, iſt ſchwerlich zu beſtimmen. Wenn die Aehnlichkeit des Namens einen Beweis ausmachte, könnte man glauben, daß ſie mitten in Thüringen bey dem Hohnſtoln zu finden, wo noch ißo ein zerſtörtes Schloß und Berg, die Dusburg, genennet wird. cf. Leucfeld. antiqv. Ihlefeld. p. 23.

Anno 476 ſtreiften die Thüringer bis an die Donau, und plünderten unter andern auch den Ort Künßen bey Paſſau. Dergleichen Einfälle thaten ſie oft, ſo, daß die daſigen Einwohner genöthiget wurden, bey dem Könige der Rugier in Oeſterreich Hülfe zu ſuchen. Eugippius in dem Leben S. Severini erzählet dieſes weitläuftig, wo auch des Königs Antwort alſo aufgezeichnet ſtehet: hunc populum non patiar Alamannorum aut *Thuringorum iniquorum* ſæva de prædatione vaſtari, vel gladio trucidari, aut ad ſervitium redigi. Wer wollte glauben, daß die Thüringer aus Gallien her bis nach Paſſau Streyfereyen fürgenommen.

In dem anno 527 entſtandenen Thüringſchen Kriege ward eine Thüringiſche Prinzeßin, Radegund, gefangen, und nach Frankreich gebracht, welche der Fränkiſche König, Chlotarius, zur Gemahlin erwählete. Sie hat hernach in der Stadt Poitiers ein Kloſter gebauet. Indem die im Concilio Turon. anno 567 verſammleten Biſchöffe daſſelbe beſtätigten, brauchen ſie dieſe Worte: ſed cum *pene eadem veneris*

ex

von dem Ursprunge der Thüringer. 41

ex parte, qua b. Martinum huc didicimus accessisse, non est mirum, si illum imitari videaris in opere, quem tibi ducem credimus itineris extitisse. v. Eccard. Rer. Franc. Tom. 2. in præf. Der Bischoff Martinus war aus Pannonien nach Frankreich gekommen. Die Radegund soll zwar aus einem nicht ganz so weiten Lande, jedoch aus eben der Gegend, nach Pannonien hin gekommen seyn; dieses zielet deutlich auf Deutschland, welches zwischen Gallien und Pannonien mitten innen lag.

4) Die Wohnungen der Thüringer in Deutschland sind so deutlich angezeiget worden, daß man sie nothwendig in der Gegend, wo sie noch itzo wohnen, und in der Nachbarschaft suchen muß. Denn sie haben den Schwaben gegen Mitternacht gewohnet, sind die Vormauer der Franken gegen die Hunnen gewesen, haben die Sachsen zu Nachbarn gehabt; und man findet die Elbe und Unstrut in ihrem Lande erwähnet.

Anno 453 gieng der Gothische König, Theodericus, über die zugefrohrne Donau, und fiel die Schwaben an, welche zwischen der Donau und dem Mayn wohneten. Wenn Jornandes in seinem Buch de rebus Gothicis Cap. 55 dieses erzählet, setzt er darzu: regio illa Svevorum ab oriente Bajobaros habet, ab occidente Francos, a meridie Burgundiones, a septentrione Thuringos. Dieses Zeugniß ist allein zureichend, alles, was von dem Aufenthalt der Thüringer in Gallien gesagt wird, umzuwerfen.

Von dem Jahr 561 an haben die Hunnen, welche sich in Oesterreich, Mähren und Böhmen ausgebreitet, etlichemal die Franken angefallen. Einige sagen gar, die Sachsen und Thüringer hätten sie zu Hülfe gerufen. Die Fränkischen Geschichtschreiber sagen zwar, daß der Franken König ihnen entgegen gezogen, und sie verjagt; sie vergessen aber, die Gegend anzu-

anzuzeigen, wo der Einfall geschehen. Der einige Menander Protector sagt, daß es in Thüringen geschehen, und daß der Fränkische König sie auch in Thüringen angegriffen. Und eben dieses bestätiget Paulus Diaconus L. 2. C. 20: comperta Hunni, qui & Avares, morte Chlotarii, Regis, super Sigisbertum, ejus filium, irruunt, quibus ille *in Thnringia* occurrens, eos *juxta Albim fluvium* potentissime superavit, eisdemque pedentibus pacem dedit. Da Thüringen bis ins Magdeburgische und in die alte Mark gereichet, hat man nicht Ursache, die Obersächsische Elbe hier zu verstehen, sondern es kann die Schlacht in der Gegend Magdeburg geschehen seyn.

Gregorius Turon. L. 3. C. 7 erzählet, daß der Thüringer König, Hermanfrid, anno 527 geschlagen worden, und seine Flucht nach der Unstrut genommen. Herr Schörgen will diese Unstrut in Lothringen suchen, ob er gleich noch keinen Fluß dieses Namens daselbst wahrgenommen. Allein Fredigarius in gestis Francorum epitomatis Cap. 22 bezeuget, daß dieser Krieg dießeit des Reins geführet worden. in illo tempore Theodericus & Teutbertus, filius ejus, & ChlotariusRex cumFrancorum exercitu *Rbenum transeuntes in Toringiam* dirigunt contra Ermenfridum, Regem Toringorum, fugit autem Ermenfridus cum Toringis usque *Onestrudem fluvium*, illic eum persequentes Franci. Diese unglückliche Schlacht soll nach Witechindi Aussage bey Rumberg geschehen seyn; und nach dem Zeugniß des Chronici Qvedl. in dem pago Meritheim, ohnweit Hannover, wo noch itzo ein Ort Ronnenberg anzutreffen, *). Daß also

---

*) Daß diese merkwürdige Schlacht am besagten Ort erfolget, hat sonderlich der berühmte Consist. Rath, Christian Ulr. Grahen, in seiner historischen Nachricht 1) von der Stadt Hannover, 2) von den Alterthümern

so diejenigen der Fränkischen Armee einen allzu weiten Marsch zuschreiben, welche diesen Ort Runberg in Meißen suchen wollen.

Hieher gehöret auch die Beschreibung, welche der Geographus Ravennus von Thüringen gegeben L. 4. Cap. 25: iterum desuper ipsam quomodo, ut dicamus, ad faciem *patriæ Francorum Rhinensium* & patria, quæ dicitur *Turingia*, quæ antiquitus Germania nuncupatur, quæ propinquatur & *patria Saxonum* — iterum propinqua ipsius Turingiæ adscribitur patria Svevorum.

Ich übergehe hier alles, was zur Bestärkung dieser gemeinen Meynung, daß die Thüringer in Deutschland gewohnet, aus den viel jüngern Geschichtschreibern, als dem Witechindo, Sigiberto und dergleichen könnte angeführet werden: denn der sel. Herr Schötgen will sie nicht gelten lassen. Dieses einzige will ich noch darzu setzen: da es unstreitig ist, daß die Gegend um Magdeburg schon zu Caroli M. Zeiten, und zuvor von Sachsen bewohnet worden, so muß doch ein Grund zu finden seyn, warum sie Nord-Thüringen geheißen. Wird man aber wohl einen andern angeben können, als diesen: daß Thüringer daselbst gewohnet, ehe die Sachsen da hin gekommen.

Da der sel. Rector Schötgen einige Gründe, seinen besondern Einfall zu behaupten, angeführet, so wird nöthig seyn, zu zeigen, daß die angeführten Stellen zum Theil unrecht erkläret worden, zum Theil aber das Gegentheil deutlich beweisen. Der erste und fürnehmste Beweis ist eine Stelle Procopii, welche schon vielen zu erklären schwer gefallen, und selbst nach dem Zeugniß Herrn Schötgens dunkel ist. Ich setze zum Grunde, daß Procopius allhier die Wohnungen einiger Völker beschrei-

mern der Calenbergischen Lande zwischen der Deister und Leine p. 7. h. §. 4. weitläuftig darzuthun sich bemühet.

beschreiben will, nicht wie sie zu des Kaysers Augusti Zeiten gewesen, auch nicht, wie sie Sec. VI. da der Autor lebte, beschaffen gewesen, sondern wie sie in der Mitte des fünften Jahrhunderts jen- und dießeit des Rheins gefunden worden. An dem Nieder-Rhein auf beyden Seiten wohneten die Franken, und zwar jenseits bis an die Loire; weiter hin gegen Abend hatten die Armorici ihren Aufenthalt, welche damals, nämlich in med. Sec. V. nebst einem großen Theil Spaniens und Galliens noch unter der Herrschaft der Römer stunden. Dießeit des Rheins hatten eben diese Franken noch einen großen Theil von Germania magna inne, nach ihnen, weiter gegen Morgen, folgten die Thüringer. An dem Ober-Rhein, und zwar in Gallien, wohnten die Burgunder, welche anno 412 daselbst Besitz genommen hatten: sie lagen den in Gallien wohnenden Franken gegen Mittag, doch gränzten sie nicht mit einander, weil die Römer bis anno 486 noch vieles Land darzwischen hatten, daher schreibt Procopius, daß sie nicht allzu weit von einander gewohnet. An der Morgenseite des Ober-Rheins waren die Schwaben und Alemannier, zwischen der Donau und dem Mayn, welche auf diese Art mit den Thüringern gränzten. Durch diese natürliche Erklärung dieser sonst dunkeln Stelle wird der Aufenthalt der Thüringer in Deutschland mehr bestätiget, als widerleget; und Procopius hat die Wohnungen der Völker am Rhein eben so gesetzt, wie Jornandes, dessen Worte oben angeführet worden. Ich bleibe itzo nur bey der Geographie der Thüringer stehen, und also brauche ich nicht mich in die Erklärung der Worte, dante Augusto, primo Rege, einzulassen: ich halte aber dafür, daß primus Rex nicht eben den ersten Kayser Augustum anzeigen müsse.

Der locus Mammertini wird von dem Hn. Schötgen weiter nicht gebraucht, als daß man einige Nachbarn

von dem Ursprunge der Thüringer. 45

barn der Thüringer daraus soll kennen lernen. Allein eben dieses würde die gegenseitige Meynung noch mehr bestärken. Denn Alemannier, Gothen, Taifalen, Vandalen und Gepiden findet man Sec. III. nicht in Gallien, sondern in Deutschland und dessen Gränzen gegen Morgen. Jedoch ist hier gar nicht von den Thüringern die Rede, sondern von einem Gothischen Volke Tervingi. Denn diese zweydeutigen Worte Mammertini erkläret Jornandes also: die Römer hätten anno 291 Friede gehabt; die Barbaren aber hätten sich unter einander gezanket. Geberich, der Tervinger König, habe mit Hülfe der Taifalen die Burgunder aus Dacien vertrieben, und die Vandaler am Fluß Marisia geschlagen.

Aus den dunkeln Worten Gregorii Turon. schließt der Herr Autor, daß die Thüringer über dem Rhein in Gallien müßten gewohnet haben. Wenn man aber annimmt, wie oben schon gesagt worden, daß die Franken an beyden Ufern des Rheins dieß= und jenseits damals feste gesessen, wie denn Gregorius mit Fleiß *littora Rheni* genennet hat, und daß sie anno 428 von jener Seite vertrieben worden, und sich herüber ziehen müssen, so erhalten diese Worte eine Auslegung, welche mit den Fränkischen Geschichten übereinstimmt, und die Thüringer bleiben in Deutschland. Ob aber dieses Corps Franken, welches aus Gallien gejagt worden, zuvor in Pannonien Kriegsdienste gethan, hat Gregorius zu seiner Zeit nicht als gewiß angeben wollen, und wir werden es itzo noch viel weniger thun können. Zum wenigsten ist es nicht unmöglich, da zu anderer Zeit mehr dergleichen Fränkische Corps in Pannonien und Dacien zum Kriege sind gebraucht worden.

Wenn Vegetius die Thüringer und Burgunder zugleich nennet, folget noch nicht, daß sie Nachbarn gewesen. Sollte der Schluß ja gültig seyn, so wird
daraus

daraus vielmehr gefolgert werden können, daß die Thüringer in Deutschland gewohnet. Denn Vegetius hat Sec. IV. geschrieben, zu einer Zeit, da noch keine Burgunder in Gallien waren: Denn sie sind nach einhelligem Bericht vor dem Jahr 412 daselbst nicht anseßig worden. Hingegen trifft man sie Sec. IV. in Deutschland an, als Nachbarn der Alemannier, in Franken und in der Ober-Pfalz. Und also könnte man sagen, daß zu Vegetii Zeiten die Thüringer fast eben da gewohnet, wo noch itzo ihr Land gefunden wird.

Es ist wahr, daß die Franken, nachdem sie Gallien eingenommen, mit den Thüringern oft gestritten haben. Allein sie haben auch mit den Alemanniern und Sachsen Krieg geführet; wer wollte daraus folgern, daß alle ihre Feinde in Gallien müßten gewohnet haben. Sie hatten auch nicht nöthig, durch vieler fremden Herren Länder zu ziehen, wenn sie nach Thüringen oder in Schwaben gehen wollten. Denn die dießeit des Rheins liegende Fränkischen Länder gränzten mit allen diesen Völkern.

Da die Thüringer an den Franken gefährliche Feinde hatten, machten sie nach Odoacri Tode um das Jahr 495 mit Theoderico, dem Könige in Italica, eine Allianz wider die Franken, worzu auch die West-Gothen in Gallien traten. Ja aus einem Briefe bey Cassiodoro Variar. L. III. 2 kann man sehen, daß auch die Heruler und Wariner bey diesem Bündniß gehalten. Wer will deswegen glauben, daß alle diese Nationen in Gallien sollten gewohnet haben.

Einen Beweisgrund für diese Meynung sucht Herr Schötgen darinnen, weil die gegenseitige Meynung von dem Thüringischen Reiche in Deutschland auf schwachen Füßen stünde. Wie weit dieses gegründet sey, wird der unpartheyische Leser selbst richten. Herr Junker in Geographia medii ævi p. 312 rechnet zwar auch das Thüringische Reich, wo nicht unter die Fabeln,

beln, doch zu ungewissen Dingen. Seine Absicht aber ist nicht, die Thüringer anderswo, als in Deutschland, zu suchen, sondern er glaubt nur nicht, daß ihre Oberhäupter Könige im eigentlichen Verstande gewesen, weil keine Nation in Deutschland von souverainen Königen beherrschet worden. Welches alles zuletzt auf einen Wortstreit hinaus läuft.

Unter des Herrn Autoris angegebenen Beweisen finden sich auch etliche, welche keiner Widerlegung nöthig haben, sondern man darf nur die angeführten Stellen recht ansehen, so wird jedem in die Augen fallen, daß ihr Inhalt nichts beweise. Wo stehet denn, daß die Franken zur Zeit Clodionis über den Rhein hätten gehen müssen, wenn sie aus Pannonien nach Thüringen gewollt. In den Worten Pauli Diaconi findet man gar nicht, daß Attila über den Rhein gesetzt, um in Thüringen zu gelangen. Der angeführte Idacius sagt nicht, daß Aetius die Thüringer zu Hülfe genommen, die Hunnen aus Gallien zu vertreiben, sondern daß er Hülfe von den Franken bekommen, und den Hunnen, welche aus Gallien nach Thüringen zurücke giengen, von ferne nachgezogen. Denn weil viel Pohlnische Völker, Böhmen und Thüringer bey des Attilæ Armee waren, so haben diese ihren Rückzug nach und durch Thüringen nehmen müssen.

Einen mehrern Schein der Wahrscheinlichkeit hat der Beweis, welcher von den Dörfern, die der Erzbischoff zu Reims, Remigius, um das Jahr 540 in Thüringen besessen hat, hergenommen ist. Denn man kann sich kaum vorstellen, daß das Erzstift Reims in einem so entfernten Lande, als das heutige Thüringen ist, liegende Gründe sollte gehabt haben. Allein man findet viel Exempel von dergleichen weit entlegenen Gütern bey den Stiftern. Ueberdieß ist auch zu beweisen, daß etliche liegende Gründe in Thüringen nach Reims gehöret, und noch anno 870 dem Erzstift

stift zugestanden. Denn Frodoardus Hist. Rhem. L. 3. C. 23. 24. gedenket etlicher Briefe, welche Hincmarus, der Erzbischoff in Reims, an den Bischoff in Hildesheim und die Aebte in Corbey und Hersfeld geschrieben pro rebus S. Remigii & colonis Remensis ecclesiæ in Thoringia, und ihnen die Auffsicht darüber anbefohlen. Da nun in des S. Remigii Testament stehet, daß diese Thüringische Güter von dem Könige Chlodoveo da hin gegeben worden, so kann man einen starken Beweis damit führen, daß zur Zeit Chlodovei Thüringen eben das Land gewesen, welches noch anno 870 also hieß, und in Deutschland lieget.

Endlich führet der Herr Autor etliche neuere Scribenten an, welche gleiche Meynung mit ihm haben sollen. Wenn aber dieses der Sache ein Gewichte geben soll, wird wohl die gewöhnliche Meynung überwiegen. Denn man kann von Sec. VII. an bis ins Sec. XVIII. unzählige Gelehrte auffstellen, welche das alte Thüringen in Deutschland gesucht und gefunden haben.

Von der Ankunft der Thüringer zwischen der Weser und Saale schreibt der Herr Rector Schötgen sehr zweifelnd. Er weis nicht, ob alle Gallische Thüringer auf einmal aufgebrochen, und über den Rhein gegangen, oder ob nur eine Colonie fortgerückt. Er giebt zwar das Jahr 600 an, da diese Transmigration soll geschehen seyn; er will aber nicht bejahen, daß sie sogleich in dem heutigen Thüringen angekommen, sondern es schiene, als ob sie anfänglich sich näher am Rheine niedergelassen, und nach und nach zwischen der Weser und Saale eingerückt, wo sie der H. Bonifacius anno 719 angetroffen. Alle diese Wendungen sind vergeblich. Schon anno 612 werden die Thüringer von Fredegario, welcher damals gelebet, zu den populis trans Rhenanis gerechnet. C. XXXVIII. Theudebertus cum Saxonibus, *Thoringis*, vel ceteris gentibus, quas *de Ultra Rhenum* vel undique poterat
adu-

adunare, contra Theudericum Tolbiacum perrexit. Und anno 640 wohneten sie dießeit des Buchauer Waldes an der Unstrut, idem Cap. LXXXVII. Sigibertus cum exercitu suo *Rhenum transiens* gentes undique de universis exercitus sui pagis ultra Rhenum cum ipso adunatæ sunt. — deinde *Bugoniam* cum exercitu transiens, *Toringiam* properans. Rodulphus hoc cernens castrum lignis munitum in quodam monte *super Unstrode fluvio in Toringia* construens.

Nachdem also feste gesetzt worden, daß die Thüringer vom Anfang in Deutschland, und nicht in Gallien gewohnet, so soll noch etwas von ihrem Lande überhaupt erinnert werden. Es würde eine große Verwegenheit seyn, wenn man sich unterstehen wollte, dem alten Thüringer-Lande itzo Gränz-Steine zu setzen. Weil aber doch zur Erkenntniß der Historie eine allgemeine Nachricht davon nöthig ist, so ist zu merken, daß Thüringen einen andern Umfang gehabt zur Zeit der Könige, einen andern zur Zeit der ältesten Herzoge, und noch einen andern zur Zeit der jüngern Herzoge. Als noch Könige über die Thüringer herrschten, war das heutige Thüringen nebst dem Halberstädischen, Mannsfeldischen, Magdeburgischen und der alten Mark das eigentliche Thüringsche Königreich. Es unterscheidet sich diese Gegend von allen Provinzien Deutschlandes darinnen, daß unzählige Städte und Dörfer darinnen angetroffen werden, welche sich auf Lebe endigen. Die ältesten Geschichtschreiber und auch neuere Kenner der Geschichte, als Leibnitz, Eccard, ꝛc. sagen, daß diese Nation von der Ostsee hieher gerücket. Man kann zwar keinen unwidersprechlichen Beweis führen. Wenn ich aber der Wahrscheinlichkeit nachgehen soll, so werde des Cluverii Einfall billigen müssen, welcher bey Tacito anstatt Reudigni Theurigni lesen will. Denn diese

III. Anmerkungen zur Abhandlung

an der Ostsee wohnenden Völker, Theurigni, Caviones, Angli und Varini, vereinigten sich, und verließen Sec. II. ihre Wohnungen. Einige wandten sich in Orient, wo sie unter dem Namen der Therwinger oft erwähnet, und zu den Gothen gerechnet werden. Einige aber sind über die Elbe und Saale gezogen; daher Ptolomæus schon anno 140 ad medium Albis fluvii, das ist, um Magdeburg herum, die Angilos Svevos geseßet, und nicht weit davon die Chamavos, welche er von den Chamavis neben den Brueckterern unterscheidet. Anno 286 wohneten sie noch allhier, und hießen alle zusammen Caviones oder Chaibones, sie fielen nebst den Burgundern, Alemanniern und Herulern in Gallien ein. Der Römische General kam herüber über den Rhein, gieng bey den Alemanniern und Burgundern vorbey, weil ohnedem die Pest in ihrem Lande war, und verfolgte nur die Caviones und Heruler, welche die mächtigsten waren, und weiter, als jene, vom Rheine entfernet wohneten. v. Panegyrista Belga in Maximiniano. Die Varini haben sich nach der Zeit abgesondert, und haben bis Sec. VI. ein besonderes Reich an der Weser formiret. Die Angeln sind meistens mit den Sachsen über das Meer nach Britannien gegangen. Und nach dieser Absonderung sind die noch übrigen unter dem Namen der Thoringer bekannt worden. Daher kann man auch sehen, warum einigen alten Gesetzen folgender Tittel gegeben worden: Leges Angliorum & Werinorum sive Thuringorum. Ihre Könige griffen weiter um sich. Viele glauben, daß sie die Gegend um Hildesheim unter sich gebracht, und es wird dadurch wahrscheinlich, weil ihr König der Fränkischen Armee anno 527 bis an Runnenberg bey Hannover entgegen gegangen. Gegen Abend haben sie nicht viel wider die mächtigen Franken ausrichten können. Denn Gregorius Turon. Cap. 44 bezeuget, daß der Buchauer Wald, und also auch Hessen,

sen, noch anno 509 den Fränkischen Königen gehöret. Hingegen breiteten sie sich desto weiter auf der Mittags-Seite aus; und es sind deutliche Beweise vorhanden, daß sie den größten Theil Frankenlandes und der Ober-Pfalz unter sich gebracht. Diese neu acquirirten Länder werden auch Thüringen vor den alten Geschichtschreibern genennet, weil sie unter die Herrschaft der Thüringischen Könige gekommen waren. Als die ersten Herzoge von den Fränkischen Königen nach Thüringen gesetzt wurden, hatten sie das itzige Thüringen nebst Franken und einen Theil der Pfalz inne. Aber der mitternächtige Theil nach der Elbe zu, welchen man Nord-Thüringen nennet, war abgerissen, und den Sachsen zu Theil worden. Alles, was unter der Bothmäsigkeit dieser alten Herzoge stund, wird Sec. VII. und VIII. Thüringen genennet. Aber Sec. IX. und im Anfange Sec. X. findet man wieder Herzoge daselbst; es war aber ihr Gebiete geschmälert worden. Das Frankenland war separiret, und dafür ein Stück von Hessen darzu geschlagen worden. Es ist aber meine Absicht nicht, dieses weitläuftig auszuführen; gnug, daß wir gefunden haben, daß die alten Thüringer vor dem sechsten Jahrhundert in Deutschland, und nicht in Gallien, ihre Hütten bewohnet.

IV.
Von der
Bekehrung der Sorben-Wenden
in Ober-Sachsen
zu der christlichen Religion.
M. I. F. R.

Die Einwohner Ober-Sachsens, welche Sorben-Wenden hießen, haben eine lange Zeit von dem wahren Gott, welchen die Christen verehren, keine Erkenntniß gehabt. Sie haben mehr als einen Gott geglaubt. Ihre eingebildeten Götter hatten sich in die Regierung der Welt getheilet. Einer seegnete den Ackerbau, der andere die Handlung. Einer sorgte für die Gesundheit der Leute, der andere für eine glückliche Ehe, für Sieg im Kriege, für Glück zum Reisen, und dergleichen. Nach ihren Gedanken waren auch Götter, die dem menschlichen Geschlecht nicht wohlwollten, sondern zu schaden trachteten. Die gegossenen, geschnitzten, oder gemahlten Bilder, womit sie diese vermeynten Götter sinnlich vorstelleten, waren meistens vielköpfigt und von fürchterlicher Gestalt. Sie hatten besondere Namen, als Swantewitz, Radigast, Flins, Triglaf, Zivonia Zuttiber, Marzana, und noch mehr. Diesen Bildern schrieben sie wunderthätige Kräfte zu, und erzeigten ihnen große Ehre mit vielen abergläubischen Ceremonien. Jedes Land, jede Stadt und Dorf, ja jede Familie hatte eigenthümliche Schutz-Götzen; und ob sie gleich alle hochgeachtet wurden, so war doch eines jeden Haus-Götze jedem der heiligste. Diese Götter hielten sich

nach

IV. Von der Bekehrung der Sorben-Wenden.

nach ihren Gedanken gerne auf, entweder in dicken Wäldern, wo alte und große Eichen stunden, oder in den Seen und Brunnen, oder unter großen Feld-Steinen und felßigen Hügeln. Wenn sie also einen solchen Ort funden, wo wegen einiger Gespenster-Historien die Gegenwart eines Abgottes konnte vermuthet werden, umgaben sie selbigen mit einem Zaume, heiligten ihn, stellten Götzen-Bilder da hin, baueten Altäre in dieses Gehege oder Hayn, und wenn es ein Wald war, durfte niemand darinnen, so weit dieses Gehege gieng, einen Ast abhauen, noch sich jemand, außer die Priester, hinein wagen. Bey diesen geheiligten Orten geschahe die Versammlung des Volks; es wurden Feste angestellet, welche mit Opfern, abergläubischen Ceremonien, Licht anbrennen, Geschenke bringen, Tanzen, Fressen und Saufen feyerlich begangen wurden. Wenn ein reicher Herr starb, ward der Leichnam auf einem Scheidthaufen zu Asche verbrannt, die Asche in einen Topf gesammlet, und in die Erde gesetzt. Die Armen wurden in die Wälder oder Felder begraben. Diese irrigen Begriffe von der Gottheit, diese abergläubischen Gebräuche und üble Gewohnheiten haben die Sorben-Wenden endlich fahren und sich taufen lassen. Sie haben sich zu den Lehrsätzen bekennet, welche ihnen von den damaligen Lehrern der Christen vorgelegt worden, und haben sich den damals eingeführten Kirchen-Gebräuchen unterworfen. Wenn dieses geschehen, wie sie zu diesem Entschluß gebracht worden, und ob diese Veränderung glücklich fortgegangen, davon soll itzo eine historische gegründete Nachricht gegeben werden. Man wird nicht leicht eine Land- oder Stadt-Chronicke finden, wo nicht etwas von dieser Bekehrung erwähnet worden. Allein auch dieser Theil der Sächsischen Geschichte ist bisher durch sehr viele Fabeln verunstaltet worden. Meine Absicht ist, nur die ältesten Schriften davon

D 3

anzuführen, den Ungrund aber der fabelhaften Erzählungen der neuern Schriftsteller mit wenigen zu zeigen. Ich bleibe nur bey den Sorben-Wenden in Ober-Sachsen stehen, und also sehe ich nicht auf diejenigen Sorben, welche durch allerley Zufälle in fremde Länder gekommen, und daselbst den christlichen Glauben angenommen haben. Man findet in den alten Zeiten in Francken, Thüringen und Nieder-Sachsen Sorben-Wenden, welche als Kriegs-Gefangene da hin geführet, und von ihren Herrschaften da hin verkauft worden, oder freywillig da hin gezogen. Es ist glaubwürdig, daß sie den christlichen Glauben haben annehmen müssen, wenn sie ihren Unterhalt unter den Christen haben finden wollen. Bey den Einwohnern Ober-Sachsens ist diese Religions-Veränderung nach und nach erfolget. Ich will also zwey Zeit-Puncte unterscheiden. Der erste fängt sich an von der Zeit, da der Anfang der Predigt des Wortes Gottes allhier gemacht worden, und gehet bis auf das Jahr 968, in welchen die Ober-Sächsischen Bißthümer gestiftet worden. Der andere fängt von diesem Jahre an, und reichet bis zu den Zeiten, da keine abgöttischen Heiden in diesem Lande weiter übrig waren.

Erster Abschnitt

von dem Anfange der christlichen Religion unter den Sorben-Wenden bis auf das Jahr 968.

§. 1. Diesen Wenden hat es nicht an Gelegenheit gefehlet, von den Lehr-Sätzen und Gebräuchen der Christen nähere Erkundigung einzuziehen, sonderlich nachdem ihre Nachbarn, die Thüringer und Sachsen, Christen geworden waren. Sie hatten unter andern auch wegen der Handlung viel mit den Christen zu thun. Sie reiseten in die Länder, wo der wahre Gott

der Sorben-Wenden in Ober-Sachsen. 55

Gott öffentlich verehret wurde. Die christlichen Kaufleute kamen zu ihnen, und es ist glaublich, daß sich viele wegen der Handlung in den wendischen Städten häuslich niedergelassen. Allein damit ist wohl kein Grund zur Religions-Veränderung geleget worden. Die Kaufleute suchten Waaren, und nicht Seelen; zudem wurde der Haß der christlichen Religion von den Wenden so weit getrieben, daß sie den Christen, die unter ihnen wohneten, verboten, ihren Glauben öffentlich merken zu lassen. Dieses thaten die wendischen Einwohner der großen Handelsstadt Julin in Pommern, wie Adamus Bremensis a) meldet. Und die hiesigen Sorben werden es auch nicht anders gemacht haben, so lange sie die völlige Gewalt noch in Händen hatten. Durch Bücher konnte hier nichts geschaft werden. Die Wenden waren damals allzu ungelehrt; lateinische und deutsche Schriften, worinnen die Religions-Wahrheiten abgehandelt worden, konnten sie nicht lesen, und Bücher in wendischer Sprache zu schreiben, war den Gelehrten allzu schwer; und wenn es auch einer hätte thun können, würde doch der Endzweck nicht erhalten worden seyn, da die Wenden in diesem Lande das Geschriebene nicht lesen konnten. Sie hatten keine Buchstaben, als welche um das Jahr 890 von einem Bischoff in Mähren, Methodio, zuerst ausgedacht, und in Schulen eingeführet worden. Gedachter Bischof hat zwar die H. Schrift in die wendische Sprache übersetzet; weil er aber dabey seine ausgedachten Buchstaben gebrauchet, welche den griechischen Buchstaben in vielen ähnlich waren, b) so fanden sich wenig Leute in

D 4 dieser

---

a) Adamus L. II. C. 12. advenæ Saxones parem cohabitandi legem acceperunt, si tamen Christianitatis titulum ibi morantes non publicaverint.

b) v. Joh. Petri Kohlii introductio in historiam & rem literariam Slavorum. Alton. 1729.

dieſer Gegend, welche im Stande waren, dieſes Buch zu leſen.

§. 2. Man findet in den Geſchichten, daß die Einführung der chriſtlichen Religion in einem Lande ofte dadurch befördert worden, wenn der regierende Fürſt den Anfang gemacht, ſich taufen zu laſſen. Auf dieſe Art iſt das Chriſtenthum anno 894 in Böhmen, und anno 966 in Pohlen aufgekommen. Die Sorbiſchen Fürſten aber haben ihren Unterthanen hierinnen kein gut Beyſpiel gegeben. Es waren viel kleine Fürſten in dieſem Lande, welche die Fränkiſchen Jahrbücher bald Könige, bald Fürſten, bald Primores nennen, als 631 Derwan, 806 Miliduoch, 826 Tunglo, 839 Cimuſol, und anno 858 Cziſtibor. Dieſe Bücher aber erwähnen nichts von ihrer Bekehrung. Sie ſchreiben öfters, daß Böhmiſche, Mähriſche, Abotridiſche, Hunniſche und Bulgariſche Fürſten die Taufe empfangen; ſie würden es alſo von den Sorbiſchen auch aufgezeichnet haben, wenn ſie ſich hätten taufen laſſen; es müßte denn ſeyn, daß die Sorbiſchen Fürſten unter dem Namen der Böhmiſchen verſteckt worden. Denn man kann beweiſen, daß einige alte Geſchichtſchreiber die Sorben-Wenden aus Irthum zu Böhmen gerechnet, weil beyde Völker insgemein einander im Kriege beyſtunden, und weil ein gut Theil des Sorben-Landes, nämlich die Ober- und Nieder- Lauſitz, ofte von den Böhmiſchen Herzogen beherrſchet wurde. Hieher gehöret vielleicht, wenn bey dem Jahr 845 erzählet wird, c) daß 14 Böhmiſche Herzoge auf einmal an den Käyſerlichen Hof gekommen, und die chriſtliche Religion angenommen. In der Niederlauſitz war um die Zeit ein Herr mit Namen Thacolf, welcher comes

---

c) Annal Fuld. ad h. a. Hludovicus quatuordecim ex ducibus Boëmanorum cum hominibus suis, christianam religionem desiderantes, suscepit, & in octavis Theophaniæ baptizari juſſit.

mes de Bohemia genennet wird, welcher dem Kloster Fulde die Provinz Sorau geschenket, *d*) und also ein Zeugniß abgeleget, daß er ein Christe gewesen. Es scheinet aber, als habe er um der Religion willen das Land meiden müssen, so, daß er nur die Prätension darauf dem Kloster beschieden.

§. 3. Der bequemste Weg zur Grundlegung des Christenthums bey diesem Volke war ohne Zweifel der mündliche Unterricht, welchen solche Männer anstellen mußten, die deswegen zu ihnen kamen, daß sie ihnen die Wahrheit des Evangelii verkündigten. Man nennete solche Lehrer Apostel, Evangelisten, Heidenprediger oder Missionarien. Dergleichen Leute wurden entweder von andern abgeschicket, oder sie machten sich aus eigner Bewegung an diese schwere Arbeit. Die Päbste rühmten sich, daß sie große Sorgfalt anwendeten, denen in Finsterniß wandelnden Heiden das Licht des Evangelii mitzutheilen. Die Fränkischen Kayser bewiesen viel Eifer, den heidnischen Unterthanen und Nachbarn die Erkenntniß der Wahrheit beybringen zu lassen, und besorgten selbst die Anstalten darzu. Die Bischöffe und Aebte in den Klöstern suchten darinnen eine große Ehre, wenn sie durch ihre Geistlichen den Grund zu der christlichen Religion bey fremden Völkern legen konnten. Vielmal entschlossen sich Männer, Heiden-Apostel zu werden, aus eigner Bewegung. Die Irr- und Schottländer haben darinnen einen besondern Eifer gezeiget, und sind weit herum gereist, die christliche Religion auszubreiten. Es ist von dem Missions-Werke an den Sorben-Wenden wenig Nachricht auf uns kommen. Man kann also nicht sagen, wer Lehrer hieher geschickt, oder ob sie aus eigner Bewegung gekommen. So viel ist gewiß, daß im Anfange, da dieses Volk noch nicht den Fränkischen Scepter scheuete, wenig Lehrer sich

---

d) v. Beyträge P. IV. 329.

sich an diese Arbeit gewaget, welche mit großer Mühe und Gefahr verknüpft war. e) Ohne Kenntniß der wendischen Sprache war alles Unternehmen vergeblich; und diese wurde in den ältesten Zeiten von den Deutschen nicht so fleißig gelernet, als hernach zur Zeit der Sächsischen Kayser geschehen ist; daher darf man sich nicht wundern, wenn man liest, f) daß es als eine Art der Züchtigung angesehen worden, wenn ein Bischoff einen ihm untergebenen Geistlichen zu einem Heiden-Apostel machte. Unterdessen ists gewiß, daß dergleichen Lehrer in dieses Land gekommen. Die neuern Geschichtschreiber geben sogar ihre Namen an; sie nennen den Bonifacium, Hugo und Ludgern und andere mehr. Ob sie die Wahrheit darinnen getroffen, soll itzo untersuchet werden.

§. 4. Bonifacius führet den Titel eines Apostels der Deutschen, und insonderheit der Thüringer. Er trat sein Amt anno 719 in Franken an, und anno 724 kam er in Thüringen zwischen der Saale und Werre, und nahm sich der Sache der christlichen Religion daselbst an. Diese mühsame Arbeit verrichtete er mit vielem Eifer bis anno 755, da er in Frießland das Leben verlohr. Sein Leben ist von vielen Alten beschrieben worden; man findet aber nicht erwähnet, daß er über die Saale gegangen, und den Sorben-Wenden das Evangelium verkündiget. Die neuern Geschichtschreiber wollen als gewiß behaupten, daß er hier gewesen. Lange im Chron. Citiz. g) ist wohl der älteste, der ihn Apostolum Soraborum nennet. Ihm haben es andere nachgeschrieben, und viele Umstände darbey erdichtet, als, daß er bey Rochlitz, in Chemnitz, in Schmöllen an der Pleiße, in Grimme und an andern

---

e) in vita Ludgeri p. 43. difficile in regno Francorum potuit inveniri, qui libenter ad prædicandum inter barbaros iret.
f) v. Regino T. I. Pistor. p. 108.
g) p. 760. Tom. I. Pistorii.

dern Orten Kirchen, und nahe bey Leipzig sogar ein Kloster erbauet. Es sind einige, welche die Predigt Bonifacii dießeit der Saale daraus beweisen wollen, weil er in Saalburg anno 741 einen Synodum der Geistlichen gehalten, und Wilibaldum zum Bischoff in Eichsted daselbst consecriret. b) Allein Herr Eckard hat i) deutlich bewiesen, daß nicht Salburg im Voigtlande, sondern Salzburg in Franken gemeynet werde. Daß Bonifacius bey Leipzig eine Kirche erbauet, und sie mit Mönchen besetzet, will man deswegen behaupten, weil die St. Jacobs-Kirche in folgenden Zeiten dem Schotten-Kloster in Erfurt unterworfen gewesen. Allein dieses Erfurtische Schotten-Kloster ist allererst anno 1036 von einem Herrn von Gleißberg gestiftet worden, k) und man kann nicht wissen, ob dieser Stifter selbst, oder ein anderer Wohlthäter das Vermächtniß bey Leipzig dahin gethan; zum wenigsten ist es sehr lange nach Bonifacii Tode geschehen. Wie könnte man glauben, daß dieser Mann sich zu den Sorben gewagt, ihren Götzen Flins zerbrochen, und Kirchen an die Stelle der Götzen-Bilder sollte aufgebauet haben, da er nicht einmal in Thüringen wegen ihrer Einfälle sicher predigen konnte, sondern mußte sich oft in den Festungen verstecken. l) Anno 745 rechnet er noch selbst die Wenden unter die Völker, welche von dem wahren Gott nichts wüsten, und nennet sie ein häßlich Volk in einem

---

b) in vita S. Willibaldi. S. Willibaldus secundum jussionem S. Bonifacii in Thuringiam veniebat —— & in episcopum consecratus est in loco, qui dicitur Sallpurg.
i) Rerum Francic. Tom. I. p. 389.
k) Lambertus Schaff. ad h. a.
l) Ludger in vita S. Gregorii: Bonifacius & Gregorius cogebantur nonnunquam propter vicinam paganorum persecutionem ob metum mortis cum populo simul in civitatem fugere, ibique in atro pane & angustiis per dies plures habitare.

nem Briefe *m*) an den König in England. Man hat also Ursache, an des Bonifacii Kirchen-Anstalten in Meißen so lange zu zweifeln; *n*) bis bessere Gründe vorgebracht werden.

§. 5. Spangenberg *o*) schreibet, daß die Schüler und Gehülfen des Bonifacii, nachdem sie die wendische Sprache gelernet, zu den Sorben gegangen, und ihre Bekehrung versucht hätten; wer sie aber gewesen, und was sie ausgerichtet, verschweiget er, hat auch nichts mit Bestand der Wahrheit davon schreiben können, da die alten Lebensbeschreibungen des Bonifacii und seiner Schüler nichts davon erwähnen. Vielleicht hat er die beyden Männer Hugo und Lullum in Gedanken gehabt. Dieser Hugo war entweder ein Graf, oder ein Edler in Thüringen, die Alten nennen ihn einen Senior, *p*) welcher um das Jahr 724 dem Bonifacio den Ort Ordruf in Thüringen schenkte. Die Neuern sagen, er habe sich nach seiner Bekehrung zu den Sorben gewendet, habe nicht weit von Rochlitz geprediget, und die Kirche in Seltz erbauet. Sie führen aber keinen Beweis, und widersprechen sich auch selbst unter einander. Lullus war einer von den berühmtesten Gehülfen des Bonifacii. Er wurde anno 752 Bischoff in Maynz, bauete das Kloster Hirschfeld in Hessen, und starb anno 786. Dieser soll an der Bekehrung der Sorben sehr gearbeitet, auch deswegen an ihrer Gränze in Salfeld ein Colle-giat-

---

m) v. Bonifacianæ Epist. XIX. & Winedi, quod est fœdissimum & deterrimum genus hominum.

n) v. Herrn Prof. Wernsdorfs Abhandlung von dieser Materie in dem zweyten Theile der Sammlung einiger ausgesuchten Stücke der Gesellschaft der freyen Künste zu Leipzig p. 264.

o) in dem Leben Bonifacii C. XIX.

p) Othlonus in vita Bonifacii L. I. C. 23.

giat-Stift aufgerichtet haben; *q*) es gehöret aber noch stärkerer Beweis darzu, wenn man es glauben soll. Ludger war zwar kein Schüler des Bonifacii, doch aber ein berühmter Heiden-Lehrer nach jenes Tode. Dieser soll in diesem Lande die Leonhardts-Kirche nicht weit von Rochlitz aufgerichtet, und viel Sorben getauft haben *r*) Es ist dieses Mannes Lebens-Beschreibung bald nach seinem Tode aufgesetzt worden, *s*) woraus man siehet, daß er anno 479 gebohren, und anno 775 seine Predigt in Frießland und Westphalen angefangen habe; anno 803 zum Bischoff in Münster geweihet worden, und anno 809 gestorben. Daß er aber hieher an die Mulde gekommen, findet man nicht, und die Entlegenheit seines Bißthums will es auch nicht wohl gestatten, zu glauben. So viel weis man, daß er bey den Wenden in der alten Mark Brandenburg Bekehrungs-Anstalten gemacht, und deswegen ein Kloster zu Helmstedt errichtet. *t*) Es ist aber zu eben der Zeit noch ein anderer Ludger berühmt gewesen, welcher von jenem darinnen unterschieden ist, daß er der Märtyrer genennet wird, *u*) da jener nur Confessor, der Bekenner, heißt. Vielleicht hat dieser den Sorben gepredigt. Wiewohl der Jesuit Brower *x*) unter dem Märtyrer Ludgern den Bischoff Leodgarium in Frankreich will verstanden haben, welcher anno 678 um der Wahrheit willen den Tod erlitten.

§. 6. Der Bischoff Arno in Würzburg ist anno 892 in diesem Lande gewesen, hat nicht weit von Kolditz

q) Schamelii Beschreibung des Klosters Saalfeld p. 136.
r) Hein. Rochlitzer Chronicke p. 145 und viele andere.
s) Altfridi vita Luidgeri Tom. I. Script. Brunsv. Leibnitii.
t) Eckard rerum Franc. T. I. p. 783.
u) Altfridus in vita Ludgeri: non confessorem Ludgerum, sed sanctum martyrem Ludgerum, cuius tunc fama celebrior habebatur, expetivit.
x) in notis ad vitam Ludgeri p. 92.

diß auf einem Hügel Messe gelesen, und ist mitten in seiner andächtigen Verrichtung von den Soldaten umgebracht worden. Daraus hat man folgern wollen, daß er hieher gekommen, den blinden Einwohnern den Weg zur Seligkeit zu zeigen. Es ist aber anderwärts y) bewiesen worden, daß er nicht als ein Heiden-Lehrer, sondern als ein Soldate das Leben in dieser Gegend eingebüßet. Die Ober-Lausitzer schreiben die Grundlegung des Christenthums in ihrer Gegend einem Lehrer aus Griechenland, mit Namen Methodius, zu, z) welcher anno 863 nach Mähren berufen worden, die christliche Religion daselbst zu pflanzen. Sein Bruder Constantinus, oder Cyrillus, war sein treuer Gehülfe. Diese beyden Männer haben unter den Wenden viel Gutes gestiftet, Mähren, Böhmen, Ober-Schlesien, Croatien, Dalmatien, Cärnthen und viele andere Länder an der Donau haben durch ihre Bemühungen a) das Licht des Wortes Gottes empfangen. Ob sie aber auch die Ober-Lausitz betreten, kann nicht völlig bewiesen werden. Wenn dieser Theil des Sorben-Landes die christliche Religion angenommen hätte, würde er zu dem Mährischen Bischöflichen Kirchensprengel seyn gezogen worden, wie die andern durch Methodium bekehrte Länder. Dieses aber ist nicht geschehen.

§. 7. Ob nun gleich wider diese vorgegebene Missionarien einige Zweifel gemacht worden, so wird doch deswegen das Bekehrungs-Werk bey den Sorben durch ausgeschickte Prediger nicht geläugnet. Herr Eckardt b) will behaupten, daß die Bischöffe in Würzburg

---

y) in den Dreßdn. gel. Anzeigen auf das Jahr 1756 XLIII. Stück.
z) M. Kretschmari disquisitio de religionis christianæ initiis per Lusatiam superiorem 1759.
a) Stredowsky sacra Moraviæ historia. Solisbaci 1710.
b) Rerum Franc. T. II. p. 383.

burg in ihrer Bestallung gehabt, für die Aufnahme der Religion in der Sorben Lande zu sorgen. Da die Bischöffe in Regenspurg Böhmen unter sich gehabt, ehe ein eigner Bischoff nach Prag gesetzt worden, so ists möglich, daß denen in Würzburg dieses Land empfohlen worden. Zum wenigsten kann man die Worte Willibaldi c) also auslegen, daß der Bischoff Burghard zu Würzburg anno 741 die Commission erhalten, für die Aufbauung einiger Kirchen in der Wenden Lande zu sorgen. Ist dieses, so hat man an ihrer treuen Verwaltung dieses Amts nicht Ursache zu zweifeln. Nur weis man der Lehrer Namen nicht anzugeben, welche sie hieher geschicket. Helmold d) berichtet uns, daß die Mönche in Corbey der Wenden Länder durchzogen, und das Wort Gottes geprediget, welches manche e) in das Jahr 841 setzen. Wir nehmen also als gewiß an, daß zuweilen Heiden-Lehrer zu den Sorben gekommen; allein wir können nicht beweisen, ob sie von der wendischen Obrigkeit Erlaubniß bekommen, öffentlich zu predigen, denn diese f) wurde allezeit erfordert. Haben sie auch selbige durch Recommendation-Schreiben oder Geschenke erlangt, so ist doch noch nicht ausgemacht, ob ihre Freyheit so weit gegangen, daß sie haben dürfen die Götzen-Bilder zerstören, und die Hayne ausrotten, und Kirchen an selbiger Stelle erbauen. Das Missi-

---

c) in vita Bonifacii Cap. X. cujus curæ ecclesiæ in confiniis Francorum, Saxonum & Slavorum sunt commendatæ.
d) in Chronico Slavorum L. II. C. 12 tradit antiqua veterum relatio, quod temporibus, Ludovici II. egressi fuerint de Corweja monachi, sanctitate insignes, qui Slavorum salutem sitientes, impenderunt se ipsos ad subeunda pericula & mortes pro legatione verbi Dei, peragratisque multis Slavorum provinciis, pervenerunt ad eos, qui dicuntur Rani &c.
e) Compilatio Chronol. Tom. II. Script. Brunsv. Leibnitii p. 62.
f) Adamus Brem. p. 23. 24. edit. Maderi.

Missions-Werk in einem freyen Lande erforderte viele Unkosten. Die Prediger mit ihren Gehülfen wollten leben; die Obrigkeit wollte beschenkt seyn, wenn sie Erlaubniß geben sollte; unter die Zuhörer mußten reichliche Almosen ausgetheilet werden. Es war also keine Sache für Privat-Personen, sondern die Könige *g*) oder Bischöffe *h*) mußten Geld darzu hergeben. Die Geschichte der folgenden Zeiten lehren uns, daß zwar vor Aufrichtung der Bißthümer in diesem Lande einzelne Christen und etliche wenige Kirchen gewesen, der meiste Hause aber der Einwohner bey ihrem Götzendienst geblieben.

§. 8. Wenn wir die Spuren der Religions-Uebung unter den Sorben aufsuchen wollen, dürfen wir nicht allzu weit in das Alterthum zurücke gehen. Es hat zwar schon anno 631 ein Bischoff zu Utrecht die Mühe über sich genommen, die Wenden zu der Erkenntniß des wahren Gottes zu bringen, es soll auch dieser Amandus einige gewonnen und getauft haben; *i*) allein es ist dieses von den Wenden in Cärnthen über der Donau, und nicht von den hiesigen zu verstehen. Zwar wenn wir Albino *k*) und vielen andern glauben wollen, so sind die Sorben anno 630 von dem Fränkischen König Dagobert geschlagen, und auf dem Schlachtfelde ist das Kloster Chemnitz aufgebauet worden. Bald darauf soll *l*) auch das Kloster Waldheim seyn gestiftet worden, welches anno

705

---

g) von Brunone, Grafen in Querfurt. schreibt Ditmar L. VI. multa a Bolislavo ceterisque divitibus bona suscepit.

h) Adamus Brem. p. 134. 67.

i) Baudemundus in vita S. Amandi Cap. 14. audivit denique quod Slavi nimio errore decepti a diaboli laqueis tenerentur oppressi illucque se martyrii palmam assequi posse confidens, transfredato Danubio, eadem circumiens loca, libera voce evangelium Christi gentibus prædicat.

k) in der Meißn. Chronicke Tit. VIII. XL.

l) Thammius in Chron. Coldiz. p. 690.

der Sorben-Wenden in Ober-Sachsen. 65

705 in so gutem Stande gewesen, daß Willibald, der erste Bischoff im Eichsted, in seiner Jugend hat darinnen erzogen werden können. Allein es ist fast überflüßig, diesen kennbaren Irthum zu widerlegen. Samo, der wendische König, mit welchem damals Krieg geführet wurde, hatte sein Reich an der Donau in Steyermark, Cärnthen, Crain und weiter; und es ist noch ungewiß, ob er damals den böhmischen Slaven zu befehlen gehabt. Die Sorben hatten ihren eignen Herzog, mit Namen Derwan, welcher damals mit den Franken in Friede lebte. Die Schlacht ist nicht in Meißen, sondern in Steyermark bey dem Schlosse Vocat oder Voitsberg geschehen. Die Wenden haben gesieget, und ihr König Samo hat seine Herrschaft erweitert, und den Sorbischen Herzog Derwan, ihm getreu zu seyn, genöthiget; worauf denn viele Jahre nach einander Franken und Thüringen von ihnen verheeret worden: wie dieses alles Herr Eckard *m*) mit mehrern ausgeführet. Das Kloster Waldheim, worinnen Willibald erzogen worden, lag nicht in Meißen, sondern in Engeland in der Provinz West-Sex, oder West-Sachsen, wo dieser Bischoff auch gebohren *n*) worden.

§. 9. Nach vieler Gelehrten Meynung soll der Anfang zur christlichen Religion in diesem Lande unter dem Kayser Carl dem Großen, und zwar anno 789, seyn gemacht worden. Man erzählet, *o*) daß dieser Herr in gedachtem Jahre die Sorben überwunden, und die Religion eingeführet habe; und da das Bekehrungs-Werk nicht recht von statten gehen wollen,

soll

---

m) Rerum Franc. T. I. p. 202.
n) Siffridus presbyter in Epitome Lib. I. Willebaldus de Saxonia fuit oriundus, traditur sacris studiis in cænobio Waldheim.
o) Albini Meißnische Land-Chronicke Tit. VIII.

soll er anno 806 Gewalt gebraucht, die ungehorsamen Wenden über die Elbe gejagt, und an ihrer Stelle Sächsische Colonien hergesetzt haben. Zu Naumburg, Zeitz und Merseburg sollen *p*) zu fernerer Ausbreitung des Glaubens Klöster seyn gestiftet worden, woraus manche *q*) gar Bißthümer machen. Nach Donah soll *r*) ein christlicher Burggraf zur Beschützung der deutschen Colonien gesetzt worden seyn. Wie will man aber dieses alles beweisen? In dem Lebenslauf *s*) dieses Kaysers stehet weiter nichts, als daß er die Sorben genöthiget, ihm jährlichen Tribut zu bezahlen. Hätte er so viel Religions-Anstalten getroffen, würde er auch diese Gegend zu der Diöces eines Bischoffs geschlagen haben, wie er die wendischen Länder in Mecklenburg und Pommern zum Bremischen und Verdischen Kirchen-Sprengel gab. Dieses aber ist nicht geschehen. Daß er ganz Sachsen zum christlichen Glauben gebracht, ist eine bekannte Sache. Aber die Meißnischen Länder diesseit der Saale gehörten damals noch nicht zu Sachsen, folglich darf man das, was von den Sachsen erzählet wird, nicht von den hiesigen Einwohnern verstehen. Hier wohnten die Sorben, welche damals ein großes Reich ausmachten, welches sich über die Elbe bis ins Brandenburgische, und gegen Morgen bis an Schlesien erstreckte. Der Kayser Carl hat sie erst anno 805 und 806 durch einen glücklichen Krieg da hin gebracht, daß sie ihm Tribut zu geben versprochen, und hat zwey Festungen in ihrem Lande gebauet, eine bey Halle, die andere nicht weit von Magdeburg jenseit der Elbe, und sie mit Sächsischen Besatzungen belegt. Zuvor hat er sich nicht an sie gewaget, und ist zufrieden gewesen,

daß

---

p) Brotufs Merseburg. Chronicke p. 516. 565.
q) Alte Sächs. Chronicke ad 803.
r) Bartzsch von Donah p. 22.
s) Eginhard in vita Caroli M. p. 19.

daß sie sich nicht mit den rebellirenden Sachsen vereiniget, welches sie zweymal, nämlich anno 782 und 792 zu thun willens waren. Es ist also völlig ungegründet, daß sie anno 789 wären überwunden worden. Sie schickten vielmehr in diesem Jahre dem Kayser Hülfs-Truppen zu, als er die Pommerischen Wenden überzog. Noch anno 807 hielt er die Sorben und Böhmen für Feinde des Reichs, und machte die Verordnung, *) daß in Sachsen ein allgemein Aufgebot geschehen sollte, wenn die Sorben Krieg anfangen wollten. Da nun dieses alles aus den Fränkischen Jahrbüchern sicher kann bewiesen werden, so wird jeder erkennen, daß die vorgegebenen Religions-Anstalten keinen Grund haben.

§. 10. Nach der Zeit trennete sich das große Sorblsche Reich; die kleinen Könige oder Fürsten hielten nicht getreu beysammen. Die Carolingischen Kayser bedienten sich dieser Gelegenheit, sie zu überwältigen. Sie baueten an der Saale und Elbe an den Sorbischen Gränzen Festungen, legten starke Besatzungen darein, welche die Nachbarn in Furcht erhalten sollten. Diejenigen Sorbischen Fürsten, welche ihnen am nächsten wohneten, als die Sorben im engern Verstande, die Siusler und Koledizier verlohren dadurch am meisten von ihrer Freyheit. Die Daleminzier, welche zwischen der Mulde und Elbe wohneten, und also schon weiter entfernet, haben vor dem Jahre 856 nicht viel gelitten, und die Milziener in der Ober-Lausitz, und die Lusizier in der Nieder-Lausitz sind unter den Carolingischen Kaysern unangetastet geblieben. Die Thüringer und Sachsen erhielten die Wenden dießeit der Saale und Elbe nicht allein in Furcht, sondern sie suchten auch ihre Gränzen zu erweitern, nahmen eine Stadt nach der andern ein, und legten

---

*) Capitulare Caroli anni 807. Si circa Sorabis patriam defendendi necessitas fuerit, tunc omnes generaliter veniant.

legten Besatzungen da hin. Daher findet man anno 869 einen Unterschied *u*) erwähnet unter den alten und neuern Gränzen der Thüringer gegen die Sorben. Die alten Gränzen machten die Saale, die neuern vermuthlich in diesem Jahre die Elster. Anno 880 bestunden diese neuern Gränzen noch; es mußten aber die Thüringischen Unterthanen *x*) dießeit der Saale in diesem Jahre große Plünderungen von den übrigen Wenden erdulden. Sie konnten aber das Joch nicht abschütteln; die Thüringer und Sachsen griffen weiter um sich, und bemächtigten sich der ganzen Gegend bis an die Mulde. Und zu dieser Zeit ist der Anfang zur öffentlichen und freyen Verehrung Christi in der Pflege zwischen der Saale und Mulde, sowohl im Osterlande, als im Anhältischen, gemacht worden. Der oberste Befehlshaber, oder Dux Sorabici limitis, war ein Christe; etliche Städte und Schlösser wurden den vornehmen Officiers in Lehen gegeben. Viele Thüringer und Sachsen kamen ins Land; diese alle wollten ihren freyen Gottesdienst haben; sie brachten ihre Priester mit; sie baueten Capellen und Altäre.

§. 11. Es ist ein ungegründetes Vorurtheil, wenn viele glauben, als wären die Wenden in diesem occupirten Lande verjaget worden. Es blieben nicht allein die wendischen Bauern, sondern die vornehmsten unter ihnen wurden auch bey dem Besitz ihrer Herrschaften und Dörfer gelassen, wie man denn lange nach dieser Zeit noch wendische Edelleute hier antrift; diese aber nahmen zum Theil die Religion ihrer Ueberwünder an. Die Thüringer und Sachsen, welche nunmehro hier die Oberhand hatten, waren meistens Sol-

u) Annales Fuld. ad h. a. Sorabi & Siusli antiquos terminos Thuringorum transgredientes, plurima loca devastant.

x) ib. Sclavi, qui vocantur Dalmatii & Boherni atque Sorabi, Thuringos invadere nituntur, & in Sclavis circa Salam fluvium Thuringis fidelibus, prædas & incendia exercent.

der Sorben-Wenden in Ober-Sachsen.

Soldaten, und ihre meiste Sorge war, Rebellionen unter den Einwohnern zu verhüten; sie bekümmerten sich also wenig um die Religion. Aber von ihren Priestern, welche sie mitbrachten, kann man hoffen, daß sie sich des Seelen-Zustandes derselben angenommen. Auch andere Geistliche konnten nun getrost als Missionarien herreisen, weil sie einen mächtigen Schutz an den Besatzungen hatten. Man muß aber gestehen, daß nicht das geringste von den damaligen Religions-Anstalten in diesem Lande aufgeschrieben worden. Die folgenden Geschichte lehren, daß die meisten hartnäckigt gewesen, und bey ihrem Götzendienst beharret. Wegen der wenigen Neubekehrten brauchte man nicht große Kirchen aufzubauen; und es ist glaublich, daß die meisten unter ihnen an die Pfarr-Kirche in Dornburg an der Saale gewiesen worden, als welche bey den Alten y) wegen ihrer Schönheit und Reichthums gerühmet wird. Wenn man unfehlbaren Beweis führen könnte, daß der anno 892 ohnweit Koldiz erschlagene Bischoff zu Würzburg, Arno, in Koldiz begraben wäre, und daß er der große Heilige sey, der daselbst lieget, von dem die Kirche die Magnus-Kirche heiße, wie anderwärts z) vermuthet worden, so würde man einen guten Grund haben, zu glauben, daß hier und da Kirchen zu derselben Zeit gestanden. Es geben uns zwar die Meißnischen Geschichtschreiber viel Nachrichtungen von christlichen Grafen in Rochlitz, Pleißen, Wettin, Brena und Eulenburg, welche damals sollen gelebet haben; sie nennen Klöster und Kirchen, welche in dieser Gegend sollen gestanden haben. Wer wollte aber auf ihr Wort trauen. Albinus a) gehet

y) Lambertus Schaff. ad 971 exustum est famosum templum in Dornburg. Chronographus Saxo ad 971. honorabile templum in Thornburg exustum est una cum thesauris Regis.
z) Beytr. zur Historie der Sächs. Lande P. I. p. 18.
a) in der Meißn. Land-Chronicke Tit. XI.

gehet so weit, daß er auch dießeit der Mulde unter den Daleminciern und Milzienern Kirchen angiebt. Denn der Kayser Ludovicus soll anno 869 den Grund zu der Kirche in Prießnitz geleget haben, welche von den Alten ecclesia Nisicensis genennet worden. Da er aber an der Ausführung seines Fürhabens gehindert worden, habe er einem Grafen, Conrad, aufgetragen, sie zu vollenden. Andere *b*) wollen wissen, daß die Lorenz-Kirche bey Strehle damals berühmt gewesen. Nun hat zwar der Kayser in gedachtem Jahre durch seine Generals die Mähren-Böhmen, Sorben und Siusler, welche eine Allianz unter sich gemacht hatten, angegriffen und geschlagen; er selbst aber ist durch eine Krankheit genöthiget worden, umzukehren, und seinem jüngsten Sohn Carolo an seiner Statt das Commando zu übergeben, *c*) aber von der ecclesia Nisicensi wird nichts gedacht. Er hat Carolo das Commando zum Kriege überlassen, aber nicht zum Kirchenbau; zudem hat ein Archidiaconat unter dem Bißthum Meißen den Namen ecclesiæ Nisicensis geführet, warum will man statuiren, daß das Archidiaconat älter sey, als das Bißthum.

§. 12. Unter den Sächsischen Kaysern hat das Christenthum in diesem Lande bessern Fortgang gehabt. Das Osterland zwischen der Saale und Mulde war, wie wir gehöret haben, schon seit einigen Jahren in der Gewalt der Sachsen und Thüringer; es wurde täglich an der Bekehrung der Unterthanen gearbeitet, und es ist zu glauben, daß doch einiger Zuwachs für die Kirche daraus entstanden. Aber die Dalemincier-Wenden über der Mulde, und einige andere Völker über der Elbe, nahmen sich das, was mit den Osterländern geschahe, zur Warnung, und wollten sich durchaus

---

b) Simons Eulenburgische Chronicke p. 207.
c) Eckard. Rerum Franc. T. II. p. 549.

durchaus dieser Herrschaft nicht unterwerfen. Der Herzog in Sachsen, Otto, hat lang mit ihnen Krieg geführet. Er übergab endlich das Commando wider die Dalemincier d) anno 906 seinem Prinzen, Heinrich. Dieser folgte glücklich, e) und verwüstete ihr Land. Sie gaben aber noch nicht nach, sondern machten ein Bündniß f) mit den Ungern, welche anno 908 zweymal in Sachsen einfielen. Ein deutlich Merkmal, daß die Dalemincier große Feinde der christlichen Religion gewesen sind, welches auch Albinus g) erkannt, und sich also selbst widersprochen. Der Prinz Heinrich bekam bald darauf Streit mit dem Kayser Conrado, und anno 915 fielen die Hunnen wieder in Thüringen. Er war also genöthiget, von den Daleminciern abzulassen; nachdem er aber Kayser geworden, und mit den Hunnen einen Waffenstillstand gemacht hatte, griff er anno 927 alle Wenden an, welche vormals zu dem großen Sorbischen Reiche gehöret, und noch nicht waren bezwungen worden. Mit Belagerung der Stadt Brandenburg eröfnete er den Feldzug; darauf fiel er in der Dalemincier Land, und eroberte ihre Hauptfestung Grana; daß er zu eben der Zeit die Ober- und Nieder-Lausitz ein-

---

d) Witechind. Lib. I. pater autem videns prudentiam adolescentis, & consilii magnitudinem, reliquit ei exercitum & militiam adversus Dalamantiam, contra quos diu ipse militavit.

e) Ditmar L. I. is a patre in provinciam, quam Teutonici Dalemince, Slavi autem Glomaci appellant, cum magno exercitu missus, devastata eadem multum, atque incensa, victor rediit.

f) Witechind. l. c. Dalamanti impetum illius ferre non valentes, conduxerunt adversus eum Avares, quos modo Ungaros vocamus, gentem bello asperrimam.

g) im Sächs. Stammbaum p. 401 cæditur Ottonis ductu Dalemincia pubes, illa tuam nondum, Christe, professa fidem.

eingenommen, berichtet der Bischoff Ditmar, *b*) wenn er die Erbauung der Stadt Meißen beschreibet. Nach dessen Erzählung *i*) soll er bis an die Oder gedrungen seyn, und die Stadt Lebus zerstöret haben. Es ist aber wahrscheinlicher, daß unter der Stadt Libuussua eine andere Festung über der Elbe an der schwarzen Elster an der Lausitzer Gränze zu verstehen, welches hier zu beweisen unnöthig ist.

§. 13. Daß durch diese Bezwingung der Wenden ein guter Grund zu ihrer folgenden Bekehrung geleget worden, wird niemand läugnen. Einige alte Geschichtschreiber *k*) sagen ausdrücklich, daß sie alle angelobet, Christen zu werden, und dem Kayser Tribut zu geben. So wenig sie aber das letztere gehalten, eben so wenig werden sie auch das erstere erfüllet haben. Diese Völker hatten in 9 Jahren seit dem Tode Kayser Conrads keinen Tribut gegeben. Diesen mußten sie nun auf einmal *l*) bezahlen, und ihn fernerhin jährlich abzutragen versprechen. Allein anno 929 rebellirten sie alle, fielen die Sachsen an, und eroberten einige Städte. Ob sie nun gleich damals eine harte Niederlage erlitten, so ist doch deswegen der Krieg nicht aus gewesen. Man findet, daß er anno 934 noch ist geführet worden. Den Wenden kam zu statten, daß die Ungern anno 932 und 933 einen fürchterlichen Einfall in Sachsen thaten. Sollten

---

b) Lib. I. ex qua Milcienos suæ subactos ditjoni censum persolvere coëgit.

i) ib. urbem quoque Lebus (Libuussua) diu possidens, urbanos in muniti unculam infra eandem positam fugere, & deditios fieri compulit.

k) Adamus Brem. H. E. p. 35. Bohemos & Sorabos ab aliis regibus domitos, & ceteros Slavorum populos uno grandi prælio ita percussit, ut residui, qui pauci remanserant, & regi tributum, & Deo christianitatem ultro promitterent. cf. Helmold Lib. I. C. 8.

l) Chron. Ducum Brunsv. bey Madero p. 3.

ten sie wohl bey diesen Empörungen die christliche Religion anzunehmen willig geblieben seyn? Jedoch was sie nicht freywillig gethan, soll bey denen Wenden zwischen der Saale und Elbe mit Gewalt seyn ausgeführet worden: denn also erzählet es Albinus, *m*) er hat die Wälder und Hölzer, darin die Wenden und Heiden gelaufen, und Abgötterey getrieben, umhauen lassen, die Altäre darinnen zerrissen, und solche heidnische Greuel ernstlich abgeschaft und verboten; dargegen aber hat er, wo es nöthig gewesen, die alten heidnischen Capellen erweitern lassen, zum Theil von Grund auf neu gebauet, fromme und gelehrte Leute darin gesetzt, und zum Predigt-Amte verordnet. In dieser Arbeit soll er nach eben dieses Autoris Meynung so weit gekommen seyn, daß er beschlossen, in der Stadt Meißen ein Bißthum, oder auch gar ein Erzbischoffthum anzulegen, welches aber durch seinen Tod verhindert worden. Was hin und wieder von diesem Kayser gesagt wird, zum Exempel, daß die Peters-Kirche in Rochlitz *n*) von ihm erbauet, und mit einem übergoldeten Kelch beschenket worden, auf dessen Fuß die Worte gestanden: Henricus & Mathildis me comparaverunt, übergehe ich anitzo. Seine Geneigtheit zu milden Stiftungen ist bekannt; daran aber ist allerdings zu zweifeln, daß die Reformation unter den Sorben bey der kurzen und unruhigen Herrschaft über dieselben so weit sollte gekommen seyn, als sie Albinus und andere schildern. Denn wenn diese Meynung gegründet wäre, würde sein Sohn und Nachfolger in der Regierung solches nicht verschwiegen, und das Werk der Bekehrung sich allein, wie wir hören werden, zugeschrieben haben.

E 5 §. 14.

m) in der Meißn. Land-Chronicke.
n) M. Heinens Rochlitzer Chronicke p. 33.

IV. Von der Bekehrung

§. 14. Der Kayser Otto der erste ist also derjenige Herr, welcher in dem Meißner-Lande, und in andern wendischen Gegenden die christliche Religion in Aufnahme gebracht hat Zuvor waren nur die ausländischen Besatzungen in den Festungen mit Priestern und Capellen versehen. Unter den Einwohnern bekannten sich nur hin und her einzelne Personen zu diesem Glauben, und zwar in dem Osterlande mehr, als in Meißen und in der Lausitz. Ueberall waren noch Tempel und Hayne, wo die Götzen-Bilder verehret wurden, und die wenigen Christen waren ohne Priester, Tempel und Altar, oder mußten wenigstens weit darnach gehen. Nunmehro bekam es ein ander Ansehen. Der Kayser hatte Lust und Autorität, eine selige Veränderung hierinnen fürzunehmen. Fromme Bischöffe, unter welchen der in Bremen *o*) war, munterten ihn darzu auf. Wegen seiner vielfältigen Bemühungen wird er *p*) christianæ religionis ac divinæ servitutis propagator solertissimus genennet, und wird von ihm *q*) gerühmet, daß außer Constantino und Carolo M. kein Kayser sich so viel Mühe gegeben, das Christenthum auszubreiten, als derselbe. Ehe er aber dieses heilsame Werk ausführen konnte, mußte er den Wenden ihre bisherige Freyheit benehmen, und sie seiner Botmäßigkeit völlig unterwerfen. Dieses ist auch geschehen. Man darf nicht fragen, in welchem Jahre? denn so viele wendische Länder haben nicht können auf einmal unter das Joch gebracht werden. Von anno 938 an bis anno 960 hat er mit ihnen zu streiten gehabt, und sein bester General in diesem Kriege ist der Marggraf Gero gewesen. Die Geschichte weißt aus, daß die Wenden im Brandenburgischen zuerst herhalten müssen.

---

o) Adamus Brem. L. II. C. 8. studium Regis ad conversionem paganorum incitare non cessavit.
p) Chronographus Saxo ad 969.
q) id. ad an. 973.

der Sorben-Wenden in Ober-Sachsen.

sen. Daher sind auch die Bischofthümer in Brandenburg und Havelberg gegen 20 Jahr älter, als die Meißnischen. Die Lausitzer-Wenden haben anno 660 den Beschluß gemacht. Und daher kommt es, daß die Geschichtschreiber r) diesen langwierigen Religions-Krieg bey dem Jahre 960 bemerken. Der Kayser machte sich die größte Ehre draus, dieß Werk zu Stande gebracht zu haben. Bey seiner Krönung zu Rom anno 962 erzählte er es dem Pabste, s) und entdeckte ihm sein Vorhaben, in Magdeburg und Merseburg Bischöffe zu setzen. Auf dem zu Ravenna anno 967 angestellten Synodo that er t) dergleichen vor der ganzen Versammlung. Er gedenket niemals, daß sein Vater, Kayser Heinrich, schon zuvor den Anfang zu dieser Bekehrung gemacht, oder daß schon längst zuvor, sonderlich in dem Osterlande, ein guter Grund darzu geleget worden, sondern er eignet sich dieses Werk, insbesondere auch die Bekehrung der Wenden über der Saale, u) ganz alleine zu. Von den Stiften in diesem Lande, davon er der Urheber ist, wird hernach gehandelt werden.

§. 15. Wie ists aber angefangen worden, daß diese so vielmals versuchte, und so schwer befundene Bekehrung der Sorben-Wenden diesesmal so glücklich ausgeführet

---

r) Annalista Saxo ad 960: Otto, Rex fortissimus, universos Slavorum populos suo imperio subjecit, & quos pater ejus uno grandi bello domuerat, ipse tanta deinceps virtute constrinxit, ut tributum & Christianitatem pro vita simul & patria gratanter susciperent, baptizatusque totus gentilium populus. Eben dieses sagt Chronographus Saxo ad 960. Adam Brem. Lib. II. C. 3.

s) Qualiter Slavos, quos ipse devicit, in catholica fide noviter fundaverat. v. Sagittarius in Antiquit. Magd. §. 98.

t) ib. §. 93. plurimas Sclavorum nationes ultra fluvium Albim in confinio Saxoniæ multo labore, & maximis sæpe periculis ad Christum convertisse, retulit.

u) ib. §. 109. tanta Sclavorum plebs ultra fluvium Albiam & Salam scilicet Deo noviter acquisita.

IV. Von der Bekehrung

führet worden? Wenn wir wollten den vorhin x) angezogenen Schriftstellern nachgehen, würden wir sagen müssen, daß sich diese Leute freywillig erboten, das Christenthum anzunehmen. Allein wie kann man das freywillig nennen, was pro vita simul & patria geschieht, wie darbey stehet. Derowegen muß man eingestehen, daß der weltliche Arm viel geholfen. Darum mußte sich der Kayser zuvor dieser Länder durch einen so langwierigen Krieg bemächtigen. Da das geschehen, zerstörte er die heidnischen Tempel, zernichtete die Götzen-Bilder, verbot die Feste und öffentliche Opfer, verjagte die Priester, und schloß alle, welche nicht Christen werden wollten, von den öffentlichen Ehrenstellen aus. Die Sachsen haben dieses an ihm bey seinem Tode y) unter andern löblichen Thaten gerühmet. Diese Schärfe entstand größtentheils aus einem Haß gegen gewisse gottlose Religions-Gebräuche der Wenden, da sie bey ihrem öffentlichen Götzen-Dienst mit Christen-Blute ihre Götzen versöhnen, und durch Beschimpfungen des Heilandes sich bey denenselben angenehm machen wollten. z) Dieses war der christlichen Obrigkeit unerträglich. Sie ließ ihre Rache aus, nicht nur an den Oertern, wo dergleichen Greuel verübet worden; sondern auch an den Personen, welche einen Wohlgefallen daran gehabt hatten. Daher der Kayser Conrad a) Befehl gab, den Wenden im Brandenburgischen die Augen auszustechen, und Hände und Füße abzuhauen, weil sie dergleichen einem hölzernen Crucifixe gethan hatten. Es hat aber die weltliche Obrigkeit bey ihrer Handreichung zur Pflanzung der christlichen Religion unter den Sorben-Wenden nicht durch-

---

x) conf. Motam 63.
y) Witechind. Lib. III. delubra Deorum in vicinis gentibus destruxisse.
z) v. Hornii commentationes in epistolam Adelgoti p. 23.
a) Wippo in vita Conradi Salici f. 479.

der Sorben Wenden in Ober-Sachsen.

durchgängig und alleine scharfe Mittel gebraucht, sondern auch durch Versprechungen, gegebene Freyheiten und Geschenke gesucht, die Gemüther zu gewinnen.

§. 16. Hierzu kam der Fleiß und Eifer der Prediger, welche nunmehro haufenweise herzueileten, da sie einen so mächtigen Schutz an der Obrigkeit hatten, und sich für öffentliche Gewaltthätigkeiten der Wenden nicht mehr fürchten durften. Der Kayser Otto hatte zu dem Ende ein Mönch-Kloster in Magdeburg b) gestiftet, daß dadurch das Christenthum unter den Wenden möchte ausgebreitet werden. Die Mönche darinne mußten die wendische Sprache lernen, damit sie zu diesem heilsamen Werke tüchtig würden. Daß sie sich der Sache treulich angenommen, und viele Leute bekehret, kann man daraus schließen, weil sie an so vielen Orten hiesiger Lande den Zehenden c) von dem Kayser geschenkt bekommen, welchen die Leute abtragen mußten, sobald sie sich zu dem Christenthum bekannten. Es fehlet hier wiederum an zulänglichen Nachrichten, welchem Bischoffe die Inspection über das Mißions-Werk in diesem Lande aufgetragen worden, da noch keine eigne Bischöffe hier waren. Oben haben wir gehöret, daß der in Würzburg die Aufsicht allhier solle gehabt haben. Der halberstädtische Bischoff war unstreitig der nächste, und es sind einige Gründe vorhanden, daß man ihm dieses Amt beylegen kann. Ein Priester, mit Namen Boso, hat sich damals besonders hervorgethan, welcher nach einem alten Gebrauch 4 Pfarren hatte, Merseburg, Memleben, Dornburg und Kirchberg. Er brachte unzählige Wenden im

Oster-

---

b) Sagittarius l. c. §. 98. Magdeburgense monasterium Imperator ob novam Christianitatem construxit, quia vicinius id locorum gentibus est.

c) Sagittarius in dissert. cit. passim.

Osterlande *d*) durch seinen Fleiß dahin, daß sie sich taufen ließen, und erwarb sich dadurch *e*) bey dem Kayser so viel Gnade, daß er ihm die Wahl gab, unter den neu errichteten Bißthümern anzunehmen, welches er wollte. Wir brauchen aber nun nicht mehr auf die fremden Prediger zu sehen, und auf solche, welche von einem Orte zum andern reiseten, wo sie dachten, am meisten zu erbauen. Denn wir finden schon Lehrer, die sedem fixam hatten. Obgleich noch keine Bischoffthümer gestiftet worden, so waren doch schon Pfarrer an manchen Orten gesetzet.

§. 17. Ehe ich aber auf die Pfarrlehen komme, welche vor den Zeiten der Bischöffe in diesem Lande, angetroffen werden, muß ich kürzlich der Kosten gedenken, womit die kirchlichen Anstalten bestritten worden. Wenn Missionarien in ein Land kamen, wo noch keine oder sehr wenig Christen waren, mußten sie von ihrem eignen Vermögen, oder von dem freywilligen Beytrag der Fürsten und Bischöffe, die nöthigen Kosten nehmen, wie schon erwähnet worden. So bald sie aber eine ziemliche Anzahl Leute zum Gehorsam des Glaubens gebracht, und Gemeinden, welche man novellas plantationes *f*) nennete, aufgerichtet hatten, mußten die Neubekehrten einen Beytrag thun. Die Gewohnheit der alten Kirche war diese: die neuen Christen brachten freywillige Geschenke, und legten sie auf den Altar, daraus entstund ein ærarium ecclesiasticum, aus welchem die Besoldungen, Baukosten, Almosen und dergleichen bezahlet wurden. Weil aber die Liebe nach und

---

d) Ditmar Lib. II. p. 39. quia is in oriente innumeram Christo plebem prædicatione assidua & baptismate vindicavit, Imperatori placuit.

e) Sagittarius l. c. §. 111. quia vir venerabilis Buso multum in eadem Slavorum gente ad Deum convertenda sudavit, inter Merseburgensem & Citicensem ecclesiam, quam velit, electionem habeat.

f) Torschmidii antiqu. Ploc. p. 45.

und nach erkaltete, mußte mit Hülfe der weltlichen Obrigkeit die Einrichtung gemacht werden, daß die Christen den zehenden Theil ihrer jährlichen Einkünfte zu dem Ærario hergeben mußten. Dieses geschahe zwar nicht in allen Ländern, aber in Deutschland war es durch einen Befehl Caroli M. in den meisten Provinzien eingeführet worden. Die Herren Missionarien ließen sichs zwar zuweilen gefallen, g) daß ihre Neubekehrten freywillige Opfer brachten; manche aber fuhren gleich zu, und forderten den Zehenden, und hinderten dadurch die Erbauung merklich: denn der Zehende war ein großer Anstoß. Die Sachsen sollen sich um desselben willen h) so sehr wider die Annehmung des Christenthums gesperret haben. In den hiesigen Ländern wurde auf Befehl des Kaysers Otto i) der Zehende sogleich eingefordert, wenn ein begüterter Mann ein Christe geworden war. Dieser sollte allemal ad pias caussas, sonderlich zur Ausbreitung der Religion, angewendet werden. Als die Bischöffe in den wendischen Ländern gesetzt wurden, übergab ihnen der Kayser die Direction über die Zehenden in ihren Diöcesen: davon stifteten sie Canonicate und Pfarren, baueten Kirchen und Klöster, und machten andere milde Stiftungen; zu ihrem eignen Gebrauch sollten sie nach den Gesetzen nicht mehr, als den vierten Theil behalten. Ehe aber die Bißthümer aufgerichtet waren, hatte der Kayser an vielen Orten hiesiger Lande den Zehenden oder die Direction über den Zehenden dem Kloster zu Magdeburg eingeräumet, daraus ich oben den Schluß gemacht, daß die Mönche dieses Klosters

---

g) Adamus Brem. p. 143. 152. 154.
h) Alcuinus in epistola in Eccardi Rer. Franc. Tom. I. p. 666 decimæ, ut dicitur, Saxonum subverterunt fidem.
i) Sagittarius l. c. §. 74. ex quibus Christiani decimam dare videntur, & ipsi persolvere debent, quandocunque per Dei gratiam Christiani effecti fuerint.

IV. Von der Bekehrung

Klosters an der Bekehrung der hiesigen Einwohner viel gearbeitet haben.

§. 18. Da die Erkenntniß der Natur dieser geistlichen Zehenden die Meißnische Kirchen-Historie in vielen aufkläret, will ich noch darbey stehen bleiben. Reiche und Arme mußten von ihren Einkünften den Zehenden Gott, das ist, ad pias caufas, geben. Es sind daher viele Arten desselben, weil die Einkünfte verschieden sind. Dem Bißthum Meißen *k*) sollten gegeben werden der völlige Zehende von Feld-Früchten und Vieh, von Geld und Kleidung, von der Verkaufung und Theilung der Leibeignen, und von allem Gewinn. Der Kleider-Zehende war sonderlich in Thüringen gebräuchlich. *l*) Es werden nicht verfertigte Kleider, sondern die Stücke Tücher und Ballen Leinwand verstanden, welche die Unterthanen ihren Herrschaften aus leinenen oder wollenen Fäden zum Zwange wirken und liefern mußten. Sie bekamen das Garn darzu von der Herrschaft; manche aber mußten auch das Garn darzu spinnen. Es muß vor Zeiten der Honigbau in diesen Landen seyn stark getrieben worden, denn der Honig-Zehenden wird sehr oft erwähnet. Wenn die Herrschaften Zoll einzunehmen hatten, mußten sie den zehenden Theil davon abgeben. Daher die Kirchen in Zwickau *m*) und in Leißnig *n*) dergleichen eingenommen. Wenn Hölzer ausgerottet und zu Felde gemacht wurden, ward der Zehende abgetragen, und hieß decima novalium,

oder

---

k) in fundatione Episcopatus Misn. apud Schœtgen in Chron. Wurc. homines, qui infra prædictum terminum habitant, in omni fertilitate, terræ frugum & pecudum, in argento & vestimento, nec non quod Teutonici dicunt Varcapunga & Talunga familiarum, in super tota utilitate. &c.

l) v. Schœtgenii & Kreifigii diplomataria Tom. I. p. 47. 48.

m) ib. Tom. II. p. 418.

n) ib. p. 173.

der Sorben-Wenden in Ober-Sachsen.

oder der Rodezehende. So gar genau haben die Leute dem Bischoff nicht berechnet. Es war ein unerträglich Joch. Die Geistlichkeit wuste, daß viele Wenden sich um deswillen weigerten, Christen zu werden; ja sie erkannten, daß dieses Volk wegen anderer starken Abgaben nicht im Stande wäre, so viel ad pias causas zu verwenden, daher nahm sie quid pro quo. Was sie aber gaben nach einem billigen Vergleich, es mochte viel oder wenig seyn, behielt den Namen des Zehenden. Daher findet man o) einen Unterscheid inter decimam ex statuto, und ex integro, auf Deutsch, ein gesetzter Zehenden, p) und der vollkommene Zehende. Jener wird auch zuweilen der slavische Zehende genannt. Was insonderheit den Getrayde-Zehenden betrift, ward er ordentlich in Garben auf dem Felde gegeben. Daher liest man hin und wieder de decimis scoccorum, oder sexagenarum. Man findet aber auch vielmal die decimas scobronum erwähnet. Es ist dieses ein deutsches Wort, und bedeutet einen Schober Getrayde. Herr Schötgen q) hat die Bedeutung nicht errathen, da er geglaubet, es zeige einen wendischen Bauer an: denn es werden zuweilen r) ausdrücklich scobrones frumenti genennet. Weil aber die Garben abzuholen oft beschwerlich war, ist der Garben-Zehende durch einen Vertrag in einen Sack-Zehenden verwandelt worden; damit auch das unterschiedene Maaß, denn ein

---

o) Ober-Sächs. Nachlese P. IV. p. 406. decima, quam vel Sclavi ex statuto, vel aliud quodlibet genus hominum ex integro persolvunt.
p) Oettel von Plauen p. 5.
q) in dem Leben Conradi M. p. 229.
r) in Chartario Bosav. T. II. diplomatarii p. 427. ex eadem decima XL. scobrones utriusque frumenti, tritici & avenæ, contradidi.

ein jedes Amt im Lande hatte einen eignen Scheffel, nicht Unordnung machen möchte, ward bey dem Bischöflichen Zehenden ein besonder Maaß durchgängig gebraucht, welches der kleine Scheffel, oder das Kirchen-Maaß hieß. Mit diesem Zehenden ist in der folgenden Zeit eine große Veränderung vorgefallen. Viel davon ist rechtmäßig angewendet worden zur Stiftung der Dom-Präbenden, der Klöster, der Kirchen und der Hospitale. Vieler aber ist mit Unrecht vorenthalten, oder von den Gerichts-Obrigkeiten für Geld an sich gekauft worden, so, daß die Bischöffe endlich, außer etwas wenigem, welcher zu ihrer Bischöfl. Kammer gegeben wurde, nichts als die Lehns-Gerechtigkeit über einige Bischoffs-Zehenden behalten.

§. 19. Man findet keine Spur, daß vor Aufrichtung der Bischoffthümer in diesem Lande sollten seyn Klöster gestiftet worden. Was einige von den Klöstern in Waldheim, Leipzig, Zeitz und Naumburg geschrieben haben, ist schon widerleget worden; doch kan man auch nicht gänzlich läugnen, daß unter dem Kayser Otto I. ein Anfang darzu gemacht worden, ob man gleich nicht sagen kann, an welchem Orte: denn die alten Nachrichten sagen, daß im Wenden-Land viel Mönch- und Nonnen-Klöster s) gebauet worden, nachdem sich der Kayser Otto desselben anno 960 bemächtiget: es müßte denn seyn, daß diese Worte nur von der Provinz Wagrien zu erklären, wie man aus einer andern Nachricht fast schließen muß. t) Aber von einigen zu dieser Zeit gestifteten Pfarren hat man sichern Beweis. Es wird also nöthig seyn, von der Beschaffenheit der damaligen Pfarrlehen etwas zu gedenken. Es ist bekannt, daß die Sächsischen Kayser dieses

---

s) Annalista Saxo ad 960. ecclesiæ in Slavonia ædificatæ, monasteria etiam virorum & mulierum Deo servientium plurima constructa.

t) Adam. Brem. p. 54.

ses Land in Burgwarde eingetheilet. Es hat dieses eine Aehnlichkeit mit der ißigen Eintheilung des Landes in Aemter, nur ist der Unterscheid, daß die meisten Aemter etwas größer, und aus 2 oder 3 Burgwarden bestehen. In diesen Burgwarden wurden gewisse Einkünfte, Hufen und Dienst- oder Zinß-Leute ausgeseßt, und einem Geistlichen in Lehn gereichet, welcher die Sacra in allen Orten des Burgwards besorgen mußte. Alle Dörfer, welche zum Burgward gehöreten, hatten anfänglich nur eine Kirche und einen Pfarr, oder Presbyter, welcher sich bey gehäufter Arbeit auf seine Unkosten einen oder mehrere Diaconos annehmen mußte. Als Carolus M. dergleichen Pfarrlehen unter den Sachsen verordnete, ward es also *u*) gehalten. Die Leute, welche zusammen in eine Kirche gehen sollten, mußten ein Haus, 2 Hufen Feld und etliche Dienstleute für den Pfarrer hergeben. Es ist zu vermuthen, daß die Sachsen es eben also in der Wenden Lande eingerichtet, und etliche Hufen Feld nebst einigen Zinßen auf Gütern, Mühlen und Häusern zur Erhaltung des Priesters gewidmet. Dieses gab entweder der Herr des Burgwards alleine, es mochte der Kayser, ein Graf, oder ein anderer Herr seyn, oder die Unterthanen im Burgwarde mußten darzu beytragen. Die besten Einkünfte verschafte der Bischoff, wenn er einer neu gestifteten Pfarre alle Zehenden im Burgward, oder auch nur etliche, abtrat. Es sind die Stiftungs-Briefe der Kirchen in Plauen *x*) und Zwickau *y*) noch vorhanden, aus welchen man die alte Beschaffenheit der Pfarrlehen erläutern kann.

F 2   Der

---

u) Capitulare Caroli M. §. XIV. de minoribus capitulis consenserunt omnes, ad unamquamque ecclesiam curtem & duos manſos terræ pagenſes ad ecclesiam recurrentes condonent, & inter centum viginti homines, nobiles & ingenuos, similiter & litos servum & ancillam eidem ecclesiæ tribuunt.

x) Oettel von den Superintendenten in Plauen p. 5.

y) Schœtgenü & Kreisigii diplomat. T. II. p. 418.

Der Bischoff Udo in Naumburg schreibt von der Pfarre Profin ohnweit Zeitz, z) daß sie 8 Hufen gehabt, und 1100 Schober Getrayde-Zehenden eingenommen.

§. 20. Nach dieser Einrichtung, wenn es darbey geblieben wäre, würden nicht eben viel Pfarr-Kirchen im Lande gewesen seyn. Die meisten Geistlichen hätten sich mit dem Amt eines Diaconi oder Meß-Priesters begnügen müssen; allein es veränderte sich dieses bald. In einem so weiten Bezirk vermehrten sich nach und nach die Christen so, daß eine Kirche für sie zu enge wurde; es ward also zuweilen noch eine Pfarr-Kirche in der Stadt oder Burgward gebauet, und die da hin gehörigen Dörfer theilten sich. Manche Dörfer lagen sehr weit ab: sie baten also um Erlaubniß, eine Capelle an ihrem Orte aufzubauen, und einen Meß-Priester zu halten. Kein Meß-Priester durfte in seinem Dorfe Beichte hören, taufen, oder die Sacramenta reichen, oder begraben, sondern die Leute mußten sich zu der Pfarr-Kirche halten. Auch hierinnen ward an vielen Orten bald eine Aenderung getroffen. Die Leute auf den Dörfern baten sich von dem Bischoffe und ihrem Pfarrer aus, daß ihren Meß-Priestern das Recht gegeben würde, diese erwähnten Handlungen zu verrichten; und so wurden denn aus den Capellen Pfarr-Kirchen gemacht. Die Kirche im Burgward hieß ecclesia antiqua, principalis, die Mutter-Kirche; alle übrigen hernach gestifteten Pfarr-Kirchen aber wurden ecclesiæ subjectæ, oder Tochter-Kirchen genennet, und mußten dem Pfarrer an der Matre seine Zehenden verabfolgen lassen. In der Fundation der Plauischen Kirche stehen die Worte: Inwendig diesen Reinen soll niemand ohne Laub des Pfarrherrs Kirchen bauen, oder lassen weyhen, und ob einige gebauet wäre, soll unterthänig

seyn

---

z) ib. p. 431.

seyn der mütterlichen Kirchen. Um zu sehen, wie weitläuftig vor Zeiten die Pfarren gewesen, ehe die Filiæ auffkommen, will ich einige Exempel zur Probe anführen. Anno 1251 war vermöge einer ungedruckten Urkunde die Pfarr-Kirche in Alt-Belgern die Mutter-Kirche, und folgende 8 Kirchen hießen derselben Töchter: Ubgowe, Valckenberch, Marcgravendorph, Blumenberch, Graffowe, Coftinsdorph, Saxdorph und Bogniz. Die Marien-Kirche in Leißnig war eine Mutter-Kirche, und gehöreten anno 1215 a) folgende Capellen darunter, in Poleck, Sitten, Seifersdorff, Scherlin, Culm, wozu nach der Zeit noch Budelwitz gekommen. Alle diese Capellen waren im gedachten Jahre noch nicht zu Pfarr- oder Parochial-Kirchen erhoben, sondern der Pfarr in Leißnig hielt darinnen Vicarios oder Meß-Priester, die Sacramente aber mußten die Einwohner bey dem Pfarrer in Leißnig sich reichen laßen. Man kann aber daraus den Schluß machen, daß die Pfarrlehen an den Mutter-Kirchen ansehnlich und einträglich gewesen. Die größten geistlichen Prälaten nahmen dergleichen Pfarten an. Der Bischoff in Naumburg, Dietrich, ein gebohrner Marggraf, ist in seinen jüngern Jahren Pfarrherr in Torgau gewesen, wie eine ungedruckte Urkunde zeiget, welche wir hier beysetzen wollen, weil sie dasjenige, was wir bisher von dem Pfarrlehen gesagt, bestätiget.

Nos Theodericus, Dei gratia Numburgenfis Episcopus, univerfis præfentem literam infpecturis volumus esse notum, quod parochia villæ Koverdiz, olim parochiæ in Torgowe attinens, pro exemtione fua tria maldra Siliginis, rectori fuo, plebano prædictæ parochiæ in Turgowe annis exfolvit lingulis integre & perfecte, quam annonam nos etiam recepimus, cum adhuc in minori essemus officio

a) ib. p. 173.

conſtituti. Hæc prædicta & ſingula & omnia præ-
ſentibus literis proteſtamur, datum Cyce III. non.
May, anno 1267 Pontificatus noſtri anno XXIII.

§. 21. Dergleichen Parochial-Kirchen, oder eccleſiæ baptiſmales ſind in einigen Burgwarden dieſes
Landes geweſen, ehe die Bißthümer geſtiftet worden.
Die Pfarre in Zeitz wird *b*) ausdrücklich ein Lehen
genennet. Da nun darbey gemeldet wird, daß dem
Boſo, der ſchon etliche Pfarren beyſammen hatte, das
Zeitzer Pfarrlehn zur Vergeltung ſeiner Arbeit an
der Bekehrung der Sorben-Wenden gegeben worden,
ſo kann man glauben, daß es wichtig und einträglich
geweſen. Ich glaube nicht, daß damals ſchon in allen
Burgwarden oder Städten Pfarren geweſen. In
manchen Gegenden, ſonderlich an der Böhmiſchen
Gränze und über der Elbe wohneten wenig Chriſten;
daher auch in Zwickau und Plauen ſehr ſpäte Parochial-Kirchen geſtiftet worden. Man darf ſich nicht
wundern, daß es vor der Biſchöffe Zeiten noch ſo wüſte und leer ausgeſehen, findet man doch, *c*) daß anno
849 der Biſchof in Bremen, Anſcharius, nicht mehr
als 4 Pfarr-Kirchen in ſeinem großen Kirchen-Sprengel angetroffen, als er da hin gekommen. Im Jahr
961 wohneten um Wurzen, Eilenburg, Gobin, Jör-
big und Wettin viele Chriſten, welche den Zehenden
d) nach Magdeburg geben mußten. Ob ſie aber eine
oder mehrere Parochial-Kirchen gehabt, findet man
nicht. Die Pfarre in Meißen aber iſt eine von den
älteſten im Lande. Wenn man der Fundation des
Stifts Meißen glauben darf, iſt einer mit Namen
Bur-

---

b) Ditmar Lib. II. p. 39. Boſo beneficium Cicenſis ecceleſiæ
  pro magni laboris ſui debita remuneratione percepit.

c) Reinbertus in vita S. Anſcharii C. 36. quia diœceſis illa, ad
  quam ipſe ordinatus fuerat, admodum parva erat. Nam
  non niſi quatuor baptiſmales habebat eccleſias.

d) Sagittarius l. c. §. 74.

Burchardus noch vor dem Jahr 936 von dem Erzbischoff in Maynz, Hildibert, zum Pfarrer da hin geweihet worden. Er wird darinnen Præful genennet. Dieser Titel kann hier keinen Bischoff anzeigen: denn man weis gewiß, daß dieser Burchard erst anno 968 zu Magdeburg als Bischoff consecriret worden. Es kann aber seyn, daß ihm als einem Presbytero in der Hauptstadt dieses Landes, die Auffsicht über die andern Pfarrer übergeben worden, und daß er deswegen Præful heiße. Man findet ähnliche Fälle in den Sächs. Bißthümern zur Zeit Caroli M. daß bloße Presbyteri die Kirchen-Auffsicht in einem großen Sprengel gehabt, ehe die völlige Stiftung der Bißthümer geschehen, und daß dieselben zuweilen Bischöffe genennet worden, ob sie gleich die Weihe nicht empfangen. Auf diese Weise kann man das erwähnte Fundations-Diploma in etwas rechtfertigen, welches viele Merkmale der Unrichtigkeit hat. Die Kirche in Keuschberg e) soll Henricus auceps anno 933 nach der Hunnischen Schlacht zu einer Pfarrkirche errichtet, und viele Dörfer in Umkreise dahin gewiesen haben. Schließlich findet man zu der Zeit auch ein Exempel, daß in den Gränzen der Parochial-Kirchen auf den Dörfern Kirchen erbauet worden. Der Pfarrer in Zeitz, Boso, ließ f) nicht weit von der Stadt einen Wald ausrotten, und das Dorf Bosau anlegen. Er richtete auch eine steinerne Kirche daselbst auf, aus welcher mit der Zeit das Kloster Bosau entstanden.

---

e) Vulpius in Megalurgia Martisburgica p. 231.

f) Ditmar l. c. Boso juxta prædictam civitatem in quodam saltu quem ipse construxit, ac suo nomine vocavit, templum domino de lapidibus ædificat, consecrarique fecit.

88 *IV.* Von der Bekehrung

Zweyter Abschnitt
von der weitern Ausbreitung der chriſtlichen Religion unter den Sorben-Wenden zur Zeit der Biſchöffe.

§. 1. Da Kayſer Otto I. ſich feſte vorgenommen, das wendiſche Volk zur Erkenntniß der Wahrheit zu bringen, auch deswegen einen langwierigen Krieg geführet, und einen guten Anfang gemacht hatte, war es nöthig, das Werk nunmehro den Geiſtlichen zu überlaſſen, und einige würdige Männer zu Aufſehern zu beſtellen, oder Biſchöffe zu ſetzen. Daß ſein Herr Vater, Kayſer Heinrich, ſchon damit umgegangen, wie etliche ſagen, darwider ſind oben einige Zweifel gemacht worden. Zu Weihnachten anno 968 ſind die erſten 3 Biſchöffe über das Sorbiſche Land zu Magdeburg geweihet, und ihnen die 3 Städte, Meißen, Merſeburg und Zeitz zu Wohnungen angewieſen worden. Nach dem gemachten Plane des Kayſers ſollte es zwar einige Jahre eher geſchehen, wie denn auch die päbſtliche Conſirmation wegen des Merſeburgiſchen Stifts ſchon anno 962, und wegen des Meißniſchen anno 965 ausgefertiget worden. Weil aber der Biſchoff in Halberſtadt wegen Merſeburg und Magdeburg einen Streit erregte, und dieſe beyden Städte, welche bisher zu ſeinem Kirchen-Sprengel gehöret hatten, nicht loßgeben wollte, verzögerte ſich dieſes nöthige Werk bis zu ſeinem Tode, welcher anno 968 erfolgte. Es iſt zwar mein Vorhaben nicht, eine Geſchichte dieſer Bißthümer zu ſchreiben; doch wird nöthig ſeyn, anzumerken, daß die Kirchen-Aufſicht in Ober-Sachſen unter 5 Biſchöffe getheilt geweſen. Der Erzbiſchoff in Magdeburg hatte die Aemter Eilenburg, Dölitzſch, Bitterfeld, Halle, und das meiſte der Anhältiſchen Lande unter ſich. Des Biſchoffs in Merſe-

Merseburg Diöces gieng über die Aemter Skeuditz, Merseburg, Leipzig, Grimme, Rochlitz, Borne, Penig, Pegau, Lützen und einen Theil Weißenfels. Dem Bischoff in Zeitz war angewiesen das Zeitzische und Naumburgische Gebiete, ein Theil des Amts Weißenfels, das Altenburgische, das Voigtland und der Neustädter-Kreiß. Das Bischoffthum Meißen erstreckte sich von der Mulde an bis an die Elbe, und begriff die Ober- und Nieder-Lausitz nebst dem Meißnischen Erzgebürge. Der Chur-Kreiß über der Elbe und Elster bis an Jüterbock gehörte unter den Bischoff in Brandenburg. Jedes Bißthum hatte seine gewissen Gränzen, welche vom Kayser angewiesen, und von dem Erzbischoff in Magdeburg g) noch genauer bestimmt waren. Es sind aber in den ersten Zeiten viele Streitigkeiten von eigennützigen Bischöffen deswegen erreget worden, welche durch Verträge geschlichtet werden müssen; daher ist vielerley Veränderung, sonderlich an den äußersten Gränzen, wo die Diöcesen zusammen stießen, erfolget.

§. 2. Die verordneten Bischöffe sollten, ein jeder in seiner Parochie oder Sprengel, die Neubekehrten in der Religion stärken, und durch fleisiges Lehren und Predigen die noch übrigen Ungläubige zur Kirche versammlen. Viele darunter haben in diesem Amte einen großen Eifer bezeiget. Ich will das Lob, welches ihnen die neuern Historici, als Paulus Lange, Albinus und andere gegeben haben, nicht erwähnen, sondern nur einige alte Zeugnisse anführen. Der erste Erzbischoff in Magdeburg, Adelbert, soll b) selbst geprediget,

---

g) Ditmar Lib. II. Archiepiscopus hos omnes consecravit, subjectionem tibi suisque promittentes successoribus, disposita singulis quibusque parochia speciali.

b) Adamus Brem. p. 47. multos Slavorum populos prædicando convertit. Chronographus Saxo ad 981. Adelbertus ex more partes diœcesis suæ suos docendo & confirmando circuibat.

prediget, und viele bekehret haben. Sein Nachfolger, Geiseler, soll *i*) die Neubekehrten durch seine Lehre und guten Wandel erbauet haben. Von dem großen Fleiße des ersten Bischofs zu Merseburg, Boso, ist oben gesagt worden. Wigbert, der dritte Bischoff daselbst, hat den Wenden die Predigten in wendischer Sprache vorgelesen, und viele Einwohner *k*.) an der Elster und Pleiße zum Christenthum beredet. Bischoff Werner soll *l*) die Fortpflanzung der Religion so eifrig gesucht haben, daß er darüber viele nöthige weltliche Verrichtungen hintenangesetzet. Unter den Bischöffen in Meißen sind einige, welche sich in ihrem Amte besonders herborgethan. Der Bischoff Eido, welcher anno 1015 gestorben, wird *m*) gerühmet, daß er nicht nur in seiner Diöces durch seine Predigt viel Nutzen geschaft, sondern auch andern willig beygestanden. Und wenn man alles glauben darf, was Emser *n*) von dem Bischoff Benno geschrieben, so wird diesem Bischoffe der Vorzug vor jenen allen gebühren. Denn er soll nicht nur fleißig geprediget, sondern auch durch allerley Wunderwerke seinen Reden Nachdruck gegeben haben. Er wird deswegen von einigen Slavorum Apostolus genennet, und in der Wolfenbüttelschen Bibliothec sind noch einige geschriebene Predigten

---

i) Adamus p. 52. novellos Winulorum populos doctrina & virtutibus illustravit.

k) Chronicon Episc. Merseb. in Tom. IV. Reliqu. Ludwig. p. 378. tantus divini verbi seminandi fervor fertur eum accendisse, ut studio prædicationis episcopalia plerumque negotia postponeret, & lucrandis animabus intenderet.

l) Ditmar Lib. VI. Wigbert prædicatione assidua Commitlos a vana superstitione erroris reduxit. v. Brotufs Merseb. Chronicke p. 583.

m) Ditmar Lib. IV. baptizando, prædicatione continua & confirmatione non solum suæ utilis erat ecclesiæ, sed aliis quam plurimis promptus & paratus.

n) in vita Bennonis Tom. II. Scriptorum R. G. Menckenii.

digten desselben über die Evangelia anzutreffen, aus welchen der Herr von Leibniz o) etliche Proben abdrucken lassen.

§. 3. Die Bischöffe haben also anfänglich selbst geprediget. Da nun die wenigsten Wenden deutsch oder lateinisch verstunden, mußten die Predigten in wendischer Sprache geschehen. Diese Sprache war damals nicht mehr so verachtet, wie zuvor. Es waren auch noch nicht so viele Dialecti p) darinnen, als nachhero entstanden sind. Selbst der Kayser Otto q) konnte Wendisch reden. In einigen Klöstern, und sonderlich in dem berühmten Kloster zu Magdeburg, wurde sie öffentlich gelehret. Die Mönche daselbst verstunden sie meistentheils; daher auch die Böhmen zuweilen ihre Bischöffe r) daraus holeten, welche zwar Sachsen waren, aber doch gut Wendisch reden konnten. Es ist zu vermuthen, daß man bey Besetzung der wendischen Bißthümer drauf gesehen habe, daß solche erwählet würden, welche dieser Sprache mächtig waren, oder doch zum wenigsten ihre Predigten wendisch concipiren s) und vorlesen konnten; doch litte auch diese Regel ihre Ausnahme. Der oft erwähnte Bischoff Boso soll diese Sprache nicht verstanden, sondern einen Dollmetscher gebrauchet haben, wie Brotuf. t) berichtet; ich glaube aber, daß ihm nur die Fertigkeit im Reden gefehlet, er hat aber nach

o) Tom. II. Script. Brunsv. p. 34.
p) Adamus Brem. p. 49. Slavi nec habitu nec lingua discrepant.
q) Witechind. L. I. Romana lingua Sclavonicaque loqui sciebat, sed rarum est, quod earum uti dignaretur.
r) Cosmas Prag. ad 967. 997.
s) Helmold Lib. I. Cap. 83. Sacerdos Dei Bruno juxta creditam sibi legationem sufficienter administravit verbum Dei, habens sermones conscriptos verbis Slavicis, quos populo pronuntiaret.
t) in der Merseb. Chronicke p. 564.

nach dem Bericht eines andern, u) Wendisch schreiben können. Der Bischoff Werner in Merseburg ist in dieser Sprache unerfahren gewesen, er ließ aber x) durch andere gute Bücher, oder seine Aufsätze, ins Wendische übersetzen, und mit lateinischen Buchstaben schreiben. Dieses las er den Wenden vor, ob er es gleich selbst nicht verstunde. Die Predigten geschahen also zwar in wendischer Sprache, aber der Meß=Dienst ward in der lateinischen verrichtet; denn das Privilegium des Pabsts, in der wendischen Sprache Messe zu lesen, und die Taufe zu verrichten, welches anno 894 ertheilet worden, gieng nur die Wenden in Mähren und in der windischen Mark an. In Böhmen war es an wenig Orten eingeführet, mußte auch bald wieder abgeschaft werden. In dem Sorbischen Lande ist es gar nicht gültig worden. Die Prediger verrichteten also ihre Gebete vor dem Altar lateinisch, und die Wenden mußten lateinische Gebets=Formuln und Gesänge lernen. Es ist daher nicht zu verwundern, wenn sie mit den lateinischen Wörtern, die sie nicht verstunden, ihr Gespötte trieben. Dergleichen geschahe, y) als der Bischoff Boso ihnen das Kyrie eleison, welches eine kleine Litaney war z) wollte singen lernen. Sie sungen dafür Kyrkujolsa, und sagten darbey noch spöttisch, der Bischoff habe es ihnen also gelehret. Doch

u) Ditmar Lib. II. hic ut sibi commissos eo facilius instrueret, slavonica scripserat verba.

x) Chron. Episc. Mers. l. c. quia schlavonicæ lingvæ admodum ignarus erat, — libros Schlavonicæ lingvæ sibi fieri jussit, ut latinæ lingvæ charactere idiomata lingvæ Sclavorum exprimeret, & quod non intelligeret, verbis stridentibus intelligendum aliis infunderet.

y) Ditmar L. II. Boso eos Kyrie eleison cantare rogavit, exponens eis hujus utilitatem. Qui vecordes hoc in malum irrisorie mutabant, Kyrcujolsa, quod nostra lingva dicitur, alnus, quæ stat in fructetis, dicentes, sic locutus est Boso, cum ille aliter dixerit.

z) vid. Cosmas Prag. ad 968.

Doch hatte man schon damals wendische Lieder, welche bey dem Gottesdienste gebraucht wurden. Der Bischoff in Prag hat anno 990 eins verfertiget, *a*) welches sich anfieng: Hospodyne pomylug ny. Herr, erbarme dich unser, und alle Verse endigten sich mit Krles oder Kyrie eleison.

§. 4. Bisher haben wir die Bischöffe auf der guten Seite angesehen; es ist aber auch viel an denselbigen zu mißbilligen. Ihre Irrthümer in der Lehre wollen wir verschweigen; wir erwähnen auch nicht, daß manche sehr ungelehrt gewesen, welches sie sich selbst *b*) unter einander vorgeworfen; denn bey den Wenden brauchten sie nicht viel Gelehrsamkeit. Das, was fürnehmlich an vielen zu tadeln, ist wohl die Nachläßigkeit, welche sie bey ihrem Amte bewiesen. Ein alter Geschichtschreiber *c*) klaget über die wendischen Bischöffe, daß sie sich keine Mühe mit den Heiden geben wollten, sondern warteten lieber zu Hause ihren Leib ab. Der bekannte Bischoff in Merseburg, Ditmar, hat sich in diesem Stücke auch verdächtig gemacht. Er war schon 9 Jahr Bischoff gewesen, und war doch, wie er selbst gestehet, *d*) noch niemals in die Gegend Rochlitz gekommen, welche zu seinem Kirchen-Sprengel gehörete. Die Bischöffe waren meistens Herren von edlen Geblüte; sie fanden mehr Vergnügen am Hof-Leben, als an dem verdrüßlichen Unterricht einfältiger Wenden. Vermöge der Reichsverfassung waren sie schuldig, die Reichstage zu besuchen,

a) v. Andreæ Schotti Prussia Christiana p. 71.
b) Der Bischoff in Naumburg sagt von seinem Erzbischoff Hartwig in libro de unitate Ecclesiæ: qui nullius fere est litteratoriæ eruditionis vel scientiæ.
c) Adamus Brem. p. 41. Eja vos Episcopi, qui domi sedentes, gloriæ lucri, ventris somni breves delitias in primo Episcopalis officii loco ponitis.
d) Lib. VIII. Chron. & in has episcopatus mei partes nunquam veni.

suchen, Kriegszüge über sich zu nehmen, und gewisse Hofdienste zu leisten. Dadurch wurden sie in ihrem Seelen-Amte gestöret; manche thaten dem Kayserlichen Hofe mehr Dienste, als nöthig war. Ich weis nicht, ob es für den Bischoff in Merseburg, Geißler, ein wahres Lob ist, wenn Kayser Otto II. von ihm schreibet, daß er für allen andern sich in Gesandschaften und Hofverrichtungen e) habe brauchen lassen. Das Bißthum Zeitz hat im Anfange meistens solche Vorsteher gehabt, welche das Hof-Leben geliebet. Hugo II. ist des Kaysers beständiger Gefährte in- und außerhalb Landes gewesen. Sein Nachfolger, Hildeward, hat dergleichen gethan, wie man aus untrüglichen Nachrichten beweisen kann. Der Bischoff Eberhard, welcher von anno 1045 bis 1078 diesem Stifte vorgesetzt gewesen, hat wenig Tage zu Hause zugebracht, sondern ist bey dem damaligen Sächsischen Kriege an des Kaysers Hofe geblieben, obschon sein Bißthum deswegen aufs äußerste verwüstet worden.

§. 5. Jedoch die Bischöffe waren nur Oberaufseher über die Arbeiter im Weinberge; es waren noch mehr Unteraufseher bestellet. Wenn auch die Bischöffe nachläßig waren, blieb doch deswegen die Seelen-Sorge in ihren Diöcesen nicht gänzlich liegen. Man findet, daß dieselben, wenn sie außerhalb ihrer Diöces verreiset, einem benachbarten Bischoffe f) unterdessen ihr Amt anvertrauet, oder einen Chorepiscopum gesetzt, wie der Bischoff Benno soll g) gethan haben, als er in Rom war. Es war dieses nöthig und vortheilhaftig; denn

---

e) Diploma in Eccardi hist. geneal. p. 145. Gisalharius nostræ legationis ac servitutis causa, in quibus plus omnibus maxime & fideliter laboraverat, de Italia regrediens.
f) Ditmar Lib. II.
g) Emser in vita Bennonis.

denn die Local-Visitationes der Pfarrkirchen wurden damals unmittelbar jährlich von dem Bischoff gehalten, und konnte auch gemächlich verrichtet werden, da noch nicht viel Parochial-Kirchen im Lande waren. Die Bischöffe bekamen allezeit eine starke Auslösung, b) welche sie ungern fahren ließen. Außer dem waren die bischöflichen Diöcesen eingetheilet in unterschiedene Archidiaconate, und jedes Archidiaconat wieder in verschiedene Archipresbyterate. Die Archidiaconate haben eine Aehnlichkeit mit den geistlichen Consistoriis. Die Archipresbyterate mit den Superintenduren. Ob diese Eintheilung gleich bey Stiftung der Bißthümer gemacht worden, daran hat man Ursache zu zweifeln, weil allzu wenig Kirchen wären. Die älteste Nachricht davon in diesem Lande findet man anno 1121, da die Gränzen des hällischen Archidiaconats i) bestimmet werden, daß sie von der Saale bis an Stremlenitz, und von der Elster bis an die Fuhne gehen sollten. Nach einer andern Nachricht k) sollen 4 Archipresbyteri darunter gestanden haben, nämlich in Bonn, Halle, Zörbig und Brachstedt. Diese Subordination kann viel zu dem Bau des Reiches Gottes beygetragen haben. Wir dürfen aber die weltlichen Herrschaften nicht ganz übergehen, so daß wir den geistlichen die Bekehrungs Arbeit allein zueignen wollten. Denen Fürsten und Herrschaften im Lande lag der elende Seelen-Zustand ihrer Unterthanen öfters mehr am Herzen, als denen Priestern. Ich kann zwar dieses nicht aus der Obersächsischen Historie beweisen, o wie viel ist geschehen, und doch nicht aufgeschrieben! Von auswärtigen Fürsten findet man Exempel genug. Godelchalck, ein Fürst in Mecklenburg,

---

b) in Gommern bekam der Bischoff zu Brandenburg jährlich ein Servitium. vid. Eccardi hist. geneal. p. 130.
i) Ludewigii Reliqu. Tom. V. p. 66.
k) ib. p. 14.

burg, *l*) hat seinen Unterthanen oft selbst das Wort Gottes ausgelegt. Brecislaus, Herzog in Böhmen, hat alle heidnische Gebräuche in seinem Lande *m*) bey Strafe verboten.

§. 6. Bey diesen Anstalten ward die Anzahl der Christen täglich größer. Nun mußten auch mehr Kirchen gebauet werden; es waren hin und her im Lande noch große Pflegen, sonderlich über der Elbe an dem Böhmischen Gebürge, wo wegen Mangel christlicher Unterthanen noch keine Parochial-Kirchen errichtet waren. Ferner wurden in den großen Wäldern neue Dörfer angelegt, welche einen Ort zum Gottesdienst haben wollten. Daß manche eingepfarrte Dörfer aus Bequemlichkeit Kirchen oder Capellen aufbauen lassen, ist oben gedacht worden. Daher vermehrten sich die Kirchen, und die Bischöffe *n*) bekamen ofte Gelegenheit, neue Kirchen einzuweihen. Von den wenigsten Kirchen findet man Nachricht, wer sie gestiftet, und wenn es geschehen. Unter die ältesten Kirchen rechnet man insgemein die St. Veits-Kirche im Voigtlande, welche nach einer alten Nachricht *o*) anno 974 von einem Grafen Acribo soll seyn gestiftet worden. Wenn man aber diese Erzählung nach der Chronologie beurtheilet, wird man die Erbauung derselben um hundert Jahr später ansetzen müssen. Anno

985

l) Helmold in Chronico Slav. p. 60. Sane hic magnæ devotionis vir dicitur tanto religionis div. exarsisse studio, ut sermonem exhortationis ad populum frequenter in ecclesia ipse fecerit, ea scilicet; quæ ab Episcopis vel presbyteris myslice dicebantur, cupiens Slavicis verbis reddere planiora.

m) Cosmas Prag. ad annum 1039.

n) von dem Bischoff in Meißen Eido sagt Ditmar Lib. III. chrisma & celerum raro, templa vero libenter & sæpius consecravit, & crebro sine missa.

o) Müllers Staats-Cabinet, 3. Eröffnung, Cap. V.

der Sorben-Wenden in Ober-Sachsen.

985 treffen wir *p*) eine Kirche auf einem Dorfe bey der Stadt Meißen an. Anno 1017 werden 2 Kirchen, eine in Leipzig, die andere in Oelschau, nicht weit von dieser Stadt, erwähnet; beyde sind *q*) mit dem jure patronatus dem Bischoff in Merseburg gegeben worden. Noch zuvor, nämlich anno 1008, hat ein Bischoff daselbst in der Pflege Merseburg *r*) eine Kirche in einem Walde gebauet, und sie dem heiligen Romano geweihet. Man weis aber den eigentlichen Ort nicht, wo sie gestanden. Graf Thimo von Wettin hat um das Jahr 1090 in der Stadt Torgau eine Kirche *s*) errichtet. Zu eben der Zeit traf Graf Wiprecht von Grötzsch auf seiner Reise in der Gegend Borne in dem Dorfe Hila *t*) eine alte baufällige hölzerne Kirche an; er entschloß sich, selbige auf seine Unkosten bauen zu lassen, wie er denn auch anno 1106 in Laußig eine Parochial-Kirche für die herumliegende Dörfer *u*) gebauet. Die meisten Städte in Ober-Sachsen setzen den Ursprung ihrer Haupt-Kirchen in diese Zeiten; weil sie sich aber nur mit Muthmasungen behelfen, gedenken wir weiter nichts davon. In der Pflege Zwickau ist eine Pfarr-Kirche anno 1118, und in dem Amte Plauen anno 1122 zu Stande gekommen, wie die schon öfters angeführten Fundations-Urkunden bezeugen.

§. 7. Bey dem Anwachs der Christen ward zum Kirchen eher Rath, als zu Priestern. Die Ausländer

---

p) Ditmar Lib. IV. Fridericum ad ecclesiam extra urbem positam venire postulat.
q) Ditmar Lib. VII.
r) ibid. Lib. VI.
s) v. Schötgens Leben Marggraf Conrads p. 273.
t) Ej. Leben Graf Wiprechts p. 51.
u) Autor de fundatione cænobii Bigav. bey Madero p. 249. quem locum, (Luczke) esse voluit parochiam omnium circumjacentium villarum.

der bekamen nicht leichte Lust, unter den rohen Wenden zu leben; und wenn sie auch wollten hier ein Amt annehmen, konnten sie es wegen Unwissenheit in der wendischen Sprache nicht gebührend verwalten; darum war nun nöthig, solche Anstalten zu treffen, daß Mithelfer aus dem wendischen Volk zubreitet, und Prediger von dieser Nation bestellet würden: denn diese waren ohnedem bey dem Volke beliebter, und konnten mehr als die Ausländer ausrichten. Zu dem Ende wurden außer den Hohen-Stiftern noch kleinere Münster oder Canonicat-Stifter, wie auch Klöster fundiret, worinnen junge Leute aus den Wenden zu geistlichen Aemtern tüchtig gemacht wurden: denn die Stifter waren Schulen, worinnen die Sprachen und andere Wissenschaften gelehret wurden. Wir getrauen uns zwar nicht, die Stifter und Klöster in diesem Lande mit vielen auswärtigen in Vergleichung zu stellen: denn wie noch itzo ein Unterschied unter den Gymnasiis ist, so war es auch damals; es war immer ein Stift berühmter, als das andere; es wurden auch in einem mehr gelehrte Leute gezogen, als in dem andern. Gnug, daß in diesen gebohrne Wenden so viel lernen konnten, daß sie im Stande waren, ihre Brüder zu bekehren. Die Meißnischen Fürsten und große Herrschaften schickten ihre Söhne, welche den Studiis obliegen sollten, nach Magdeburg, Corbey, oder auch wohl gar außerhalb Deutschland; wie denn Günther, ein Sohn des Marggrafen Eccardi I. welcher anno 1023 Erzbischoff in Salzburg wurde, in Lüttich studiret hatte. Ein anderer Graf von Rochlitz, Erhard, hat sich im Kloster Corbey berühmt gemacht. Unter den Neben-Stiftern hiesiger Lande ist das Zeitzer das älteste. Die ersten Bischöffe wohneten in dieser Stadt, aber anno 1032 ward der Bischöfliche Sitz nach Naumburg *x)* verleget, aus den geistlichen Pfründen

x) Sagittarii diss. de Eccardo II.

den daselbst eine Anzahl **Domherren** fernerhin erhalten, und ihr Collegium dem Hohen-Stift in Naumburg unterworfen. In dem Meißnischen Bißthum ist bis auf das Jahr 1114 weiter kein Neben-Stift gewesen, wie der Bischoff daselbst, Herwig, y) selbst bekennet, da er im gedachten Jahre das Stift Warzen fundirte. Die alten Nachrichten reichen nicht so weit, daß man sagen könnte, ob auch von dem wendischen Volk einige so weit an Gelehrsamkeit zugenommen, daß sie zu Ehren-Stellen in den Stiftern gekommen. Man findet in einer Urkunde vom Jahr 1071 eine ziemliche Menge z) Meißnische **Domherren** mit Namen genennet; es sind aber keine wendische Namen darunter, wie unter denen daselbst erwähnten Edelleuten; doch muß man auch bedenken, daß damals der Gebrauch gewesen, die Namen der Wenden, wenn sie den geistlichen Stand erwähleten, wegen der schweren Aussprache zu verändern. Der erste Bischoff in Prag hieß Voytech, er bekam aber, da er in Magdeburg studirte, den Namen Albert. Mlada, eine Aebtißin in Prag, erhielt den Namen Maria, aus Jaromir ward Gebhard gemacht.

§. 8. Klöster sind auch zu der Zeit nebst andern Absichten darum gestiftet worden, daß sie Schulen seyn sollten für die unwissende Wenden. a) Es gieng aber mit Errichtung derselben in diesem Lande schwer zu. Die Deutschen hatten Klöster gnug in ihrem Vaterlande, worinnen sie ihr Gelübde thun konnten; unter den unruhigen Wenden zu leben, war ihnen beschwerlich

---

y) In Schötgens Wurzner Chronica p. 85. nullum alium, nisi in sede nostra Misnensi fraternitatis locum aut congregationis subsidium habuimus.

z) Ober-Sächsische Nachlese P. VII. 386.

a) Schötgens Leben Conrads p. 306. Theodericus Episcop. Numburg. congregationem ad eruditionem & suffragium nostræ terræ, nostrique populi, nimis admodum rudis & indocti, plantare voluit.

schwerlich und gefährlich. Gebohrne Wenden in der Kloster-Disciplin zu erhalten, war eine mühsame Arbeit; wenige unter ihnen *b*) hatten Lust zum Kloster-Leben, und diejenigen, welche sich darzu begaben, lebten so wilde, daß die Vorgesetzten des Lebens nicht sicher waren, wenn sie dieselben zur Pflicht anhalten wollten; wie denn der Bischoff in Naumburg, Theodericus, von einem Sorbischen Edelmann, welcher ein Mönch im Kloster Bosau war, anno 1123 vor dem Altar *c*) mit einem Messer erstochen worden, weil er diesem unruhigen Menschen einen derben Verweis gegeben hatte. Daher sind wohl viel Klöster in diesem Lande angefangen, aber nicht zu Stande gebracht worden, wie unter andern die Historie des Klosters Schmöllen bezeuget. Ich will nicht wiederholen, was von denen, welche vor dem Jahre 968 sollen seyn erbauet worden, oben ist gesagt worden. Nach der Zeit sind diejenigen wohl die ältesten, welche von den beyden Marggrafen, Hermann und Eccarden, zwischen den Jahren 1010 und 1047 errichtet worden. Der Kayser Heinrich schreibt in einer Urkunde, *d*) daß diese beyden Herren Brüder ihre eigenthümlichen Güter dem Bischoffthum Naumburg geschenket, und auf denselben allerley Klöster erbauet hätten. Manche verstehen diese Worte nur von der Stadt Naumburg, und es ist auch gewiß, daß sie daselbst das St. Georgen- und Moritz-Kloster fundiret. Allein sie hatten außer dieser Stadt noch mehrere Erbgüter, als Kolditz, Grimme, Oschatz, Strele und so ferner, welche

---

b) Pertuchii Chronicon Portense p. 23. propter gentis barbariem paucis vel nullis ad conversionem venientibus.

c) Langii Chronicon Numb.

d) bey Sagittario in Diss. de Eccardo II. quod duo fratres hæreditatem suam Deo & b. Apostolis Petro & Paulo contulerunt, & in ipsa forum regale, ecclesias, congregationes clericorum, monachorum & monialium construxerunt.

der Sorben-Wenden in Ober-Sachsen.

welche größtentheils an das Stift Naumburg gekommen; wo aber diese Klöster gestanden, weis man nicht mehr. Die meisten werden wohl wegen angeführter Ursachen wieder eingegangen seyn. Die Abtey Jena ist von ihnen e) gestiftet worden; weil sie aber in Thüringen liegt, darf sie hieher nicht gerechnet werden. Die neuern Meißnischen Geschichtschreiber melden, daß das St. Afra-Kloster zu Meissen anno 1050 den Anfang genommen; der Stiftungs-Brief aber enthält, daß es lange darnach, nämlich anno 1205, geschehen. Eine alte Nachricht f) sagt, daß 2 Mönche aus dem Böhmischen Gebürge anno 1060 nach Pommern gekommen, und den Heiden daselbst das Evangelium geprediget, worüber sie das Leben eingebüßet. Man kann dieses füglich von dem Böhmischen Erzgebürge auslegen. Und so müssen schon zu der Zeit Mönche daselbst gewesen seyn.

§. 9. Mehrere Nachricht von gestifteten Klöstern findet sich in den folgenden Zeiten. Ich will diejenigen nicht berühren, welche an den Gränzen der Sorben aufgerichtet worden, als anno 975 Nienburg; anno 1030 Jene; anno 1042 Goleck; anno 1063 Sulze; anno 1072 Saalfeld; und anno 1090 das Peters-Kloster in Merseburg. Ich will nur eine kurze Nachricht von denen geben, welche in dem Meißner-Lande dießeit der Saale in den ersten Zeiten der Bischöffe den Anfang genommen haben. Um das Jahr 1090 hat Graf Thiemo von Wettin ein Kloster zu Niemeck bey Bitterfeld gestiftet, es ist aber nicht zur rechten Vollkommenheit gekommen. Dessen Herr Sohn, der Marggraf Conrad, hat ihm

anno

---

e) Chronicon Episc. Merseburg. cit. p. 361.
f) in Scholiis ad Adamum Brem. p.   fama est, eo tempore duos Monachos a Boëmiæ saltibus in civitatem Rhetre veniisse, ubi dum verbum Dei publice prædicarent --- decollati sunt.

IV. Von der Bekehrung

anno 1136 den Titel einer Abtey beygeleget. Aber auch damit hat er es noch nicht können in Aufnahme bringen; daher er es endlich anno 1150 dem Kloster Petersberg g) incorporiret. Graf Wiprecht von Grötzsch fieng anno 1091 das Kloster Pegau an, und anno 1105 das Kloster Laußig; auf beyde hat er viel Geld gewendet, und sie reichlich dotiret. Anno 1119 ward der Anfang zu einem Benedictiner-Kloster in Torgau gemacht. Marggraf Conrad übergab dem Abt in Reinhardtsbrun h) die Ausführung dieses Werks; er schenkte einige Güter in und bey Torgau darzu. Das Kloster sollte dem Reinhardsbornischen unterworfen seyn; der Marggraf wollte Schutzherr bleiben. Noch ein viel schöneres Kloster hatte des Marggrafen Bruder, Graf Dedo, anno 1124 aufzuführen sich vorgenommen, nämlich in Petersberg, er starb aber darüber, und ließ seinem Herrn Bruder die Vollendung. Der Bischoff in Naumburg, Theodericus, ist ein großer Liebhaber der Klöster gewesen; das in Bosau hat er anno 1121 völlig zu Stande gebracht; desgleichen ein anderes in Rieße, nicht weit von Strele, welches mit Benedictiner-Mönchen besetzt gewesen, und anno 1168 auf eine kurze Zeit i) dem Kloster Bosau untergeben worden. Er hat auch eines in der Stadt Zeitz bey der Stephans-Kirche angefangen, er ist aber darüber gestorben, und sein Nachfolger, Bischoff Udo, hat es anno 1147 vollendet. So hat auch der Erzbischoff in Magdeburg in der Stadt Halle anno 1116 ein Kloster angelegt, welches das neue Werk genennet worden, welches gelehrte Leute erzogen hat. Nach der Zeit sind sehr viele darzu kommen, als anno 1127 Schmöllen, anno 1133 Bürgel, anno 1136 Chemnitz, anno 1140 Pforte,

---

g) Chronicon montis Sereni ad h. a.
h) Schötgens Leben Marggraf Conrads p. 273.
i) ej. Diplomatar. Tom. II. p. 428.

Pforte, anno 1142 Laußnitz bey Eisenberg, anno 1162 Zelle, und anno 1172 Altenburg. Ich könnte noch viele anführen, welche in eben demselben Jahrhundert gestiftet worden, als Zschillen, Doberlug, Bug, Sitzerode, und so ferner. Man siehet aber aus diesem gnugsam, daß es den hiesigen Einwohnern an Schulen und Unterricht nicht mehr gefehlet.

§. 10. Bey so scheinbaren Anstalten sollte man glauben, daß kein Einwohner im Lande geblieben, der nicht wäre erleuchtet worden. Allein weit gefehlet; es ließen sich viele nicht taufen, und viele, welche getauft wurden, blieben innerlich und äußerlich noch Heiden. Diese Wahrheit soll itzo aus der Historie bewiesen werden. Ich werde also keine großen Betrachtungen über die Ursachen dieser Widerspenstigkeit anstellen; einen hat dieses, den andern jenes zurücke gehalten; hätte man diesen einfältigen Leuten den einfältigen apostolischen Glauben gelehret, würden sie viel eher zur Erkenntniß gekommen seyn, und die Geheimnisse der Religion würden niemand abgeschreckt haben; aber so bestunden die meisten Lehren und geforderten Pflichten in Menschen-Satzungen. Die Wenden konnten sich nicht sogleich in die strengen Satzungen der Kirche schicken; sie waren von Jugend auf eine andre Lebensart gewohnt; man legte ihnen deswegen die schweresten Bußen auf. Dieß erweckte bey ihnen einen Eckel gegen die Religion; daher erklärten sich die Wenden über der Elbe gegen den Bischoff Otto von Bamberg, *k*) daß sie eher sterben wollten, als daß sie sollten von dem Erzbischoff in Magdeburg, Norberto, das Christenthum annehmen, und sich einer solchen Dienstbar-

G 4 keit

k) Andr. Bamberg. in vita S. Ottonis Lib. III. C. 3. plebem Archiepiscopo suo Noriberto, eo quod duriori servitutis jugo eam subjugare tentaret, nullo modo cogi posse fatebatur, ut ab eo doctrinæ verbum susciperet. Sed prius mortis occasum, quam servitutis huiusmodi onus subire paratam esse.

keit unterwerfen. Darzu kam, daß ihre Ueberwinder so gar unbarmherzig mit ihnen umgiengen, Geld presseten, Zwang-Arbeit auflegten, und auf viele Art grausam gegen sie handelten. Darüber klaget ein damals lebender Gelehrter, *l*) und meldet darbey, daß der König in Dännemark gesagt, die Wenden hätten leichte zum Christenthum können beredet werden, wenn nicht der Sachsen unmäßiger Geiz solches verhindert. Eben dieser Geschichtschreiber beschuldiget *m*) auch die Geistlichen, welche an der Heiden-Bekehrung arbeiten sollten, daß sie den Geiz hätten blicken lassen, und dadurch viel verderbet. Die Sachsen giengen schwer an das Christenthum, weil sie den Zehenden abgeben sollten, so bald sie sich taufen lassen. Bey den Wenden ward es auch also gehalten, wie wir schon gehöret; dadurch ist mancher abgeschreckt worden. Wer sieht nicht, daß die außerordentliche Verachtung dieses Volks bey den Sachsen üble Folgen auch in Ansehung der Religion nach sich gezogen. Man nennete sie nur Hunde; ihren Fürsten ward kaum der Rang unter den Sächs. Edelleuten eingeräumet; sie wurden sogar von ehrlichen Handwerken ausgeschlossen.

§. 11. In dem Sächs. Churkreiß und andern Orten über der Elbe hat sich die heidnische Religion am längsten erhalten. Diese Gegend gehörte unter das Bischofthum Brandenburg, und also war das Christenthum daselbst eher aufgekommen, als in andern Meßnischen Oertern; denn dieses Bißthum ist fast 40 Jahr eher gestiftet worden, als die übrigen dieser Lande. Aber anno 982 begegnete demselben das Unglück, daß die Luiticier, ein wendisches heidnisch Volk in Pommern, *n*) dasselbe einnahmen, und verheereten.
Die

---

l) Adamus Brem. p. 98. it. p. 78.
m) idem p. 154.
n) Ditmar Lib. III. p. 56. Slavorum conspirata manus Brandenburgensem episcopatum, XX annos ante Magdeburgensem constitutum — invasit.

der Sorben-Wenden in Ober-Sachsen. 105

Die Sachsen suchten sie daraus zu vertreiben, es gelung ihnen auch etlichemal; allein zuletzt behielten die Heiden die Oberhand, und behaupteten dasselbe bis auf das Jahr 1142. Man kann sich leichte vorstellen, daß es mit den Kirchen-Gebäuden und der öffentlichen Religions-Uebung während der Zeit daselbst mißlich gestanden, da die überwundenen Einwohner ohnedem zum Abfall o) geneigt waren, und die noch übrigen wenigen Christen in ecclesia pressa leben mußten. Sie hatten zwar ihren Bischoff, er mußte aber meistentheils seinen Aufenthalt und Nahrung außerhalb seiner Diöces suchen; wie denn von Tancwarden, einem sogenannten Bischoff in Brandenburg, um das Jahr 1050 gelesen wird, p) daß er keinen eignen Sitz gehabt, sondern sich von dem Erzbischoff in Bremen unterhalten lassen. Schon anno 1017 waren die bischöfflichen Güter verwüstet; zum Exempel das bischöffliche Landgut Liesko, ohnweit Zerbst, q) daß unzähliche wilde Thiere daselbst zu hausen pflegten. Zuweilen bekamen die gedrängten Christen etwas Luft, zumal da die getauften Mecklenburgischen Fürsten die Luiticier unter das Joch brachten. Es kamen auch öfters fremde Geistliche ins Land, um einen Versuch zu thun, das Christenthum wieder empor zu bringen. Ein Thüringischer Graf Günther, welcher aber den geistlichen Stand erwählet, nahm r) deswegen anno 1017 eine Reise hieher für. Und als Otto, Bischoff

G 5 in

o) Wippo in vita Conradi Salici p. 479. qui olim Semi Christiani, nunc per apostaticam nequitiam omnino sunt pagani.

p) Adamus Brem. p. 137.

q) Ditmar Lib. VII. Imperator Albim transiens ad Lieska, curtem quondam Wigonis episcopi, & tunc feris innumerabilibus inhibitatam venit.

r) Ditmar Lib. VII. interim Güntherus conversus causa prædicandi Luiticos adiit.

in Bamberg, nach Pommern gieng, soll er einigen Städten unter den Luititiern, welches einige fälschlich von den Lausitzern *s*) erklären, das Wort des Herrn verkündiget haben. Ofte entstunden harte Verfolgungen, als anno 1066 nach dem Tode des frommen Herzogs Gottschalcks, und anno 1108 zerstörten diese Wenden die noch übrigen oder reparirten Kirchen, und giengen greulich mit den Christen um, darüber in einem Briefe *t*) der Obersächsischen Fürsten und Bischöffe bitterliche Klage geführet wird. Daher schreibt *u*) ein alter Historicus, daß anno 1115 wenig Christen jenseit der Elbe gewohnet.

§. 12. Nachdem aber der Marggraf Albrecht sich der Stadt und Marck Brandenburg anno 1157 bemächtiget, erhielt auch die christliche Religion aufs neue die Oberhand. *x*) Anfänglich gieng es etwas schwer her; allein der Marggraf holete anno 1160 aus dem innern Deutschland, und sonderlich aus Flandern, neue Anbauer herzu, welche Städte, Dörfer und Kirchen anlegten; und dadurch *y*) ward die Anzahl der Christen täglich größer. Dieses Schicksal traf sonderlich auch den Sächs. Churkreiß über der Elbe. Es ist noch itzo ein großer Strich Landes daselbst, welcher von den erwähnten neuen Anbauern der Flämig genennet wird, und es ist sehr wahrscheinlich *z*) dargethan worden, daß die Städte Kemberg, Niemeck, Bruck und andere mehr, von diesen Ankömmlingen nach

s) Großers Lausitzer Merkwürdigkeiten P. II. p. 9.
t) Ober-Sächsische Nachlese P. IV. p. 554.
u) Vita Wipperti Cap. XI. §. 9.
x) Albericus p. 331. Slavos humiliavit, & per hoc Christianorum fines multum dilatavit.
y) Helmold Lib. I. C. 88. & confortatus est vehementer ad introitum advenarum episcopatus Brandenburgensis, nec non Havelberg. eo quod multiplicarentur ecclesiæ, & decimarum succresceret ingens possessio.
z) Kirchmeieri diss. de Witeberga p. 18.

der Sorben-Wenden in Ober-Sachsen. 107
nach den Flandrischen Städten Camerich, Nlemegen und Brügge, den Namen bekommen. Daß dieser Marggraf Albrecht die heidnischen Einwohner bey Wittenberg vertrieben, und viele Kirchen, besonders Pratau und Wörlitz erbauet habe, siehet man aus einem päbstlichen Schreiben, *a*) worinnen diese Kirchen bestätiget werden. Andere Herren folgten dem Exempel des Marggrafens. Wichmann, der Erzbischoff in Magdeburg, hatte die Stadt Jüterbock mit der ganzen Pflege den heidnischen Wenden entrissen, und das Christenthum wieder dahin gepflanzet, wie sein eigener Brief *b*) ausweißt. Der Abt in Nienburg schafte im Burgward Kleutzsch *c*) die alten ungläubigen Bauern ab, und setzte andere da hin, welche der christlichen Religion anhiengen. Durch diese und andere Wege ward endlich das Heidenthum im Churkreiße vertilget, und die Verehrung des wahren Gottes wieder eingeführet; doch soll der Pabst Cælestinus noch anno 1193 in einem Schreiben *d*) klagen, daß in dem Bißthum Brandenburg sehr viel Feinde des christlichen Namens anzutreffen, welches vielleicht den Churkreiß auch mit gilt.

§. 13.

a) Beckmann Anhalt. III. p. 396. accepimus, quod cum Adelbertus marchio locum prius ab infidelibus occupatum, dante domino liberasset, & tam ecclesiam in Worgelez, quam aliam in Brote fundasset ibidem.

b) Hechtii Diss. de rebus memorabilibus Jutreboc. p. 15. cum ad hoc deventum sit, ut in provincia Juterbok, ubi ritus paganorum gerebatur, & unde Christianis frequens persecutio incubuit, nunc christiana vigeat religio, & christianitatis defensio & protectio firma & salutaris existat, & Deo ibi in plerisque locis regionis debita exhibeantur obsequia.

c) Beckmann Anhalt. III. 434. remotis antiquis infidelium Sclavorum colonis, novos inibi christianæ fidei cultores collocavit.

d) Beckmann in oratione seculari 1713.

IV. Von der Bekehrung

§. 13. In dem Meißnischen Bißthum sind lange Zeit abgöttische Leute übrig geblieben. Der Sprengel war sehr weitläuftig; er würde nicht so groß seyn angewiesen worden, wenn viel Christen damals drinnen gewohnet hätten, welche den Zehenden abgegeben. Von dem schlechten Fortgang des Bekehrungs-Werks, sonderlich an der böhmischen Gränze und in der Lausitz, werden wir also *e*) berichtet: Es hätte Kayser Heinrich der Dritte diese Leute zur Annehmung der Taufe mit Gewalt gezwungen; sie wären aber bald darauf wieder abgefallen, so daß sie der Bischoff Benno bey seinem Anzuge anno 1066 in der größten Abgötterey angetroffen, und ob er gleich Anstalt zu ihrer Bekehrung gemacht, so sey er doch durch den anno 1073 entstandenen Sächs. Krieg daran gehindert worden. Nach seiner Rückkunft aus Rom, welche anno 1086 erfolget, habe er dieses heilsame Werk wieder fürgenommen, und es da hin gebracht, daß diese Heiden ihre Götzenbilder freywillig hergegeben, und sie vor den Augen des Bischoffs zerbrochen. Daß die Kayser Conrad und Heinrich III. die Wenden in diesem Bißthum zur Annehmung der christlichen Religion genöthiget, finde zwar in keinem alten Schriftsteller, sondern unter den neuern hat es einer dem andern nachgeschrieben. Ich will es aber auch nicht gänzlich läugnen. Inzwischen bemerke hierbey, daß die Luititier Wenden, welche damals Oberherren im Brandenburgischen waren, gemeiniglich von den neuern mit den Lausitzer-Wenden vermenget werden. Anno 1068 soll der Kayser Heinrich, nach Spangenbergs Aussage, *f*) wider die rebellischen Lausitzer gezogen, und auch die Stadt Meißen bey der Gelegenheit eingenommen haben. Es ist auch gewiß, daß der Kayser damals hier gewesen; denn er hat den 26. Octobr. zu Rochlitz, einen Brief datiret.

e) Emser in vita Bennonis.
f) in der Sächs. Chronicke p. 182.

der Sorben-Wenden in Ober-Sachsen.

g) datiret. Allein ein alter Geschichtschreiber *h*) meldet, daß der Zug wider die Luiticier, und nicht wider die Lausitzer gegangen. Der Bischoff in Halberstadt war mit seinen Soldaten auch dabey. Dieser machte ein Pferd *i*) zur Beute, welches die Luiticier für heilig hielten, weil sie es ihrem Abgott geweihet hatten. Anno 1109 ist der Kayser Heinrich auf seinem Marsche nach Schlesien ohnstreitig durch die Lausitz gegangen. Daß er aber sollte bey den Lausitzern den Abgott Flyns angetroffen und zerstöret haben, findet man nirgends, als bey den neuern Lausitzer Geschichtschreibern; wie denn auch noch ungewiß ist, wo der Flyns, welchen der Herzog in Sachsen, Lotharius, und Erzbischoff in Magdeburg, Adelgott, anno 1116 zerstöret, gestanden hat. Es nennet zwar Botho *k*) das Land Lusiz, und daher ziehen die Lausitzer dieses auf ihr Vaterland; weil aber dabey stehet, daß eitel Wenden in dem Lande gewohnet, und solches von der Lausitz, zur Zeit Lotharii, nicht wohl kann gesagt werden, so ist glaublich, daß auch hier eine Vermengung mit den Luticiern und Lausitzern vorgegangen.

§. 14. Das Stift Zeitz oder Naumburg ist späte von Götzen-Verehrern gereiniget worden. Das Bekehrungs-Werk gerieth ins Stecken, als die Böhmen und Pohlen anno 974 das Stift verwüsteten, und

g) Ober-Sächsische Nachlese VI. 186.
h) Sigebert ad 1096. fluminibus glaciali rigore conftrictis imperator Heinricus terram Liuticianorum ingreffus, eos nimia cæde proſternit, & terram nimium depopulatur.
i) Chronica Auguſt. Tom. I. Freheri ad 1068. Burcardus Halb. Epiſcopus Luiticorum provinciam ingreſſus, incendit, vaſtavit, avectoque æquo, quem pro Deo in rheda colebant, super eum ſedens in Saxoniam rediit.
k) in Chronico picturato: Da zoch Herzog Luther und Biſchoff Adelgot zu Magdeburch und verſtöreten die Afgott Flyne aufs neue in dem Lande zu Luſize, da eitel Wenden waren.

IV. **Von der Bekehrung**

und den Bischoff Hugo mit seinen Domherren verjagten. Die Wenden in derselben Pflege waren wilde Leute. Dem Ansehen nach genossen sie mehr Freyheit, als die über der Elbe. Der Bischoff und die Geistlichen lebten sehr unsicher unter ihnen. Um der Ruhe willen *l)* ward der bischöffliche Sitz von da weg, und nach Naumburg verlegt. Anno 1074 haben in der Saalgegend noch Heiden gewohnet. Die Stadt Saalfeld gehörete damals dem Erzbischoff in Cölln. Diesen jammerte des Volks, er stifftete ein Kloster in Saalfeld, daß er durch die Mönche *m)* ihre Bekehrung befördern möchte. Dieser gute Endzweck ward nicht sogleich erreichet; denn anno 1126 war dieselbe Gegend *n)* noch halb heidnisch. Und so war es auch mit der Pflege um Planen beschaffen. Anno 1122 ward ein Pfarrer da hin gesetzt, daß er, wie die Worte in der Fundation lauten, die Inwohner des Gebiets Doblan von der Irrung der Heidenschaft vollkömmlich sollte wiederziehen und führen zu dem vollkommenen Wege der Gerechtigkeit. In dem Dorfe Welsbach, zwischen Zwickau und Schneeberg, hat man vor einigen Jahren *o)* Steine mit alten deutschen Aufschriften gefunden, welche zum Andenken der dasigen Religions-Veränderung scheinen verfertiget zu seyn. Die Jahrzahl ist mangelhaft; doch siehet man, daß sie nach dem tausenden Jahre nach Christi Geburth geschehen. Die Verfertiger dieser Aufschrif-

---

l) propter pacis firmitatem & religionis augmentum, stehet im Diplomate bey Sagittario de Eccardo II.

m) v. Schamelii Beschreibung des Klosters Saalfeld p. 140. ut populum rudem & christianæ religionis inscium & ignarum divini germinis, paganismo & errore vanitatis eliminato, ad gloriosum nomen Dei benedicendum inducerem.

n) ib. p. 144. gens illius terræ, priusquam Anno Archiep. per illud cænobium, & per alias, quas construxit ecclesias, aggressus est, pagana fuit, & adhuc semi pagana videtur.

o) v. Miscellanea Lipf. Tom. VIII. p. 317.

Schriften sind in der Historie nicht sonderlich erfahren gewesen. Sie gedenken der Wenden nicht, sondern nur der Hermundurer. Niemand wird es glauben, was Fig. 4. stehet: Die Heermundr beertn sundrsen d n Bool Bor. Die Hermundurer beehrten vor Zeiten den Baal-Peor. Von dem Abgott Hermen machen sie eine Beschreibung: Fig. 3. Der leidig große Hermen war auf Erden König, und abgebildet stark ums Haupt — war der Baal Peor. Welche mit andern Nachrichten nicht einstimmet.

§. 15. Das Stift Merseburg hatte ohne Zweifel einen großen Vorzug; es war überall wohl angebauet, und weil es den Sächsischen Gränzen sehr nahe lag, war auch das Volk darinnen besser geschickt. Zudem waren viel Christen hier, ehe das Merseburgische Bißthum zu Stande kam. Wegen der Ruhe und Sicherheit *p*) wollte der Pfarrer in Zeitz, Boso, lieber Bischoff in Merseburg werden, als in Zeitz, als ihm anno 968 von dem Kayser die Wahl unter beyden Stiftern gelassen wurde; doch haben die öftern Einfälle der benachbarten Wenden gleich Anfangs *q*) diesem Bekehrungs-Werke Schaden gethan. Anno 982 ward das Stift ganz und gar cassiret und eine Abtey daraus gemacht. Die benachbarten Bischöffe theilten sich in den Kirchen-Sprengel. Dieser Zufall hat viel verderbet. Es ward zwar nach vieler Mühe anno 1004 wieder ein neuer Bischoff hergesetzet; er fand aber viel auszuräumen. Viele abgöttische Wenden an der Elster und Pleiße stelleten Wallfahrten

p) Ditmar Lib. II. Merseburgensem ab Augusto, quia pacifica erat, expofcens ecclesiam.

q) vita Henrici-S. Cap. III. Merseb. ecclesia, quia violentiis vicinarum nationum non poterat resistere, in possessionibus, in religione, & in omnibus, quæ ad pontificalem dignitatem pertinebant, penitus cæpit deficere.

fahrten nach einem Eich-Walde bey Merſeburg *v*) an, und verehreten daſelbſt ein Götzenbild Zutibur. Der neue Biſchoff war alſo genöthiget, dieſen Wald umhauen zu laſſen, und eine Kirche da hin zu bauen. Ich erzähle dieſes mit den Zuſätzen, welche Brotuf *s*) und andere darzu gemacht. Die Alten ſagen, der Wald habe Zuttibure geheißen, das iſt, ein verbotener Wald, und wiſſen von keinem beſondern Götzen, der dieſen Namen geführet. Damit aber war die Abgötterey noch nicht gänzlich getilget. Der Biſchoff Werner, welcher um das Jahr 1070 zum Amte kam, ſoll *t*) noch eine große Menge Götzen-Anbeter in ſeinem Sprengel gefunden haben. Und wer die Geſchichte dieſes unruhigen und ſtreitbaren Werners geleſen hat, wird leichte glauben können, daß durch ſeine Dienſte der Kirche wenig Vortheil verſchaft worden; es werden alſo ſeine Nachfolger noch Arbeit genug in Ausrottung des Heidenthums angetroffen haben. Brotuf hat, ich weis nicht, wo her, Nachricht *u*) gehabt, daß das Chriſtenthum in dieſer Gegend noch vor dem Jahr 1127 nicht völlig in Schwang gebracht worden.

§. 16. Es iſt alſo endlich dahin gekommen, daß alle Einwohner in Ober-Sachſen den Namen der Chriſten angenommen, und ſich taufen laſſen. Nun war das Chriſtenthum eingeführet; dieſe neue Religion aber

---

v) Ditmar. Lib. VI. Wigbert Epiſcopus lucum, Zutibure dictum, ab accolis, ut Deum in omnibus honoratum, & ab ævo antiquo nunquam violatum, radicitus cruens, S. martyri Romano in eo eccleſiam conſtruxit.

s) in der Merſeburgiſchen Chronicke p. 462.

t) Chron. Epiſcoporum Merſeb. cit. p. 378. cum Wernherum cura paſtoralis Schlavorum genti, quorum multitudinem copioſam error adhuc idololatriæ detinebat, verbum ſalutis credere cogebat.

u) l. c. p. 606.

aber war ein Gemenge aus dem Christen- Pabst- und Heidenthum. Wir betrachten dieselbe von der äußerlichen Seite, und wollen gar gerne glauben, daß einige unter diesen Neubekehrten auch in ihrem Sinn bekehret, und die Kraft des Glaubens im Herzen empfunden, und äußerlich an den Tag geleget haben. Die Erkenntniß der göttlichen Wahrheiten war bey dem gemeinen Volke schlecht; ihr Catechismus bestund aus drey Hauptstücken, dem apostolischen Glaubens-Bekenntniß, dem Symbolo Athanasiano, welches man fidem catholicam hieß, und dem Vater Unser. Diese 3 Stücke mußten *x*) die neuen Christen auswendig lernen; zu dem Ende waren sie ins Deutsche und Wendische übersetzet. Die Bibel und andere erbauliche Bücher bekamen sie nicht zu sehen; ihre Lehrer hielten zwar Predigten, oder lasen vielmehr Homilien aus den Kirchenvätern ab: daß aber die wendischen Zuhörer nicht viel davon verstanden, kann man aus der Beschreibung Helmolds schließen, welche wir oben beygebracht haben. Es kann mit vielen Zeugnissen bestätiget werden, daß die gebohrne Wenden sich den Kirchen-Gesetzen und christlichen Gebräuchen sehr schwer unterworfen. Selbst ihre Priester wollten dem päbstlichen Gebot, außer der Ehe zu leben, nicht unterthänig seyn; die andern wollten die vorgeschriebenen Fasttage nicht beobachten; bey ihren Heyrathen sich nicht nach dem jure Canonico richten; und ihre Todten begruben sie nach Belieben in die Wälder oder Felder. Es hat lange gewähret, ehe dieses alles in Ordnung ist gebracht worden.

§. 17. In der Kirchen-Historie nimmt man gewahr, daß viele heidnische Völker, wenn sie den christlichen Glauben von den Missionarien oder durch obrigkeitlichen Zwang angenommen, ihre vorige Meynungen,

x) Eckardus Rerum Franc. Tom. II. p. 80.

IV. Von der Bekehrung

nungen, Aberglauben und schändlichen Gebräuche beybehalten haben. Sie mußten zwar bey der heiligen Taufe allen diesen entsagen; aber die wenigsten kamen ihrem Versprechen nach. Es konnten so tief eingewurzelte Gewohnheiten nicht auf einmal ausgerottet werden; vielmal erzeigten sich auch die Lehrer gegen die Neubekehrten allzu gefällig, und verstatteten dergleichen als gleichgültige Sachen; doch ist auch öfters darüber geeifert worden. Als der größte Theil Deutschlandes in dem achten Jahrhundert das Licht des Evangelii empfangen hatte, ward anno 743 in einer Versammlung der Bischöffe zu Lesdain ein Register von dreyßigerley Arten des heidnischen Aberglaubens zu dem Ende verfertiget, damit die Priester die neuen Christen davon abmahnen sollten. Die daselbst versammleten Väter nennen sie Paganias, oder heidnische Gebräuche. Man findet dieses Register im Druck, und es haben auch etliche Gelehrte y) Erläuterungen darüber geschrieben. Wenn man vollständige Nachricht von den vielen Synodis hätte, welche die Erzbischöffe in Magdeburg mit ihren Suffraganeis angestellet, würde man ein noch stärker Register von den abergläubischen Gewohnheiten der hiesigen neubekehrten Wenden aufzeigen können; allein man muß sich nur mit einigen wenigen zerstreuten Erzählungen behelfen, wiewohl es unstreitig ist, daß alle heidnische Völker in den mitternächtigen Ländern z) fast einerley Gebräuche in acht genommen haben. Daher will ich auch nichts von dem allgemeinen Aberglauben erwähnen, da sie sich eingebildet, daß gewisse Worte, Characteres oder Kräuter, wenn sie in einer gesetzten Ordnung gebraucht würden, die Kraft hätten, allerley Uebel abzuwenden,

oder

---

y) Eckard l. c. Tom. I. p. 407. Falkensteinii antiquit. Nordgav. Tom. I. p. 269. seqv.

z) Adamus Brem. Lib. I. p. 9. Superstitio Saxonum, quam adhuc Sclavi & Svcones ritu paganico servare videntur.

oder zu erwecken; ingleichen, daß dem Menschen gewiſſe Anzeigen über ſein bevorſtehendes Glück oder Unglück gegeben würden, zum Exempel, Herzklopfen, Ohrenklingen, Nieſen, Begegnung gewiſſer Leute oder Thiere beym Ausgange, das Fliegen und Schreyen einiger Vögel, und ſo ferner. Aus dieſen vorgefaßten Meynungen ſind allerley böſe Künſte und thörichte Gaukeleyen entſtanden, von welchen die Leute nicht abzubringen waren, ob ſie gleich die Erkenntniß des wahren Gottes empfangen hatten.

§. 18. Ich ſehe aber itzo nur auf die Einwohner in Ober-Sachſen, und will beweiſen, daß ſehr viele unter ihnen, ſonderlich unter dem gemeinen Pöbel, nach empfangener Taufe, Liebe, Ehrerbietung und Vertrauen zu dem vorigen Heidenthum beybehalten haben. Ich ſtelle zum erſten Zeugen auf einen Biſchoff, welcher über ihre Seelen gewachet, nämlich den Biſchoff Ditmar in Merſeburg. Dieſer ſchreibt a) nicht nur, daß viel Sadducäer unter ihnen wären, welche kein weiteres Leben nach dem Tode zugeben wollten, ſondern er erwähnet auch einige thörichte Gebräuche, welche bey ihnen übrig geblieben. Es iſt ohnweit Lommatzſch eine See, welche itzo die Poltzſchner See heißt, da hin geſchahen von den heidniſchen Wenden große Wallfahrten; ſie wurde für heilig gehalten, und man wollte viel göttliche Wunder daſelbſt wahrgenommen haben. Nachdem die chriſtliche Religion allhier in Aufnahme gekommen, hätte der Aberglaube, welchen man bey dieſer See trieb, aufhören ſollen; allein gedachter Biſchoff b) klaget, daß faſt alle Einwohner mehr Liebe, Ehrerbietung und Vertrauen gegen dieſen See, als gegen die Gottes-

---

a) Lib. I. Chron. Slavi cum morte temporali omnia finiri putant.

b) ib. hunc omnis incola plus, quam ecclesias, spe quamvis dubia, veneratur & timet.

IV. Von der Bekehrung

Gotteshäuser geheget. Eben dieser Bischoff erzählet c) etwas von den Einwohnern der Stadt Silivellum, das hieher gehöret. Man kann zwar nicht mit Gewißheit sagen, was das für eine Stadt sey, da er aber schreibet, daß sie in seiner Nachbarschaft gelegen, so ist zu vermuthen, daß sie in diesem Lande zu suchen. Herr Jungker d) legt es von dem Städtlein Siebenlehn aus. Die Leute daselbst, spricht der Bischoff, gehen selten in die Kirche, und fragen nicht viel nach ihren Seelsorgern; sie verehren ihre besondern Haus-Götzen, und haben das Vertrauen, daß sie von ihnen großen Nutzen haben, wie sie ihnen denn auch zu opfern pflegen. Ich habe mir von einem Stabe, den sie haben, sagen lassen, an welchem oben an der Spitze eine Hand, welche einen eisernen Ring hält, zu finden. Derselbe Stab soll von dem Hirten des Orts in alle Häuser des Dorfs herum getragen, und beym Eintritt also angeredet werden: *Wache, Hennil, wache!* denn also pflegen ihn die Bauern zu nennen. Darauf richten die Leute ein großes Gastmahl aus, und glauben also, daß sie durch ihn für allem Unglück sicher seyn werden.

§. 19. Die Ober-Lausitzer geben uns aus ihren geschriebenen Annalibus allerhand Nachricht von zurückgebliebenen heidnischen Gebräuchen unter den neubekehrten Wenden. Ich will sie in der Ordnung, wie sie Grosser e) daraus erzählet, anführen, und einige Anmerkungen darbey machen. Das erste ist: sie knyeten verstohlen vor den Bäumen nieder; dieses war eine allgemeine Gewohnheit unter den Heiden, daß sie einzelne Bäume, oder auch einen ganzen Platz in einem Walde, worauf viele Bäume stunden, weiheten, und
ihre

c) Lib. VII. p. 416.
d) in Geographia medii ævi p. 661.
e) in den Lausitzer Merkwürdigkeiten Part. II. p. 9.

ihre Andacht darbey verrichteten. Den erften Chriſten in Nieder-Sachſen ward *f*) es bey Strafe verboten; die chriſtlichen Wenden in Böhmen nöthigten durch ihre Hochachtung gegen die Hayne ihren Herzog, Brecislaum, daß er anno 1093 alle geweiheten Bäume *g*) ausrotten ließ; und alſo kann man von den Sorben-Wenden eben dergleichen Thorheit vermuthen, zumal da man in viel ſpätern Zeiten wahrgenommen, daß die Reiſenden, wenn ſie durch einen Wald gehen müſſen, aus Aberglauben einen Kranz in dem Gebüſche geknüpfet haben. Das andere iſt: ſie weiheten bey eingetretenen Frühlinge die Brunnen. Alle Heiden haben in oder bey den Brunnen, Teichen und Waſſer-Pfuhlen Götzen verehret; die Wenden haben es auch gethan; ich finde aber, daß ſie nicht ſowohl bey Eintretung des Frühlings, als vielmehr den Dienſtag und Mittwoche in der Pfingſtwoche dieſe aberglaübiſche Solennität angeſtellet. Von den Böhmiſchen Wenden bezeuget es ein alter Hiſtoricus, *h*) und die Wenden in Pommern ſollen es eben ſo gemacht haben. Herr Schötgen hat in einer kleinen Schrift *i*) zeigen wollen, daß dieſe Gewohnheit daſelbſt da her entſtanden, weil der Biſchoff Otto von Bamberg in der Pfingſtwoche nach Stargard gekommen, und in denſelben Tagen viel Volk an demſelben Waſſer getauft hätte. Allein in andern Ländern hat man auch die Pfingſtwoche allerley Feyerlichkeiten an den Waſſern angeſtellet; und von einigen

f) Capitulare Caroli M. C. XX.
g) Coſinas Prag. Lib. III. p. 2074. lucos five arbores, quas in multis locis colebat vulgus ignobile, extirpavit, & igne cremavit.
h) Coſinas l. c. ſuperſtitioſas inſtitutiones, quas villani adhuc ſemi pagani in Pentecoſten tertia five quarta feria obſervabant, offerentes libamina ſuper fontes, mactabant victimas, & dæmonibus immolabant.
i) das Andenken der Pommerſchen Bekehrung. Stargard 1724.

IV. Von der Bekehrung

gen Ceremonien, die darbey sind in acht genommen worden, wird die Pfingst-Mittwoche zuweilen k) die Knoblochs-Mittwoche genennet. Nach und nach ist der Aberglaube bey diesen Brunnen- oder Pfuhl-Solennitäten weggefallen. Es ist aber doch die Gewohnheit an vielen Orten geblieben, daß zu der Zeit die Brunnen-Schmäuße und die Bürger-Aufzüge in Städten gehalten werden.

§. 20. Das dritte Stücke, welches die neubekehrten Wenden in der Lausitz von ihrem Heidenthum übrig behalten, ist: sie richteten den Verstorbenen zu Ehren auf den Scheidewegen Hütten auf. Mit diesen verknüpfen wir, was in dem folgenden von den Todten und ihren Begräbnissen gesagt wird: sie legten ein halb Brod unter die Bahre, auf selbiges aber eine brennende Kerze, und opferten also die Leiche den höllischen Geistern. Wenn sie von der Leichbestattung heim kamen, wurfen sie Holz, Steine, Laub, Gras, und was ihnen sonst in die Hände kam, über den Kopf, und sahen sich nicht um. Es ist gewiß, daß die Wenden mit den Verstorbenen viel Aberglauben getrieben; andere Heiden haben es auch so gemacht, und nachdem sie Christen worden, vieles darvon noch beybehalten. Von den Wenden haben wir bewährte Zeugnisse; der schon erwähnte Cosmas l) sagt: viele so genannte Christen in Böhmen hätten anno 1093 ihre Todten nicht auf die Gottesäcker wollen legen lassen, sondern hätten sie in den Wäldern oder Feldern, wo der Vorfahren Erbbegräbnisse waren, eingescharret, und auf den Kreuzwegen Hütten aufge-

---

k) Haltaufii Calendarium p. 101.

l) Cosmas l. c. p. 2074. item sepulturas, quæ fiebant in silvis & in campis, atque scenas ex gentili ritu faciebant in biviis & in triviis, quasi ob animarum pansationem. item & jocos profanos, quos super mortuos suos inanescentes manes, ac induti faciem larvis bachando exercebant.

aufgerichtet, damit die Seelen gute Ruhe genießen möchten. Viele hätten Larven vor das Gesicht gemacht, und die Verstorbenen vorgestellet, wären hin und her gelaufen, und hätten unerlaubte Possen getrieben. Der Bischoff Otto in Bamberg fand auch dergleichen üble Gebräuche unter den Pommerschen Wenden; er suchte sie abzustellen, und verbot *m)* unter andern auch, daß sie keine Pfähle auf die Gräber stecken sollten. Die andern abergläubischen Sachen erzählet gedachter Herr Grosser aus den Lausitzer Annalibus also: Wenn die schwangern Weiber ihrer Leibesfrucht entbunden wurden, hielten sie die neugebohrnen Kinder bey ein angezündet Feuer, und thaten darbey allerhand Gebete gegen ihre Geister, daß sie ihnen günstig werden und verbleiben sollten. Wenn angehende Eheleute von den Priestern zusammen gegeben werden sollten, führten sie dieselben zuvor heimlich an einen abgelegenen Ort, warfen gewisse Kräuter auf Kohlen, und beräucherten sie sodann unter vielen Heulen und Wehklagen, in Meynung, die neuen Eheleute würden wegen dieses Beräucherns eine desto vergnügtere Ehe bey einander haben. Ward jemand mit Krankheit heimgesucht, so gebrauchten sie ingleichen allerhand abergläubische Zauber-Possen; sie sprachen allerhand Seegen über den Patienten; sie schnitten ihnen Püschlein Haare und Kleider-Zippel ab, und trieben ihre Gauckeley damit. Sie nahmen glühende Kohlen in ungleicher Zahl, schütteten selbige in Wasser, gossen es sodenn durch einen neuen Besen, sprachen gewisse Wörter darzu, und wuschen endlich die Kranken damit. Wir wollen uns hierbey nicht aufhalten,

---

m) Conradus Ursp. ad 1124 interdixit, ne sepeliant mortuos inter paganos in silvis aut in campis, sed in cœmeteriis, sicut mos est omnium Christianorum, ne fustes ad sepulcra mortuorum ponant, omnem ritum & pravitatem jiciant.

halten, da ohnedem bekannt ist, daß der Aberglaube bey Sechswöchnerinnen, neu angehenden Eheleuten und Sterbenden vor Zeiten groß gewesen, und noch zum Theil bey den Einfältigen herrsche. Die barbarische Gewohnheit, welche zuletzt von Herr Grossern angeführet wird, daß die Wenden, nachdem sie Christen worden, noch sollten alte abgelebte Leute umgebracht haben, unter dem Vorwande, weil sie ihr Brod nicht mehr verdienen könnten, wird billig von vielen in Zweifel gezogen; wenigstens ist es nicht eine Gewohnheit dieses Volks, sondern eine verdammte Gottlosigkeit eines bösen Menschen zu nennen.

§ 21. Man findet noch viel üble Gewohnheiten aufgeschrieben, welche vor Zeiten in Städten und Dörfern in Ober-Sachsen sind in acht genommen worden. Ich will nur etliche anführen. Der Pirnische Mönch *n*) sagt, daß die Leute zu Baußen nach alter Gewohnheit den Sommer den Tag vor Peter Stuhl-Feyer, oder den 21. Febr. mit Feuer empfangen hätten. Carpzov *o*) erwähnet, daß sie ein Feuer auf dem Markte gemacht; der Rath, die Bürger und die Schüler wären in Proceßion um daßelbe gegangen. Es wäre auch daselbst den Donnerstag vor Fastnachten das Semper-Rennen mit Singung schandbarer Lieder auf den Gassen gehalten worden. Der Bischoff in Meißen habe es endlich anno 1442 abgeschaft. In Leipzig haben die Slaven nach ihrer Bekehrung am vierten Sonntag in der Fasten der Marzanæ und Zievoniæ Bildnisse an Stangen gesteckt, mit traurigem Gesang und kläglicher Stimme in einer Proceßion herumgetragen, und zuletzt ins Wasser geworfen. Ferner die Schandbälge und öffentli-

---

n) artic. Baudissin. Tom. II. Menck. p. 1532. Dieser Gebrauch war schon Sec. VI. in Frankreich. v. Concilium Turon. II. Canone XXII.

o) Ober-Lausitzer Ehren-Tempel. p. 258. 259.

fentlichen Huren pflegten alle Jahr in Leipzig am Mitfasten ein strohern Bild in Gestalt des Todes auf eine lange Stange zu binden, daſſelbe vor dem Thor durch alle Gaſſen mit Geſang herum zu tragen, den jungen Eheweibern vorzuſtellen, und endlich mit Ungeſtüm in die Pfaarde zu werfen, vorgebende, es würden dadurch die jungen Weiber fruchtbar gemacht, die Stadt gereiniget, und von den Einwohnern im ſelbigen Jahre die Peſt und andere anfällige Krankheiten abgewendet, wie ſolches Schneider und Peifer, p) die Leipziger Geſchichtſchreiber, melden. Es könnte noch viel von den Reliquiis Paganiſmi unter den ehemaligen Chriſten dieſes Landes geſagt werden, ſonderlich von den abergläubiſchen Gebräuchen am neuen Jahrstage, in den ſo genannten 12 Nächten und zu Oſtern, von dem Johannis-Feuer und dergleichen. Man findet noch hin und wieder von dieſen Sachen Spuren im Lande. Der Aberglaube, da man dieſen Ceremonien eine beſondere Kraft beygeleget, iſt zwar meiſtens weggefallen; ſie werden aber doch zur Luſt und zum Zeitvertreib von vielen in acht genommen. Wir preiſen Gott für die beſſere Erkenntniß, die wir in unſern Tagen haben.

p) Schneiders Leipziger Chronicke p. 143. Peifer in origin. Lipſ. p. 310. welcher darzu ſetzt: quem morem a Venetis, vetuſtis Lipſiæ cultoribus retentum fuiſſe crediderim.

V. Von

V.
Von dem
Gau, oder Pago Zwickouwe.
Von
M. J. G. Wellern.

§. 1.

Kennern der deutschen Alterthümer ist bekannt, daß die Provinzen Deutschlands in den ältesten Zeiten in gewisse kleine Stücke sind eingetheilet worden, welche lateinisch Pagi, und deutsch Gauen oder Gowen sind genennet worden. Schon zu der Zeit des Tacitus war solches gewöhnlich; *a)* und die, so uns die Geschichte der alten Deutschen gesammelt, erzählen uns eine gewisse Anzahl solcher Gauen, sowohl aus den ältesten, als mittlern Zeiten in Deutschland. *b)* Sollte solches nicht auch in der Gegend statt gehabt haben, die itzund Ober-Sachsen genennet wird? Allerdings gedenken die Nachrichten viele Pagos und Gauen in diesem Lande. Man findet den Pagum Daleminci, Niseni Mogellani, Hasigau Chuzizi, Misni, Tucherrii, Veda und andere. Mehr als ein Gelehrter hat sich bemühet, diese zu untersuchen. *c)* Es ist

aber

---

a) v. C. Tacitus de moribus German. Cap. 7. 12. 39.

b) v. I. Sagittarii hist. ur. Purdewizi c. 1. 5. n. seq. F. Paulini Geogr. cur. Scr. Franc. 1669. Du Fresne Glossar. a. h. v. p. m. 88. 89. Ph. Cluveri Germ. antiqu. L. I. c. 13. 491. Christoph Lehmanns Speyersche Chronicke L. II. c. 18. p. m. 74.

c) E. Abels Sächs. Alterthümer P. II. p. 301. v. T. Wideburgii R. M. spec. I. p. m. 39. seq. C. G. Schötgens

V. Von dem Gau, oder Pago Zwickouwe.

aber darinnen noch nicht alles so deutlich, daß keine weitere Untersuchung nöthig. Die Gränzen vieler Gauen haben nicht genau genug aus Mangel der Nachrichten können bestimmet werden. Es ist auch nicht unwahrscheinlich, daß in den alten Zeiten noch mehr Pagi sind bekannt gewesen, die man noch nicht entdecket hat. Ich will mich itzund bemühen, einen alten Pagum aufzusuchen, der noch nicht ist beschrieben worden, wenigstens habe ich ihn da nicht gefunden, wo man die Ober-Sächsischen Pagi mit Fleiß untersuchet hat. Es ist solches der Pagus Zwickouwe, der ohne Zweifel von der Stadt, die in dem Erzgebürge an der Mulde liegt, den Namen bekommen hat, weil diese der vornehmste Ort in demselbigen gewesen ist. Ich getraue mir auch dessen Gränze so genau zu bestimmen, als nur solches noch von einem andern alten Pago hat geschehen können.

§. 2. Vorher gedenke ich an das alte Schwanenfeld, welches als ein Pagus in hiesige Gegend, doch ohne allen Grund, gesetzt wird. Ich will davon die Worte Caspar Abels anführen aus seinem Verzeichnisse der Gauen in Nieder- und Ober-Sachsen, Westphalen und Wend-Land: Schwanenfeld um Zwickau hat seinen Namen vielleicht nicht den Schwanen, sondern den Schwaben, zu danken. *d)* Ich wollte wünschen, daß er die Nachrichten angeführet hätte, woraus er diesen Gau Schwanenfeld genommen. Ich gestehe, daß ich solches noch in keiner Urkunde, oder in einer alten ächten Nachricht habe antreffen können. So viel weis ich, daß Brotuf der Schwanenfelder in dem Leben des Grafen Wiprechts von Grötzsch gedenket; wenn er sagt, es habe dieser

Graf

gens und S. E. Kreißigs Diplom. Nachl. P. I. p. 361.
R. Meibomii L. de pagis intr. Saxon. sup. & infer. scr. R.
G. Tom. III. p. 95.
d) C. Abel l. c. p. 321.

V. Von dem Gau oder Pago Zwickouwe.

Graf den Kayser Heinrich V. mit Hülfe der Schwanenfelder aus Pohlen gesund wiederum heimgebracht. *e*) Es sind ihm viele andre nachgefolget, unter welchen auch Albinus, welcher mehr als einmal von dem Schwanenfeld redet; *f*) hat aber das Schwanenfeld keinen bessern Grund, als Brotufs Zeugniß, so können wir von diesem alten Gauen nichts halten. Dieser Mann hat vieles in der Geschichte aus seinem Gehirne erdichtet; und schon da er lebte, widersprach ihm G. Agricola in vielen, daß er sich auch darwider verantworten mußte. *g*) Brotuf hat auch ohne Zweifel seine Nachricht von dem Schwanenfeld aus dem Leben des Graf Wiprechts genommen, so ein Pegauscher Mönch kurz nach dessen Tode aufgesetzt hat; er ist aber, wie viele andere, nicht dem lateinischen Texte, sondern der deutschen Uebersetzung, gefolget, die zu Leipzig 1521 heraus gekommen ist. *h*) Es ist aber darinnen viel verändert und darzu gesetzt worden, und in dem lateinischen Texte, wie solchen K. Reineccius heraus gegeben hat, wie er in Hofmanns Script. R. Lusat. und in Menkens Script. R. G. stehet, trifft man von dem Schwanenfelde nicht ein Wort an. *i*) Wie wenig Grund hat daher dieses Schwanenfeld in den alten Nachrichten. Wofür kann man solches also halten, als für ein Gedichte der neuern Schriftsteller? Es soll dieser Name von einer alten Fürstin, die zu Carolus des Großen Zeit die Zwickauische Gegend beherrscht, mit Namen Schwanhildis,

e) E. Brotufs Hist. des Grafen Wiprechts c. 9.
f) v. J. Albini Meißn. Land- und Berg-Chronicke p. 89. 198.
g) v. I. Albinus l. c. p. 303.
h) in der historischen Bibliothek von Ober-Sachsen Herrn G. E. Kreisigs stehet, das Jahr 1520, aber in dem Exemplar, das ich in Händen habe, 1521.
i) v. R. Reineccii vita Wiperti Com. Gwiz. p. Hofmanni Scr. R. Lus. Tom. I. p. 23. Menckenü Scr. R. G. T. III. p. 127.

V. **Von dem Gau oder** Pago Zwickoůwe.

hildis, seinen Ursprung haben. Aber die ganze Erzählung von der Schwanhildis ist eine Fabel. k) Es kann auch das Zwickauische Stadt-Wapen hierinnen zu keinem Beweis dienen, indem die Schwanen im sechzehenden Jahrhundert nicht darinnen angetroffen werden, sondern erstlich darnach darein gekommen sind. Erstlich hängete man die Schwanen als ein besonderes Schild unter die Thürme, welche das eigentliche Stadt-Wapen, und endlich brachte man sie gar in dasselbe hierein. Dieses habe ich in sehr vielen Urkunden, die ich in Händen gehabt, bemerket; und man findet es auch in dem abgedruckten Siegel also. *l*) Auch das kann keinen Grund haben, daß das Schwanenfeld von den Schwaben seinen Namen bekommen habe, und so viel sey, als Schwabenfeld; denn so müßte man erst beweisen, daß es die Schwaben gewesen, welche die hiesige Gegend angebauet: doch soll schon vorher die Gegend Schwanenfeld geheißen haben. Man weis auch nichts von Schwaben, welche nach der Zeit hieher gekommen sind. Es mag also Albinus und aus demselben die Zwickauischen Chronickenschreiber, E. Wilhelm und Tobias Schmidt von dem alten Schwanenfelde sagen, was sie wollen, so halte ich doch solches für eine Erdichtung, so lange man nicht bessere Gründe findet, solches zu behaupten. Es ist auch nicht wohl möglich, daß solche werden angetroffen werden, da die ganze Geschichte widerstreitet.

§. 3. Den rechten Pagum von der Zwickauischen Gegend treffen wir in den alten Briefen des Klosters Bosau bey Zeitz an. Demselben wurde in dem Anfange des zwölften Jahrhunderts Zwickau und die ganze Gegend zugeeignet. Es kann daher nicht anders

---

k) v. C. Schötgens und G. C. Kreisigs Diplom. Nachlese P. I. p. 5. 12.
l) C. Schlegelii de nummis Cygnesibus p. 147.

V. Von dem Gau oder Pago Zwickouwe.

ders seyn, als daß solcher ofte in der Geschichte dieses Klosters vorkommen muß. Wird man vor dieser Zeit in den alten Nachrichten etwas von Zwickau suchen dürfen? Denn bis dahin war die ganze Gegend noch wild, heidnisch und wendisch. Und obgleich vermuthlich die osterländischen Marggrafen ihm näher kommen, auch wohl öfters in denselben Einfälle thun mochten: so wurden sie doch noch nicht bekannt. Bis zur angezeigten Zeit, und auch da wurden sie erstlich zu dem christlichen Glauben bekehret. *m)* Ordentlich treffen wir nicht leichte von einigen Gegenden etwas wichtiges an, wenigstens keine ächten Urkunden, als bis solche in die Historie der Stifter und Klöster sind verwickelt worden. Die Losauischen Kloster-Briefe gedenken nur ausdrücklich des Pagi Zwickouwe: wenn in dem Briefe Theoderici, Bischoffs in Naumburg, von 1121, darinnen er gedachtes Kloster aufs neue bestätiget, das, was zu demselben gehöret, verzeichnet wird, so heißet es auch: in Zwickouwe II. manſis, & dimidium thelonium, quæ ſolvunt XVI. libras, & Ecclesiam baptiſmalem cum dote & decimatione ejusdem pagi. Kann hier wohl das Wort ejusdem auf etwas anders, als auf Zwickouwe sich beziehen? So war also die Gegend in Zwickau hierinnen allerdings ein besonderer Pagus; und kann solcher einen andern Namen, als Zwickouwe haben? Und was heißet pagi ejusdem anders, als pagi Zwickouwe? Eben dieses wird auch wiederholet in dem Bestätigungs-Briefe des Pabsts Eugenii von dem Jahre 1157, da die Worte in dem Verzeichniß des Klosters Eigenthum heißen: in Zwickouwe Eccleſiam cum duobus manſis, & decimatione ipſius pagi. Desgleichen in der Confirmation des Erzbischoffs Friedrichs in Magdeburg

---

m) v. vereinigte Bemühungen in den theol. Wissenschaften einiger Diener des göttlichen Worts in der Inspection Zwickau, P. II.

V. Von dem Gau oder Pago Zwickouwe.

Deburg von 1151 stehet: in Zwickouwe ecclesia, cui attinent duo mansi & decimatio ipsius pagi. Ferner liesen man in der Urkunde Wichmanns, Erzbischoffs in Magdeburg, von 1171, daß zu dem Kloster Bosau gehöret, in pago Zwickouwe ecclesia, cui attinent duo mansi & villa Carwiz cum molendino & pratis & silvis, & decimatio ipsius pagi. Da des Pagi Zwickouwe nicht einmal, sondern so ofte in den Urkunden durch 50 Jahr hindurch gedacht wird, so bestätiget dieses wohl auf das deutlichste dessen Richtigkeit: die letzte Stelle ist besonders deutlich, da der Pagus Zwickouwe ausdrücklich genennet wird; das geschiehet auch in der Urkunde Wichmanns, Bischoffs in Naumburg, von dem Jahre 1151, darinnen dem Kloster Bosau alle Güter, die es in der vorigen Zeit hatte geschenkt bekommen, aufs neue bestätiget werden; es stehen die Worte: in pago Zwickouwe ecclesia, cui attinent duo mansi & decimatio ipsius pagi. *n*) Kann man ein deutlicher Zeugniß von dem Pago Zwickouwe, als dieses ist, verlangen? Wird solcher hier nicht mit ausdrücklichen Worten genennet? Nach meiner Meynung wird auch dieses Pagi gedacht in dem Stiftungs-Briefe der Marien-Kirche in Zwickau selbst 1118, da sagt Theodericus, Bischoff in Naumburg, daß er die Marien-Kirche in Zwickau geweihet habe, præsente Bertha illustri Lomutuso in territorio ejus. *o*) Das Wort Territorium bedeutet so viel, als pagus. *p*) Da wir nun aus andern Urkunden wissen, daß Zwickouwe ein besonderer Pagus gewesen ist, so können wir hier auch wohl

---

n) alle die Urkunden, welche hier sind angeführet worden, stehen in C. Schœtgenii und G. C. Kreisigii Diplom. T. II. p. 419. seq.

o) ibid. p. 418.

p) v. C. Schötgens und G. C. Kreisigs Diplom. Nachlese P. I. p. 365.

wohl solchem Wort keine bessere Bedeutung beylegen, als daß es, wie sonst in andern alten Briefen, auch hier so viel als einen Gau anzeige.

§. 4. So ist also gar nicht zu zweifeln, daß in den Zeiten des zwölften Jahrhunderts ein besonderer Pagus oder Gau bekannt gewesen sey, welcher den Namen Zwickouwe geführet. Sollte solcher nicht auch noch älter seyn? denn auch die Wenden theilten die Gegenden, welche sie bewohnten, in besondere kleine Districte ein. Wie sie solche in ihrer eignen Sprache benennet, hat noch niemand anzeigen können. Als aber die Deutschen die Länder der Wenden einnahmen, legten sie diesen kleinen Provinzen den alten Namen Gauen bey; und ohne Zweifel behielten diese Pagi eben die Gränzen, in welche sie die Wenden vorher eingeschlossen gehabt. Den Namen hat der Gau, den wir beschreiben, ohne Zweifel von dem vornehmsten Orte, Zwickowe, der in solcher Lage gewesen, gehabt, wie man gleichfalls bey andern Pagis bemerket. Z. E. der Pagus Betegori hat den Namen geführt von dem itzigen Städtgen Belgern; der Pagus Tucherrii von der Stadt, die itzund Taucha heißet; Budißin von dem itzigen Bautzen, ꝛc. Der Name Zwickau selbst ist wendisch, q) der heißt Wiki, ein Markt, Zwickow hde, ich komme, gehe vom Markt; Zwickauw heißt also zum Markt, oder ein Ort zum Markt, ein Marktplatz. Der Strich Landes, da Zwickau stehet, konnte wegen seiner vortrefflichen Fruchtbarkeit, so es itzo noch besitzet, von den Wenden wohl nicht unbebauet bleiben. Die Lage an der Mulde, und die ganze Ebene verschafte diesem angebauten Flecken noch mehr Bequemlichkeit; beydes machte ihn zur Handlung und zum Markte bequem. Das Gebürge wurde auch gewiß von den Wenden bewohnet.

q) v. C. Schötgens und G. C. Kreisigs Diplom. Nachlese T. I. p. 513.

V. Von dem Gau oder Pago Zwickouwe.

bewohnet. Die wendischen Namen der Dörfer und Flecken, welche da liegen, beweiset solches deutlich. r) Es muß aber solches eben so rauh, als itzund, gewesen seyn, und eben so wenig genug Brod für seine Einwohner hergegeben haben; doch hat es Waaren, welche die Niederländer brauchen, und gar nicht entbehren können, als Holz, Bretter, Pech, Eisen Zinn, ꝛc. In Zwickau ist lange Zeit die Niederlage für diese Waare gewesen; dargegen hat man da hin Getrayde aus dem Niederlande gebracht. Die aus dem Gebürge holeten da solches ab, und die Niederländer nahmen die gebürgischen Güter mit sich zurück. Die Wasser-Straße, die weiter nicht, als bis Zwickau, auch itzo, verstattet ist, befördert solches. s) Die Bequemlichkeit des Orts giebt die Vermuthung, daß auch in den ältesten Zeiten dieser Handel in Zwickau gewesen sey. Auch der Name Zwickau scheinet solches allerdings zu beweisen; darzu kommt noch die Straße, so aus Böhmen durch Zwickau auch in den ältesten Zeiten gegangen ist. Dieses beweise ich aus dem Zoll, der in Zwickau hat müssen gegeben werden; solcher, oder wenigstens die Hälfte davon, ist zu der Marien-Kirche in Zwickau von der Stifterin derselben, Bertha, des Grafen Wiprechts von Grötzsch Tochter, geschenket worden. Davon findet man in einer Urkunde vom Jahre 1148 den Ausdruck: telonium, quod est in Zwickouwe; und in einer andern vom Jahre 1151 wird er ausdrücklich genennet: telonium in Zwickouwe. t) Kann dieses anders verstanden werden, als daß dieser Zoll in Zwickau sey erleget worden? In dem Stiftungs-Briefe selbst von

r) M. G. Körner von Bockau.
s) v. 3. Schmidts Zwickauische Chron. P. I. p. 40 -- 44.
t) C. Schœtgenii & G. C. Kreisigii Dipl. Tom. II. p. 420. 422.

130 *V.* **Von dem Gau** oder Pago Zwickouwe.

von 1118 wird dieser Zoll der Böhmische, Telonium Bohemicum, genennet. Man will dieses also annehmen, als ob solches ein Zoll in Böhmen gewesen sey, welchen die Bertha aus der Erbschaft ihrer Mutter bekommen, die eine Tochter des Wratislaus, Königs in Böhmen, gewesen. Allein das, was wir vorher aus andern Urkunden angeführet, verstattet nicht, solches also zu erklären. Die Geschichte melden zwar, daß Juditha, des Graf Wiprechts Gemahlin, die beyden Pagos Niseni und Budißin zur Mitgabe bekommen habe; sie gedenken aber nichts von einem Antheil an einem Böhmischen Zolle; *u)* was wird also der Böhmische Zoll können anders seyn, als der, so von denen aus Böhmen Kommenden und da hin Reisenden in Zwickau ist gegeben worden? Man siehet daher doch wohl daraus auf das deutlichste, daß in den ältesten Zeiten, schon im Jahre 1118, die Böhmische Straße durch Zwickau durch gegangen ist. Denn muß nicht da eine Hauptstraße seyn, wo ein Zoll abgegeben wird? Mußte nun aber dieses nicht die Handlung in Zwickau befördern, und Zwickau zu dem machen, was sein wendischer Name anzeigt, einen Platz zum Handel? Die Zwickauische Straße mußte zu der Zeit desto häufiger gebraucht werden, als die Ostindischen Waaren noch nicht aus Holland über Hamburg gebracht wurden, sondern aus Venedig über Nürnberg in Sachsen kamen; diese giengen den Weg über Eger durch Zwickau. Diese Stadt hatte damals dadurch die wichtigsten Vortheile; es ist daher nicht zu verwundern, daß sie gestiegen, und schon am Ende des dreyzehenden Jahrhunderts eine ansehnliche Stadt gewesen ist. Zwickau muß auch in andere Städte ansehnliche Handlung getrieben haben; wir sehen dieses aus dem Briefe des Kaysers Adolph vom Jahr 1296, darinnen er die Zwickauer

befreyet,

u) v. C. Schötgens Historie des Grafen Wiprechts p. 109.

befreyet, daß sie in den Gränzen des Marggrafthums Meißen auf den Jahrmärkten keinen Zoll, welcher Umgeld hieße, geben sollten. Aber auch schon lange zuvor muß Zwickau starken Handel getrieben haben, indem in eben diesem Briefe gesagt wird, daß schon vorher Heinrich, Dietrich und Friedrich den Zwickauern diese Freyheit zugestanden haben. In der Zwickauischen Chronicke sind nur wenige Worte aus dieser Urkunde angeführet; ganz sind sie in des Herrn Wilkens grundgelehrtem Buch Ticemannus vor kurzen eingerückt worden. x) So hat also Zwickau seinen Namen aus mehr als einem Grunde behauptet.

§. 5. Man halte mir diese Ausschweifung zu gute. Ich komme wieder zurücke zu den Pagum Zwickouwe. Bey demselben hat man vornehmlich darauf zu sehen, daß man seine Gränzen zu bestimmen suche. Diese gedenke ich in dem Stiftungs-Briefe der Zwickauischen Marien-Kirche zu finden, welcher an unterschiedenen Orten, auch in dem Diplomatorio des sel. Herrn Schötgens, und des um die Historie ungemein verdienten Herrn M. Kreisigs unter den Urkunden des Klosters Bosau stehet, und gleich die erste ist. In den oben §. 3. angeführten Urkunden stehet, daß der Zehenden in dem ganzen Pago Zwickouwe zu dem Kloster Bosau gehöret habe; aber in dem gedachten Stiftungs-Briefe der Zwickauischen Marien-Kirche werden die Gränzen, in welchen diese Kirche den Zehenden empfangen soll, genau bestimmet. Sollte nun wohl nicht daraus richtig können geschlossen werden, daß die zum Zehenden angewiesenen Gränzen eben die Gränzen des Pagi Zwickouwe gewesen sind? Wir wollen die Worte aus diesem Stiftungs-Briefe selbst anführen. Terminos parochialis Ecclesiæ eidem ab oriente rivulum Milsenam dictum, a capite

─────────

x) v. 3. Schmidt l. c. P. I. p. 179. v. I. G. L. Wilkii Ticemannus Cod. Dipl. p. 92.

V. Von dem Gau oder Pago Zwickouwe.

capite suo usque ad descensum ejus in Muldam, a meridie montem Luderni & per transversum descensum Scurnice in Muldam, collemque ab occidente fontem, qui Albo Dissudinza dicitur, descensumque in Plisnam, a septentrione fossam, que Hirsisprunck dicitur, & collem, qui Weidemanscicts vocatur, prænotamus. Die angegebene Gränze wollen wir etwas genauer untersuchen. Gegen Morgen macht solche der Milsner-Bach; dieser entspringt in einem Thale über Ortmannsdorf, und fließt durch gedachtes Dorf, Ober-Milsen, Micheln, Stangendorf, Thurm und Nieder-Milsen bis zu einer Mühle, da er in die Mulde fällt. Zu der Bestimmung der Gränzen gegen Abend müssen wir bis an die Pleiße rücken; denn es wird gesagt, daß solche da sind, wo der Quell Albo Dissudinza in die Pleiße fällt. Dissudinza heißt im Wendischen zum Wasser-Quellein. Es wird daher ohne Zweifel ein besonderer Quell oder Bach angezeiget, der in die Pleiße fällt. Aber welcher ist solcher? Es wird dieses schwer zu bestimmen seyn; wir haben auch bey den Gränzen des Pagi Zwickouwe so nöthig nicht, uns darum zu bekümmern, indem wir doch so viel schon sehen, daß solche sich bis an die Pleiße erstrecket haben. Gegen Mittag machen die Gränze der Berg Luderin, und der Ort, da die Scurniß in die Mulde fällt. Chorny heißt schwarz; dieses führet uns zu dem Schwarz-Wasser, welches über Schneeberg sich in die Mulde ergießet. Und warum konnte der Berg Luderni nicht der Lautersche Berg seyn, der nahe bey diesem Einflusse lieget. Wo werden wir denn gegen Mitternacht den Hügel Weidemannssiß, und den Graben Hirsissprunk zu suchen haben? Doch wohl nicht weit von der Gegend, wo der Milsner-Bach in die Mulde fällt, weil doch bis da hin die Gränze angewiesen worden. Aber gleich an dieser Linie treffen wir den Kreuzberg vor Mosel an,

V. Von dem Gau oder Pago Zwickouwe.

an, auf welchem ehedem eine Kirche gestanden hat, und in einer eben nicht so großen Entfernung davon den Scheide-Bach in einen kurzen Grund, wodurch die Schönburgischen Gränzen von den andern Chursächsischen abgesondert werden. Dieser heißet auch der Wild-Graben. Ich nehme den zuerst angegebenen Berg für den Hügel Weidmannssitz, und den fürs andere gedachten Grund für den Graben Hirsprunk an, so lange ich nichts anders finde, so sich besser darzu schickt. Auf solche Weise hat sich also der Pagus Zwickouwe von dem Milsner Bach bis an die Pleiße erstrecket, welches eine Breite beynahe von dritthalb Meilen ausmacht, und von dem Lauterschen Berg bis nach Mosel, welches in der Länge vierthalbe Meile beträgt.

§. 6. Alle Dörfer und Flecken, welche in diesem Bezirk liegen, haben zu dieser Gränze gehöret. Viele von den itzt noch stehenden Dörfern haben wendische Namen; und diese sind wohl die ältesten, und haben gewiß schon damals gestanden, als es noch ein wendischer Pagus war, und als die Gränzen diesen Pagum der Zwickauschen Marien-Kirche zum Kirchen-Sprengel angewiesen. Ihre Anzahl ist nicht klein; sie sind z. E. Crossen, Milsen, Pölnitz, Bockau, Schedenitz, Culitz, Crinitz, Milsen, Planitz, Schönau, ꝛc. Andere verrathen durch ihre deutschen Namen, daß sie von den Deutschen sind angebauet worden, die sich hieher gesetzet, als die Deutschen die Wenden der hiesigen Gegend bezwungen hatten. Einige davon haben ihren Namen von ihren Anbauern; z. E. Reinsdorf, so viel als Reinhardsdorf; Hermsdorf, so viel als Hiermannsdorf; Burkersdorf, so viel als Burckardsdorf, ꝛc. andere von der Lage; z. E. Hohndorf, so viel als Hohesdorf; weil beyde Dörfer, so nahe bey Zwickau liegen, und diesen Namen führen, auf Anhöhen erbauet sind; Hartensdorf ist so viel als Harzdorf
oder

134 *V.* **Von dem Gau oder** Pago Zwickouwe.

oder Walddorf; Judenheye, so viel als guter Hayn; Auerbach, so viel als Ursbach, weil das Dorf an dem Ursprung des Baches liegt; Königswalde, von dem Königlichen Walde, an dem es ist angeleget worden. Auch haben die Kirchen den Orten den Namen gegeben; z. E. Kirchberg, ingleichen Thurm, welches so viel als St. Urban, dem die Kirche ehemals ist gewidmet gewesen. Marienthal hat den Namen von der Marien=Kirche in Zwickau, worzu ehemals ein großer Theil dieses Dorfs gehöret hat. Durch den Pagum Zwickouwe gehet die Mulde mitten durch; und ein gleichfalls nicht unansehnlicher Fluß, die Pleiße, macht die Gränze auf der Abendseite, von welchem auch ein Pagus den Namen bekommen hat, der aber tiefer, als der Pagus Zwickouwe gelegen ist. Leitet man den Namen Pleiße aus dem Wendischen her, so kann es bedeuten, der Fluß, der zwischen inne fließt, von dem wendischen Pol, halb. *y*) Vielleicht konnte gar der Pagus Zwickouwe Gelegenheit zu diesem Namen gegeben haben, so wäre es der Fluß, der solchen von andern Pagis absondert. Doch ich will dieses eben nicht für so gewiß ausgeben; es hat auch solcher die Wenden selbst von den Deutschen, ehe sich solche weiter ausbreiteten, und über diesen Fluß zogen, abtheilen, oder ein Geschlechte der Wenden von dem andern absondern können. Wer will in diesen Zeiten die Dunkelheiten bey solchen Sachen, die man allerdings für Kleinigkeiten anzusehen hat, eine Gewißheit zu finden, sich unterfangen.

§. 7. Wir bekümmern uns nunmehro auch um die Herren, welche die Herrschaft über diesen Pagum Zwickouwe gehabt haben. Niemand bilde sich ein, daß die Wenden keine Herrschaften, keine Ordnungen und keine Rechte unter sich gehabt haben. Auch unter

---

y) v. Frencelii Orig. ling. Sorab. in C. G. Hofmann. Script. R. L. Tom. II. p. 54.

V. **Von dem Gau oder** Pago Zwickouwe.

unter ihnen waren Oerter bestimmet, da sie die Gerichte hielten, welche sie in ihrer Sprache **Rosel** nenneten. Sie hatten Gefängnisse für die Verbrecher, welche **Diemitz** hießen. Sie wurden von Fürsten beherrschet, unter welchen kleine Herren stunden, so die Herrschaft über einen oder etliche Pagos führeten. z) Wer waren denn die wendischen Herren, welche den Pagum Zwickouwe beherrscheten? Diese Frage wird wohl allezeit unbeantwortet bleiben. Als die Deutschen diesen Pagum unter ihre Bothmäßigkeit gebracht haben, so finden wir die Gräfin **Bertha** als Besitzerin desselben. Dieses stehet in dem so oft gedachten Stiftungs-Briefe der Zwickauischen Marien-Kirche; da wird er genennet territorium ejus in der **Bertha** Pagus. Hierbey ist die wichtigste Frage: wo her sie die Herrschaft darüber bekommen? War es ein Stücke aus der Erbschaft ihrer Mutter, Juditha, einer Tochter des Wradislaus, Königes in Böhmen? Aber so müßte das ganze Erzgebürge in den alten Zeiten ein Stücke von Böhmen gewesen seyn. Dieses wird schwer zu beweisen seyn. Die Schönburgischen Grafen, unter welchen itzo ein kleiner Theil des alten Pagi Zwickouwe gehöret, haben böhmisch Lehn: aber das beweist nicht, daß in den ältesten Zeiten ihr Land ein Stück von Böhmen gewesen sey. Hat doch auch ehedem ein Schloß nicht weit von Altenburg, Postenstein, mit Böhmen in Lehns-Verbindung gestanden. *) Man findet, daß viele Feud. oblata durch Aufträge an Herren und andere Provinzen Deutschlandes gekommen, zu welchen sie eigentlich nicht gehören; man findet auch nirgends Nachricht,

---

z) v. Hofmanni Script. R. Lusat. T. II. p. 309. 314. Schöttgens Geschichte Conrad des Großen p. 172. M. Kranzii in Vendatio pag. in Helmold. Chron. sclav.

*) v. Löbers Ronneburgische Chronicke. Lünigs Reichs-Archiv.

116 *V.* **Von dem Gau oder** Pago Zwickouwe.

richt, daß der Pagus Zwickouwe dem Graf **Wiprech**-**ten,** dem Vater der **Bertha,** von seinem Schwiegervater, als er dessen Tochter geheyrathet, zur Mitgift sey gegeben worden, da doch andere Stücke genennet sind, welche **Wiprecht** damals bekommen hatte. *b*)

§. 8. Wo soll man nun sonst das Recht der **Bertha** über den **Zwickau**schen Gau herleiten? Vielleicht können uns die Worte des Stiftungs-Briefs einen Unterricht geben, in welchem gesagt wird, der Bischoff Theodericus habe diese Schenkung den Kloster-Brüdern in Bosau zugeeignet, assentiente Sizzone, comite cæterisque ejus hæreditur. Darüber will ich nun verschiedene Anmerkungen machen, und zwar erstlich, daß in Schenkungs-Briefen das Wort assentiente, consentiente, consensus, deutlich von den Anverwandten und ordentlichen Erben, den Männern, Weibern, Söhnen, Brüdern 2c. desjenigen, der etwas verschenket, und die ein Recht an der verschenkten Sache hatten, gebraucht werde. Man sehe die häufigen Urkunden an, da solches vorkommt, so wird man solches aufs deutlichste einsehen. Fürs andere kann das in der angeführten Stelle vorkommende Wort ejus auf niemand anders, als auf die **Bertha,** die Stifterin, gehen. Denn wenn es sich auf den Grafen **Sizzo** beziehen sollte, so könnte nicht cæteris darbey stehen; und eben dieses Wort zeiget auch an, daß **Sizzo** ein Erbe der **Bertha** muß gewesen seyn. Wer verstehet dieses nicht selbst deutlich, wenn ich sage: **Sizzo** und alle andere Erben der **Bertha** haben ihre Einwilligung darzu gegeben. Aber wenn dieser Graf ein Erbe der **Bertha** seyn sollte, so muß er doch auch ein naher Anverwander derselben seyn. Er war

ein

―――――

b) v. C. G. Schwartzius de dignitate & possessione Viperti apud Menck. T. III. p. 964.

V. **Von dem Gau oder** Pago Zwichouwe.

ein Graf zu Keffenberg; *c*) niemand aber hat sich unterstanden, eine Verwandschaft des Grafen Sizzo mit der Gräfin Bertha anzugeben. Und wenn auch eine weitläuftige Anverwandschaft sollte statt haben, so siehet man doch nicht, wie er zur Erbschaft der Bertha gekommen sey, da der Bertha ihr Gemahl, Dedo, Graf zu Wettin, auch ihr Vater, Wiprecht, und ihr Bruder, Heinrich, beyde Grafen in Grötzsch, im Jahre 1118, da der Stiftungs-Brief ausgestellet ist, annoch am Leben waren. Dieses waren ihre rechten Erben; was hatte aber der Graf in Keffenberg darbey zu thun? Wollte man sagen, er sey Kloster-Vogt über Bosau gewesen, das macht ihn aber nicht zum Erben; über dieses ist dieses auch nicht vermuthlich: denn 1121 war solches Conrad der Große, Marggraf in Meißen, wie man aus einer in diesem Jahre ausgestellten Urkunde siehet. *d*) Aus diesem Grunde glaube ich, daß es gar nicht Sizzo in der Urkunde heißen kann, und daß dieser Name von einem, der die alte Urkunde aus der Urschrift zuerst abgeschrieben, falsch sey gelesen worden: der Name Dedo hat eben so viel Buchstaben, als Sizo. In den alten Schriften sind die Buchstaben oft sehr verzogen; das S und D, auch das z und d sehen einander darinnen oft sehr ähnlich. Man betrachte nur die 17te, 18te, 19te, auch 3te und 4te Kupfertafel in Borings Clavi Diplomatica. *e*) Man siehet daraus, es sey möglich, daß man einen von diesen Buchstaben für den andern ansehen kann, zumal wenn sie etwas verzogen oder verblichen sind. Schlegeln halte ich für den ersten, der diese Urkunde bekannt gemacht hat; *f*) er meldet

---

c) v. C. Schœtgenii Progr. III. de Sizzone cum Kefenburg. an. 1756. Menckenii Scr. R. G. T. III. p. 1010.

d) v. Diplomataria P. I. p. 420.

e) D. E. Barnigii Clav. Dipl. Hanov. 1754.

f) v. C. Schlegelii de nummis Cygneſibus p. 147.

138 *V. Von dem Gau oder* Pago Zwickouwe.

meldet aber nicht, ob er sie aus dem Originale abgeschrieben, oder eine Abschrift gebraucht habe. Wie leichte hat nun können eine Verwechslung der beyden Namen vorgehen. Dedo war der Gemahl der Bertha, er lebte auch damals noch, und dessen Einwilligung wurde nothwendig zur Schenkung seiner Gemahlin erfordert. Ich bin also völlig der Meynung, man müsse Dedone, oder Didone anstatt Sizzone setzen.

§. 9. Aber damit ist das Recht der Bertha an den Pagum Zwickouwe doch noch nicht ausgemacht. Entweder sie hatte solchen von ihrem Vater bekommen, oder von ihrem Gemahl. Ihr Vater, Wiprecht, Graf von Grötzsch, auch Marggraf in Laußiß und Burggraf zu Magdeburg, ein Held seiner Zeit, der kaum seines gleichen hatte, lebte damals 1118 noch, als Bertha die Marien-Kirche in Zwickau stiftete; denn er starb erst 1124. *g*) So mußte also dieser Pagus ein Geschenke, oder eine Mitgift ihres Vaters gewesen seyn. Verdienen die Geschichtschreiber aus dem vorigen Jahrhunderte einen völligen Glauben in den Dingen, die 500 Jahr von ihnen entfernet sind, und die sie ohne Beweis erzählen, so daß man im geringsten nicht daran zweifele. Denn diese behaupten, der Graf Wiprecht sey Herr über Zwickau und die herumliegende Gegend gewesen. *h*) Aber diese Meynung hat so wenig Grund, daß sie nicht einmal wahrscheinlich kann gemacht werden. Wiprecht gehörte gar nicht in Meißen zu Hause, sondern bekam ohngefähr gegen das Jahr 1073 seine Herrschaft Groitzsch durch Tausch gegen sein Erbgut das Balsaner Land in der alten Mark, bey Salzwedel. Er mußte diese Gegend verlassen, und kam erst gegen 1080 zu dem Besitz seines Schlosses. Er zog wiederum nach Böhmen und Italien, und kehrte vor dem Jahre 1084

nicht

g) v. Chron. mont. Sereni p. 206. edit. Maderi.
h) v. J. Schmidts Zwickauische Chronicke P. I. p. 162. seq.

V. Von dem Gau oder Pago Zwickouwe.

nicht zurück; da hatte er bald mit seinen deutschen Nachbarn zu streiten, bald beschäftigte er sich mit der Erbauung seines Klosters Pegau, und mit den Reisen, die er deswegen nach Rom und Spanien, Böhmen und Schwarzbach dieses Baues wegen über sich nahm. Bald war er in die unruhigen Händel mit dem Kayser Heinrich verwickelt, die ihm nicht viel Zeit übrig ließen, Länder, die von seiner Herrschaft so weit entfernet waren, als wie der Pagus Zwickouwe ist, zu bekriegen, und sich solche zu unterwerfen. Er besaß allerdings noch andere Orte, als Groitzsch: z. E. Leißnig, den Pagum Niseni an der Elbe, den Pagum Budelin in der Laußitz, und andere. Er war auch Burggraf zu Magdeburg, und Marggraf in der Niederlaußitz. *i)* Wenn man aber in dessen Geschichte die Nachricht nur von einem einzigen Orte, der dem Pago Zwickouwe nahe gelegen ist, antreffen sollte, der unter die Herrschaft Wiprechts gehöret, so könnte man doch noch die Vermuthung haben, daß vielleicht auch der gedachte Pagus zu seiner Herrschaft möchte gehöret haben. Alleine nichts trift man davon an. Es eignen ihm einige Alt-Sirbien zu, oder sie sagen vielmehr, er habe seine Güter in Sirbien gehabt; dieses war damals so viel, als was wir itzund Meißen nennen. Was von den Schwanfeldern in der deutschen Uebersetzung des Pegauischen Mönchs zu halten, haben wir schon oben § 2 gedacht. Nirgends finden wir, daß der Kayser ihm diese Gegend anvertrauet gehabt, oder, daß er ein Reichsamt geführet, so ihn berechtiget, sich um solche zu bekümmern. Er trachtete nach dem Marggrafthum Meißen, und der Kayser hat ihn vielleicht auch damit belehnet; er hat aber nie den Besitz davon erlanget, sondern Conrad von Wettin. Gesetzt auch,

---

i) v. E. Schötgens Historie des Grafen Wiprechts. Regenspurg 1749. Albini Com. Lus. cum notis. Scr. Schwarz. Scr. apud Menckenium T. III. p. 880. seq.

auch, er wäre wirklich Marggraf in Meißen gewesen, so kann es doch nicht vor dem Jahr 1127 geschehen seyn. *k*) Aber schon etliche Jahre zuvor, nämlich 1118, wird der Pagus Zvvickouvve territorium Berthæ genennet. Wenn nun aber auch Wiprecht den Pagum Zvvickouvve wirklich besessen, so ist noch die Frage, ob man denn damals solche ansehnliche Stücke Land zum Heyrathsgut den Töchtern verschenket habe. Nach der Gewohnheit der damaligen Zeit mußte mehr der Mann für das Leibgedinge seiner Frau, als der Vater für die Mitgift sorgen. So viele und noch mehrere Schwierigkeiten siehet man vor sich, dem Grafen Wiprecht die Herrschaft über den Pagum Zvvickouvve einzuräumen, und zu glauben, Bertha habe das Recht an solchem von diesen ihrem Vater bekommen. Aber fast eben so vieles hat man wider sich, wenn man Dedo, den Gemahl der Gräfin Bertha, zum Herrn dieses Pagi machet, und glaubet, es sey solcher ein Leibgedinge der Gräfin gewesen. Dedo hatte Güter; wie hätte er sonst seinen Bruder Conrad zum Erben seiner Güter einsetzen können? *l*) niemand aber sagt, wo diese gelegen: Er war aber ein Graf zu Wettin, welcher damals einen Strich Landes bey Dölitzsch, Eilenburg hatte, das Bitterfeld und Niemeck begriffe: dieses ist weit von dem Pagus Zvvickouvve entfernet. Conrad der Große, welcher der Bruder von dem Gemahl der Bertha, war Marggraf in Meißen: aber was gienge dieses des Dedo seinem Lande an? überdieses kame er darzu 1127, als Bertha schon lange vorher Besitzerin des Zwickauischen Gaues gewesen war. So hat man also auch auf dieser Seite keinen Grund.

§. 10. Doch es kann fast nicht anders seyn, als daß eines von beyden geschehen seyn muß. Bertha hat

---

k) ibid. p. 86.
l) v. C. Schötgens Geschichte Conrad des Großen p. 28.

V. Von dem Gau oder Pago Zvvickouvve.

hat das Recht zu den Pagum Zvvickouvve entweder von ihrem Vater, oder von ihrem Manne bekommen. Auf welche Seite wird man nun wohl die meiste Vermuthung haben? wäre Zwickau ein Erbgut der Bertha gewesen, so wäre es nothwendig an ihre Tochter Mechthild, und durch dieselbe an den Graf Rabodo zu Pleisen, und Stiftsvoigt zu Bamberg gekommen. Als aber dieser seine Güter in Pleisen dem Kayser abtrate, und andere dafür bekam, so wird in dem darüber ausgefertigten Tauschbrief weder Zwickau, noch eines nahe dabey gelegenen Ortes gedacht. *m*) Meynet man aber, daß es als ein besonderes Reichslehn nicht habe können vererbet werden, so muß man fragen, wenn es diese Beschaffenheit gehabt, wie hat es denn können verschenket, oder zur Mitgift gegeben werden? Ueber dieses, wenn der Pagus Zvvickouvve damals entweder durch Tausch, Kauf, oder durch einen Lehnsfall an den Kayser und das Reich gekommen, was haben denn die Marggrafen in Meißen für Recht daran gehabt? Sie suchten aber allerdings ihre Gerechtigkeit auf Zwickau, als das Kloster Bosau zu weit gegriffen, und sich zu viel angemaßet hatte. Der Marggraf in Meißen kam mit dem Kloster in Streit, und der Enkel Conrads und Vetter des Dedo, nämlich Theodericus, machte unter Vermittelung Engelhards, Bischoffs in Naumburg, mit demselben im Jahr 1212 einen Vertrag, darinnen es heißt, daß inter Theodericum, Marchionem Misniæ, ex una parte, & ecclesiam Puzaugensem ex altero, super oppido Zvvickouvve & ecclesia illius oppidi, & villa, quæ dicitur sanctæ Mariæ, & quibusdam aliis, quæ Abbas, Puzaugens. a jam Dedo Marchione petebat, longe tempore quæstio verteretur. *n*) Man siehet daraus,

daß

---

m) v. C. Schötgens Historie Graf Wiprechts in Cod. Probat. p. 10.

n) v. C. Schœtgenii & G. C. Kreißigii Dipl. P. II. p. 437.

V. Von dem Gau oder Pago Zvvickouvve.

daß damals der Marggraf Zwickau und die dasige Gegend inne gehabt; denn der Abt forderte solche von ihm heraus. Es trat endlich auch der Abt von seinen Forderungen ab, als ihn der Marggraf dafür 250 Mark erlegte. So muß doch also das Recht der Marggrafen durch die Schiedsleute, so darbey gebraucht wurden, nicht für ungegründet seyn gehalten worden. Konnten sie dieses erst neuerlich erlanget haben? muß sich solches nicht schon aus dem vorigen Jahrhunderte herschreiben? nach den Umständen und den Zusammenhang der ganzen Geschichte kann man also nicht anders urtheilen, als daß Bertha, die Gemahlin des Dedo, den Pagum Zvvickouvve von ihrem Gemahl zu einem Leibgedinge bekommen, der hernach wiederum an seinen Bruder Conrad nach ihrem Tode zurücke gefallen ist. Die Mönche, denen nur das jus patronatus in Zwickau eingeräumet worden, maßten sich die völlige Herrschaft über diese Stadt an, nachdem sie nicht allein die Kirche darinnen erbauet, sondern auch vielleicht vieles darzu beygetragen, daß Zwickau eine Stadt wurde. Aber die Marggrafen in Meißen ließen ihr vorher gehabtes Recht nicht so leichte fahren. Der Streit der Marggrafen mit dem Kloster war schon alt; denn 1192 fertigte der Kayser Heinrich VI. einen Befehl aus, darinne er dem Kloster Ecclesiam Zvvickouvveam duobus mansis, decimatione, telonio & quinquaginta Scobronum & XII. curtibus wieder herstellete. Er sagt darbey von den erzählten Stücken, quod omnia aliquanto tempore injuste fuerunt ablata monasterio. o) Wer sollte solches gethan haben, als eben der, mit welchem hernach das Kloster sich vertragen hat. Die Marggrafen in Meißen, ohne ein Recht daran zu haben, würden sich doch wohl dieser Güter nicht haben anmaßen können. Das Kloster mochte sehr weit greifen. In dem

o) ibid. p. 437.

V. Von dem Gau oder pago Zvvickouvve.

dem angeführten Briefe des Kaysers werden viele Stücke genennet, die weder in dem Stiftungsbriefe, noch auch in den folgenden Versicherungsbriefen vorkommen. Das mochten also angemaßte Güter seyn. Ueber dieses war der Zoll schon lange vorher gegen einige Zinsen in den Dörfern Techebodiß und Rodowe ausgetauschet worden. *p*) Doch machten sie darauf eine neue Anforderung, und ließen solche in den kayserlichen Brief mit setzen. Durch diese Gründe werde ich bewogen, zu glauben, oder vielmehr nur muthmaßentlich dafür zu halten, daß der Pagus Zwickouwe an die Bertha durch ihren Gemahl, den Dedo, gekommen, und daß solcher Herr von demselben gewesen sey. Ich stelle mir die Sache also vor: Thimo, der Vater des Dedo, besaß nicht allein die Grafschaft Wettin, sondern mochte auch ansehnliche Güter weiter hinauf inne haben. Der Großvater, Dietrich, war Comes orientalis. *q*) Dieses kann nicht wohl anders verstanden werden, als von dem Markt, welcher wider die Sirben im Osterland, oder in Ost-Sachsen war errichtet worden; denn von dem Marggrafen Titzmann wurden sie nach der Marggrafschaft im Osterlande genennet. Man findet auch diesen Namen im Jahre 1222, *r*) der Pagus Zwickouwe gehöret auch darzu. Dieser sein Sohn, Thimo, oder auch sein Enkel, Dedo, konnten also leichte durch solche Eroberungen ansehnliche Güter erlanget haben, und unter solchen auch den Pagum Zwickouwe. Doch dieses kann weiter für nichts, als für Muthmaßungen ausgegeben werden, da die alten Geschichtschreiber davon nichts mit ausdrücklichen Worten melden. Und wie viele Dinge mangeln in denselben.

§. 11. Es

p) ibid. p. 420.
q) v. C. Schötgens Geschichte Conr. p. 8.
r) G. C. Kreisigs Beyträge P. II. p. 25. 28. item P. III, p. 370. seq.

§. 11. Ehe ich schließe, will ich nur noch einiges anmerken, so hieher gehöret. Das erste betrift die Frage: ob denn Zwickau zu terra Plisnensi gehöret habe? Man pflegt es mit da hin zu ziehen, *s*) aber der Pagus Plisnensis ist von der terra Plisnensi wohl zu unterscheiden; jener ist älter, und kommt in den ältesten Urkunden, sonderlich in denen, so das Bosauische Kloster angehen, ofte vor. Zwickau aber war doch für sich ein besonderer Pagus. Es ist ungewöhnlich, einen Gau in den andern zu setzen; wie kann also gesagt werden, Zwickau habe in dem Pago Plisnensi gelegen. Der Name terra Plisnensis kommt erstlich im dreyzehnten Jahrhundert vor, nachdem der Kayser Friedrich I. ansehnliche Güter an der Pleiße von dem Grafen Rabodo an sich brachte, welche er von Mechthilden, seiner Gemahlin, einer Tochter des Marggrafen Dedons und der Mutter, Bertha, Wiprechts Tochter, bekommen. Der Kayser erlangte sie theils durch Tausch, theils durch Kauf, und schlug solche zum Reich, und zwar aus der Ursache, die er in der darüber ausgefertigten Urkunde selbst anzeiget. *t*) Er setzte gewisse Richter darüber, und von der Zeit an kommen in den alten Briefen die judices terræ Plisnensis vor, die vermuthlich da her den Ursprung haben, weil diese Gegenden an der Pleiße waren Reichsländer geworden. Die Veränderungen, so damit vorgegangen, kann man bey Schötgen am angezeigten Orte lesen. *u*) Aber kann Zwickau von der Zeit an und darnach an das Reich gekommen seyn, da im Jahre 1212 der Marggraf in Meißen, Theodericus afflictus, solches von dem Bosauischen Kloster gegen eine ansehnliche Summe wieder an sich gebracht, ja

solches

---

s) v. C. Schœtgenii Progr. de terra Plisnensi. Dr. 1739.

t) v. E. Schötgens Historie Graf Wiprechts in Codice probat. 5. p. 10.

u) Man sehe auch G. Lebr. Wilkii Ticemannum p. 251. seq.

V. **Von dem Gau oder** Pago Zwickouwe.

solches schon vorher inne hatte. *x*) Und wie kommt es, daß Zwickau oder ein anderer Ort in derselben Pflege in der Kayserlichen Urkunde nicht genennet wird, darum der Kayser das Land an der Pleiße dem Reiche zugeeignet hat? Sagt man, es sey solches geschehen, weil es schon vorher zum Reiche gehöret hat; aber es war doch im Anfang eben dieses Jahrhunderts ein Eigenthum der Bertha, und nicht des Kaysers, noch des Reichs. Ich kann daher nicht anders, als dafür halten, Zwickau habe gar nicht zu der terra Plisnensi gehöret, die unter dem Kayser und dem Reiche gestanden. Aber soll denn Zwickau keine Reichs-Stadt gewesen seyn? Wenigstens kann ihr solches nicht auf diese Weise zukommen, wie in der Zwickauischen Chronicke stehet. So viel ist gewiß, daß im Jahr 1212 sie noch nicht unmittelbar unter dem Reiche kann gestanden haben; ja auch nach 1220 führet sich noch Heinricus illustris, Marggraf in Meißen, als Herr in Zwickau auf, wie man aus einer an das Kloster Eisenberg ausgestellten Urkunde sehen kann. *y*) Doch 1308 nimmt sie Fridericus admorsus in Schutz, und verspricht, wenn ein Kayser würde erwählet werden, solche wiederum von der Verbindung loß zu lassen. Soll ich diese beyde Sachen mit einander vergleichen, so kann es fast nicht anders geschehen, als daß der Kayser Adolph und Albrecht in den damaligen Unruhen sich solche zugeeignet, und zu dem Lande Pleißen geschlagen haben. Ich glaube aber, daß hierinne wohl allerdings noch etwas stecken muß, so genauer zu untersuchen; vielleicht ist es gar eine historische Unrichtigkeit. Dieses ist es, was ich von dem Pago Zwickouwe und den da hin gehörigen Dingen habe zu sagen gehabt.

Zusätze

x) Man sehe oben §. 10.
y) v. Gotters Nachr. vom Eisenb. Nonnen-Kloster p. 43.

Zusätze

zu §. 5 und 6

der Abhandlung von dem Pago Zwickouwe.

Von ebendemselben Verfasser.

Die angezeigten Paragraphi enthalten eine Beschreibung der Gränzen, in welche der alte Pagus Zwickouwe ist eingeschlossen gewesen. Diese sind gegen Abend da zu suchen, wo der Orell Albo Dissudinza in die Pleiße fällt. Ich habe es noch nicht gewagt, eine Muthmaßung von dieser Qvelle anzugeben: itzo aber will ich noch melden, was ich davon gedenke. Ich muß aber, wenn ich meine Meynung davon entdecken soll, den Ursprung der Pleiße bestimmen. Ich gedächte, dieses wäre an und vor sich schon ein gutes Werk. Man hat sich wenig darum bekümmert, und vieles, was auch davon geschrieben ist, stimmet mit der Lage selbst nicht überein; ich sollte auch meynen, es verdiene allerdings dieser Fluß, daß man sich um seinen Ursprung bekümmere, da er itzo einen ansehnlichen Strich Landes in Meißen durchläuft, und in der alten Erdbeschreibung sehr merkwürdig ist. Er gab einem besondern Gau seinen Namen, und das Pleißner-Land ist lange als ein besonderer Titel von den Meißnischen Marggrafen geführet worden. Es hat aber die Pleiße ihren Ursprung über und seitwärts Zwickau. Die kleine Stadt Werda ist der erste Ort von einiger Wichtigkeit, durch den sie fließet; da hin kömmt sie von Stein-Pleiß, einem Dorfe, so eine halbe Meile über Werda lieget, da hat schon dieses Wasser den Namen Pleiße. Sollte man aber dem Ursprung dieses Flusses nicht weiter, als in dieses Dorf, nachspüren können? Es hat aber nicht der Fluß den Namen von dem Dorfe, sondern vielmehr das Dorf den Namen von dem Flusse. In den alten Zeiten

V. Von dem Gau oder Pago Zwickouwe.

Zeiten wurde der Name Stein einem jeden Schlosse beygeleget; daher findet man auch noch so viele Dörfer und Flecke, so diesen Namen führen; nicht weit von Zwickau kommt er dreymal vor. Ein Dorf Stein gehöret unter das Rittergut Alt-Schönfelß. An der Mulde liegt ein Gräflich Schönburgischer Sitz, Hartensteinischer Linie, mit Namen Stein. Wir haben auch viele Namen der Schlösser, die aus Stein und einem andern Worte zusammen gesetzt sind, z E. Lichtenstein, so viel als lichter Stein, oder lichtes Schloß, weil es hoch, frey und lichte liegt; Hartenstein, so viel, als Harzt-Stein, oder Harz- und Wald-Schloß ꝛc. ꝛc. Dem Vermuthen nach hat Stein-Pleiße erstlich zum Unterschied von andern Steinen und Schlössern Pleißen=Stein, oder Stein an der Pleiße geheißen, woraus hernach Steinpleiße ist zusammen gezogen worden. In diesem Dorfe kommen zweene ziemlich starke Bäche zusammen; es ist nur die Frage, welcher von diesen als das Haupt-Wasser anzusehen, und aus dem der Ursprung der Pleiße herzuleiten ist. Der eine entspringt über Ebelsbrunn, fließt durch genanntes Dorf, ingleichen Stein und Lichthane nach Steinpleiß. Diesen Bach siehet man insgemein als den Anfang der Pleiße an. Solches geschiehet auch auf der Special-Charte des Erzgebürgischen Kreises, welche zu solchen den Namen Pleiße ausdrücklich setzet. Der andere starke Bach hat einen dreyfachen Anfang; einmal in Ober-Neumarkt, von da ein kleines Wasser bis in den Marktflecken Neumarkt rinnet, da sich mit ihm ein anderer Bach vereiniget, der aus dem Dorfe Schönbach kommt. Beyde fließen also vereiniget fort bis nach Gospersgrün, wo sie ein anderes Wasser, das von Schönfelß herunter kommt, mitnehmen, und nunmehro alle dreye in einem durch Gospersgrün bis an die Mühle, welche die Holz- auch die Pleißenmühle genennet wird, rinnen, und von da vollends nach Steinpleiße, wo sich der

K 2   oben

148 *V.* **Von dem Gau oder** Pago Zwickouwe.

oben gemeldete Ebelsbrunner, Steiner, Lichthaner und in Steinpleiße von oben herein kommende Bach zu ihnen gesellet. Ich habe Gründe, zu behaupten, daß nicht der erste, sondern dieser letzte als der Ursprung der Pleiße anzusehen sey. Erstlich ist er stärker, als jener; es ist aber doch natürlicher, den schwächern nur als einen einfließenden Bach anzusehen, als daß man ihn für das Haupt-Wasser selbst halten sollte. Das Zeugniß der Einwohner giebt mir gleichfalls ein starkes Recht zu meiner Meynung; denn von der oben gedachten Holz-Mühle an pflegt man dieses von Neumarkt hinunter kommende Wasser schon die Pleiße zu nennen; den andern aber vom Ebelsbrunn herabfließenden Bach legt man diesen Namen nicht bey. Darzu kommen noch etliche Namen, welche meistentheils einen alten Ursprung haben. Ein Haus, das an diesem Gospergrünischen Bach lieget, heißet das Pleißen-Haus, eine Mühle davon wird genennet die Pleißen-Mühle. Es ist diese, deren Namen wir schon etlichemal gedacht haben, die auch den Namen der Holz-Mühle führet. Zwischen dieser und dem Dorfe Steinpleiße liegt eine große Wiese, welcher nicht alleine in der gewöhnlichen Art zu reden, sondern auch in Urkunden, der Name Pleißen-Wiese beygeleget wird. Denn ohngefähr 1600 richteten zweene Brüder, Caspar und Hans von Schönfels, eine Theilung zwischen dem Rittergute Ruppertsgrün und dem Forwerg Ober-Steinpleiß auf, darinne wird gesagt: zu diesem Forwerge ist von dem Rittergute Ruppertsgrün die untere große Pleißen-Wiese, beneben dem Hege-Fisch-Wasser bis in die Pleißen-Mühle vom Eickers-Wasser-Wehr angeschlagen worden. Auch in einem über Ruppertsgrün von Churfürst Johann Friedrichen 1533 ausgestelleten Lehn-Briefe wird Heinrich von Schönfels, als damaligem Besitzer des Ritterguts Ruppertsgrün, das Fisch-Wasser an der Pleiße zugeeignet.

Dieses

V. Von dem Gau oder Pago Zwickouwe.

Dieses kann wohl nicht das von Lichthanne durch Ruppertsgrün herunterfließende Wasser seyn, weil die Gränzen dieses Ritterguts sich da hin nicht erstrecken, auch in dem angeführten Lehn-Briefe, da die darzu gehörigen Unterthanen und Stücke verzeichnet sind, nichts von Steinpleiße vorkömmt. Aber das durch Gospersgrün rinnende Wasser streicht vor dem Ruppertsgrüner Ritterguts-Feldern vorbey. Es ist also deutlich, daß dieses Wasser die Pleiße genennet werde; nichts hingegen findet man von dem ersten Bache, so beweisen könnte, es sey auch diesem ehemals der Name Pleiße zugekommen. Er wird in den historischen Nachrichten der Lichthaner-Bach, und nicht die Pleiße genennet. z) Sind dieses nicht Beweise genug?

Doch können wir auch den ersten oder Lichthaner-Bach nutzen: es scheinet mir wahrscheinlich zu seyn, daß eben dieser die Qvelle Albo Diffudinza, welche gegen Abend die Gränze des alten Zwickauischen Gaues ausgemacht hat, und besonders der Ort, da dieser Bach in das von Gospersgrün herein kommende Wasser oder in die Pleiße fällt; da in dem Stiftungsbriefe der Zwickauischen Marien-Kirche gesagt wird, daß diese Gränzen da sind, wo die Qvelle Albo Diffudinza in die Pleiße fällt. An der ganzen Pleiße herunter findet sich kein Bach, der sich besser darzu schickt, als eben dieser. Wahrscheinlicher Weise muß ein Wasser angenommen werden, das an dem Ufer gegen Morgen in die Pleiße einfließt, weil es die Gränze zwar von der Abend-Seite, aber eines Raumes, der von der Pleiße gegen Morgen lieget, bestimmen soll. Auf dieser ganzen Seite der Pleiße herunter, so weit sich der Pagus Zwickouwe der Länge nach erstrecket, fällt

fast

---

z) Z. E. In Tobias Schmidts Zwickauischer Chronicke,
   P. II. p. 722.

V. Von dem Gau oder Pago Zwickouwe.

faſt gar kein Bach in die Pleiße: kann man alſo einen andern annehmen, als den angezeigten Lichthaner? Auf der entgegenſtehenden Morgen-Seite werden die Gränzen an den Urſprung des Milſner-Bachs geſetzet. Dieſes liegt dem Orte gerade gegen über, da der Lichthaner-Bach in die Pleiße fällt; dieſes muß meine Meynung noch mehr beſtärken. Auf der Special-Charte des Erzgebürgiſchen Kreiſes wird die Qvelle, woraus der Lichthaner-Bach entſpringt, der Linden-Born genennet; eben dieſen nehme ich für die Qvelle Albo Diſſudinja an. So habe ich alſo auch dieſen Punct in den Gränzen des alten Gaus Zwickouwe genau zu beſtimmen, zugleich aber auch auf andere Weiſe durch Beſchreibung des Urſprungs der Pleiße zu nutzen geſucht.

VI.
Historie
der
in dem Meißnischen Ober-Erzgebürge
gelegenen
Herrschaft Wildenfelß
und
derer davon ehemals benannten Herren.
Mit Beylagen A. bis P.
verfertiget von
George Dörffeln, A. M.

Diese Herrschaft ist ein Theil des Erzgebürgischen Kreises im Marggrafthum Meißen, an denen Gränzen des alten Voigtlandes, zwischen Schneeberg, Hartenstein, Lichtenstein, Kirchberg und Zwickau gelegen. Den Namen hat sie von dem Wildenfelßer Schlosse. *a*) Dessen Erbauung soll nach Peckensteins *b*) Bericht schon im fünften Seculo geschehen seyn, zu welcher Zeit ein edler Römer daselbst seinen Sitz genommen, und den Namen davon geführet haben soll. Doch diese Meynung beruhet auf schlechtem Grund und auf dem alten historischen Aberglauben, dadurch man denen Geschlechtern eine Römische Ankunft aufheften wollen, gleich, als wenn die Deutschen ihrer deutschen Ankunft sich zu schämen hätten.

a) Ein Schloß dieses Namens liegt im Nürnbergischen Gebiete, dessen Wapen ein schwarzes Mühlrad ist.
b) Theatro Saxon. P. I. p. 321.

Herr Leuber in seinem schlechten Catalogo Comitum, Baronum & Toparcharum Saxoniæ Superioris *c*) will errathen, daß die Herren von Wildenfelß ihre Abkunft von denen Vohburgischen Marggrafen haben, und also mit denen Grafen von Reuß verwandt wären; dieß will er aus dem Löwen in dem Wildenfelßischen Wapen beweisen: da doch dieser weit später zum Gedächtniß hinzugesetzet worden, nämlich zu der Zeit, da die Grafen von Reuß eine Zeit lang diese Herrschaft besessen. Das Wapen dieser Herrschaft aber ist eine schwarze wilde Rose im güldenen Felde, welche uns da hin bringet, zu glauben, daß die Herren von Wilden, die eine Rose im Wapen führen, die ersten Anbauer dieses Felßes seyn. Der erste Herr von dieser Familie kömmt anno 1119 vor beym Munstero, *d*) der ihn *Onarg* nennet, und auf dem Thurnier zu Göttingen gewesen seyn soll. Und daraus hat ihn auch Leuberus *e*) genommen. Der Name ist sonsten bey dieser Familie gewöhnlich gewesen; ich will aber doch nicht für dessen Richtigkeit die Gewähr leisten, weil wenigstens die ältesten Thurnierbücher sehr verdächtig sind. *f*)

Anno 1222 kömmt als Zeuge vor *Heinricus de Wildenvels* in dem Fundations-Diplomate des Klosters Crimmitzschau, *g*) und anno 1223 in einem Altenburgischen bey Herr Lieben. *h*)

Anno

---

c) ap. Mencken. T. III. p. 1966. A.

d) in Cosmographia ed. 1628. p. 1230. c. Rixneri Thurnierbuch p. 69.

e) l. c.

f) Weil dieser Name auf unsere deutsche Sprache ohne Arg bedeuten soll, so hat ihn Modius in Pandectis Triumph. Tom. II. f. 44. b. Bonum Dominum Wildenfelsium genennet.

g) v. in der Nachlese der Historie von Ober-Sachsen, P. X. p. 199.

h) in der Nachlese zu Marggraf Heinrichs Leben, p. 17.

von der Herrschafft Wildenfelß.

Anno 1226 bekam die Edle Matrone, **Jutta von Wildenfelß**, durch einen Vertrag, den das Kloster Pforte mit dem deutschen Meister wegen eines Hofes zu Borschendorf machte, von dem Abte dieses Closters, jährlich von Pfingsten 9 Mark und ein Fuder Wein zu erhalten, ausgemacht. *i*)

Anno 1233 waren Zeugen in dem Fundations-Diplomate des Klosters Geringswalde *Gunzelinus, Ludolfus, Sifridus, Vrbani de Wildenfels,* *k*) vermuthlich Brüder.

Anno 1254 schenkte Burggraf Erkenbert von Starkenberg dem Kloster Grünhayn das Dorf Crossen bey Zwickau, und in dem darüber gefertigten noch ungedruckten Brief findet sich unter denen Zeugen *Heinricus miles de Wildenfels.*

Anno 1267 bringt Leuber *l*) Heinrichen, Herrn zu Wildenfelß, zum Vorschein, und nennet ihn Baronem illustrem, doch ohne Beweis, nach seiner Mode in diesem Werke.

Anno 1274 schenkte Friedrich von Ponitz dem Kloster Crimmitzschau eine Mühle, dabey als Zeuge Heinrich von Wildenfelß war. *m*)

Anno 1278 gab Burggraf Meinher zu Meißen dem Kloster Grünhayn einige Güter zu Hoendorf bey Zwickau, dabey finden sich zwey Brüder von Wildenfelß, beyde Heinrich genannt. *n*)

Anno 1284 führt Münster *o*) Heinrichen, Herrn zu Wildenfelß, zum Thurnier zu Regenspurg auf.

i) Pertuchii Chron. Portense L. I. p. 104. In der deutschen Edition p. 37. ist der Name und das Jahr falsch angegeben: dergleichen Arbeit Herrn Schamelio sehr gewöhnlich war.

k) Schönburgische Gegen-Anzeige in Beylagen L. 3.
l) Catalogo ap. Mencken. l. c.
m) ex Dipl. ined.
n) ex Dipl. ined.
o) l. c. p. 1223. b. Modius l. c. p. 79. a.

Anno 1296 bringt Münster *p*) *Onargen*, Herrn zu Wildenfelß, auf das Thurnier zu Schweinfurt, deme Leuber *q*) treulich beystimmet.

Anno 1306 kömmt *Walther de Wildenfels, dictus de Wolckenberg*, als Zeuge vor in Scheidts Mantissa Documentorum zum Nachrichten vom hohen und niedern Adel in Deutschland, p. 277.

Anno 1308 bestätigte *Henricus dictus de Wildenfels*, was Heinricus von Flügelsberg dem Marien-Kloster zu Altenburg, zu Minsowe und Ozze gegeben hat. L. IX. Kal. Martii. *r*)

Anno 1309 ratificirte Burggraf Albert zu Altenburg die von Heinrichen von Flügelsberg gegen das Berger-Kloster zu Altenburg bezeigte, und von Heinrichen von Wildenfelß, als dessen Erben und Nachfolger, approbirte Mildigkeit. *s*)

Anno 1322 verkauften Johannes und Anarchus von Wildenfelß das Kloster Grünhayn mit Einwilligung des jüngern Bruders, Heinrichs, das Dorf Schetewitz, bey Zwickau. Davon siehe die Urkunde in Beylagen No. A.

Anno 1326 gaben diese drey Brüder dem Kloster S. Virginis in Altenburg zwey Hufen im Dorfe Puthozewe, (Puthesey) welche jährlich drey Mark Altenburgischer Währung abwarfen, worüber das Diploma Herr Schlegel *t*) excerpiret hat.

Anno 1328 überließen diese drey Brüder und ihre zwey Vettern, Hans und Wenzel, Gebrüdere, einige Unterthanen zu Reinsdorf an Franz Kretschmarn zu Zwickau zum Behuf einer geistlichen Stiftung. *u*)

Anno

---

p) ib. p. 1224. c. Modius p. 82. a.
q) l. c.
r) ex Dipl. ined.
s) Historie der Burggrafen zu Altenburg in Ludewig. Rel. MS. T. XII. p. 541.
t) de nummis ant. Guthanis &c. p. 9.
u) Löbers Ronneburgische Hist. p. 112.

Anno 1332 kommt *Vnarcus* von Wildenfelß in einem ungedruckten Brief des Kloster-Buchs als Zeuge vor.

Um diese Zeit ist auch verstorben Frau *Elica* von Wildenfelß, so an Herrmann von Werthern vermählet gewesen. *x*) Herr Rath Buchner giebt sie noch anno 1345 lebend an. *y*)

Anno 1341 eigneten diese drey Brüder, Johannes, Anarcus und Heinrich von Wildenfelß, einen Garten und einen Acker im Dorfe Aldendorf, welche Rudolph Scultetus in Altenburg, und Werner, ein Kirschner daselbst, von ihnen zu Lehn getragen, dem Altar im Thurm der Kirche zu St. Nicolai in Altenburg zu, de dato Wyldenvels in Vigilia S. Viti, davon das lateinische Diploma uns Herr D. Löber gegönnet hat. *z*)

Anno 1344 kömmt Heinrich von Wildenfelß als Zeuge vor in einer Lößnitzer Urkunde. *a*)

Anno 1348 sollen Hans und Heinrich noch gelebet haben, *b*) welches auch Herr Rath Buchner *c*) für wahr annimmt.

Anno 1356 bekennen die Herren von Wildenfelß, daß sie ihr Schloß Wildenfelß von Böhmen zu Lehn haben. vid. Lunius Corpus Juris Feud. Germ. II. p. 159.

Anno 1362 stellet Münster *d*) Heinrich von Wildenfelß zum Thurnier zu Bamberg auf die Bahne, und da her hat auch Leuberus *e*) seine Nachricht.

Anno

---

x) Albini Historia vom Geschlechte der Grafen von Werthern, p. 14.
y) Köhler p. 174.
z) im Anfange der Ronneburgischen Historie, p. 38.
a) vid. Ober-Sächs. Nachlese P. III. p. 468.
b) Historisch Lexicon, ed. Bas.
c) in Köhlers Münz-Belustigung l. c. p. 171.
d) l. c. p. 1227. c. Modius p. 90. b.
e) apud Mencken. T. III. p. 1966. B.

Anno 1363 ſchenkten Heinrich der ältere und Heinrich der jüngere, Gevettern von Wildenfelß, denen Barfüßern zu Altenburg eine Hufe zu Goren. *f*)

Anno 1386 ſoll Wenceslaus von Wildenfelß gelebet haben. *g*)

Eod. erſcheinet Heinrich von Wildenfelß in einer Lößnitzer Urkunde. *h*)

Anno 1390, und nicht 1399, wie in Herrn Prof. Köhlers Müntzbeluſtigung *i*) ſtehet, überließen Heinrich Anarck und Hannes, Gebrüdere, Herren zu Wildenfelß, und Frau Agnes, ihre Mutter, einige Güter zu Reinsdorff dem Kloſter Grünhayn mit Hals- und allen Gerichten gegen 60 ſo. und 20 gl. Pröbſter Müntze auf Wiederkauf, davon ihr Vater dieſen Mönchen ſchon den Pfennig-Zinß verkauft hatte. Weil nun dieſes Dorf Burggräflich Meißniſch Lehn war, ſo gab und liehe Burggraf Heinrich dieſem Kloſter die bezahlten Güter Davon ſind der Kauf- und Lehn-Brief zur Zeit noch nicht gedruckt, darinnen ſich doch die vom Herrn Rath Buchnern angegebene Vettern, Johann und Wenzel von Wildenfelß, nicht finden laſſen.

Anno 1392 erwähnet Bucellinus *k*) Heinrichs und Johannis von Wildenfelß, als Ritter vom St. Georgen-Schild.

Anno 1401 verkaufte Wenzel, Herr zu Wildenfelß, mit Einwilligung ſeiner Frauen, Jutten, und ſeines Vettern, Heinrichs von Wildenfelß, dem Kloſter Grünhayn abermal etliche Zinßen und Frohnen in Czackan, (Zſchocken) und Oelſnitz, auch das gantze Dorf Grün, mit welchen Gütern Burggraf Heinrich zu Meißen das Kloſter auch beliehe.

Anno

---

f) vid. Dipl. infra.
g) Hiſtoriſch Lexicon, ed. Baſ.
h) Köhler l. c. in der Ober-Sächſ. Nachleſe P. III. p. 473.
i) l. c.
k) in Germania P. III. in indice CC. 3. a.

von der Herrschafft Wildenfelß.

Anno 1407 verziehe sich Anarck von Wildenfelß gegen Heinrich Weymar, den Probst zu St. Moritz vor Naumburg, aller der Rechte, so er zum Clösterlein an der Mulda, zur Zelle, an Zschocken, an Höfen, Gütern, Wiesen, Holz, und an allen Rechten, an Lehn und Gerichten hatte, woferne ihn gemeldter Probst aus dem Bann, darein er bey diesem Proceß durch päbstliche Briefe gefallen war, laßen wollte. *l*) Desgleichen that auch schriftlich besonders

Anno 1408 Heinrich von Wildenfelß in gleichen Formalien; jedoch mit dieser Bedingung, daß wenn sein Vetter, Wenzeslaus, der auch mit diesem Probst gleiche Händel hatte, vor Endigung des Processes sterben sollte, er keinen Anspruch auf diese Güter machen wolle. *m*)

Anno 1412 setzt Münster, *n*) daß zween Herren von Wildenfelß, Vater und Sohn, auf dem Thurnier zu Regenspurg gewesen, ohne solche mit Vornamen zu benennen.

Kurz hierauf kam diese Herrschaft an Conraden von Tettau, welcher anno 1413 solche wirklich inne hatte. *o*) Weil nun auch der Streit mit dem Probst zu St. Moritz wieder angieng, so vertrug Landgraf Wilhelm beyde Partheyen noch in diesem Jahr, und Landgraf Wilhelm zu Thüringen ordnete: Wer Wildenfelß hat, soll nicht das Halsgerichte haben zu der Zelle in Zschocken, sondern andere Gerichte, als Unschulden, Scheltworte ꝛc. das übrige soll vor des Pabsts und Gotteshauses Gerichte. Die Urkunde steht in Beylagen sub lit. D.

Nicht

---

l) Diploma vid. in unsch. Nachr. 1722. p. 521. & rectius in Beylagen Lit. B.
m) Diploma v. ibid. p. 520. rectius in Beylagen Lit. C.
n) l. c. p. 1234. b.
o) Davon findet man in der Beschreibung dieses Geschlechts in Königs Adels-Historie T. III. gar nichts.

Nicht lange darauf kam diese Herrschaft an das Pflugische Geschlecht, wie denn gewiß ist, daß der letzte Burggraf Heinrich zu Meißen, Nickel Pflugen mit Wildenfelß und dem Dorfe Pobecken belehnet gehabt. Nachdem aber dieser Burggraf anno 1426 den 15. Jun. in der Schlacht bey Außig blieben, so fiel die Herrschaft Churfürst Friedrichen heim, der auf Bitte Nicol Pflugs, dessen Enkel, (nachdem seine Söhne theils vorher gestorben, und die andern in der Schlacht vor Außig blieben,) Nickeln, Hansen und Thamen, ingleichen Nickeln mit dem Schlosse Wildenfelß und mit dem Hofe und Dorfe Pobecken *p*) anno 1427 belehnte, davon der Lehnbrief aus dem Wildenfelsischen Archiv bey Herr Born *q*) zu lesen ist. Da hingegen Churfürst Friedrich der Sanftmüthige in dem Vergleich wegen des Burggrafen zu Meißen sich gegen den neuen Burggrafen Reußischer Linie ebenfalls obligirte, ihm die Gerechtigkeit, als er zu mehrbesagter Herrschaft Wildenfelß zu haben vermeynte, zu lösen zu geben. *r*) Und also hat Herr D. Löbers Vorgeben *s*) nicht Grund, daß diese Herrschaft anno 1428 Burggraf Heinrichen zu Meißen zugestanden; doch ist solche bald darauf an Sie gekommen.

Anno 1436 sagt wieder Münster, *t*) daß ein Herr von Wildenfelß, (und wieder ohne Vornamen) auf dem Thurnier zu Stuttgard erschienen.

Anno 1442 überließen Anarch und Friedrich Gebrüdere von Wildenfelß, Heinz von Remsen noch einige Zinsen oben in dem Dorfe zu Ortmannsdorf.

Anno

p) Daraus macht König in der Beschreibung des Pflugischen Geschlechts Tom. III. p. 812. das bekannte Zöbicker bey Leipzig.
q) im Leben Churfürst Friedrichs, p. 927. conf. p. 134.
r) Beckleri Stemma Ruth. p. 106. Lünichs Reichs-Archiv, T. VIII. I. Abth. p. 209. Menck. Script. T. III. p. 1057.
s) l. c. p. 110.
t) l. c. p. 1235. b.

von der Herrschafft Wildenfelß. 159

Anno 1447 hatte Graf Heinrich zu Schwarzburg mit denen Herren von Gera Krieg, dabey Heinrich von Wildenfelß, Herr zu Schönfels, mit vielem Adel derer letztern Parthey nahm, durch einen Fehde-Brief, so in Jovii Chron. Schwarzb. L. IV. c. 6. sub h. a. zu lesen.

Anno 1450 war Heinrich von Wildenfelß Chursächsischer Hauptmann auf dem Schloß zu Schwarzburg, wurde aber bey einem Ausfall von Graf Heinrichen zu Schwarzburg, nebst 51 der Seinigen gefangen. Jovius L. V. c. 40.

Anno 1451 beliehe Burggraf Heinrich zu Meißen Niclas Reinholden, Altaristen, mit etlichen Zinsen und Gütern in dem Dorfe zu Neubersdorf (Reinsdorf,) die ihm Wenzel, Heinrich und Anarch zu Wildenfelß gekaufet hatten.

Um diese Zeit hat Heinrich, Herr zu Wildenfelß, gelebet, dessen Gemahlin war Margaretha, geb. Gräfin von Schwarzburg und Burggraf Ottonis III. zu Leisnig hinterlassene Wittwe. *) Herr Löber giebt sie p. 115 zur Mutter Herrn Heinrichs an, da sie der Jahrzahl nach vielmehr dessen Gemahlin gewesen.

Anno 1454 verkaufte Burggraf Heinrich zu Meißen das Schloß Wildenfelß an Herr Heinrich von Weyda, zu einem rechten Erbgut, mit Gerichten, Rechten und allem Zugehör, wie er es von Nickel Pflug gekauft hatte.

Anno 1455 wurde der Lehnbrief ausgefertiget, darinnen ihm die Herrschafft Wildenfelß, nebst dem Städtlein und denen Dörfern, Hartmannsdorff, Oertensdorff und Reinsdorff zu Mannlehn gereichet wird, wie er sie von Herr Heinrichen, dem Burggrafen

*) Treiberi genealogia &c. Schwarzburgica, p. 23. Löber l. c. p. 112. Heydenreichs Schwarz. Chron. p. 77. Schwarzii memoria Burggraviorum Leisnic. in Script. Menckenii T. III. p. Struvii Hist. Pol. Archiv. p. 145.

grafen zu Meißen gekauffet. Und bey dieser Familie
ist sie auch bis 1533 geblieben. *x*)

Eod. stellte Heinrich von Wildenfels zu Cöln ein
Zeugniß aus, was er und sein Vater von Kirchschei=
dungen und allen darzu gehörigen Gütern besessen habe.
Dipl. v. infer. Thuringica.

Anno 1456 bot Herr Heinrich von Weyda und
Wildenfelß dem Burggrafen zu Meißen, Herr Hein=
richen, das Schloß Wildenfelß mit seinen Angehö=
rungen an; so dieser aber verziehen.

Anno 1459 meldet das Fragmentum Chronici
Chemnicensis, *y*) daß Heinrich von Wildenfelß,
Herr zu Penig, der Kirche einen Priester mit dem Be=
dinge gesetzet, daß solches der Abt zu Chemnitz nach
seinem Gefallen änderte, zu. Durch diese Herrschaft Pe=
nig hat er ohnstreitig mit oben gedachter Gemahlin, die
Burggraf Ottens zu Leißnig Wittwe war, ein Recht
erhalten, gleichwie er auch schon anno 1455 viel gutes
zur Aufnahme der Stadt Penig, bey Lebzeiten und Re=
gierung seines noch unverheyratheten Stief=Sohnes,
Burggraf Georgens zu Leißnig, beygetragen. *z*)

Anno 1461 war Friedrich, Herr von Wildenfelß,
Canonicus zu Augspurg, *a*) und Heinrich, Herr von
Wildenfelß, Amtmann zu Altenburg. *b*)

Anno 1463 wird Heinrich von Wildenfelß Amt=
mann zu Altenburg genennet. *c*)

Anno 1464 beliehe Christoph Friedrich zu Sach=
sen, Herrn Heinrich von Weyda zu Wildenfelß, (der
es als ein Mann=Lehn recognosciret, und vermuthlich
die Ritter=Pferde darauf genommen) mit der Erba=
ren Mannschafft in der Pflege zu Berga, und dem
Lehn,

x) Beckler. l. c. p. 26. & tab. geneal. p. 30.
y) ap. Mencken. T. III. p. 158. C. & pag. 908. nota 82.
z) Mencke ib. p. 1154. C.
a) Köhlers Münz=Belustigung l. c. p. 172.
b) ex dipl. ined.
c) in dipl. ined. Altenburg.

von der Herrschafft Wildenfelß.

Lehn, die sie zu Lehn haben. Mitbelehnter war Herr Heinrich, Reuß von Plauen. Nota: Es sind einzelne Bauern in verschiedenen Dörfern.

Eod. beliehe dieser Churfürst Friedrich Heinrichen von Wildenfelß, als seinen damaligen Amtmann (itzo Amtshauptmann) zu Altenburg, mit dem Rittergut Mosen, in der Pflege Ronneburg, dabey dessen Bruder, Anarg, Mitbelehnter wurde. Der Lehnbrief stehet bey Herr Löbern. d) Er hatte 6 Söhne, die anno 1490 vorkommen.

Eod. vermachten Anarg und Heinrich, Herren von Wildenfelß, dem Marien Magdalenen-Kloster zu Altenburg 25 gl. Zinse von etlichen Aeckern über dem Teich zu Altenburg. e)

Anno 1480 beliehe Churfürst Ernst zu Sachsen die Herren Heinrich, den ältern, mittlern und jüngern von Weyda, Gebrüdere, und Herren zu Wildenfelß, dato Dreßden, Montags nach S. Vincentii (das Original liegt im Reuß Köstritzischen Archiv). Mitbelehnte waren Herr Heinrich der ältere, Reuß von Plauen, Herr zu Greitz und Cranichfeld, Hauptmann auf dem Eißfeld, und die andern seine Brüder.

Anno 1484 war Herr Onarg, Freyherr zu Wildenfelß, auf dem Thurnier zu Ingolstadt. f)

Anno 1485 war Heinrich, Herr von Wildenfelß, der Chursächsischen Wittwe, Margarethä, Amtmann, (itzo Amtshauptmann). g)

Anno 1487 erscheint Albrecht, Herr zu Wildenfelß, auf dem Thurnier zu Regenspurg. h)

Anno

---

d) l. c. p. 113. 166. & in app. 52.
e) ex dipl. ined. Altenb.
f) Münster p. 1243. a. Modius p. 140. b.
g) Nachlese der Historie von Ober-Sachsen. P. IX. p. 89.
h) Münster p. 1247. a. Modius p. 155. a. & Leuber. ap. Menck. T. III. p. 1966. b. Prauns Adel. Europa, p. 606. 616.

VI. Historie

Anno 1490 beliehe Churfürst Friedrich, Sapiens, und Herzog Johannes zu Sachsen des oben 1464. Heinrichs von Wildenfelß sechs Söhne, Heinrichen, Heinrichen, Heinrichen, Anarcken, Anarcken, Anarcken, und mit ihnen sämmtlich ihren Vetter, Anarcken von Wildenfelß, Herrn zu Schönkirchen, mit dem Rittergut Mosen. Die Urkunde steht bey Herr Löbern. *i*)

Um diese Zeit soll ein Anarch von Wildenfelß Proxeden, eine Tochter Heinzen Pflugs, auf Rabenstein, und Georgens von Pappenheim Wittwe, zur Gemahlin gehabt haben. *k*) Herr Döderlein *l*) nennet ihn Sebastian Pflug, und meldet dabey, daß sie dessen und Wilhelms von Rochberg Tochter gewesen, und daß diese Vermählung anno 1487 geschehen sey.

Dieser Anarg zu Schönkirchen, dessen Gemahlin Proxedis, Sebastian Pflugs zu Rabenstein Tochter, und des Erbmarschalls, Georgens von Pappenheim, Wittwe war, hatte 1487 Spruch und Fehde gegen Bernharden und Hieronymum von Stauff um 700 Gulden von Pfalzgraf Otten zwischen ihr gesprochenen Geldes, daß ihm die Stauffer das Schloß Schönkirchen wieder sollten einantworten; da aber Herzog Albrecht sich der Stauffer angenommen, ist diese Fehde durch den Spruch des Vixthums zu Amberg, Albrechts von Eybe abgestellet worden. v. Hundii Bayerisch Stammbuch, T. I. p. 371. Köhlers Münzbelustigung l. c. p. 176.

Anno 1493 reisete Anarch, Herr von Wildenfelß, mit Churfürst Friedrichen zu Sachsen zum heiligen Grabe ins gelobte Land. *m*)

Anno

i) p. 113. 167. & in app. 58.
k) Königs Adel-Historie, T. III. p. 809.
l) in der Historie derer Reichs-Erbmarschallen, Grafen zu Pappenheim, T. I. p. 198.
m) Müllers Annales Sax. p. 56.

von der Herrschafft Wildenfelß. 163

Anno 1494 hatten die Grafen von Mansfeld einen Streit mit denen Herren von Wildenfelß, daß sie Herzog George zu Sachsen durch einen Vergleich mußte auseinander setzen. Die Ursache ist noch unbekannt. *n*)

Anno 1500 warteten Anarch und Heinrich, Herren von Wildenfelß, bey Herzog Johannis von Sachsen erstem Beylager mit auf. *o*)

Anno 1502 kauften 3 Gebrüdere von Weyda von Herr Wolfen von Schönburg zu Glauchau und Waldenburg etliche Güter in und an dem Dorfe zu Reinsdorf.

Anno 1503 hat Anarg von Wildenfelß, der ältere, mit Herzog Johannsen zu Sachsen zu Pferde zu Weimar turniret, wie solches in einem Thurnierbuch auf der königl. Bibliothec zu Dreßden abgemahlet ist.

Anno 1504 schrieb sich Heinrich, Herr von Weyda, schon zu Wildenfelß. *p*)

Anno 1507 studirte Herr Anarg von Wildenfelß zu Wittenberg, von dem M. Andreas Meinhard *q*) schreibet: Nobilis & generosus dominus Anárgis Baró de Vindenfels, qui etsi aliis non longe inferior, attamen his militaribus institutis & virtutibus haud minor iusticiam colit, humilitatem & temperantiam non minus amat, pauperibus & humilibus mitis nec non piissimus, omnemque reipublice ordinem optime instituere non negligit.

Anno 1508 war Caspars von Wildenfelß Hausfrau Pathe bey der Taufe Fräulein Margarethá, Fürst Wilhelms zu Henneberg Tochter, Montags nach Pfingsten. *r*)

n) v. gründliche Beantwortung des unumstößlichen Vormundschaft-Rechts in Beylagen No. 73. p. 56.
o) Struvii Archiv P. III. p. 55.
p) Ober-Sächs. Nachlese l. c. p. 109.
q) in Dialogo illustrate Albiorene (15084) c. 3.
r) Spangenbergs Hennebergische Chronicke, p. 266.

Anno 1508 verklagten die Herren von Wildenfelß die Schulzen und andere Gewerken in der Sleme bey Herzog Johannsen von Sachsen wegen des verweigerten Bergzehendens, ꝛc. wie aus der Citation nach Weimar zu ersehen. s)

Anno 1510 beliehen Churfürst Friedrich und Herzog Johannes zu Sachsen Herrn Heinrichen, den jüngern, Herrn von Weyda und Wildenfelß mit Wildenfelß, auf die Weise, wie er und sein Bruder es vor ihrer Erbtheilung zu Lehn-herbracht, und er hernach die Hälfte von seinem Bruder, dem mittlern, erkaufte, der daran die Mitbelehnschaft behielte, wie Heinrich der mittlere, und Heinrich der jüngere, Reuß von Plauen, Gebrüßere, Herren zu Greitz und Cranichfeld, daß es erstlich auf den Herrn von Weyda, und denn auf die von Plauen fallen sollte; zu Weymar, Donnerstags nach St. Dorothea, davon das Original im Reuß-Kösteritzischen Archiv lieget.

Um diese Zeit kömmt auch vor Elisabetha, eine gebohrne Gräfin von Gleichen, Blankenhaynischer Linie, als Domina in Wildenfelß. t)

Anno 1516 den 8. Januarii starb Anarch von Wildenfelß, der ältere, auf dem Schlosse zu Torgau. u)

Von diesem Jahre finde ich auch citiret: Briefe über 6 Männer in der Oelßnitz, so nach Wildenfelß gehörig: ingleichen Lehn- und Consens-Bücher der nach Wildenfelß gehörigen Vasallen, wie auch Herr Wolff und Ernsts, Gebrüdere von Schönberg, Lehnsbriefe über den Hof und Vorwerg zur Vielau.

Anno 1517 bekam Anarck, der jüngere, Herr zu Wildenfelß und Schönkirchen, von Churfürst Friedrichen, Sap. als seinem hohen Tauf-Pathen, Schloß und Stadt Ronneburg mit allen Zugehörungen, Dörfern

---

s) v. in Beylagen E.
t) Harenberg. Hist. ecclef. Gandersheim. p. 1420.
u) Spalatini Annales apud Mencken. T. II. p. 592. B.

von der Herrschafft Wildenfelß. 165

fern und Gerichten, vermuthlich geschenket, darzu hernach Churfürst Johannes auch die von Adel als Vasallen anno 1527 an ihn gewiesen, und ihm hiermit Ronneburg zu einer Herrschaft gemacht, daher er auch in folgenden Jahren seine adelichen Vasallen belehnet. x) Dessen Vermählung mit Elisabeth, Graf Ernsts zu Gleichen Fräulein, setzet Löber y) in das 1521. oder 22. Jahr; hingegen Sagittarius z) 1526, dabey er meldet, daß er anno 1529 seinem Schwager, Graf Hannßen, 1500 fl. Ehegeldes, die er seiner Schwester zur Aussteuer mitgeben sollen, verehret, weil er ohnedem seine Schwester mit einem gnugsamen ansehnlichen Leibgeding zur Unterhaltung auf den Fall versehen hätte. a) Daher setzet Löber b) daß sein Sohn, Heinrich, Herr zu Wildenfelß und Ronneburg, 1525 gebohren worden; bey dessen Minderjährigkeit seine Frau Mutter, Elisabeth, die Herrschafft Ronneburg administriret, und ihr Herr Bruder, Graf Hannß zu Gleichen und Rembda, Vormund war. c) Dessen Eheberedung zwischen Herr Burggraf, Siegmunden von Kirchberg, und Fr. Ludmillen Schenkin zu Tautenburg anno 1523 vid. in Avemanni Beschreibung der Burggrafen von Kirchberg, No. 132.

Anno 1521, Montags nach Viti, ist das Schloß zu Wildenfelß sammt etlichen Häusern und Ställen abgebrannt. d)

Anno 1521 hat Anarg von Wildenfelß zu Worms mit Herzog Johannsen und Johann Friedrichen zu Sachsen zu Pferde turniret, nach obigem Turnierbuch anno 1522 aber zu Weimar mit letzterm alleine.

L 3　　　　　　　　　　Anno.

x) Löber p. 116. seq.
y) p. 118. 123.
z) in der Historie der Graffschaft Gleichen, p. 240.
a) ib.
b) p. 123.
c) Sagittarius l. c.
d) Schmidii Zwickauische Chronicke, P. II. p. 283.

Anno 1526 starb Herr Heinrich der jüngere von Werthern, dessen Gemahlin ist gewesen Frau Sophia, gebohrne von Wildenfelß, die ihm keine Kinder gebohren, liegen beyde zu Thalheim begraben. *e*)

Obiger Herr Anarg von Wildenfelß war bey dem Churfürsten zu Sachsen in großen Gnaden, dessen Rath und Amtmann zu Altenburg, der ihm nicht nur wichtige Vormundschaften auftrug; *f*) sonderlich ward er von Churfürst Johansen in denen damaligen Religions-Troublen an die Stadt Erfurt geschicket, derselben mit Rath treulich beyzustehen, *g*) befande sich auch anno 1527 unter dessen Gefolg nach Düsseldorf, allwo er das Colloquium zwischen Frider. Myconio und dem Mönche, Io. Corbachio, veranlassete, anno 1528 unter denen Kirchen-Visitatoribus im Oster- und Voigtlande der vornehmste war; anno 1529, Mittwochs nach Bartholomäi, als ein Zeuge bey dem Testamente Churfürst Johannis gewesen, *h*) anno 1531 im Ausschuß zu Grimme sich befande, *i*) und noch vorher anno 1530 auf dem Reichstag zu Augspurg: anno 1532 als Abgesandter an den Landgrafen zu Hessen geschickt wurde, und zwischen beyden Herren einen Schiedsmann abgab, bis er anno 1533 über der Kirchen-Visitation in Meißen und Voigtlande starb, *k*) und in die Kirche zu Hertensdorf bey Wildenfelß begraben ward, allwo noch sein Bildniß und Epitaphium befindlich, daran die Schrift schwerlich zu lesen. *l*) Und daselbst hat auch seine Gemahlin ihre

e) Albini Historie der Grafen und Herren von Werthern, p. 28.
f) Sagittarius l. c. p. 291. 377. 378.
g) Kohler l. c. p. 172.
h) Mulleri Annal. Sax. p. 81.
i) Struvii Hist. pol. Archiv. P. III. p. 178.
k) Seckendorf. Historia Lutheranismi L. II. p. 91. b. 101. b. & L. III. p. 4. a. 23. a. 70. a. Herr Löber schreibt p. 123. um das Jahr 1538.
l) Löber p. 123.

von der Herrschafft Wildenfelß.

ihre Ruhestatt. Crüger m) nennet ihn Hauptmann zu Voigtsberg, item einen verständigen und gelehrten Herrn.

Anno 1530 belehnte Herr Anarg von Wildenfelß den Rath zu Zeitz mit dem Kaitzsch gegen 18 gute gl. Zinß. Das Document ist auf dem Rathhause zu Zeitz.

Anno 1531 lebte *Amadeus*, Herr zu Wildenfelß und Schönkirchen, n) welcher einen Zeugen abgegeben, und dabey die Würde eines Sächs. Raths und Hauptmanns zu Altenburg bekleidet.

Anno 1533 gelangte die Herrschaft Wildenfelß an den Sächs. Rath, Hans Heinrichen, Grafen zu Schwarzburg, durch einen Vertrag zwischen ihm und Heinrichen, und Heinrichen, Herren zu Gera, Gebrüdern, und Heinrich, Reußen von Plauen, nach Absterben Herrn Heinrichs von Weyda (dabey Anarck von Wildenfelß Zeuge gewesen) und Churfürst Johann Friedrich beliehe ihn damit.

Anno 1535 wollte Herr Anarg, der jüngere, das Gut Breitenbach an den Rath zu Zeitz verkaufen, gieng aber wegen der vom Statthalter und Rathe nachher dabey vorgeschlagenen Condition zurücke.

Anno 1535 beliehe Herzog George, Herr Anarcken, Herrn zu Wildenfelß, mit einigen Gütern nach Aussage der Beylage sub F.

Anno 1536 kaufte ihm Anargk von Wildenfelß, Hauptmann zu Altenburg und Rath, Herr zu Schönkirchen und Ronneburg, solche Herrschafft wieder ab, und Churfürst Johann Friedrich beliehe ihn damit, nebst allem Zugehör, sonderlich der Mannschaft in der Pflege zu Berga, (und also bekamen sie das alte Stammhaus wieder an sich) welcher auch nach der Absonderung mit Herzog Johann Ernsten anno 1542

den

---

m) in Catalogo p. 24. a.
n) Lünigs Reichs-Archiv P. spec. T. IV.

den erſten Febr. zu Torgau, darinnen Ronneburg in des Churfürſten Antheil war, anno 1543 deſſen Sohn, Heinrichen von Wildenfelß mit Ronneburg belehnte, welcher auch anno 1548 von Churfürſten Moritzen, nach der unglücklichen Schlacht bey Mühlberg, nach deſſen anno 1553 erfolgten Tode, und hierauf zwiſchen Churfürſt Auguſt und dem befreyeten Churfürſten, Johann Friedrichen, getroffenen Vergleich, nach welchem dieſem nebſt andern Landen auch Ronneburg wieder eingeräumet ward, von gedachtem Churfürſt, Johann Friedrichen, und nach deſſen Abſterben von ſeinen Herrn Söhnen anno 1556 mit erwähntem Ronneburg belehnet wurde. *o)*

Anno 1538 hat Heinrich von Wildenfelß, nebſt vielen andern Standes-Perſonen, auf der Schule zu Zwickau ſtudiret. *p)*

Anno 1542 gedenket Jovius *q)* Hannſen von Wildenfelß zu Lichtenberg, der bey einem Vergleich derer Grafen von Schwarzburg, Mittwochs nach Martini, nebſt andern Herren geweſen.

Anno 1548 beliehe Churfürſt Moritz Herrn Heinrichen, Herrn zu Wildenfelß, Schönkirchen und Ronneburg, mit drey Vorwergen zu der Oelßnitz, deren eines hinter der Kirchen, das andere gegen über, und das dritte unter dem Dorfe gelegen; auch ein Gut, genannt den Steinhübel, ſammt dem Walde, hinter dem Hof gelegen, das Nieder-Holz genannt, zu Leipzig den 24. Dec. 1548. Ingleichen eod. die & anno mit dem Amt Ronneburg, nach Anzeige der Beylage ſub G. Dieſer hatte anno 1538 auf der Schule in Zwickau ſtudiret. *r)*

Unter-

o) Löber p. 123. ſeq.
p) Schmidii Zwickauiſche Chronicke, T. I. p. 99.
q) im Chron. Schwarzb. MS. L. IV. c. 13. ſub anno 1542.
r) Schmidts Zwickauiſche Chronicke, P. I. p. 99.

von der Herrschafft Wildenfelß.   169

Unterdessen hatte Churfürst Moritz anno 1549 zu Herr Heinrichs von Wildenfelß Zeiten die Exemtion dieser Herrschafft vornehmen wollen, dahero die Herren von Wildenfelß von D. Sachsen ein Bedenken zu ihrer Information anno 1551 einholeten, welches meynte, daß die Herren von Wildenfelß vielleicht wegen ihres Herren-Standes vom Kayser mit denen Reichs-Anlagen beleget würden: weil aber Wildenfelß die Lehn von Sachsen hätte, und die Herrschafft in ihren Landen läge, so wäre es an die Dienste und Steuern gehörig, welche das Haus Sachsen dem Reiche leistet. Darüber hätte Sachsen die Vollmacht begehret, die Freyherren hätten sie aber nicht gegeben; dahero wäre zu rathen, von Sachsen wegen des Freyherren-Standes Lehn zu nehmen. s)

Anno 1554 belehnete Churfürst Augustus Heinrichen von Wildenfelß mit denen drey Vorwergen zu Oelßnitz, dergleichen sich auch vom Churfürst Christiano II. vom Jahr 1602 findet.

Anno 1556 den 11. Sept. war das Fräulein Margaretha von Wildenfelß Pathe bey Wolfen, den jüngern, Herrn von Schönburg, zu Penig. t)

Anno 1558 wohnete er der Inauguration der Universität Jena bey, und den 26. Nov. starb er als Herr von Wildenfelß und Herr zu Ronneburg, 33 Jahr alt, und liegt in der Kirche zu Hertensdorff begraben, woraus Herr D. Löber dessen Grabschrift drucken lassen. u) Er verließ einen Sohn, Anarck Friedrichen, welcher anno 1555 gebohren war; dessen Vormunde waren anno 1565 Hugo, Herr von Schönburg, Herr zu Glauchau und Waldenburg, Wolff von Trütschler aufn Stein, Hauptmann zu Zwickau,

Schnee-

---

s) Das Bedenken v. in der Schönburgischen Gegen-Anzeige, in Beylagen 5 und 6.
t) Schulzii Chron. Penig. MS. c. 2.
u) p. 127. Müllers Sächs. Annal. p. 129.

Schneeberg und Werda, Alexander von Eichicht zu Langenberg, Hauptmann zu Penig.

Anno. 1568 wurden von Churſachſen des jungen Herrn von Wildenfelß Vormunde desjenigen Schreibens unterm 16. Jan. 1567 erinnert, vermöge deſſen ſie ſich wegen ihres Mündleins hinführo nicht weniger, denn deſſelben Vorfahren gethan, mit denen Steuern, und was dem anhängig, gleich andern Land-Ständen, an niemand anders, denn den Churfürſten und das Haus Sachſen, als deſſelben Lehensherren, halten ſollten, mit dem Gegenerbieten, ihren Mündlein und Sie, wie vor Alters beſchehen, gegen das H. R. Reich zu vertreten; dieſemnach wurden die betagten Land- und Trank-Steuern eingemahnet. Doch dieß wollte der Kayſer Maximilianus nicht eingehen, dahero ihm bey Strafe 20 Mark löthigen Goldes Inhibition geſchehen, und der Kayſerl. Fiſcal wider den Churfürſten agiren mußte. Eben dieſen Befehl bekamen auch die Herren zu Wildenfelß, und ſollten ſie in gleiche Strafe verfallen, wenn ſie ſich dem Reich entziehen würden.

Anno 1571 belehnte Churfürſt Auguſtus Anargk Friedrichen von Wildenfelß mit der Herrſchaft Wildenfelß, und forderte ihn auch auf den Kreiß-Tag nach Jüterbock, weil in den Speyeriſchen Abſchieden beſchloſſen war, die Richtigmachung der Matricul zu Stande zu bringen, worzu ein ieder Kreiß in 3 Monaten Verordnungen machen ſollte, zu erfahren, ob und welche Glieder den Ständen deſſelben Kreißes entzogen, wo hin ſie oder derer Lande und Güter verwandt, zertheilet oder in andere Wege veräußert, daDurch dem Kreiß und Reich ſeine gebührende Anlage und Hülfe entzogen, damit ſie den andern Kreiß erhöhen, der an Gütern zugenommen. Der Herr zu Wildenfelß gab hierauf D. Meyern Vollmacht, dieſen Kreiß-Tag zu beſuchen, wobey er dem Churfürſten ſeine Vollmacht überreichet, die er auch angenommen. In ſolchem

von der Herrschafft Wildenfelß.

solchem Kreiß-Abschiede stehet: Ihro Churfürstl. Gnaden contribuiren wegen der Grafschaft Wildenfelß 1) zu Roß, 2) zu Fuß (auf einen Monat am Gelde 20 fl.) und 5 fl. zum Cammer-Gerichte.

Eodem war dieser Herr Rector Magnificentissimus der Universität Jena x) darzu ihm des Superintendentens zu Ronneburg Sohn, Andr. Singælius, in einem besondern Panegyrico carm. elegiaco gratuliret hat. Andr. Beier y) meldet von ihm, daß er das Unglück gehabt, anno 1593 unverschuldeter Weise daselbst erstochen zu werden, und sey sein Geschlecht mit ihm verloschen. Es ist aber dieses letzte falsch; man sehe an das Jahr 1602. Sonsten hat er dringender Schulden halber etliche wichtige Stücke von der Herrschafft Wildenfelß entwendet. z)

Anno 1574 wurde dem Herrn zu Wildenfelß von dem Kayser mit der Acht gedrohet, wenn er die Reichs-Anlagen nicht immediate an den Fiscal zahlen würde; Churfachsen gab aber wieder ein Mandat, solches nicht zu thun. Der Herr zu Wildenfelß, oder vielmehr dessen Vormund, suchte sich in dessen Namen sowohl dem Reich, als auch dem Churfürsten zu entziehen, biß die Exemtions-Sache zu Ende wäre, der Fiscal aber stellete vor, daß solches wider die Reichs-Abschiede wäre, sonderlich die, so anno 1548 und 1566 zu Augspurg, auch anno 1570 zu Speyer aufgerichtet und publicitet, in welcher von denen Reichs-Ständen geordnet ist, daß diejenigen ausgezogenen Stände, so nicht in possessione vel quasi libertatis mittler Zeit rechtl. Erörterung derselben Exemtions-Sachen von den Reichs-Steuern nicht befreyet, sondern dieselben sollten zu reichen schuldig seyn. Nun hätte Herr Heinrich, als

Vater,

---

x) Zeumeri vitæ Professor. Jenens. Cl. I. p. 27.
y) in Syllabo Rector. Jen. p. 98.
z) Köhler l. c. p. 173.

Vater, sie verleget, wäre also der Sohn nicht in Possession.

Eod. 1574 vermählete er sich mit Susannen, einer Tochter Ulrichs, Herrns von Scherffenberg, auf Hohen-Wangen, und Johannen von Pohlheim; mit welcher er eine Tochter, Johanna, gezeuget, so anno 1600 an Graf Johann Albin Schlick vermählet worden. *a*) Davon findet sich in Herr Professor Köhlers Münzbelustigung *b*) ein schönes Schaustück, auf dessen ersten Seite der Gemahl, und auf der andern Seite die Gemahlin mit alten Gesichtern vorgestellet werden, welches mich glaubend machet, daß diese Münze nicht bey ihrer Vermählung, sondern bey dieser beyden ziemlichen Alter gepräget worden.

Anno 1576 schrieb sich Wolff von Wiedebach, Hauptmann der Herrschafft von Wildenfelß, wie auch 1581.

Anno 1578 forderte Churfürst Augustus Land- und Trank-Steuer von denen Wildenfelsischen Unterthanen, Herr Anarg Friedrich aber stellte vor, daß sie von denen Vorfahren von solchen Steuern unbelegt blieben, als denen Herren von Plauen, Gera, Weida, Schwarzburg, und dieselben von keinem Churfürsten gefordert worden; die Reichs-Steuern aber wollten sie gerne erlegen.

Eod. und 3. Nov. sub dato auf dem Schloß Wildenfelß, hat ihm der Rath zu Zwickau 1000 fl. um gebührliche Verzinßung auf 3 Jahr lang, seine Gläubiger zu Zwickau damit zu bezahlen, fürgeschossen; die Zinßen versprach er jährlich mit Gelde oder Scheitholz zu vergnügen, und der Hauptsumma und des Interesse wegen verpfändete er dem Rath, mit Gunst des Churfürstens

---

a) Löber p. 114. 134. seq.
b) anno 1739. No. 22. p. 169. seq.

von der Herrschafft Wildenfelß. 173

fürstens zu Sachsen, den Wildenfelser Wald, sich aufm Fall säumiger Zahlung davon zu erholen. c)

Anno 1579 wurde in einem Churfürstlichen Befehl von denen Unterthanen das Scheffel-Geld gefordert.

Anno 1580 unterschrieb der Herr zu Wildenfelß der bekannten Formulæ Concordiæ also: Anarc Fridericus, Baro Wildefelsensis.

Endlich anno 1584 verkaufte dieser Herr, der seit dem Hauptmann im Voigtlande worden, dringender Schulden halber das Schloß und Amt Ronneburg an seine Lehn- und Landes-Fürsten, Herzog Friedrich Wilhelm I. und Herzog Johann, Gebrüdere, zu Sachsen, und that den 25. Febr. die gänzliche und ewige Verzicht und Auflaß dieser Herrschafft. Darein willigten auch Graf Hanß George und Otto von Solms, Friderici Magni Söhne, und begaben sich des Anfalls auf Ronneburg, derowegen die Nothdurst erforderte, daß die hiebevor erlangte Begnadigungs-Verschreibung geändert, und Ronneburg ausgelassen würde. Und folgenden 1585 d) Jahres gab auch Churfürst Augustus obbemeldeten Herren Grafen von Solms eine Gnaden-Verschreibung über die Herrschafft Wildenfelß, auf den Fall, wenn Herr Anargs Friedrich ohne Erben stürbe. Siehe unten in Beylagen Lit. H.

Anno 1587 kommt Frau Dorothea von Wildenfelß im Graitzer Kirchenbuch vor, e) und ohne Jahrzahl Elisabeth, gebohrne Freyherrin von Wildenfelß, unter denen Watzdorfischen Ahnen. f)

Anno

---

c) Schmidts Zwickauische Chronicke Annal. p. 410.
d) In Köhlers Münz-Belustigung p. 175. ist die Jahrzahl 1581 wohl falsch angegeben.
e) Köhler l. c.
f) in Goth. Dipl. P. II.

Anno 1591 kaufte **Anargk Friedrich, Herr zu Wildenfelß,** von Wolffen von Enden das Rittergut Vielau, so Schönburgisch Lehn ist.

Anno 1592 im Majo hat er nebst Heinrichen von Schönberg und Johann Badehorn, im Namen Herzog Friedrich Wilhelms, der Chur-Sachsen Administratoris, die Huldigung im Ober-Erzgebürge eingenommen, und dem Reichstage in Regenspurg mit eben demselben beygewohnet. g)

Anno 1596 suchte er das hernach von ihm benennte Hammerwerk **Wildenthal,** bey **Eibenstock,** anzulegen, darzu ihm anno 1598 den 10. Oct. von denen Churfürstlchen Commiſſarien die Refier eingeräumet wurde, h) solches aber bald wieder an den Obrist-Lieutenant Friedrich von Milckau auf Alberotha verkaufte.

Eodem war er auf der großen Aſſemblee zu Zwickau.

Anno 1602 den 26 Febr. starb **Anargk Friedrich von Wildenfelß,** als der letzte dieses Stammes, plötzlich zu Prag, i) seines Alters 47 Jahr, und ward in die Kirche zu Hertensdorf begraben. Crüger k) schreibt, daß er zu Prag den 19. Febr. in seiner Herberge vor dem Bette, aus welchem er bezecht gefallen war, tod gefunden worden, sonsten ein frommer, verständiger und gelehrter Herr. Das Epitaphium, hat Herr Löber l) beygebracht. Die Herrschaft **Wildenfelß** aber kam vermittelst einiger Verträge an die Hochgebohrnen Herren Grafen zu Solms; dahero auch in diesem Jahr Churfürst Christianus II. zu Sachſen denen

---

g) Melzers Schneeb. Chron. p. 242. Fleischmanns Beschreibung des Reichstags zu Regenspurg.
h) Oettels Eybenstöcker Chron. p. 286.
i) Köhler l. c.
k) im Catalogo vornehmer Leute, p. 24. a.
l) p. 136.

von der Herrschafft Wildenfelß.

nen Herren, Otten, Friedrichen, Albrecht, Otten, Wolffgangen, Heinrich Wilhelmen, Friedrich Magno, Hanß Georgen, Gebrüdern und Vettern, Grafen zu Solms, Münzenberg und Sonnenwalda, über das Schloß und Städtlein Wildenfelß ertheilet, und was in der Herrschafft Schönburg erkaufet, und von Herren Friedrichen und Johannsen, Herzogen zu Sachsen, zur Lehn gemacht ist, mit Gerichten über Hals und Hand, 11 Bauern in Zschocken, 1 Bauer in der Schlema, 2 zur Schönau, zum Neudörflein eine Wüstung, auch das Gerichte zum Clösterlein, darzu 34 gl. Zinßes im Städtlein zu Hartenstein, einen Wald und eine Wiese zwischen Grünhayn und der Lößnitz, darzu Wiesen bey der Kuhlitzsch gelegen, und eine Wüstung, genannt Wittendorff, 5 Männer zu der Oelßnitz, über die Vorwerge zu der Vielau, 2 Aecker, einen Weinberg bey Lobedau gelegen, genannt der Heymer, Weißbach das Dorf mit dem Kirchlehn ꝛc. Zu ihnen sind beliehen worden Herr Adolph, Ernst, Philipps der ältere, Johann Albrecht, Wilhelm Otto der jüngere, Reinhard, Philipps der jüngere, Herr Heinrich, alle Grafen zu Solms. Ueber die Vorwerge zu Oelßnitz aber wurde ein aparter Lehnbrief ausgehändiget.

Anno 1604 schriebe der Fiscal, daß Wildenfelß die Reichs-Steuer bis 1558 dem Reich selbst geliefert, welches auch bis 1574 continuiret, und der Churfürst zu Sachsen zwar die Reichs-Anlagen richtig bezahlet; doch wisse er von keiner Vergleichung etwas, indem er contra rotulum in puncto denfensionalium excipiren sollte, darinnen er aber nicht mäßig procediret, weil er richtig bezahlet worden. Wenn aber Chur-Sachsen sich der Exemtion begeben wollte, so wäre er, Fiscalis, damit zufrieden, und könnten die Reichs-Steuern ietzige Possessores von Wildenfelß selbst erstatten.

Anno

Anno 1607 befahl Graf Otto von Solms zu Sonnenwalda seinem Schösser, die Unterthanen schätzen zu lassen, weil er für besser befunden, dem Reich die Anlagen selbst zu liefern. Die Unterthanen stelleten dagegen vor: 1) daß der Streit zwischen dem Kayser und Churfürsten noch nicht zu Ende: 2) daß das Haus Sachsen die Lehn vom Reich über Wildenfelß erlanget, daher er, der Graf, im Hofgerichte zu Dreßden erscheinen müßte. Es bliebe aber doch dabey; daher die Unterthanen anno 1609 aufs neue supplicirten. Der Graf meynte, er könne sich mit dem Churfürsten leicht vereinigen, weil es bey ihm stünde, ob er sich der Exemtion begeben wollte, oder nicht? Der Fiscal hätte ja die Herrschafft gleich andern unvermittelten Ständen in seinen Anlagen: und was von anno 1572 Anarg Friedrich von Wildenfelß geschehen lassen, solches wäre zu seinem Präjuditz geschehen. Die Unterthanen aber wollten noch nicht dran; doch blieb Graf Otto dabey, seine vorige Freyheit zu vindiciren, und wollte die Unterthanen gegen Sachsen und den Kayser schadloß halten: sie baten aber, wegen Armuth von anno 1589 erlittenen Brandschaden, um einen Anstand. Es wurde endlich von Chur-Sachsen offeriret, die Sache per viam Interventionis auszumachen, wurde aber von Wildenfelßischer Seite nicht angenommen. Indeß gieng von denen Churfürstlichen deputirten Commissariis des Zwickauischen Kreißes, wegen der geforderten extraordinairen Steuern bey der Kriegs-Gefahr ein Befehl herum, welchen aber der Amtmann zu Wildenfelß zu unterschreiben Bedenken getragen.

Anno 1612 belehnte Churfürst Johann Georg I. zu Sachsen Herr Friedrich Albrechten, Grafen zu Solms mit 3 Gütern zu der Oelßnitz, welche Anarg Friedrich von Wildenfelß vom Churfürsten Augusto und Christiano zur Lehn empfangen, (die hernach auf

Graf

von der Herrschafft Wildenfelß.

Graf Otten zu Solms, und sodann auf dessen Sohn, Friedrich Albrechten, verfallen) zu Mann-Lehn.

Anno 1617 wird einer Lehns-Regiſtratur der Wildenfelſiſchen Mannſchafft in der Pflege Berga erwähnet.

Anno 1618. Ob nun wohl die Herrſchafft Wildenfelß jederzeit von Churſachſen Steuer-frey verblieben, ſo haben doch, dem Churfürſten unterthänigſt zu gehorſamen, und bey damaliger Landes-Noth andern gleich zu gehen, die Frau Wittwe zu Baruth benebenſt den Unterthanen 1000 fl. zuſammen geſchoſſen, ſo unter dem Titel eines Anlehns recognoſciret und quittiret ward.

Anno 1624 belehnte Herr Friedrich, Graf zu Solms, ſeinen Rath und Hauptmann zu Sonnenwalde, Heinrichen von Niſchwitz, mit der Ritterſchafft in der Pflege zu Berga, welche vorher Nickel von Wolffersdorff, Caſpar Boſe, George Edler von der Planitz, Heinrich Wilhelm von der Planitz, Dietrich von Dritzleben, (der in Schulden gerathen) gehabt hatten. Es beſtehet aber ſolche in dem Sitz und Ritterſchafft Trünitz und dem Vorwerg mit ſeiner Freyheit, nebſt Hölzern, Wieſen ꝛc. mit 18 beſeſſenen Männern.

Nach dem Kreiß-Abſchied zu Jüterbock wurde die geiſtliche Inſpection in die Superintendenz Zwickau gezogen, und die Grafen wurden zu den Präſent-Geldern, die Unterthanen hingegen zur Muſterung als Folge angehalten, auch in denen von den aufwiegleriſchen Unterthanen wider die Herrſchafft enthaltenen Rechtfertigungen durch die End-Urthel von Churſachſen Reſolution zu erhalten, verwieſen.

Anno 1626 ſind die Herren Grafen von denen Churſächſiſchen Commiſſariis wieder citiret worden, wegen der extraordinairen Steuer in Zwickau zu erſcheinen: der Amtmann zu Wildenfelß aber proteſtirte darwider. Man berufte ſich auf das Mandatum sine clausula 1568, deswegen wollte man sich der Libertæt nicht begeben, bevorab weil sie so lange in possessione wären; denn sie befürchteten sich, daß mit dieser extraordinairen Collecte ein Anfang gemacht würde, welcher des nächsten Jahres die ordinaire Contribution sammt der Trankſteuer nach sich ziehen möchte. Und hierzu gab die Hartnäckigkeit der Unterthanen selbst Anlaß, ingleichen ihre unzeitigen Klagen und Rechtfertigungen. Dahero wollten sich endlich die Grafen accommodiren, und per tertium exploriren: ob Sachsen nicht einen Recompence geben wollte, wenn ihm gratificiret würde; und hatten sie da ihr Absehen auf Einräumung eines Stücke Guts oder Dorfs in dem Sonnenwaldischen.

Anno 1636 brannte in Wildenfelß ab — —

Anno 1640 lagen des Kayserl. Obrist=Lieutenants Stritzys Dragoner, nebst etlichen Kayserl. Truppen, dabey Oliverus Stephanßon Commendant war, in Wildenfelß, und thäten großen Schaden auf der Straßen. m)

Anno 1642 kam ein Churſächſiſch Edict an die Wildenfelſiſchen Unterthanen, darinne allerhand neue Auflagen specificirlich verfasset waren; daher sie an die Frau Gräfin Anna Maria zu Solms supplicirten, sie zu schützen, weil sie ihre Freyheit von etlichen hundert Jahren, und bereits über Menschen Gedenken hergebracht. Es wurde auch in einem publicirten Abschiede wegen der Schwediſchen Contribution, Wildenfelß von denen Churſächſiſchen Commissariis nur schlechtweg ein Amt genennet.

Anno 1649 wurden denen Unterthanen Kopf= und Gewerbe=Steuern angefordert, welche sie auch geben mußten, und sind im dreyßigjährigen Kriege allezeit unter die Sächſiſche Contribution gezogen worden. Indeß begehrten die Schwediſchen Caſſirer in Erfurt von

---

m.) Schmidii Zwickauische Chronicke, P. II. p. 611.

von Wildenfelß ebenfalls Contribution, wie von andern Herrschafften, so zum Reich gehören. Da wurden die Unterthanen müde, daß keine Hülfe von der Gräfin kam, und klagten etliche Weißbächer Bauern für sich in dem Cammer-Gericht zu Speyer, daß sie dem Churfürst mußten Haupt-Steuern geben. Da versprach der Fiscal, sich der Sache anzunehmen.

Anno 1653 ward von denen Unterthanen die Qvatember-Contribution gefordert, weil sie in allen Kreiß-Anlagen vertreten würden, so sollten sie auch gleich andern Lehn-Leuten dieselbe mit abtragen; wiewohl sie von undenklichen Jahren her dem Amte Zwickau nichts tragen durften, sondern nur im Kriegswesen mit darein gezogen waren. Hierauf kam die Frau Gräfin supplicando bey dem Churfürsten ein, daher die Resolution erfolgte, mit der Execution zurücke zu halten, welche verordnet war, weil sie sich verweigert, die qvatemberliche Contribution, zu Unterhaltung der Sächsischen Völker, zu geben. Endlich aber kam doch die Execution: da supplicirten nun die Unterthanen an die Gräfin um Schutz wegen der Sächsischen Anforderungen; denn der Churfürst forderte immer noch Current-Contribution durch das Amt Zwickau; die Unterthanen aber weigerten sich derselben, da sie sich zumal der Qvatember-Contribution in ihrem Klagschreiben nicht entzogen, und nur vorgebauet, daß sie nicht immerwährend sey, welche der Churfürst auch auf eine erträgliche Moderation anno 1655 vertröstet.

Da drohete nun Sachsen wiederum mit einer militarischen Execution; die Gräfin schob aber die Schuld auf die halsstarrigen Unterthanen. Hierbey ward nun gerathen, der Fiscal sollte den Proceß, wie zuvor, allein führen, damit die Ungnade von Chursachsen nicht auf die Unterthanen fallen möchte; denn sie wurden unter alle Contribution gezogen, so der Churfürst in seinem Lande anlegte, so keine Reichs- sondern nur Churfürstlifürstliche Privat-Anlagen waren, welches niemals Herkommens gewesen, sondern nur durch das Kriegs-Wesen eingeschlichen.

Anno 1655 hat also der Fiscal an das Cammer-Gericht suppliciret pro jure & interesse Fisci Cæsarei ad reassumendum; daher kam anno 1656 den 5. Martii vom Kayser eine Citation an Churfachsen. Nichts desto weniger deutete der Churfürst anno 1656 der Gräfin an, daß die Current-Contribution nicht unter die ordentlichen und Landes-Steuern gehöre, sondern den Reichs-Steuern gleich geachtet werde, auch zu Unterhaltung der Kriegs-Völker angewendet würde; und ersuchet sie also, die Unterthanen zu Erlegung derselben nochmals anzuhalten.

Anno 1656 kam eine Execution von Churfachsen; da mußten die Unterthanen die Contribution erlegen, und auch die rückständigen Qvatember, in Summa 748 Thlr. auf Termine entrichten.

Anno 1657 gab der Fiscal ein Supplic ein in Camera Imperiali, so den 8. Maji extrajudicialiter übergeben, und per decretum ad judicium verwiesen ward, daß der Churfürst von allen Anlagen und suchender Subjection, auch gewaltthätigen Verfahren sollte abstehen. Nichtsdestoweniger geschahe dennoch wieder anno 1658 eine Execution, wegen nicht eingeschickter Qvatember, und ließ der Churfürst durch Vasallen von Wildenfelß vor dero Person Erinnerung thun. Es kamen auch in diesem Jahre noch immer Befehle, bis es endlich die Unterthanen abtrugen.

Anno 1662 supplicirte der Fiscal wieder pro ulteriori mandati inhibitorio.

Anno 1666 mußten die Unterthanen auch die Current-Contribution erlegen. Es gab aber Wildenfelß nur 4 ordinaire Qvatember jährlich für die Churfürstl. Sächsische Besatzung, und wollte anfänglich zum

zum extraordinairen Quatember gar nicht schuldig seyn; daher eben die oftmaligen Executiones kamen.

Anno 1682 meldeten sämmtliche Wildenfelsische Unterthanen bey ihrer Herrschaft, daß das Amt Zwickau sie durch ein Patent zur allgemeinen Landes-Verwilligung mit ziehen wolle, baten dahero, sich ihrer anzunehmen, und beym Churfürsten darwider einzukommen, indem die vorigen Churfürsten, sonderlich Johann Georg der II. sie bey 4 Quatembern jährlich gelassen. Hierauf ließ sich nun Churfürst Johann Georg III. der genauen Beschaffenheit hiervon erkundigen, und war in einem Ausschreiben berichtet, daß die Unterthanen der von Chursachsen schon vor langen Jahren vom Reichs-Stande eximirten Herrschafft Wildenfelß an die Landtags-Bewilligungen und darauf fundirten Ausschreiben sowohl in ordinair- als extraordinair Pfennig und Quatembern eigentlich nicht gebunden wären, sondern nach Johann Georg I. Rescript sub A bereits anno 1655 jährlich mit 3 Terminen, ieden zu 56 Thlr. 8 pf. gerechnet, zur damaligen Rechtischen Verpflegung und andern Reichs-Nothwendigkeiten, herbey gezogen, darbey aber, daß solches zu keiner immerwährenden Contribution gedeyen sollte, vertröstet worden; warum aber hernach 4 Termine worden, hätte man nicht gründlich erfahren können. Hierauf moderirte es Churfürst Johann Georg III. endlich bis auf 50 Thlr. anno 1682.

Anno 1698 belehnte König Friedrich August in Pohlen und Churfürst zu Sachsen rc. Herr Friedrich Ernsten, Grafen zu Solms rc. mit der Herrschafft Wildenfelß, davon der völlige Lehnsbrief, so mit dem von Kön. Maj. in Pohlen und Churfürstl. Durchl. zu Sachsen, Herrn Friedrich Augusto II. 1736 collationiret ist, in Beylagen lit. I. zu lesen.

Anno 1704 ward eine Gränzbeziehung der Herrschafft Wildenfelß gehalten. Der Anfang wurde gemacht

macht an der Mulde: beträgt in dem Wiesenburgischen 5560 Schritte, und in Weißbach 7678 Schritte, welches aber oben in der Grießbächer und durch der Langenbächer Refier hinunter bis wieder an die Mulde, oben auf Veit Neß Gute angefangen, gehet, allwo die Reinung mit Wiesenburg sich endet. Die Gränzreinung zu Wildenfelß beträgt 3039 Schritte. Die Hertensdörfer Güter sind im Umfang 2573 Schritt, die Reinsdörfer aber 18827 Schritte, und die Vertensdörfer 10854 Schritte. Ist also der Umfang dieser Herrschafft in allen 48531 Schritte, welches 12 Meilen austräget und 531 Schritte, wenn man kleine Meilen verstehet, da auf eine 4000 Schritte gerechnet werden.

Anno 1705 bezeigte ein Königl. Rescript, daß Wildenfelß nun einen andern modum contribuendi habe, und weil die Reichs-Steuern erhöhet wären, an deren Statt sie sind, so würde Accis von Brod und Bier gefordert. Darauf bekamen die Unterthanen Execution, und supplicirten an den Herrn Cammer-Präsidenten, Graf Friedrich Ernst zu Solms, welcher an den König prætendirte, von Einqvartierung und extraordinair-præstandis immun zu seyn.

Anno 1706 gaben die Unterthanen an den Herrn Cammer-Präsidenten ein Supplic, wegen angefoderter General-Accis, und baten ihn, deswegen nach Dreßden zu reisen. Er wollte sich aber ihrer Treue erst versichern, und bedunge, daß sie alle Processe gegen ihn sollten aufheben; item, die Wildenfelter könnten ihre Stadt-Gerechtigkeit nicht erweisen, sollten also dieselbe nur sponte fahren lassen. Die Momenta, warum er es für kein Städtlein hielte, waren diese: 1) hätte es kein Rathhaus; 2) keine Stadtgerichte oder andere Gerichtbarkeit zu exerciren; 3) hätte es keinen Wochenmarkt; 4) keinen Bierzwang, wie andere Sächsische Städte, auf eine Meile, und wäre

5) was

von der Herrschafft Wildenfelß.

5) was die Frohn betrifft, mehr als die Dörfer beschweret.

Nachdem nun der Herr Cammer-Präsident mit seinen Unterthanen capituliret, und sich mit ihnen wegen verschiedener Streitigkeiten vertragen, so reisete er noch in diesem Jahre nach Dreßden. Hier machte er nun sein Diarium, und bemerkte darinnen, daß das vorhabende Negotium sehr schwer fallen würde. Er erklärte einem jeden Ministre die Jura der Herrschafft Wildenfelß, und die Passus, so in denen Rescripten derselben zu statten kommen; was es mit dem Exemtions-Proceß für Bewandniß habe, und daß es noch lis pendens sey; sie erschienen zwar auf denen Landtägen, aber nicht wegen der Collecten, sondern anderer Angelegenheiten halber, und käme solches vielleicht mehr von Ronneburg, als von Wildenfelß her. Darauf sollten nun die Unterthanen, salvo processu Camerali, mehr geben, und gegen Erlegung des Accises, an statt 4, 12 Qvatember erlegen. Es stellete aber der Herr Cammer-Präsident vor, daß die Accise dem Könige in der Herrschafft gar nicht nützlich sey, indem sie, detractis salariis der Accis-Bedienten, nicht so viel, oder gar ein geringes mehr, als der bisherige Beytrag der Herrschafft sey. Zudem wäre in Ansehen des Beytrags nicht auf den Anschlag der Reichs-Matricul zu sehen, weil die Oelßnitz, Grüne, ein Theil von der Schönau, und die Contribution der Wildenfelßischen Vasallen abgangen (Not. es war denen Wildenfelsern per sententiam anno 1685 schon auferlegt, die Stadt-Gerechtigkeit zu erweisen, so aber nicht geschehen). Es offerirte aber der Herr Cammer-Präsident, posito casu der Exemtion, 400 Thlr. und daß solches so lange daure, als die erhöhete Reichs-Verfassung währete; doch sollten ordinaire und extraordinaire Anlagen wegfallen, auch Stadt- und Land-Accise, wie auch Qvartiere zugleich aufgehoben

ben seyn. Da prætendirte man Churſächßl. Seiten 600 Thlr. in perpetuum, und endlich kam es auf 500, und ſollten ſie keine Kramer und Handwerker aus dem Sächſiſchen zu ſich ziehen.

Dieſe Herrſchafft Wildenfelß giebt zum Römer-Zug 1 zu Roß, 2 zu Fuß, ſo aber Churſachſen cum onere vertritt. *n*)

n) Zeilleri Itinerarium Germaniæ polit. Contin. I. f. 27.

Verzeichniß derer Beylagen.

A. Venditio villæ Czethewitz monaſterio Grunhain a Johanne & Vnarcho de Wildenfels. 1322.
B. Anarchs von Wildenfelß Verzicht auf das Clöſterlein 1407.
C. Heinrichs von Wildenfelß gleiche Verzicht 1408.
D. Landgraf Wilhelms Vertrag zwiſchen Heinrich Wymann, Probſten, und Conrad von Tettau, wegen des Clöſterleins 1413.
E. Herzog Johanns zu Sachſen Citation der Schlemer nach Weimar, wegen des verweigerten Berg-Zehendes, an die Herren von Wildenfelß, anno 1508.
F. Herzog Georgens Lehnbrief Herrn Anarcken von Wildenfelß, wegen einiger Güter ertheilet, 1535.
G. Churfürſt Moritzens Lehnbrief, Herrn Heinrichen zu Wildenfelß, wegen Ronneburg ertheilet, 1548.
H. Churfürſt Auguſti zu Sachſen Begnadigungs-Brief über Wildenfelß, an die Herren Grafen von Solms, 1585.
I. Gräflich Solmiſcher Lehnbrief über Wildenfelß, 1698 und 1736.
K. Genealogie derer Herren Grafen zu Solms, als Beſitzer von Wildenfelß.
L. Verzeichniß derer Geſchlechter, als Beſitzer dieſer Herrſchaft.
M. Beſtand dieſer Herrſchaft.
N. Gränz-Reinung derſelben.
O. Specification der Frohnen ꝛc. derer Unterthanen.
P. Adminiſtratores und Amtleute über dieſe Herrſchaft.

APPEN-

von der Herrschafft Wildenfelß.

APPENDIX DOCVMENTORVM,
zur Historie von Wildenfelß gehörig.

A.

Nos *Johannes* & *Vnarchus de Wildenfels*, ad noticiam omnium, prefentes literas intuentium, cupimus pervenire, quod de benivolo confenfu *Heinrici* fratris junioris, ac maturo confilio noftrorum amicorum atque fidelium, religiofis viris, domino Abbati & conventui Monafterii in *Grunhayn*, villam *Czetbewitz*, cum omnibus ac fingulis fuis pertinenciis, videlicet agris cultis & incultis, pratis, pifcationibus aquarum decurfibus, feu aliis vtilitatibus, jure & judicio, quocunque cenfetur nomine, quemadmodum nos poffidemus, five noftri progenitores poffiderunt, vendidimus jufto emptionis titulo mediante, quam villam cum fuis predictis pertinenciis prenominatis viris religiofis ac ipforum monafterio apropriandam feu libertandam ad manus Illuftris principis, Domini Friderici Marchionis Meiffenenfis refignavimus, a quo iure tenuimus feudali, nichil nobis feu heredibus noftris in predicta villa, feu fuis fingulis pertinenciis, juris penitus refervantes. In cuius rei teftimonium nos *Johannes* & *Vnarchus* cum *Henricus* frater nofter junior, adhuc figillo careat, noftrorum figillorum robore prefentes literas duximus muniendas. Datum *Wildenfels* Anno domini millefimo trecentefimo vicefimo fecundo fexto Kalendas Maii. Teftes funt dominus *Hermannus* & dominus *Meinherus Burgravii de Meiffena*, dominus *Heinricus de Waldenberg*, dominus *Weynricus*, plebanus in *Wolckenftein*, dominus *Heinricus*, plebanus de *Schonaw*, plebanus de *Hertmansdorff*, *fkriczbe* dictus *de Melnn*, *Reynboto de Vilen* & alii quam plures fide digni.

B. Anarchs

B.
Anarchs von Wildenfelß Verzicht auf das Clösterlein, anno 1407.

Wir er Anarck von Wildenvels, vnd alle vnſer erbin, bekennen an diſſen vffin Briue, vnd thun kunt allen den, die yn ſehin, adir horin leſen, das der probſt, er Heinrich Weymar von ſente mauricien vnde die genze ſampnunge des cloſters bie Numburg, vns geladin habin vnd gebannen mit romiſchen brieffin vmb ſolche ſache vnd recht, die wir vns von ſeyten vmb das gotzhuß eygen ann Cloſterlin, gelegen an der Mulda, an der Zelle, an Gerten, an hofen, an gutern, an weſin, an holtze vnd yn allen rechtin, an lehn vnd an gerichte. Darumb ſin wir eyn worden mit den egnanten herrn, das ſie vns vs dem bann vnd beſwerunge ſchicken, des verzeihn wir vns williglichen, alſo hiervor geſchriebenn ſteht, allis rechtin vnde des nymmermer von er vorderne wir noch vnſer erbin, noch keyns aneſals nicht darin worttin wollin, wir noch vnſer erbin. Dis von ayne bekenteniſſe vnd mer ſicherheit, habin wir egnanten er Anarck vnßer Ingeſigil an diſſen brieff gehangin, der gegeben iſt nach criſti gebort vierzehin hundert iar, in dem ſibinde iare, an dem freitage nach corporis criſti.

C.
Heinrichs von Wildenfelß Verzicht anno 1408.

Wir er Hinrich von Wildenfels vnde alle vnßer erben, bekennen an diſſem Bribe, vnde thun kunt alle den, die yn ſehn, oder horin leſe, das der probſt er Hinrich Wymar von ſente mauricien vnd die ganſe ſampnunge des cloſters bie Numburg, vns geladen

geladen haben, vnde gebannen mit romischen Brieffen, vmb solche sache vnd recht, die wir vns von seyten um das gottishus eygin am Clösterlin, gelegen an der Mulda, von der Celle den Garten, an hofen, an gertin, an wesin, an holtze, vnd yn allen rechten, an lehn vnd an gerichte, darumb sin wir eyn wurddin mit den egnanten herr, das sie vns vs dem banne vnde besweringe schicken, des verzeihn wir uns williglichen, als hirvor geschribin stehit, alles rechten vnd das nymmermer von en vordern, wire noch vnser erbin. Auch ist gereth vnd gedeydinget, were es sache, das er Wensclau von Wildenfels vnser vetter, der noch mit dem vorgenanten herrn von sente Mauricien vor geistlichin gerichte an redunge ist, ab der vorschyde, er die sache von aym rechtin ende heime, so redin wir vnd gelobin vor vns vnd vnser erbin, yn kein ansprache von den vorgenanten hern von sancte Mauricien, von des Clösterlins guter wegin, als wir vor vorsicht habin, sundir an behilde ern Wenzelau vnser vetter icht abr mit rechte den vorgnanten herrn von sente Mauricien, ab her vns das gnugen wulde, adir vnser erbin, des haben wir vns nicht vortragen. Das von eyme rechtin bekentnisse vnde genzer warheit habin wir vnser Ingesigil wissentlich gehangen an dissen brieff, der da gegeben ist nach cristi gebort thusint Jar, vierhundirt iar, in dem achtin iare, an der nehisten mittewochin vor sente Dorotheen tage.

D.
Landgraff Wilhelms Vertrag zwischen Heinrich Wymann, Probsten, und Herrn Conrad von Tettau, wegen des Clösterleins, anno 1413.

Wir Wilhelm von gotes gnaden Lantgrave in Duringen vnd Marcgrave zu Missin, bekennen vnd thun kund offentlichen mit dissem brieffe allen den, die

yn

yn sehen, oder horen lesen, das vor vns komen sint gein Aldenburg der Erbare Heinrich Wymar, Probist bie sente Mouricien bie Nuemburg, vnd der gestrennge Conrad von Tettowe, vnd habin vor vns getedingit vmb die guter, die das genante gotishues had zcu dem Closterlin zcu der Czelle vnd zcu dem Schocken, der tedinge wir sie genßlich in gericht vnd entsezt habin, vnd wollen auch, das des eine ganße stete bestliche richtunge von beyden teylen, von allen ihren nachkomelingen vnvorbruchelichen solle gehalten werden. Also wer das Slos Wyldenfels inne had vnd zcu eyne beschüßer von vns vnd von dem gotishuse zcu sente Mouricien bie Nuemburg, der obin genannten guter gegeben wirdet, der sal nicht firder gerichte habin zcu der Czellen vnd zcu dem Schocken obir des gotishues lute, denn obir blutuorgissunge, das man nennet halsgerichte, sondern das ander gerichte, als vmb schulde vnd geldbussen, scheltewort vnd alle waregeld sal man richten vnd fordern vor des Probistes vnd des gotshues gerichte beyde zcu der Czelle vnd zcu dem Schocken, vnd der Probist zcu dem Closterlin sal lehen thun vnd zcu erbegerichte sitzen vbir die genante des Gotishues guter, vnd Conrad von Tettouwe, odir sine nachkomelinge, die wir obgnanter Wilhelm, oder vnser erbin setzen vnd gebin dem gotishues zcu beschueßern obir die gnanter guter sollen keynn lehen thun des gotishues liten, noch kayns abedringe, noch schaßen, sundern des gotishues lite sollen geben vnd reichen, den vorschußern durch beschußunge willen, also hirnach beschribin stet. Die lite zcu der Czellen sollen gebin alle iar vff sente Michels tag zcwelff huner vnd ein halb schog gemeyner kese, alse man vor alder gewonhaid gebin had, odir einen halben groschen vor den kese, vnd eyn halb sippmas Monns vff die Assingenmyttwochen, vnd die lite zu dem Schocken solle alle iar hoffedinsten von nuen lehrn yn von dem lehern mit

eyme

von der Herrschafft Wildenfelß.

eyme Pfluge eynen tag in dienerten des Jares, vnd yn von dem lehen zwu sicheln eynen tag in der erne, vnd sollen das auch tun, als sie vor alder getan hebin. Were auch, daß Conrad von Tettouwe, oder sine nachkomelinge, des gotishues lite, diewile sie Wyldenfels inne habin, nicht vorschützten, oder ob sie syende hetten, die des gotishues lite von iren wegen beschedigen welden, so sollen vnd mogen der Probst zu sente Mouricien dem Clösterlyn ander schutzter kyessen, mit wissen, rate vnd willen, als offte des not geschyd, und daryn sal Conrad von Tettouwe, oder sein nachkommelinge nicht halden, noch sich darwider setzen in keyne weis. Des zu bekentenisse haben wir vnser Insigel an dissen Brieff wissentliche lassen hangen. Gegeben nach Cristi geburde virtzenhundert Jar, darnach in deme dritzenden Jar am Sonnabend nach Epiphanias Domini.

E.

Herzog Johannis Citation der Slemer nach Weimar, wegen verweigerten Bergzehendes rc. an die Herren von Wildenfelß anno 1508.

Von Gots gnaden wir Johanns Herzog zu Sachßen, Landgraf in Doringen, vnd Marggrave zu Meissen rc.

Entbieten — — vnsern lieben getrewen den Schutzen vnnd andern gewercken in der Sleme vnser gnade. Lieben getrewen, vns haben dy Edeln vnser lieb getrewen dy Herrn von Wildenfels gebruder fürbracht, wie Jne durch Euch ir Erb oder Ackertail vnd gebure Zehenden des Berckwerckes in der Sleme, sambt der abnutzungen desselben fürgehalten, vnd

zu

zu yren handen zustellen wegern sollet, Vns darauf
vmb Recht gegen euch angeruffen. Wan Vns dan
nit gezimet, das ymants zuuersagen, vnd auf das demnach so uil Recht ergehe, so beschaiden wir euch wider obgenante von Wildenfels, derhalb hieher gein
Wymar, auf Montag nach Sand Mathias schirsten
zu rechter taggzeit, welchen wir euch für den Ersten an-
dern-dritten entlichen vnd peremptorien termyn vnd
rechtstag ernennen vnd ansetzen, hiermit gebiettende,
das ir dy Zeit alda vor vns oder vnsern darzu veror-
denten Retten, durch euch selbs, oder eurn tüchtigen
anwalden, hirzu genugsamlich geuolmechtigt, der diser
sach vnd yrer gelegenhait allenthalben nottürftiglich
und beuor also onderricht, das auf Euch noch sonst
ymandts, oder ichtes kain bedencken, verzug oder hin-
dergang zu suchen sey, erscheinet, geschickt auf genan-
ter von Wildenfels clag, so sy alßden angezaigter
vorenthaldung halben, gegen euch fürwenden werden,
richtige antwort zu thun, oder alle vnd igliche Ex-
cepcion vnd Schutzwere, domit Ir euch der antwurt
gedenckt aufzuhalten, einsmals fürzubringen, auch sonst
alles anders zu thun, das euch dis falles, als ant-
wurtetn vnd beclagten geburet. Versichern Euch, Ir
erscheinet also oder nit, das nichts desto wenigers in
diser sach, auf des gehorsamen tails fürbringen vnd
zimlich anregen, schlechtlich vnd de plano volnfaren vnd
procediret, auch ob sichs so ferr erreicht, nicht allein
vnderredliche, sonder entliche Vrteil ergehen werden,
wie sich solchs sembtlich vnd sonderlich nach seiner ardt
vnd eigenschaft in recht, auch diser Lande vnd vnsers
Haues Ubung vnd gebrauch eigent vnd geburt, darnach wissen zu richten. Datum Wymar, Mitwoch
nach Sancti Erhardi, vnder vnsern zurygk aufgedruck-
ten Secrete Anno Dni xv C. octauo.

F. Her-

F.
Herzog George belehnet Anargen von Wildenfelß mit einigen Gütern, 1535.

Von Gottes gnaden Wir Georg Hertzogk zu Sachsen, Landtgraff von Doringen vnd Margkgraff zu Meißen, mit diesem vnserm offenen briff, vor vns, vnsere erben vnd erbnehmen, auch allermenniglichen, Thun kundt vnnd bekennen, Das wir dem Edlen, vnserm lieben getreuen Hern Anarck, Herren zu Wildenfels, zu Schonkirchen vnnd runnenburgk, nachvolgende guther von vns zu lehen rurende, Als nemlichen, Drey forbergk zu der olßnitz, mit yhrem ein vnnd zugehorungen, der eins hinder der kirchen, vnnd das ander gegen vber, vnnd das dritte vnder dem Dorffe gelegen, Auch ein guth genandt der steinhubel, mit sampt dem walde hinder dem hoff gelegen, Das niedenholtz gnandt, mit allen beseßen mennern zur olßnitz, Auch mit allen Jhren zinsen, frohnen, dinsten, gerichten, obersten vnd indersten, vber hals vnnd handt, Jm dorff, holtzern vnnd feldern, Jagten, wiltpahnen, vischereyen, wonnen, weiden, weden, Teichen, Teich stethen, waßerlaufften, Ehren, nutzen, schafftriften, wirden, freyheiten, gerechtickeiten, ein vnnd zugehorungen, nichts ausgeschlossen, sundernn ynn allermaßen ehr solche guther hiebeuorn zuuerleihen Jm brauch gehabt, vnnd ehr die nuhemals von vns zu lehen empfangen hat, zu rechtem manlehen gnediglichen gereicht, vnnd gelichen, souiel wir davon zuuerleihen haben. Reichen vnnd leihen bemeltem Hern Anarck, Herren zu Wildenfels, vnnd seinen rechten leibs lehens erben, angezeichte guther, mit allen yren zu vnnd eingehorungen, hiemit vnnd ynn krafft ditz briffs, dieselben hinfurt von vns, vnsern erben vnnd nachkomen, zu rechtem Manlehen ynnezuhaben, zubesitzen, zugebrauchen, vnnd zu genießen, die auch, wie sichs geburt, zuuerdienen,
vnnd

vnnd dem lehen, so offte die zufalle kommen, rechte volge zu thun, vnnd sich damit, wie sichs geburt, zu halten. Alles treulichen vnnd ohne geferde. Hiebey seint gewest als gezeugen, Herr Simon pistoris, Doctor, Cantzler, Hans von Schonbergk der Elder zu Dresen, Ernst von Miltitz, Marschalch, Heinrich von Bunauw, auf Wesensteyn, vnnd andere mehr der vnsern glaubwirdig genugk. Zu vrkunde mit vnserm anhangenden Insiegel wissendtlichen besigelt vnnd geben zu Dresen, Dinstags nach der vnschuldigen kindlein tag, Nach Christi vnsers lieben Herren geburt tausendt funffhundert vnnd Im funff vnnd dreyßigsten Jahre.

G.
Churfürst Moritz belehnet Heinrichen, Herrn zu Wildenfelß, mit Ronneburg anno 1548.
(ex Orig.)

Vonn Gottes Gnaden Wir Moritz, Herzog zu Sachsen des heiligen Römischen Reichs Erzmarschall vnd Churfürst ꝛc. Thun kunth, Nachdem sich zwischen dem Allerdurchlauchtigsten Großmächtigsten vnd vnvberwintlichsten Fürsten vnd Hern, Hern Carolo dem fünften Römischen Kaiser ꝛc. ꝛc. Bekennen demnach für uns und vnser Erben gegen meniglich, das wir dem Edelen vnserm lieben getreuen Heinrichen, Herrn zu Wildenfelß, Schönkirchen vnd ronnenburg vnd seinen rechten ehlich gebornen Leibslehn haben das Schloß, Stadt vnd Ambt Runseburg sambt aller manschaft denen vom Adel vnd andern so dorein gehorig, auch allen andern ehren nutzungen, zu vnd eingehorungen, wie solchs vnderschiedlich artickelsweise hernach uolgt, Nemlich das sich die vom Adel so in demselben Ambte Runnenburg gesessen

von der Herrschafft Wildenfelß.

gesessen, und dorein gehörig, ire Erben und nachkommen hinfurder mit der lehnschaft Ambtsdinsten und ander oberkait und gerechtigkeit an gemelten Herrn von Wildenfels und seine rechte ehliche geborne leibslehns Erben halten sollen, doch also, wan wir und unser Erben als die Landsfürsten dieselben vom Adel aus Zufal zu Dinst haben wollen und derselbigen bedürftig sein werden, Sollen und wollen wir solchs dem Herren zu Wildenfels seinen rechten ehlich gebornen leibeslehns erben schriftlich anzeigen und zu erkennen geben, Die es furder mit Jnen vorfugen sollen, welche auch alsdan mit ihrer rustung wie sie vor alters und bishero gedienet, bey uns oder unsern verordneten beuelhabern erscheinen sollen, wurde furfallen, Auch unser und unser Erben gelegenheit und notturft sein, das wir Jnen oder seine rechte ehliche geborne leibslehns Erben vor ire person zu Dienst fordern, Sollen er oder sie nach iren höchsten vormügen für Jhr aigen person zu dienen schuldig sein, und mit irer Rüstung erscheinen, aber die von Adel, welche gegen Runnenburg gehorig sint, dorein oder dartzu nicht ziehen noch gebrauchen, Sondern uns unsern erben, wie angezaigt ist, dienstgewertig sein und also mit irer Rüstung unzerteilt und unzertrent bleiben. Wo auch mit der Zait ein Ritter Manlehen gut vorfiele, Sol der Her zu Wildenfels oder seine rechte ehlich geborne Leibslehns erben, dasselbige niemants zuuorleien macht haben, dan dem Jhenigen, den wir oder unser Erben dasselbige zu leihen bewilligen, Jngleichnus wollen wir ehrgenantem Hern zu Wildenfels und seinen rechten ehlich gebornen Leibslehns Erben alle Burger, Pauern und undersassen deß Amptts Runnenburg so hieuor dorein gehorig und zu uolgen schuldig gewest, Wan und wie ofte er und seine leibslehns Erben sie zu volge beturts Ambts bedurftig seint, auch zu stellen und nachlassen. Wan sichs aber begebe das wir oder unsere Erben die leute zur volge selbs

Beytr. VI. Th.   N   zu

zu gebrauchen vorhetten, Wollen wir oder vnser Erben dem Hern zu Wildenfels schreiben den Leuten auszugebieten, vns vf zeit vnd ort, do hin sie bescheiden sollen werden zuzuziehen vnd zu volgen, zu deme wollen wir vns vnd vnsern Erben zu berurten Dinsten vnd volge Beth vnd Steuer vorbehalten haben, doch Dergestalt, das der Her von Wildenfels vnd seine rechte ehlich geborne Leibslehns Erben dieselbige steuer, wan die angelegt würde bey den Leuten einbrengen vnd vnsern dortzu vorordenten Beuelhabern fürder mit einer aigentlichen vnd vnderschiedenen vorzeichnussen, zustellen vnd vberantworten sollen. Nichts ausgeschlossen sondern in allermassen der Edele vnser lieber getreuer Anarck Her zu Wildenfels sein vater seliger das alles hieuor von obgenanten vnserm vettern Hertzog Johannf Friedrichen zu lehen entpfangen, vnd die durch sein absterben auf Jhn als seinen Sohn gefellet zu rechter Manlehen gereicht vnd gelichen so viel wir des von Rechtswegen zu thun haben, Reichen vnd leihen gegenwertiglich vnd mit Craft ditz brieues also das vilgedachter Heinrich Her zu Wildenfels vnd seine rechte ehlich geborne Leibslehns Erben obangezeigte guter mit iren zugehorungen fort mehr von vns vndvnsern Erben zu manlehen Innen haben, besitzen, genissen gebrauchen auch vordinen vnd wan solche lehen zu falle komen dieselbe entpfahen vnd sich sonsten dauen halten sollen als manlehn gütter als herkomen recht vnd gewonheit ist, wie er sich dan des alles vor sich vnd seine rechte ehlich geborne leibslehns Erben in einem Reuers gegen obgenanten vnserm vettern vorschrieben vnd vorpflicht hat, welcher Reuers vnsernthalben vnd gegen vns vnd vnsere Erben auch krefftig sein vnd bleiben sol, Alles Treulich vnd vngeuerlich. Hirbey seint gewest vnd gezeugen der Wolgeborne vnd Edele vnsere Rethe vnd liebe getreue, Wolffgang Graf zu Barbey vnd Her zu Mulingen, Ernst von Miltitz vf

Batzdorf,

Batzdorf, Oberhauptman des Meißnischen Creis, Cristof von Karlewitz vf Zorwig Her Georg Komerstat vf Kalckreut, Her Ludewig Fenchs Ordinarius zu Leipzig, beyde der Recht Doctores Sebastian Pflug zu Strele, Michel von Schleiniz zu Sehrhausen Hans Worm zu Tamßbrück vnser Hofmarschall Her Vlrich Mordeisen der Rechte Doctor, Dam von Sibottendorf vnser Secretarius vnd andere mehr der vnsern gnug glaubwirdigere, Zu vrkunth mit vnserm hiranhangenden Insiegel besiegelt vnd Geben zu Leipzig den vier vnd zwantzigsten Decembris Nach Christi vnsers lieben Herrn geburt Tausend Funfhundert vnd im Acht vnd virtzigsten Jahre.

M. Churfürst.
mpp. sp.

(Siegel abgerissen.)

H.
Begnadigungs-Brieff der Herren Grafen von Solms, über Wildenfelß, von Churfürst Augusto zu Sachsen 1585.

Von Gottes Gnaden, wir Augustus ꝛc. bekennen vor Uns, Unsere Erben und Nachkommen, gegen männiglich: Nachdem Wir, in Betrachtung des angewandten Vleißes und unterthänigster Erzeigung, auch getreuen Dienste, so Uns, und Unsern Vorfahren, der Wohlgebohrne und Edle, Unser lieber getreuer, Herr Friedrich Magnuß, Graf zu Solms, Herr zu Müntzenbergk und Sonnenwalde ꝛc. seeliger bey seinem Leben in viel Wege geleistet, und hinführo Uns, und Unsern Erben, seine, gedachtes Graf Friedrich Magnuß nachgelassene Söhne, Graf Hannß Georg und Graf Otto, Gebrüdere, thun sollen, können und mögen;

mögen; auch in gnädigster Erwägung dessen, weil wir von dem Edlen, Unsern lieben getreuen, Heinrichen, Herrn zu Wildenfelß, seeligen, selbst darum in Schriften unterthenigst ersuchet worden sein, jetzo ermeldten Graf Hannß Georgen, und Graf Otten zu Solms, Gebrüdere, die Herrschafft Wildenfelß, mit allen ihren Lehnen, Zinnsen, Gütern, und andern Ein- und Zugehörungen, wie die gemeldter Herr von Wildenfelß, und nunmehro nach seinen Absterben, sein Sohn, Herr Anarg Friedrich, von uns zur Lehn inne hat, besitzt und geneust, und nach seinen Absterben auf Herrn Anarck Friedrichen, Herrn zu Wildenfelß und Ronneburgk, seinen Sohn gestellet, dergleichen Schloß, Amt und Stadt Ronneburgk, samt aller Mannschafft, daran wir uns crafft der jüngsten zwischen unsern freundlichen lieben Vettern den Hertzogen zu Sachsen, und des aufgerichteten Naumburgischen Vertrags, den Anfall vorbehalten, zue einen rechten Anfall bewilliget, bekandt und verschrieben haben, und aber gedachter Herr Anarck Friedrich dringender Schulden halben jetzt benant Schloß, Amt und Stadt Ronneburgk alienirt und verkaufft, bemelte Grafen von Solms auch in solche alienation bewilliget, und sich hierdurch des Anfalls an Ronneburg gutwillig begeben, derowegen die Nottdurfft, daß die hiebevorn erlangte Begnadigungs-Verschreibung geendert, und in derselben außen gelassen würde: als haben Wir solchem nach ermelte Verschreibung hiermit verneuert: Bewilligen darauf, bekennen, verschreiben, den genannten Graf Hannß Georgen und Graf Otten zue Solms, und ihren Menlichen Leibes-Lehns-Erben solchen Anfall an obbemelter Herrschafft Wildenfelß hiermit wissendlich in crafft dies Briefes, bescheidentlich und also; Begebe sichs, das gedachter Herr Anarg Friedrich, Herr zue Wildenfelß, ohne rechte eheliche gebohrne Leibes-Lehns-Erben Todes abgehen,

und

und also bemelte Herrschafft Wildenfelß, Uns oder Unsern Erben und Nachkommen, als dem Lehn-Herren heimfallen würde; alsdenn und nicht eher soll dieselbe samt allen ihren Ein- und Zugehörungen an genante Graven zue Solms und ihre Menliche Leibes-Lehens-Erben kommen und fallen, dieselben alsdenn von Uns, Unsern Erben und Nachkommen zur rechten Mannlehen zu empfahen, innen zu haben, zue gebrauchen, zue geniessen, die auch, wie sichs gebürt zue verdienen, und dem Lehen, so ofte die zufall kommen, rechte Folge zu thun. Uhrkundlich geben Dreßden den 18. Jan. A. 1585.

I.
Chursächsischer Lehnbrief über Wildenfelß,
de anno 1698, collationiret mit dem von anno 1736.

Von Gottes Gnaden, Wir Friedrich Augustus, König in Pohlen ꝛc. Herzog zu Sachsen ꝛc. vor Uns, Unsere Erben und Nachkommen, bekennen und thun kund gegen männiglichen, daß Wir dem Wohlgebohrnen, Unsern lieben Getreuen, Herrn Friedrich, Ernsten, a) Grafen zu Solms, Herrn zu Müntzenberg und Sonnewald, und seinen rechten ehelichen gebohrnen Leibes-Lehns-Erben, die gantze Herrschafft Wildenfelß, von Uns zu Lehn rührende, nehmlich das Schloß Wildenfelß, mit dem Städtlein dafür gelegen, mit Gerichten, obersten und niedersten, über Hals und Hand, und das Kirchenlehn daselbst, auch die Dörfer dazu gehörende, mit Nahmen Hartmansdorff und Ortmansdorff, mit denen Kirch-Lehnen daselbsten b)
und

---

a) Heinrich Wilhelmen.
b) insert. item das Dorf Reinsdorf mit dem Kirchlehn daselbst.

und als viel von der Herrſchafft Schönburg erkaufet, und von Herrn Friedrichen und Herrn Johanſen, Gebrüdern, Herzogen und Churfürſten zu Sachſen ꝛc. Unſern lieben Vettern ſeel. und löblicher Gedächtniß vormahls zu Lehn gemachet worden iſt, mit Gerichten über Hals und Hand, und denen Bauern im Dorfe Zſchocken, ein Bauer in der Schlem, etlichen Bauern zur Schönau, zum Neudörflein eine Wüſtung, auch das Gerichte zum Clöſterlein über Hals und Hand, darzu 34 gr. jährlichen Zinſes im Städtlein zu Hartenſtein, einen Wald und eine Wieſe zwiſchen Grünhayn und der Lößnitz, darzu eine Wieſe bey Kulitzſch gelegen, und eine Wüſtung genannt Wittendorf, fünf Männer zu der Oelßnitz, Weißbach, das Dorf mit dem Kirchlehn und den Gerichten über Hals und Hand, c) item die Erbare Mannſchaft in der Pflege zu Bergau, und die Lehen, ſo ſie denſelben Erbaren Männern zu leihen haben, item zwey Aecker eines Weinberges bey Lobeda gelegen, an dem Stück genannt der Heymar, mit allen ihren Zinßen, Geſchoſſen, Renthen, Waſſern, Waſſerläuften, Teichen, Fiſchereyen, Mühlen, Mühlſtädten, Gehöltzen, Wäldern, Reinen, Büſchen, Wonnen Weyden, Zöllen, Geleiten, Pflichten, Nutzungen, Aeckern, Wieſen und andern Ehren, Nutzen, Würden, Frohnen, Dienſten, Freyheiten, Rechten, Gewohnheiten, auch ſonderlich mit Gerichten über Hals und Hand, in allen obberührten Städtlein, Dörfern, Feldern und Gütern, und gemeiniglich mit allen und ieglichen andern ihren Zugehörungen, benannt und unbenannt, beſucht und unbeſucht, nichts hiervon ausgeſchloſſen, ſondern in allermaßen d) die weyland wohlgebohrne Herr Otto, „ und Herr Johann Ge‑

„ orge“

c) inſert. item das Vorwerg zu der Bielau auch mit den Gerichten über Hals und Hand.

d) inſert. ſeine Vorfahren.

„orge" *e)* Grafen zu Solms, „sein älter und Groß-
„vater" *f)* solches alles von unsern in Gott ruhen-
den Vorfahren *g)* „denen Herzogen und Churfürsten zu
„Sachsen seeliger löblicher Gedächtniß, auch letztens
„von uns sein Vater, Herr Johann Friedrich, Graf
„zu Solms," in Lehen und Gewehren gehabt, geru-
higlich besessen, genossen, redlich und wohl hergebracht, *h)* „und dieser durch ein hinterlassenes Codi-
„cill seinem Sohne, oberwähnten Friedrich Ernsten
„zu Solms geeignet, der" dem *i)* auch anjetzo bey
uns gebührliche Folge gethan, zu rechten Mannlehn
gereichet und geliehen, so viel wir dessen von Rechts
wegen zu thun haben. Reichen und leihen gegenwär-
tiglich und *k)* in Kraft dieses Briefes mehr gedachten
Herrn *l)* Grafen zu Solms und seinen rechten ehelich
gebohrnen Leibes-Lehns-Erben obbestimmtes Schloß,
Städtlein, Dörfer, Zinß, Gütern und Zugehörungen,
fort mehr von Uns, Unsern Erben und Nachkommen
zu rechten Mannlehn inne zu haben, zu besitzen, zu genießen, zu gebrauchen, und, wie sichs gebühret, zu verdienen, dem Lehn auch, so offt die Zufälle kommen,
rechte Folge zu thun, und sich damit zu halten, als

solcher

e) omissus.
f) und nach ihm sein Sohn, Herr Friedrich Albrecht, ferner
sein Großvater, Herr Johann George, der jüngere, und
Vater Herr Johann Friedrich, auch Bruder, Herr Friedrich Ernst, allerseits Grafen zu Solms.
g) zuletzt aber er selbst, nachdem er die Herrschaft von besagten seinem Bruder, Herr Friedrich Ernsten, Grafen zu
Solms, an sich erkaufet, von dem weyland Allerdurchlauchtigsten, Großmächtigsten Fürsten, Herrn Friedrich
Augusto, Könige in Pohlen rc. Herzogen und Churfürsten zu Sachsen rc. Unsers höchstgeehrtesten Herrn Vaters Majestät höchstseligen Gedächtniß.
h) omissa.
i) insert. er.
k) insert. gnädiglich.
l) insert. Heinrich Wilhelmen.

solcher Mannlehn Güter alt Herkommen, Recht und Gewohnheit ist. Wir haben auch aus besondern Gnaden sämtliche zu ihme belehnet und belehnen ingesamt zu Ihme die auch Wohlgebohrne, Unsere liebe Getreuen m) „seine Brüder Herrn Carl Otten, und
„ Herrn Heinrich Wilhelmen, ingleichen seine Vet-
„ tern, Herrn Friedrich Siegemunden, Herrn Jo-
„ hann Christian, Herrn Friedrich Sigismunds,
„ Grafens zu Solms Söhne, sowohl Herrn Otto
„ Heinrichen, Herrn Heinrich Wilhelmen, Herrn
„ George Friedrichen, Grafens zu Solms Söhne,
„ ferner Herrn Johann Carl Eberharden, Herrn
„ Ludwigen, Herrn Ludwig Heinrichen und Herrn
„ Wilhem Friedrichen, Grafen zu Solms, Lauba-
„ chischer Linie, dann Herrn Herrmann Adolph
„ Moritzen und Herrn Carl Ludwigen, Gebrüdere,
„ Herrn Ludwig Christophs nachgelassene Söhne,
„ wie auch Herrn Ludwigen, Herrn Philipp Rein-
„ hardtens Sohn, Lichischer- und ferner Herrn Wil-
„ helm Moritzen, Herrn Wilhelms Sohn, Braun-
„ felsischer Linie, alle Grafen zu Solms,„ und deren rechte eheliche gebohrne Leibes-Lehns-Erben, bescheidentlich und also: Begebe sichs, daß obgenandter Herr n) „Friedrich Ernst,„ Graf zu Solms, ohne rechte eheliche gebohrne Leibes-Lehns-Erben mit Tod abgehen würde, alsdenn und nicht eher sollen obangeregte Herrschafft, Vorwerge und Güter erstlich

auf

m) seinen Bruder, Herrn Carl Otten, und Bruders, Herrn Friedrich Ernsts hinterlassene Söhne, Herrn Friedrich Magnum, und Herrn Christian Augusten, allerseits Grafen zu Solms, ingleichen seine Vettern, die Grafen zu Solms, Assenheim, Baruth und Sonnewalde, Laubachischer Haupt- und älterer Linie, wie auch zu Lich und Braunfels, in so weit sie allerseits in der gesammten Hand stehen, und derselben bisher Folge geleistet haben.

n) Heinrich Wilhelm.

von der Herrschafft Wildenfelß.

auf o) „seine Brüder, Herrn Carl Otten, und Herrn Heinrich Wilhelm, Grafen zu Solms," und deren eheliche Leibes-Lehns-Erben, und da deren auch keine mehr vorhanden, auf die andere Grafen zu Solms, seine Vettern, nach rechter Sipzahl von dem nächsten auf den nächsten p) „wie obgesetzt kommen und fallen, „die aber auch der gesamten Hand und Lehen mit „Verdienst uud sonst gebührliche Folge thun und sich „erzeigen sollen," wie gesamter Mannlehn-Güter alt Herkommen, Recht und Gewohnheit ist, sonsten Wir ihnen nichts hierdurch bekennet haben wollen, q) treulich und ohne Gefehrde. Hierbey seynd gewesen und gezeugen die Wohlgebohrnen, Vesten und Hochgelahrten Unsere verordnete Räthe und lieben getreuen r) „Herr Otto Heinrich Freyher von Frieße, auf Rö- „tha und Rüben, Unser geheimer Rath und Cantzler, „Herr Johann Abraham Birnbaum, der Rechte „Doctor, Unser Geheimer Rath und Vice-Cantz- „ler, Herr Matthäus Gundacker, Freyherr von „Herberstein, Herr Gottfried Heinrich *Boezo,* „Wolff Haubold von Schleinitz zu Cunersdorff, „Herr

---

o) seinen Bruder, Herrn Carl Otten, und Bruders Herrn Friedrich Ernsts, Grafen zu Solms, Söhne, Herrn Friedrich Magnum und Herrn Christian Augusten.

p) doch anderst nicht, als wenn sie, wie obgesetzt, den Lehen und gesamter Hand zeither gebührend Folge gethan, auch fernerhin thun, und sich erzeigen.

q) Insert. kommen und fallen sollen.

r) Erasmus Leopold von Gersdorff zu Lindenau und Tettau, Vice-Cantzler, Rudolph Albrecht von Wichmanshausen, Herr Johann Friedrich Günther, der Rechte Doctor, Herr Wilhelm August, Herr von Stubenberg, Herr Friedrich Benedict Oertel, Herr Ludwig August Schröter, der Rechte Doctores, Wolff Christoph von Hacke, Heinrich von Lüttichau zu Rittmitz, Herr Johann Daniel Schade, Herr Carl Wilhelm Beyer, der Rechte Doctores.

„ Herr Johann Aegidius Aleman, der Rechte Do-
„ ctor, Johann Georg von Ponickau zu Belger-
„ hayn." und andere mehr der Unsern gnug glaub-
„ würdige. s) „zu Uhrkund mit unsern hieranhangen-
„ den größern Innsiegel wissentlich besiegelt, und ge-
„ geben zu Dreßden am Ein und zwantzigsten Monats-
„ tag Martii," nach Christi Jesu unsers Herrn und
„ Seeligmachers Geburt im 1698. Jahr. t)

AVGVSTVS, Rex.

„ Otto Heinrich Freyherr von Friesen.
Magnus Lichtwer. u)

s) Zu Uhrkund haben Wir diesen Brieff eigenhändig unterschrieben, und Unser grösseres Insiegel wissendlich daran hangen lassen. So geschehen und geben zu Dresden
 am achten Monats-Tag Novembris.
t) 1736.
u) Erasmus Leopold von Gersdorff,
 George Gottfried Viol.

K. Genea-

Geneal[ogie] Wildenfelsischer Linie,

Fr[...] 45. † 24. Mart. 1588.

Johann Geor[ge] 29. Jan. 1612.
Gem. Marga[retha, N]assau=Sarbrück, 1581. 9. Sept.

Fridericus geb. 1574. † 1649. G[em.] [Fri]e*ich* Johann George geb. 19. Nov.
Maria, Freyin geb. 1591. † 4. Feb. 1632. Gem.
[S]olzeck. [1]584. Anna Maria, Gräfin zu Er-
pach 28. Maji 1620. geb.
17. Jul. 1602. † 5. Mart.
1663.

Johann Fr[iedrich ...]. Jan. 1667. † 9. Nov. 1702.

1. *Magdalena Wilhelmina*, geb. 2. Januar. 1688 Gem. J. Sam. *Planies*, Hochgräflich Solm. Rath zu Laubach 30. Jul. 1705.

[Ca]*rolus* [...] geb. 13. [...] 1673. *Louisa* [Ma]*rtina*, [...] und von [...]burg, [...] v. 1703 [...] Mart.

7. *Henricus Wilhelmus*, geb. 16. Maji 1675. Kay-serl. Cammerherr, Preuß. General-Major u. Obri-ster im Ober=Rhein. Kreiß. † 1741. 14. Sept. zu Wartenberg in Schle-sien. Gem. *Helena Do-rothea*, Gräfin von Truchses u. Waldburg, -- Mart. 1703. *

2. *Fridericus* geb. 21. Nov. 1738. 17. Aug. [...] dächtniß=Mün[ze ...] Köhlers Münz[ver-] gnüg. T. 14. p. 7[...]

5. *Albertina*, geb. 15. Octobr. 1711.
4. *Fridericus Louisa*, geb. 25. April. 1708.

7. *Eleonora Amalia*, geb. 17. Febr. 1711.
6. *Sophia Charlotte*, geb. 20. Nov. 1709.
5. *Fridericus Ludovicus*, geb. 2. Sept. 1708.
4. *Helena Agnes*, geb. -- Maji 1707.
3. *Henricus Carolus*, geb. 27. Febr. 1706.
2. *Fridericus Magnus*, geb. 24. Jan. 1705.
† 15. Mart. 1711.
1. *Friderica Wilhelmina Louisa*, geb. 16. Dec. 1703.

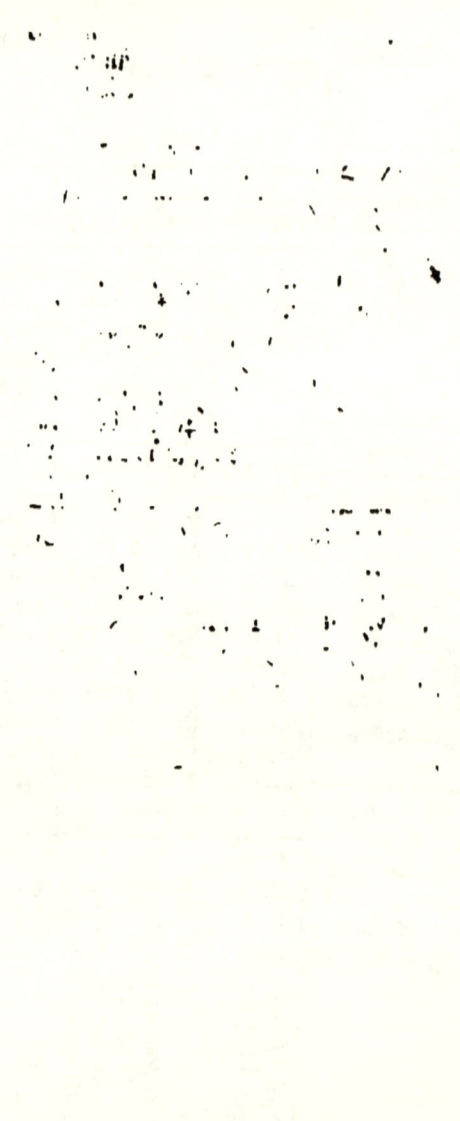

VI. Historie von der Herrschafft Wildenfelß. 207

L.
Besitzer der Herrschaft.

1. Die Herren von Wildenfelß bis 1412.
2. Herr Conrad von Tettau 1413.
3. Die Herren Pfluge.
4. Die Herren Burggrafen zu Meißen bis 1454.
5. Die Herren Grafen von Reuß zu Weyda bis 1490.
6. Graf Heinrich zu Schwarzburg von 1533 bis 1536.
7. Die Herren von Wildenfelß bis 1602.
8. Die Herren Grafen zu Solms.

M.
Diese Herrschaft bestehet itzo

1. aus einem Städtgen gleiches Namens, harte am Schlosse gelegen, x) welches schon anno 1455 im Lehnsbriefe ein Städtlein genennet wird, und dennoch anno 1712 seine Stadt-Gerechtigkeit beweisen müssen: mit Friedrichsthal, Heinrichsort und Sorg auf herrschaftlichen Grund und Boden.
2. aus etlichen ganzen Dörffern, als: Weißbach, y) Hermersdorff und Neudörfflein bey Weißbach.
3. aus etlichen mit andern Herrschafften vermengten Dörffern, als:
    a. Hertensdorff, darinnen auch Schönburgische Unterthanen nach Hartenstein gehörig sind. Es hat 48 Familien, so 20 und ein halbes an Feldung besitzen.
    b. Vielau, darinnen auch einige Unterthanen theils

---

x) Anno 1706 bestund es aus 75 Feuerstätten, darunter 31 Brauberechtigte und 18 von der Herrschaft abgebauet waren. Hat 114 Familien und 16 und ein Achtel Lehn.
y) Hat 137 Familien und 43 und ein halb Lehn.

theils unter das Amt Zwickau, theils dem Rath daselbst, und theils dem Amte zu Hartenstein gehören.

c. Reinsdorff, darüber hat Wildenfelß die Ober-Gerichte gantz, das Amt und der Rath in Zwickau nur einige Unterthanen, hat 114 Familien, und 55 und ein Viertel Lehn.

d. Böhlau, darinnen auch etliche dem Amt und Rath in Zwickau zustehen.

e. Ortmansdorff, darinnen besitzet auch das Schönburgische Amt Stein etliche Unterthanen, es hat 79 Einwohner, so 36 und ein halb Lehn besitzen.

f. Zschocken, darinnen hat Wildenfelß seit 1550 etliche 20 Lehn, die übrigen gehören ratione Jurisdictionis nach Hartenstein, doch einige müssen onera nach Grünhayn abtragen.

g. Schönau, darinnen auch die Aemter Wiesenburg, Stein, und der Rath zu Zwickau Unterthanen haben.

NB. Es sind diese Dorfschaften wohl stärker an Einwohnern, aber hier sind nur die eigentlichen Wildenfelsischen Unterthanen, ohne den Sächsischen und Schönburgischen gerechnet.

N.
Specification
der Frohnen und Beschwerungen der Bürger in Wildenfelß.

1. Ungemessene Jagd-Frohn. 2. Schloß-Wache. 3. Wache bey Gefangenen. 4. Frohn zum Hof-Wasser. 5. Frohn zum Gemeinde-Wasser. 6. Treber- und Bier-Tragen auf dem Schloß. 7. Schloß-Kehren. 8. Schloß-Gebäude heben ohne Zuthuung der

von der Herrschafft Wildenfelß. 209

der übrigen Dorfschaften. 9. Acker-Frohn. 10. Kornschneiden von der Sonnen Aufgang bis zum Niedergang. 11. Heu- und Gerste-Rechnen. 12. Krautstecken. 13. Hanf raufen. 14. Hanf stemmeln. 15. Lämmer scheeren. 16. Mulden-Fischen. 17. Entrichtung der Geldzinßen zu Walpurgis und Michaelis. 18. Zinß-Hüner um Johannis. 19. Zehenden dem Pfarrer. 20. Zinß-Unschlitt von denen Fleischern.

O.
Gränz-Reinung der Herrschaft.

Auf den Neudörfler und Langebächer Gränzen bis an die Grießbächer Gränzen sind 198 Schnüre, oder 990 Ruthen. Von der Grießbacher Gränze bis an den Forst 85 Schnüre oder 425 Ruthen. Vom Forst bis an die Mulde 265 Schnüre oder 1325 Ruthen. An der Mulde herauf oder Schönauer Gränze 43 Schnüre, oder 215 Ruthen. Weiter an der Mulde und Grünauer Gränze bis wieder an die Langebacher, wo angefangen worden, 46 Schnüre, 40 Schuhe, oder 234 Ruthen. Summa 3185 Ruthen oder 26480 Ellen Dreßdner Maaß. Auf eine Schnur werden 5 Ruthen gerechnet, und auf eine Ruthe 8 Ellen.

Von der Schönauer Gränze an bey der Ernst-Mühle und Grünauer bis an die Mulde sind 91 Schnüre: 168 Schnüre an der Mulde hinauf, als Langeb. Gränze bis an die Zschockner Gränze: 334 Schnüre, 26 Schuhe auf der Zschockner bis Neudörfler: 207 Schnüre, 25 Schuhe auf der Neudörfler bis Lichtensteiner Gränze; 120 Schnüre auf der Lichtensteiner bis Hartensteiner Gränze; 62 Schnüre auf der Hartensteiner als Milsen: 156 Schnüre noch auf der Milsner bis an des Königs Pöhlwald: 11 Schnüre

Beytr. VI. Th. O ein

ein Stück Feld noch des Königs: 270 Schnüre von der Pöhlauer als Zwickauer Gränze bis an die Vielau: 184 Schnüre auf der Vielauer Gränze bis Schönau: 139 Schnüre, 22 Schuhe auf der Schönauer Gränze bis wo man angefangen. Summa 1752 Schnüre, 73 Schuhe.

P.

Nachfolgenden Personen ist das Amt in Wildenfelß zu administriren übergeben worden, so viel sich dermalen aus alten Urkunden hat ausfindig machen laßen: maßen von anno 1670 keiner weder die Registraturen, noch Käufe, oder andere Contracte unterschrieben hat.

Anno 1528 George Lange.
1569 Sewald Werner.
1586 Johann Thuße, der auch in einem gedruckten Carmine Disel genennet wird.
1597 den 17. Junii Andreas Menser.
1616 Johann Leuttnitz.
1621 Oßwaldt Wirßing.
1631 Johann Megk.
1634 George Zieroldt.
1636 Frantz Caspar Burghardt.
1666 Johann Riedel.
1683 Den 18. Nov. Peter Graff, so anno 1696 verstorben.
1696 den 26. Apr. Christoph Blüher.
1732. den 9. Jul. Immanuel Benedictus Sinner, so itzo in Glauchau lebet.
1741 den 26. Apr. Johann Gotthelf Meißner, aus Dreßden, allwo er seit 1743 sich wieder aufhält.

Anno

Anno 1743 menſ. Julio Johann Friedrich Noch, von Weinbuhle, als Amtsverweſer, ſeit 1734 daſelbſt Actuarius.

Weilen aber die Herren von Wildenfelß, als dieſe Ronneburg an die Herzoge von Sachſen-Gotha verſetzet, ſich die Herren von Adel in der Pflege Weide reſerviret, und dieſe Bedenken getragen, ſich vor einem Amtmann nacher Wildenfelß zu geſtellen, welcher nicht den Character als Rath oder Amtshauptmann gehabt hat, ſind neben vorherſtehenden Amtleuten als Räthe wegen derer Wildenfelſiſchen Lehns-Angelegenheiten angenommen worden:

Anno 1633 D. Johann Richter, in Zwickau.

1642 D. Johann Ludwig Köppel, auf Klipphauſen, Churfürſtl. Sächſ. Ober-Conſiſtorial-Rath zu Dreßden.

1660 den 30. Junii D. Gottfried Beringer, Churfürſtl. Sächſ. Ober-Conſiſtorial-Rath in Dreßden.

VII.

VII.

M. S. Schneiders,
Past. in Gerichshayn,

Historische Abhandlung
von dem
Adlichen Hofe und Rittergute Groitzsch,
an der Mulde, eine halbe Meile über Eilenburg, aus ältern und neuern Zeiten.

Vorerinnerung.

Es hat dieser Ort, der itzo nur aus dem ansehnlichen herrschaftlichen Hofe und zugehörigen Wirthschafts-Gebäuden, auch einigen anliegenden Drescher-Häusern bestehet, in der ältern Geschichtskunde einen ziemlichen Namen. Ich bin daher vorlängst schon von einigen Freunden der Sächs. Special-Historie ersucht und veranlaßt worden, dasjenige, was mir etwan Merkwürdiges hiervon beyläufig zu Händen gekommen, zusammen zu schreiben, und darüber einmal öffentlich meine Gedanken zu eröfnen, da ich zumal nicht eben so gar weit von der anmuthigen Groitzscher Gegend hause. Dieses Verlangen will ich gegenwärtig so gut, als möglich seyn wird, stillen. Es ist aber nur ein Weniges, was sich als ein Stoff zu dieser kleinen Geschichte nach und nach gefunden hat, welches auch aus mancherley gedruckten und ungedruckten Schriften zusammen gelesen werden müssen.

Daher

VII. Abhandl. von dem Rittergute Groitzſch.

Daher kann hier nichts Vollſtändiges verſprochen oder erwartet werden. Es fehlen zugleich alte diplomatiſche Nachrichten, die auch wohl nirgends anzutreffen ſeyn mögen, da zumal dieſer Ort ſo vielen Veränderungen und Schickſalen unterworfen geweſen, wobey das, was etwan ſchriftliches vorhanden geweſen, verlohren gegangen ſeyn mag. Indeſſen gebe ich hier, was ich habe. Ich werde iedesmal die Quellen anzeigen, woraus ich geſchöpfet habe. Aus ältern Zeiten nenne ich hiervon gegenwärtig nur das bewährt erfundene Chronicon montis Sereni ex edit. *I. I. Maderi* Helmſt. 1665 4. welches Conr. Presbyter Lauterberg. aufgeſetzt, und Anonymi *Vet. Chron.* de Orig. March. Miſn. & Thuring. Landgraviorum, welche ein Auszug des itzt genannten Petersberg. Chronici iſt, und von einem Alt-Celliſchen Mönche herſtammen mag, der es auch bis anno 1375 fortgeſetzet hat. Daher halten es einige für die Annales Vetero-Cellenſes, auf welche ſich Fabricius mehrmals beruft. *) Man findet es unter andern in *B. G. Struvii* Actis litterarum T. II. Faſc. VII. der auch in Præf. bezeugt, daß beyde itzt angezogene Chronica billig als tüchtige fontes der ältern Meißn. Hiſtorie gehalten werden müßten. Doch ich ſchreite zu meiner kleinen Hiſtorie ſelber. Dieſe ſoll aus zwey Sectionen beſtehen. In der erſten ſoll das vorkommen, was aus ältern Zeiten bis zur Reformation und der dabey auch mit den Klöſtern vorgegangenen Veränderung bemerket worden. In der andern aber ſollen die nachherigen adelichen Beſitzer kürzlich beygebracht werden, wobey aber auch Lehnbriefe und andere Quellen fehlen.

O 3   SECTIO

---

*) Es hat R. Reineccius anno 1575 eine alte Meißniſche deutſche Chronick drucken laſſen, die bis anno 1400 gehet. Solche ſcheint zum Theil aus dieſer Chronick genommen zu ſeyn, weil ſich darinnen ganze Stellen daraus von Wort zu Wort überſetzt befinden.

VII. **Abhandlung**

SECTIO I.

§. 1. Mancherley Groitzsche.

Man findet unser Groitzsch vor Alters auch Groitz, Grutz, Groitz, Greutsch und Greytzs genennet. Es sind auch verschiedene andere Oerter dieses Namens bekannt, und vornämlich das alte berühmte Schloß Graf W. prechts bey Pegau an der Elster, das aber vorlängst schon unter seinen Ruinen begraben liegt, indem es Kayser Adolphus anno 1306 erobert und zerstöret hat. *a*) Doch ist in selbiger Gegend noch der Marktflecken Groitzsch nebst einem ansehnlichen Rittergute in gutem Stande. *b*) Auf solchem war ehedem gesessen Herr Dam Pflug, der anno 1546 von Herzog Moritzen, nebst Joh. von Breitenbach, auf Bölen, als Stadthalter auf der Pleißenburg zu Leipzig verordnet worden, und in dasiger Belagerung anno 1547 den 8. Jan. bey einem Ausfalle tödlich verwundet worden. *c*) Ihm gehörte auch Pegau.

Ferner ist auch der kleine Ort Groitz bey Zörbig an der Gölze bekannt, der ehedem ebenfalls, wie unser Groitzsch, zum Kloster Petersberg gehörte, und einen Klosterhof hatte, wo die Mönche wirthschafteten, *d*) nachdem solches um anno 1208 der dasige Probst Rudolph gekauft hatte. *e*) Eine Urkunde von

---

a) Davon heißt es in vet. Chron. March. Misn. ap. Struv. l. c. p. 714. „ Comes Adolfus civitatem Pegav. obtinuit. „ Mox castrum fortissimum Grœtzika vicinum expugna- „ vit & funditus destruxit a. 1306. cuius ruinæ hodie „ cernuntur. "

b) S. Knauths Prodr. Misn. p. 184. Dietmanns Chursächs. Priestersch. P. III. p. 474.

c) S. M. Vogels Leipz. Annales p. 160. 171.

d) S. Hn. Geh. R. von Dreyhaupt Saalkreiß T. II. p. 903.

e) Chron. Mont. Ser. ad a. 1208. p. 81. „ H. a Rudolphus „ Præpos. Ileburgi in domo Parochiani ægrotans, obiit „ ser.

von anno 1444, die solches Groiz angehet, und einen Vergleich wegen des Tauf-Rechts betrift, stehet in Menkens Scriptoribus. *f*) Es war solches nebst Löberitz damals in Zörbig eingepfarrt. Es ist auch itzo noch in das Zörbiger Filial Löberitz eingewiesen. *g*) Endlich bemerke ich auch noch das Groitzsch oder Greyz im Amte Meißen, um Wuntzschwitz und Burckartswalde, das ehedem zur sogenannten Suppanie Suppen gehöret hat. *h*) Es ist daselbst ein Vorwerg, das vormals denen Herren von Heynitz auf Heynitz schon anno 1543 zuständig gewesen, als z. E. Georg Friedrich von Heynitz, auf Groitzsch, Domdechants zu Meißen, † 1660, ingleichen seines Bruders George Rudolphs († 1674) Sohne, Herr Gottlob Rudolph auf Heinitz, Wuntzschwitz und Groitzsch, geb. 1667, † 1728 als Commendant in Sonnenstein.

§. 2. Namens Bedeutung.

Der Benennung nach scheinen alle diese Oerter nicht deutscher, *i*) sondern Wendischer Herkunft zu seyn. Denn Groiz oder Grodiz heißt in solcher Sprache ein kleines Schloß, so wie Rod, Hrod und Pohln. Grod (daher Grodno) ein großes Schloß. *k*) Man könnte daher fast schließen, daß schon die alten Sorben-Wenden, welche im Pago Qvesziki um Eilenburg gewohnet, *l*) und selbige Gegend angebauet, auch hier an der Mulda, wie anderwärts,

„ fer. III. Palm. IV. Non. April. —— Emit hic Præpos.
„ IV. mansos in villa Groiz ab Ottone de Pouch Sen."
f) T. I. p. 388. it. 788.
g) cf. Dietmann. l. c. P. II. p. 622. 627.
h) S. Obersächs. Nachl. P. II. p. 225.
i) als z. E. von Grütze.
k) v. M. Frencelii T. I. Origg. Lingvæ Sorab. p. 375.
l) Denn so hieß ehedem zur Wenden-Zeit diese Gegend. S. Schötg. Geogr. der Sorben-Wenden in Obersächs. Nachl. P. III. p. 402.

wärts, ein dergleichen vestes Gebäude nach ihrer Art errichtet hätten. Allein man findet auch noch eine andere Herleitung dieses wendischen Namens, nämlich von Hrodzu, d. i. ich mache einen Zaun oder Gehege. Daher heißt Hrodz ein verzäunter Ort, it. ein Stall; und in Pohln. Sprache hat Grodz eine gleiche Bedeutung, *m*) daß mithin dadurch nur der erste Anbau, als ein mit Zäunen umgebenes Dorf oder Vorwerg angezeiget würde. Es war auch jenes berühmte Groitzsch bey Pegau ein offener und unbevestigter Ort, als es Graf Wiprecht überkam. Er machte es aber zu einem vesten und haltbaren Schlosse von 2 Thürmen. *n*)

§. 3. Ob dieses Groitzsch das alte Geseriska sey?

Es glauben auch einige, *o*) daß unser Groitzsch um anno 1116 von Graf Wiprechten erbauet worden. Man hat von solchem Groitzsch auch sonst aus alten Zeiten allerhand ungewisse Erzählungen und Muthmaßungen, als wenn z. E. Ge. Hahn selbiges wahrscheinlich für die Stadt und Kirche Geseriska hält, *p*) die der ehemalige Bischoff Giselar zu Merseburg nebst andern beym Ditmar und Annalista Sax.

genann-

m) v. Frencel. l. c. p. 285.
n) S. Schötg. Hist. Gr. Wiprechts p. 24. 32.
o) als der sel. M. Sam. Rinkart, Pfarrer in der sogenannten Probstey-Kirche Weltewitz, Wölpern und Gostnitz in der poet. Schrift mit kurzen hist. Anmerkungen auf die Einweihung der Kirche zu Wölpern sub Tit. Günther-od. Himmels-Pforte, Leipz. 1664. 4. Es muß aber schon M. Simon, als Verfasser der Eilenb. Chronick, zu welcher auch itzterwähnter M. Rinkart vieles beygetragen, (v. Dietm. l. c. P. II. p. 855.) solche Meynung nicht für glaubwürdig geachtet haben, weil er davon nichts in erwähnte Chronick mit einfließen lassen, ob er wohl sonst unser Groitzsch zu verschiedenenmalen mit anführet.
p) in s. z. übers. Ditmar p. 885.

von dem Rittergute Groitzſch.

genannten Städten und Burgwarten dem daſigen Stifte entzogen, und bey der anno 981 erlangten Erzbiſchöflichen Würde zu Magdeburg mit da hin genommen, und dem daſigen Kirchen-Sprengel einverleibet hat, ſo wie auch die Stadt Eilenburg ſelber. Nun liegt zwar unſer Groitzſch nicht weit von dieſer Stadt, welches die Wahrſcheinlichkeit einigermaßen beſtärket. Allein man findet nirgends, daß dieſes Groitzſch vor Zeiten eine Stadt geweſen ſey, und eine eigene Kirche gehabt habe. Wollte man auch die nahe gelegene ſogenannte Probſtey-Kirche zu Weltewitz, die itzo ein Lehn von Groitzſch iſt, mit dazu nehmen, ſo war es doch vor Alters anders; denn Groitzſch war in die Berg-Kirche zu Eilenburg eingepfarrt. Doch darwider habe ich anderswo q) ſchon das nöthige erinnert. Ich bemerke hier nur noch beyläufig, daß erwähntes Geſeriska am wahrſcheinlichſten für die Stadt Jeßnitz im Deſſauiſchen, die hernach an Meißen gekommen, oder vielmehr für Alt-Jeßnitz über der Mulda im Churſächſiſchen, welches ehedem von gedachter Stadt aus mit dem Gottesdienſte verſehen worden, r) gehalten wird. Der eigentliche Name in alten Zeiten mag Geſeniska geweſen ſeyn.

§. 4. Ob es das alte Geriſcho ſey?

Sonſt iſt in der ältern Hiſtorie auch der Ort Geriſcho bekannt, welcher ebenfalls mit Groitzſch ſowohl dem Namen, als der Lage nach, einige Aehnlichkeit hat. Denn ſo hatte der vormalige berühmte Graf Elico in Merſeburg Diſtricte von dem Kayſer, als Beneficia, Wurzen, Löbnitz, Poch, Plchen, Potoriſci, (vielleicht Pörltzſch) und nebſt noch andern s)

auch

---

q) S. Dreßdn. gel. Anz. a. 1751. N. 35. p. 310. ſeq.
r) S. Beckmanns Anhält. Hiſt. T. I. p. 384. 387. ſeq.
s) als Nerci (Nerchau bey Grimma) ingleichen Sciunannſtedi und Vnscia, welches itzo wüſte Marken ſind. Denn
ſo

VII. Abhandlung

auch Gerischo inne gehabt, auf welche anno 995 ex Dipl. Kayser Ottens III. *t)* der Bischoff Eid oder Egidius zu Meißen die Anwartschaft erhalten hat. Er bekam selbige auch, nachdem Graf Esico anno 1004 zu Leipzig im hohen Alter entschlafen, *u)* in Besitz.

Dieses Gerischo hält Herr Schötgen l. c. nebst andern nicht unwahrscheinlich für unser Groitzsch, da es zumal in eben der Gegend, wo die meisten von denen genannten Oertern, liegt. Allein er setzt hinzu, daß er dieses für keine völlige Wahrheit ausgeben wolle. Es stehet auch statt Gerischo in einer andern Abschrift des erwähnten Dipl. *Gzeisho,* welches etwan Zöschau in Oschatzer Reviere seyn könnte. Hiernächst findet sich weder ein Gerischo, noch Groitzsch in registro Feudor. Misn. auch nichts davon in Catal. Episcopp. *x)* bey Bischoff Eiden, wo iedoch Wurzen, Bühen, Pouch und Löbnitz, als neu erlangte Stifts-Pfründen, angezeiget werden. Es kommt auch in folgenden

so wird ausdrücklich Schönstädt in Wurzner Pflege in Reg. Feud. in Append. der Schötgn. Wurzner Historie p. 131. so genennet.

t) Solches stehet bey Schötg. l. c. nebst hist. Erläuterung p. 43. sq. — 50.

u) Nicht aber 1007, wie einige setzen. Ditmar schreibet L. VI. ap. Leibnit. T. I. p. 380. also von ihm: „Imp. „(Henr. II.) cum in Merseb. optatæ quieti indulgeret, „Esiconem, venerandum comitem, longa infirmitate ve„xatum, vitam hanc in Lipsic finisse comperit, cujus cor„pus adveniens ipse suscepit & honorifice sepeliri juxta „eccl. S. Joh. Bapt. in septentr. parte præcepit." S. Herrn M. R. Abhandl. von der Grafschaft Merseb. §. 9 - 13. in M. Kreisigs Beyträgen zur Sächs. Hist. P. I. N. XII. wo zugleich wohl erinnert wird, daß Wurzen und andere angemerkte Beneficia in Comitatu Friderici Ilch. gelegen, und mithin Gr. Esico zwar Herr und Besitzer von Wurzen, nicht aber Kayserl. Graf und Gouv. in selbiger Gegend gewesen sey, sondern vielmehr Graf Friedrich. S. §. 8.

x) in cit. Append. Hist. Wurz. p. 7.

von dem Rittergute Groitzsch.

genden Zeiten unser Groitzsch, als ein Marggräflich Meißnisches Gut vor. Mithin bleibt auch dieser Fund bey aller Wahrscheinlichkeit ungewiß; es wäre denn, daß solches Groitzsch bald vom Stifte wieder ab, und an die Landesherren oder Grafen zu Eilenburg gekommen wäre. Indessen weis man auch keinen andern Ort anzugeben, der mit dem erwähnten Gerischo, (wo anders nicht ein Schreibfehler hierbey vorgegangen) einige Aehnlichkeit hätte; man wollte denn meinem Gerichshayn, oder auch dem Dorfe Göritz bey Wölkau, eine so große Ehre anthun.

§. 5. Ob Graf Wiprecht auch dieses Groitzsch erbauet habe?

Was aber das Vorgeben anlangt, daß Graf Wiprecht, der große Held, und nachherige Marggraf, auch dieses Groitzsch an der Mulda erbauet habe: so wäre dieß ein wichtiger Umstand. Allein der Beweis davon fehlt. Den hätte man billig nicht schuldig bleiben sollen. Es wird aber schwer halten, solchen noch aus einem alten bewährten Schriftsteller ausfindig zu machen. Indessen ist solche Meynung bis auf neuere Zeiten fortgepflanzet worden, worzu aber wohl nichts weiter, als der Name Groitzsch Anlaß gegeben haben mag, indem man den Schluß gemacht: Weil Graf Wiprecht jenes berühmte Groitzsch bey Pegau erbauet, ihm auch auch dieses an der Mulda, und wohl auch alle übrige sogenannte Oerter zuzuschreiben wären. Allein auch das Groitzsch bey Pegau hat er nicht erbauet, sondern er fand es schon, als er in hiesige Lande kam, und ließ es bevestigen. Es mochte schon, wie unser Groitzsch, und andere Oerter dieses Namens, von den Wenden noch erbauet worden seyn, wie auch nur der wendische Name anzeigt.

§. 6. Hier-

§. 6.

Hiernächst ist auch erwähntes Vorgeben um deswillen nicht wahrscheinlich, weil Graf Wiprecht zwar in seiner Grafschaft Groitzsch, und hernach auch in der Lausitz von anno 1118 als Marggraf, nicht aber in hiesiger Eilenburger Gegend, geherrschet hat. Er war zwar ein großer Liebhaber vom Bauen; denn er bauete, wie gedacht, sein Groitzsch. Er bauete und stiftete zugleich das Kloster bey Pegau, und errichtete auch dabey zunächst für sich einen Hof mit einer Capelle. Ja er ließ um anno 1104 eine große wüste Pflege zwischen der Wira und Mulda anbauen, und die Waldung ausrotten. y) Allein dieses that er nur in der Gegend bis an die Mulda, so weit sein Gebiete gieng, nämlich bis Colditz, Leißnig und Laußig, unweit Grimma, nicht aber bis Eilenburg. Denn diese Gegend gehörte zu seiner Zeit noch Marggraf Heinrichen, dem jüngern, der sich auch von Eilenburg schrieb, weil dieses seine Erbstadt war, dem auch Groitzsch Zweifels ohne gehörte. Wovon hernach.

Graf Wiprecht erhielte zwar anno 1123 auf die ausgesprengte falsche Nachricht, daß itztgedachter Marggraf Heinrich Todes verblichen wäre, vom Kayser einige Vertröstung zu dem Meißnischen Marggrafthum; er kam aber nicht zur Possess. Er gerieth darüber mit Marggraf Conrado M. als Marggraf Heinrichs nächsten Erben, in Krieg, wobey er in hiesiger Gegend an kein Bauen denken konnte. Er starb auch
bald

---

y) Hiervon findet man beglaubte Nachricht in der Historie von Graf Wiprecht, die ein alter fleißiger Pegauer Mönch abgefaßt, und die anno 1566 Ernst Brotuf mit einigen Zusätzen zu Leipzig in 4. und hernach andere, am besten aber der sel. Rect. Schötgen, nebst vielen Anmerkungen und Urkunden anno 1749. zu Regenspurg in 8. wieder drucken lassen. cf. impr. p. 53. 60. it. Albini Meißn. Chronick Tit. VIII. Edit. prioris p. 178. seq.

bald im folgenden Jahre den 22. May. Dargegen blieb Marggraf Heinrich noch bis anno 1127 am Leben. z) Da nun also Graf Wiprecht in hiesiger Gegend nicht geherrschet, auch mit dem hiesigen Regenten in keinem guten Vernehmen gelebet hat, und hiernächst von anno 1112 bis 1116 zu Leißnig und sodann zu Dreyfelß in Kayserl. Hafft gewesen, a) so ist nicht wahrscheinlich, daß er um solche Zeit bey Eilenburg einen Ort erbauet habe.

§. 7.

Noch fast eher könnte man dergleichen von dem jüngern Graf Wiprecht vermuthen, als welcher um diejenige Zeit, da unser Groitzsch erbauet worden seyn soll, sich nicht weit von hiesiger Gegend aufgehalten hat; denn er befand sich a. 1114 mit einer Streif-Rotte im Walde bey Gundorf hinter Leipzig, und machte Beute, bis ihn der Erzbischoff zu Magdeburg das Schloß Loburg über der Elbe einräumte. Er eroberte auch a. 1116 die Stadt Döben, (Düben) und streifte umher, nahm in selbiger Gegend 24 Dörfer ein und plünderte sie, b) bis er sein väterlich Schloß Groitzsch bey Pegau wieder einbekam. Allein, da er sowohl, als sein Vater, in kayserlicher Ungnade, und dabey unstät und flüchtig war, so findet man auch bey solcher Vermuthung, daß er ein Groitzsch in hiesiger Revier erbauet habe, gar keine Wahrscheinlichkeit.

§. 8.

z) S. Schötg. l. c. p. 36. seq. Ej. Leben Conradi M. p. 24. seq. und sonderlich die Obersächs. Nachlese P. VI. p. 261. seq. auch M. Kreisigs Beyträge zur Sächs. Historie P. II. p. 25. wo die ältere Marggr. Meißn. Historie von Herr M. R. noch accurater abgehandelt worden.

a) S. Schötg. Leben Gr. Wipr. p. 76. seq.

b) l. c. p. 78. 80.

§. 8. Unſer Groitzſch gehörte denen Grafen zu Eilenburg.

Es lag dieſes Grotzſch nahe bey Eilenburg, und gehörete auch vor Alters unter das daſige Burgwart und Amts-Revier; wie denn daſſelbige Burgwart bekannt und bewieſen iſt. *c*) Ja man kan es zugleich ſicher für ein Pertinenz-Stück derer vormaligen alten Grafen und Erbherren von Eilenburg halten, ſo wie es ſich auch hernach bey denen Marggrafen, als ihren Erbfolgern, findet, als z. E. bey Marggraf Dietrichen und ſeinem Bruder Dedoni Craſſo, um a. 1184. S: §. 21. *d*) Ich kann daher nicht umhin, hier ſolche ehmalige Grafen als Erbherren von Eilenburg mit ihren Durchlauchtigen Erbfolgern der Ordnung nach zu bemerken. Es ſind nemlich ſelbige

I. *Friedericus* de Ylburg, Grafens Theoderici de tribu Buzizi Sohn, *e*) der auch die Stadt und das Schloß Eilenburg von neuen erbauet haben ſoll. *f*) Er

---

c) S. Oberſächſ. Nachl. P. VII. p. 399. ſeq. Es wird hierbey p. 401. novale quoddam BUCOWITZ, multis a natura ſeculis incultum genennet. Solches aber iſt nicht Buckwitz bey Belgern, ſondern die hier bekannte wüſte Mark Buckwitz bey Pehritzſch, 1. Stunde von Eilenburg. S. M. Simons Eilenb. Chr. p. 21. 61. ingl. p. 540. wo dieſer Ort unter denen Dörfern ſtehet, die von den Hußiten verwüſtet worden. Anno 1160 gehörte ſolches Buckwitz nach Meißen. Es war damals allda ein Vorwerg angelegt worden. Darum wird in Dipl. de h. a. in denen Nachl. l. c. ein Villicus hier genennet.

d) S. M. Simon l. c. p. 288.

e) De quo Theoderico extat.

f) S. M. Simon l. c. p. 64. ſeq. 284. ſeq. Von ihm heiſſet es in Chr. Vet. Miſn. March. cit. ap. Struv. p. 656.
„Frid. Comes, frater Dedonis, Marchionis, beneficio
„patris Theoderici & avunculi Ottonis Imp. Yleborg
„caſtrum & civitatem obtinuit, vt in Chron. Montis Se-
„reni habetur.“

Er starb in der Nacht vor Epiphan. a. 1017. Ditmar giebt ihm dieses gute Zeugniß: „Hac in sacra
„ nocte *Fridericus* Comes, fidelis Christo & Seniori
„ suo (i. e. Imp.) obiit in civitate sua, *Ilburg* dicta.‟
Er nennet auch dessen Nach- und Erbfolger zu Eilenburg. Dieser war

II. Marggraf Dietrich, als seines Bruders Dedonis
Sohn, g) wenn er also fortfährt: „ Hic (Frid.) quia
„ sapiens erat — prædictam civitatem fratris suimet
„ filio, nomine *Thiedrico*, ea ratione dedit, ut cum
„ laude sua, quia hæres suimet fuit, & alteri legiti-
„ me hoc fieri non potuit, liceret sibi tribus suis fi-
„ liabus prædium omne, quod remansit, tradere. ‟
Der Kayser verliehe ihm auch die Graffschaft oder Re-
gentschaft seines abgeschiedenen Vetters in der Eilenburgischen Pflege und weiter hin in Pago Suisuli um
Tancha u. s. f. wie Ditmar ebenfalls meldet. Die
neuern wollen auch wissen, daß ihm solche Graffschaft
nebst Groitzsch an der Mulda ꝛc. wegen seiner tapfern
Meriten von K. Henrico II. auf Vorbitte der Kay-
serin Cunig. zu Lehen gereichet worden, b) so nämlich,
daß er auch in solchen Gegenden im Namen des Kaysers das Regiment führen sollte. Groitzsch aber gehörte zu seinen Eilenburgischen Erbgütern. Ihm
folgte in solchem Erbe zu Eilenburg

III. Dedo, sein Sohn, und Marggraf *Tlmons* in
Meißen Bruder, Graf zu Brene, und hernach Marggraf in Lausitz bis a. 1075, alsdenn aber

IV. *Henricus*, Sen. de Yleburg, dessen Sohn i)

V. Hen-

---

g) In cit. Chr. Struv. p. 656. vocatur hic Theodericus Comes
    in Yleburg „ nam Frid. filios hæredes masculos non habens,
  „ sed filias tantum, moriturus ei Castrum Yleb. assigna-
  „ verat &c. Ita & in Append. Chr. M. S. p. 202.

b) v. Auctores cit. in cit. Chron. Ileb. p. 288.

i) Chr. vet. ap. Struv. l. c. p. 660. „ Hic Dedo ex Adelheida
  „ genuit alios filios, paterni nominis Dedonem & Hein-
                                             „ ricum

V. *Henricus* jun. de Yleburg, Marggraf in Meißen, des vorigen Sohn, *k*) von a. 1107, und als dieser a. 1127 ohne Erben verstorben war

VI. Marggraf *Conr. M.* von der andern Linie, Marggraf *Timons* Sohn, *l*) nach dessen Ableben aber 1156

VII. Marggraf Dietrich in der Lausitz, als sein zweyter Sohn, der a. 1184. verstorben. *m*) Dieser vermachte seinem Sohne, Bischoff Dietrichen zu Merseb. das hiesige Groitzsch, wovon bald ein mehrers. Es folgten sodann im Regiment und Erbe zu Eilenburg

VIII. Marggr. Dedo Crassus, des vorigen Bruder; ingleichen dessen Söhne Theodericus und Conradus jun. die aber unser Eilenburger Groitzsch nicht besaßen, jedoch ihr Erbschafts-Recht darauf behielten und handhabten. S. §. 23. auch §. 11. Tab. III. Wohl aber hatten sie Groitzsch bey Pegau.

§. 9.

Es wird auch nicht undienlich seyn, hier zur Auswickelung der bey dieser kleinen Historie vorkommenden genealogischen Umstände 3 Stammregister beyzufügen. *n*)

Tab. I.

„ ricum March. de Yleborg, Sen. & Conr. Com. qui a
„ paganis occisus fuit. "
k) l. c. „Heinr. de Yleb. duxit uxorem Gertrudem de Brunswig
„ genuitque ex ea Heinricum, March. de Yleb. juniorem."
l) l. c. p. 665. seq. „ Conr. Marchiam Misn. dono & beneficio
„ Regis Lotharii obtinuit, atque hæres totius proprietatis
„ Heinrici March. una cum castro Yleborg effectus est.
„ — Maxime ditatus — nam omnem terram a flu-
„ vio Nissa usque ad Thuring. & Com. Wittin, Brene,
„ Yleb. Groetz & Rochlitz cum potentia possedit." Plura de eo v. in Schötgens Leben Conradi M. ed. 1745. 8.
m) Et hic Theoderic. l. c. p. 683. Marchio Lus. Dn. Com. in Yleb. vir prudens & strenuus, potens & dives, qui & parochiam in Yleb. Monasterio S. Petro donavit v. infra §.
n) aus Tom. VIII. heliq. Lud. p. 171. seq. 258. seq. Reyheri Monum. Geneal. ap. Menck. T. II. p. 835. 841. Schötgens Conr. M. und sonderlich aus Eccard. Hist. Gen. Princ. Sax. p. 105.

Friedrich Bisch. zu Münster.	Dedo auch zu Lausitz Oda, um aus		
	d M. III.	Mechthild, Gemahlin Gr. Gero in Bayern.	
1. Dedo, kam in der Jugend ums Leben. s)	2. Adelheid Herz. Bayern.	Conrad, wurde erschlagen.	Wichmann, Erzbischoff zu Magdeb. S. §. 15.
Adelbert, Erzbis. in Bremen.	D 10		

o) S. S...
p) *Chron.* hæredibus mortui."
q) l. c. Dr
r) l. c. p. ex castello Levene.
s) l. c. p. iæ indolis juvenem.
ad h
t) l. c. p.

ab. II.
Palatina,
Weißenfels. *u*) Gem. Alb. dictus
 de Sumerscheburg.

K. Heinr. IV. als Palat. Sax. ernennet, und
B. 1. Mechthild. 2. Thitburgis

                            2.
Sommer-   Herm. Com. Palat. *y*)
† 1162.   um a. 1147.
randenb.
44.

mersch.   *Adelheid*,
178.   Aebtißin zu Quedlinburg.
          † 1190.

---

ap. *Struv.* p. 660 stehet zwar nobis dictus *Schencke*
und Sevecke heißen sollen. Es liegt auch am Harz
n diesem adelichen Geschlechte herrühren mag.

uch Com. Palat. genennt bey a. 1147. da sie der gro-
nnet.

§. 11. Tab. III.

Marggr. in͡g ꝛc. Stiffter des

Söhne			6. T.	
Henr. † puer	Otto Dives Meißen, † 118 Febr. Gemahlin Marggraf Alb. Brandenb. To͡		Heinr. Gr. zu Wettin † 1181. 30. Aug.	Frid. Graf zu Brene †1181. 4. Febr.
Alb. Sup. Mg. in Meißen † 1195. 24. Jun.	Dietericus Graf zu W Marggr. in und auch zu ßen a) ingl. Eilenb. Ro Groitzsch a. † 1220. 17 Gem. Jutta Herm. in		Dietrich, erst Probst zu Magdeb. hernach zu Sommerseb. (Com. Pal.) auch Graf zu Groitzsch, Rochlitz und Eilenb. † 1207. ohne Erben. Gem. Mechthild, Gr. Lud. in Thür. Tochter.	
Henricus illustr. graf in Meißen Landgraf in Thü Palat. Sax. † 15. Febr.				

a) *Chron. M*
   „ pater͡nem hæreditatem

b) l. c. ad a.
   „ ictu͡ h vocatur, lancea

c) *Chr. vet.*
   disberg, e Yleborg & Landgraf L D. P. 305. sowohl

§. 12.

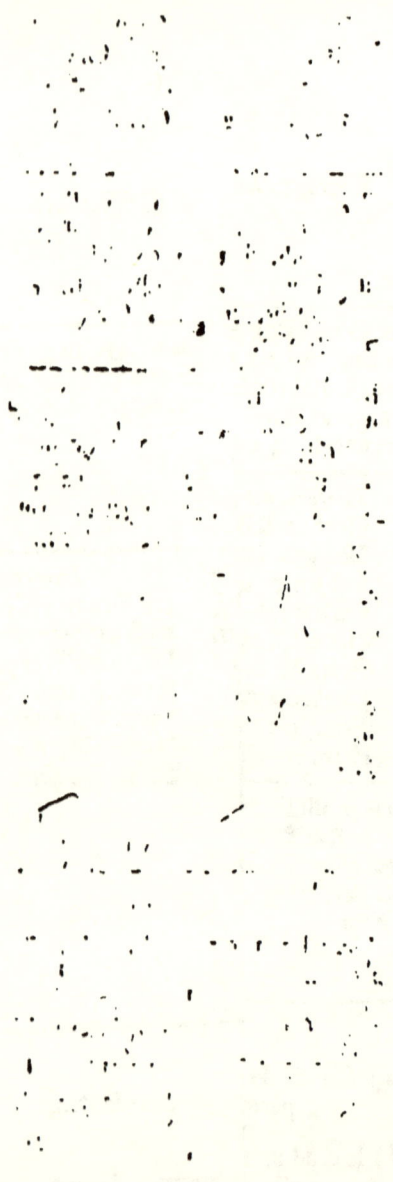

§. 12. *Ob Groitzsch dem Sächs. Pfalzgrafen und Grafen zu Sommerseburg gehöret hat?*

Daß ich aber hier das Gräfl. Eilenburgische Geschlechts-Register bis auf die Sächsischen Pfalzgrafen aus dem Gräflich Goseck und Sommerseburgischen Hause fortgesetzet habe, darzu veranlassen mich auch meine Groitzscher Nachrichten, als worinnen diese Grafen und Pfalzgrafen, ebenfalls mit vorkommen. Hiervon theile ich gegenwärtig einige historische Stellen mit; denn so meldet Monachus Pirnensis: *d)* „Greytczs vor Jaren bey Eilenburg an der Mulda „in Sachsen (bekannt) darin sich etliche Herren mit „samt den Sommerseburgischen Pfalzgrafen geschrie„ben haben. Das voreygnete Marggraf Dietrich „siner fürstyn Kunegunde und seinem Sone, Bi„schofe zu Merseburg.

Wenn auch Albinus erzählt, *e)* daß Dedo, Jun. Graf zu Rochlitz, Conradi M. Sohn, die Grafschaft Groitzsch bey Pegau um anno 1144 von der Gräfin Bertha, Graf Dedonis, Sen. hinterlassenen Wittwe und Graf Wiprechts Tochter, bekommen habe, weil sie ihn erzogen, deswegen ihn auch der Pirnische Mönch einen Grafen zu Greutzsch und Sommerseburg genennet, so setzet er hinzu: „Es ist aber auch ein Schloß dieses Na„mens an der Mulda bey Eilenburg (welches aber „Pirnensis nicht ein Schloß tituliret hat) gewesen, „etlichen Pfalzgrafen zu Sachsen und Sommerse„burg zuständig, welches ietzt auch wüste (wie das „bey Pegau). darauf Marggraf Dietrich zu Lausitz, „Ottonis Bruder, sein ander Gemahl, Cunigun„dam, beleibdinget, und in seines Sohns, Dietrichs, „Bischoffs zu Merseburg, Schutz befohlen." Ob er aber dieses letztere nur beyläufig anführe, oder ob

---

d) T. II. Menck. p. 1564.
e) in der Meißn. Chronick Ed. in 4. Tit. XV. p. 381.

er hierbey auch das Eilenburgische Groitzsch mit zu der Verlassenschaft Graf Wiprechts und seiner Tochter, der Gräfin Bertha, rechne, solches läßt sich nicht deutlich schließen. Indessen kann er damit den Neuern Anlaß gegeben haben, zu glauben, obwohl ohne Grund, wie §. 5. 6. gezeigt worden, daß solches Groitzsch auch von Graf Wiprechten erbauet worden. Es ist auch unstreitig, daß erwähntes Vermächtniß der Gräfin Bertha an den Graf Dedo, jun. nicht das Groitzsch bey Eilenburg, sondern das bey Pegau, gewesen sey. Conr. Lauterb. in Chron. Mont. Ser. und andere ältere Scribenten besagen es deutlich, mit dem Zusatze, daß nebst Castro Groetz damals auch die Vogtey zu Pegau zuerst an die Marggrafen zu Meißen kommen sey. f) Und so mißlich möchte es auch um den Beweis halten, daß sich vor Zeiten von dem Eilenburgischen Groitzsch etliche Pfalzgrafen und Grafen zu Sommersebug geschrieben, und daß solches ehedem auch ein Schloß gewesen sey, wie jenes Castrum Groitzsch bey Pegau. Es meldet zwar auch C. Knauth, g) daß sich erwähnte Grafen und Pfalzgrafen von dem Groitzsch an der Milda etwa eine Zeit lang sec. Chron. Gosec. zu schreiben pflegen; er setzt aber auch hinzu, daß beyde Groitzsche gar öfters von denen Historicis mit einander verwechselt würden. Solches siehet man hier auch deutlich; denn Graf Dedo und auch sein Sohn Dietrich hatten zwar Groitzsch

f) ad a. 1144. p. 18. „Hæc (Bertha) proprietatem suam „*Groitz* dedit Dedoni, filio Marchionis (Conr. M.) quem „ipsa loco filii enutrierat." In *Chron. vet. Misn. Struv.* heißt es, daß Dedo Sen. selber noch diesen jüngern Dedo zum Sohne angenommen habe, welches aber fast die Chronologie nicht gestattet. Doch kann es seyn, daß dieser noch kurz vor dem Ende des alten Vetters, das anno 1124. erfolget ist, zur Welt gekommen. A. 1190 starb er; und so hätte er ein Alter von 66 Jahren erreichet.

g) In Prodromo Misn. p. 184.

Groitzsch bey Pegau, nicht aber das bey Eilenburg, wie gedacht, sondern es gehörte dieses damals Dedonis Bruder, Marggraf Dietrichen. S. §. 8. und §. 21. Wollte man aber sagen, daß sie sich wegen der Anwartschaft davon geschrieben hätten, so war es vor Alters nicht bräuchlich, daß sich Fürsten und Grafen von so kleinen Oertern schrieben. Sie waren Grafen zu Groitzsch bey Pegau. Sie schrieben sich auch Pfalzgrafen zu Sachsen und Grafen zu Sommerseburg. Dieses veranlaßt mich, daß ich mich hier einigermaßen in diese Pfalzgräfliche Historie wage, ob solches zwar meinem gegenwärtigen Zwecke nicht eben völlig gemäß ist.

§. 13. *Von den ehemaligen Pfalzgrafen zu Sachsen.*

Ich bemerke aber hiervon zuförderst einige darzu gehörige Schriften; denn so hat man von denen Pfalzgrafen theils überhaupt Ge. Schubarti Diff. Jen peculiarem, theils insonderheit von denen Pfalzgrafen in Sachsen Casp. Sagittarii Diff. de Antiquitt. Alstedens. & Palat. Sax. Jen. 1688 indem Allstedt in Thüringen ehedem eine berühmte Pfalzstadt gewesen, wo sich ein ansehnliches Kayserl. Palatium befunden hat. Von itzt gedachter Diff. stehet ein Auszug in Junkers Geographie mittler Zeiten, p. 418 seq. vornämlich aber ist der anno 1740 zu Erfurt in 4 gedruckte Entwurf einer Historie der Pfalzgrafen in Sachsen anzupreisen. Der gelehrte Herr Verfasser hat sich nicht zu nennen beliebt. Aber das Werk lobt den Meister. Nur sind die darinnen vorkommende häufige Druckfehler zu bedauern. *b)* Aus diesen Schrif-

---

b) Hierzu gehören auch D. Horns Diff. & Progr. de Comitibus Sax. l. c. 1709. Reinhardi Diff. de Offic. Imp. Sax. Ej. & Griebneri Progr. de Tit. Com. Palat. L. 1727. Struvii Progr. de Comitia Palat. Sax, Sereniſſimæ genti communi.

VII. Abhandlung

Schriften gedenke ich hier nur, daß das Amt eines Sächs. Pfalzgrafens zu der Zeit aufgekommen sey, als Kayser Carolus M. die Sachsen bezwungen hatte. Ein solcher Pfalzgraf war vor Alters so viel, als ein Kayserl. Oberhofrichter, ja fast Premier-Minister (decretorum regalium maximus princeps, wie er im Chron. Gosez *i*) genennet wird) der allenthalben sich mit in denen Palatiis befand, wo der Kayser sich aufhielt (daher auch der Name Pfalzgraf entstanden, der aber auch in Abwesenheit des Kaysers in Ländern des Sächs. Rechts zum Rechten sehen, und die Justiz verwalten mußte.

§. 14.

Diese erhabene Pfalzgräfliche Würde bekamen mit der Zeit die Grafen zu Goseck, *k*) und hatten sie bis 1134. Sodann gediehe solche an die mit ihnen verwandte Grafen zu Sommerseburg *l*) bis 1178, da der letzte Graf und Pfalzgraf Albert aus diesem Hause mit Tode abgieng. *m*) Wegen der Grafschaft Sommerseburg ließ sichs zu einiger Weitläuftigkeit an. Graf Dietrich zu Groitzsch, Dedonis Crassi Sohn, hatte von Kayser Friedrich I. die Anwartschaft darauf bekommen. Der unruhige Herzog Heinr.

muni. Jen. 1712. Leuffelds hist. Nachr. von der Pfalzstadt Alstedt in ej. Antiquitt. Kelbr. p. 215. seq. &c. v. M. Kreisigs hist. Bibliothek von Ober-Sachsen p. 166. seq.

i) ap. Mader. p. 207.

k) Sie hatten den Namen von dem vorlängst zerstörten Goßeck an der Sala, 1. Meile von Naumb. welches an. 1041. von dem dasigen Gr. und Pfalzgr. Frid. III. zu einem Benedictiner-Kloster gemacht worden, wovon das Chron. Gosec. bekannt. S. Melissantis Bergschl. P. I. p. 249. seq. Die Gräfl. Genealogie stehet völlig apud Mader. ante Chron. Mont. Ser. p. 47. ingl. indem angezogenen Entwurfe p. 39.

l) Sommerseb. ist iezo ebenfalls ein wüstes Schloß, 1 Meile von Helmst. und noch im Erzstift Magdeb. gelegen, welches Henr. Leo zerstöret hat. v. Meliss. l. c. p. 303.

m) vid. supra §. 10. Tab. II. Geneal.

von dem Rittergute Groitzsch.

Heinr. Leo wollte sie auch haben. *n*) Die eigentliche Erbin aber davon war die Aebtißin Adelheid, als des letztverstorbenen Graf Albrechts Schwester. Diese verkaufte selbige an den Erzbischoff Wichmann zu Magdeburg und zwar, wie der gelehrte Caspar Abel *o*) behauptet, mit der Bedingung, daß sie erwähntem Graf Dietrichen zu Groitzsch, als ihrer Muhme Mechthild jüngsten Sohne, (v. §. 10. Tab. II.) in Lehn gereicht würde, welches er auch bis an seinen anno 1207, erfolgten Tod behalten hat. So soll sich auch Herzog Henricus Leo mit dem Erzbischoff nach geendigtem Kriege verglichen haben. *p*) Zu einer desto mehrern Versicherung hatte Erzbischoff Wichmann auch schon anno 1184 die Bestätigung über Summerseburg, Seeburg und Jüterbock bey Pabst Lucio III. gesucht und erhalten. Es heißt hiervon in dem Diplomate vom 25. Oct. e. a. *q*) unter andern: „Castrum Seburg, quod cum reliqua hereditate prefate eccl. Magd. contulisti, eidem ecclesiæ auctoritate apostolica confirmamus — statuentes, vt *Sumerseborg* quoque cum appendiciis suis & *Juterbog* cum pertinentiis ejus, & predia, que predictæ eccl. studium & industria tue solicitudinis acquisiuit, firma sibi & illibata permaneant."

Sonst war dieser Erzbischoff ein Verwander des Marggräflich Meißnischen Hauses; denn seine Mutter Mechthild war Marggraf Timons Tochter, und Graf Dedonis, Sen. und Conradi M. Schwester. Graf Gero in Bayern aber war sein Vater, *r*) daher

---

n) v. C. H. Hornii Diss. de Com. Pal. Sax. it. M. Heinens Rochl. Chron. p. 111.

o) in den Anmerkungen zu Meiboms Walbeck. Chr. p. 61.

p) S. Entwurf p. 117. seq. 130. seq.

q) in Hn. von Dreyhaupts Saal-Kreiße T. I. p. 33. 725.

r) Chron. March. Misn. Struv. p. 657. „Tymo, genuit & filiam, nom. Mechthildem, quam Gero Comes de Bavaria acce-

her stund er auch bey Conrado M, in großem Ansehen. Er hielt zwar über gute Ordnung, war aber dabey ein weltprächtiger und habsüchtiger Prälate; daher heißt es in Chron. Mont. Ser. p. 58: „A. MCXCII. *Wicbmannus* Aep. Magdeb. obiit IIX. Kal. Sept. vir gloriæ fecularis appetitu detentus, quique in hac affequenda plurimum prosperatus eft in comprimendis adverfariis quibuslibet victoriofus quippe, qui & viribus potens & animo liberalis & ad longe dandum promtus erat, paci fuorum temporum præcipue ftudens." Und so gelung es ihm auch, daß er das schöne Gräfliche Sommerseburgische Erbe an sein Erzstift brachte.

§. 15.

Es ist also an dem, daß etwan einer von denen vermeynten und §. 12 angegebenen Besitzern unsers Groitzsches Graf zu Sommerseburg gewesen sey, nämlich erwähnter Graf Dietrich zu Groitzsch bey Pegau. Dieser mag auch wohl gemeynt seyn, wenn §. cit. angezeigte Schriftsteller vorgeben, daß sich von unserm Groitzsch auch Pfalzgrafen geschrieben hätten. Allein diese haben in dem falschen Wahne gestanden, daß weil Graf Dietrich das Schloß Sommerseburg noch bis an sein Ende gehabt, er auch die Pfalzgrafschaft mit empfangen hätte. Indessen findet man ihn Com. Palatinum genennt. s) Es ist auch zu glauben, daß er, als Graf von Sommerseburg, auf sothane Würde Prätension gemacht, auch solche bey

---

„ accepit uxorem, qui genuit ex ea Wicmannum, Rep. „ Magdeb. & Conradum fratrem mater." cf. Schötgen Conr. M. p. 6. 16. sq. & inpr. God. Hechtii Diff. de Rep. Wicmanno, ed. W. 1710.

s) e. gr. in Chron. vet. ap. Struv. l. c. p. 698. „ Inter Theo- „ dericum Com. de Grætz Palatinum & Theoderic. March. „ Misn. discordia exorta est &c." it. p. 699. „ Mortuo „ Com. Theoderico de Grætz Palatino.

bey dem Kayser gesucht, und von ihm darauf wohl gar einige Vertröstung erhalten habe, als selbige anno 1178 vacant worden, und Herzog Henr. Leo sich derselben auf gleiche Weise, wie der Grafschaft Sommerseburg angenommen hatte, *t*) welcher aber damals bey dem Kayser in Ungnaden war, und mit ihm Krieg führte. *u*)

§. 16.

In Betrachtung dieser Umstände glaube ich, daß etliche ältere und neuere Scribenten einigen Grund gehabt, wenn sie gedachten Graf Dietrichen *Palatinum* nennen, und wenn insonderheit der Verfasser des mehrmals angeführten Chron. Misn. *x*) schreibt: „Hic Theodericus *Marchio* (potius *Comes*) „primus fuit Com. Palat. & hæreditario jure (sc. „ut Comitum Somimerseb. hæres) fertur ab Imp. ab „hoc privilegiatus, ut infundat. *Gozzec. Monasterii* „scribitur. Et ex post Marchiones Misnenses sem„per ascripserunt sibi istum titulum utp. Marchio„nes Misn. & (simul) Comit. Palatini." Doch schreibt dieser Auctor hiervon nicht völlig zuverläßig, wie das Wort *fertur* anzeigt. Daraus hat der Uebersetzer *y*) eine völlige Gewißheit gemacht, wenn er meldet: „Dieser Graf Dietrich (welcher 1207 starb) war der „erste Pfalzgraf, und erhielt es bey dem Kayser mit „Siegel und Briefen, als ich gelesen habe zu Goßig „im Kloster. Darnach haben sich die Marggrafen „allweg geschrieben Marggrafen und Pfalzgrafen „von dem Schlosse Groitzsch oder Sommerseburg, „die noch heute wüste liegen." Allein dieser letztere Umstand

---

t) S. Entwurf p. 130. sq.

u) l. c. p. 132. cf. Chron. Mont. Ser. Mad. ad a. 1177. seq. p. 42. seq.

x) ap. Struv. p. 960.

y) in der von Reineccio ed. alten Meißn. Chron. p. 13.

Umstand hat vollends keinen Grund, da die pfalzgräfliche Würde nicht eben auf Groitzsch haftete, und Sommerseburg in Magdeburgischen Händen war. Von den neuern führe ich hier noch davon *Meibomii* Worte an: *z)* „Theodoricus — abdicata Præpoli„tura in templo primario Magdeb. *Palatinus Sax.* „& Summerseburgi salutari voluit, sine re tamen." Zum wenigsten konnte Graf Dietrich bey der pfalzgräflichen Würde nicht zu seinem völligen Zwecke gelangen. Denn ob er wohl sich dabey alle Mühe gab, auch bey dem Kayser wohl gar darzu schriftliche Versicherung erhielt, wie gedachte Scribenten anzeigen, so konnte er doch bey dem damaligen Kriege mit Herzog Henr. Leone, nicht zur Possess gelangen, und seine Prätension ausführen. Fragt man, warum denn nicht sein Vater, Graf Dedo Crassus, der bis anno 1190 gelebt, solche Würde gesucht? so antworte ich: Er war nicht Graf zu Sommerseburg, wie der Sohn. Und hiernächst kann er auch sein Recht hierauf dem Sohne abgetreten haben. Aber wer weis alle Umstände? Gnug: so viel ist gewiß, daß solche Pfalzgrafschaft anno 1180, nachdem Herzog Henr. Leo zu Würzburg in die Acht erkläret worden, *a*) an Landgraf Lud. Pium in Thüringen, *b*) und von ihm mit dessen Genehmhaltung anno 1182 an seinen Bruder, Land=

---

z) in Chron. Marienthal. p. 253.

a) Chron. Mont. S. ad 1180. p. 43. „ Imp. (Frid. I.) in
„ octava Epiph. Herbipoli curiam celebrauit, ad quam
„ Henricus tertio vocatus venire renuit: quamobrem ex
„ sententia omnium principum reus majestatis damnatus
„ est, omnisque ei hæreditaria proprietas & beneficiaria
„ possessio abiudicata est. "

b) l. c. p. 45. Lud. Lgrav. Thur. Comes Palat. effectus est, &
„ quidem, vt addit Chron. Bigaug. (Pegav.) p. 264. " loco
Adelberti de Sommerseb. qui sine hærede obiit.

von dem Rittergute Groitzsch.

Landgraf [Hermannum, c) gekommen. Diese beyde Herren hatten sich sonderlich wider den damaligen Friedensstörer Henr. Leonem, tapfer brauchen lassen. Daher wollte sie der Kayser vermuthlich mit Ertheilung gedachter Würde belohnen, und unser Graf Dietrich mußte Das Nachsehen haben. Es kam aber solche hernach mit der Zeit an Marggraf Henricum illustr. anno 1247, und also an Das hohe Marggräflich Meißnische Haus. d)

§. 17.

Mithin findet sich gar kein gewisser Pfalzgraf, der das Groitzsch bey Eilenburg besessen hat. Wollte man auch die beyden Grafen Dedonem, Crassum, und Theodericum, dessen Sohn, die sich einiges Recht zu solcher Würde angemaßt, also nennen, so sind sie doch nicht zum Besitz gelanget. Und hiernächst waren diese zwar Grafen zu Groitzsch bey Pegau, auch Grafen zu Eilenburg, aber nicht Besitzer von unserm Groitzsch; denn dieses gehörte seit anno 1184 Marggraf Dietrichs Neben-Gemahlin, Cunigundæ, und ihrem Sohne, dem Bischoffe zu Merseburg, wie gedacht. cf. §. 21. seq. Man siehet daraus, daß Monachus Pirn. Albinus und andere auch hierbey der Welt eine falsche Nachricht aufgebürdet haben, wenn sie Pfalzgrafen und auch Grafen von Sommerseburg in unser Groitzsch einlogiret haben. Daher rührt es auch vermuthlich, wenn sich Albinus solches Groitzsch als ein Schloß vorgestellet, auf welchem etwan seiner Meynung

---

c) Chron. Sanpetr. Erf. ad ann. 1182. T. III. Menck. „Erfurti „Herm. frater Ludovici, Provincialis Comitis, Palatinus „Sax. constituitur, germano ipsius eodem principatu ultro „se abdicante."

d) Siehe ein mehrers von allem diesen in dem belobten Entwurfe p. 133. seq. cf. C. Sagittar. l. c. §. 34. 35. Albini Meißn. Chron. Tit. XV. p. 388. seq. Tit. XVI. p. 433. seq.

VII. Abhandlung

Meynungsnach vorgedachte Grafen Hof gehalten; allein er hat auch hier dieses mit jenem Groitzsch bey Pegau vermenget, als welches jenem Grafen erb- und eigenthümlich zuständig war. Indessen kann etwan einmal auch auf solchem unsern Groitzsch von einem andern ehemaligen gräflichen Besitzer ein schloßmäsiges Gebäude, als ein Lustschloß, aufgeführet werden seyn. Nur findet man davon weiter nichts, als bey Albino, angemerket. Ich will mich itzt aber hierbey noch ein wenig verweilen, auch bey solcher Gelegenheit einige Schlösser in hiesiger Landsgegend berühren.

§. 18.

Es nennt nämlich Albinus unser Groitzsch l. c. §. 13. ausdrücklich ein Schloß, das aber nun wüste sey. Es ist auch in hiesiger Gegend bis auf unsere Zeiten die Tradition geblieben, daß vor alten Zeiten hier ein ansehnlich Schloß gestanden habe. Man weis und zeigt hiervon noch sogar einige Ruinen ohnweit dem adelichen Hofe auf einer Höhe als Ueberbleibsale. Nun sind zwar solche alte Traditiones und Denkmaale nicht allemal zu verwerfen; vielmals aber sind solche auch auf einen falschen Grund gebauet. Dergleichen kann hier Albini Stelle seyn. Ich selber hatte, auf dieses historischen Schriftstellers Credit, ehedem in einer gewissen Schrift e) erwähntes Groitzsch auch ein seit undenklichen Jahren berühmtes Schloß genennet; allein ein paar historische freundschaftliche Critici zogen mich darüber zur Rechenschaft, und forderten deshalben von mir einen ältern und gewissern Beweis, als aus Albino. Den aber mußte ich ihnen damals schuldig bleiben. Es ist auch bis itzo mir und andern, die ich hierbey zu Hülfe rüste, keine ältere Stelle vorgekommen, wo unser Groitzsch ausdrücklich

e) in den Dresd. gel. Anzeigen 1751. n. 35. p. 310.

von dem Rittergute Groitzsch

sich Castrum genennet stehet, da doch sonst dergleichen Schlösser in hiesiger Gegend nicht unangezeigt geblieben sind, als z. E. die Schlösser Taucha und Pichen, auch in neuern Zeiten Brandis und Döben bey Gimma. Denn so wird bey der Unruhe zu Leipzig Taucha um anno 1220 als ein Schloß mit bemerkt *f*) Zu Pichen war ehedem auch ein ansehnlich Burgward mit einem ziemlichen Gerichts=Revier, schon um anno 1017. *g*) Daher wird es auch in ältern Zeiten bey Ditmaro eine Stadt genennet. *h*) So wird auch Brandis nebst Dewin (Döben) mit unter denen Schlössern angezeigt, welche bey der Landes=Theilung anno 1410 Marggraf Friderico Bellicoso zugefallen sind. *i*) Allein von unserm Groitzsch hat sich dergleichen nicht gefunden, so aufmerksam auch fleißige

f) Chron. Misn. Struv. p. 704. „Ministeriales iique rebelles „sese opposuerunt Marchioni Theod. trahentes in sui au„xilium Æp. Magdeb. qui forti manu terram Marchio„nis intrans ædificavit castrum Tuch prope Lipzick &c. Man hat auch zu Taucha noch eine Tradition, daß auf dem vor der Stadt liegenden sogenannten Gewinneberge vor Alters ein Schloß gestanden habe. Nun findet man unter denen anno 1430 von den Hußiten zerstörten Städten nebst Bischoffswerda, Radeburg, Roßwein, Stolpen, Wurzen und andere auch Glos Wyn. v. Chron. Magdeb. T. II. Meibomii p. 855. Hiervon hat der so genannte Gewinneberg den Namen behalten, weil erwähntes Schloß auf dasiger Höhe gestanden haben mag. Denn was man sonst zu Taucha von dem Ursprunge dieses Bergnamens glaubt, kann man sicher für ungegründet achten.

g) S. Obersächß. Nachl. P. VII. n. II. bey den Sächß. Burgwarden p. 398.

h) nämlich um anno 930. 981. S. Schötg. Wurzn. Hist. p. 44. 51. & inpr. 719. sq. Der alte Name war Bigni. Daher wird es billig Bichen oder Pichen geschrieben.

i) So wird z. E. in einem Dipl. de a. 965. in Sagittarii Antiquitt. Magdeb. §. 78. munitio vel Burgwardium urbis Sputineburg angezeigt.

Forscher der ältern Sächsischen Historie, und besonders die beyden mit mir bekannten wackere Männer, der sel. Schörgen und Kreißig, darauf gewesen sind, wie denn vornämlich der letztere mit Auf= und Untersuchung alter Meißnischer und anderer Schlösser sich sehr viele Mühe gegeben hat, wovon sich die handschriftliche Sammlung an dem vornehmen Orte, wohin seine Bibliothek zu kommen die Ehre gehabt, noch befinden, aber wohl auch verborgen und mit ihm begraben bleiben wird.

§. 19.

Man hat aber auch bey den ehemaligen Land=Schlössern den Unterscheid zu bemerken, daß einige als Castra, welche bevestigt waren, andere aber nur als Lust=Schlösser, die dergleichen Bevestigung nicht hatten, anzusehen gewesen. Denn Castrum, dergleichen das zu Groitzsch bey Pegau, und auch zu Eilenburg war, hieß in medio ævo ein Burgward mit Vestungswerken, wo zugleich sich ein sedes judicialis befand, zu welchem mehrere Dörfer gehörten, die daselbst vor Gerichte erscheinen mußten. k) Es waren daher auf einem solchen Castro oder Burgward nicht nur Kriegs= sondern auch Civil= und Gerichts=Bediente. Es entstunden endlich auch aus solchen Burgwarden die nachherigen und noch itzt sogenannten Aemter und Gerichtsstäte. So sind auch noch zu Taucha, Pichen, Brandis und Döben Gerichts=Directoria, wiewohl das zu Taucha itzt und seit langer Zeit von Leipzig aus bestellet wird. Nun sind dergleichen Gerichte zwar auch in unserm Groitzsch, aber nur seit der Zeit, als daselbst ein Rittergut errichtet

---

k) Darum heißt es in einem andern Dipl. de a. 969. ib. §. 93 & alibi „cum omnibus pertinentiis & villis, quæ Burgwardt appellantur." S. Obersächs. Nachl. P. VII. p. 379 sq.

von dem Rittergute Groitzsch.

richtet worden. S. §. 32. Vor ältern Zeiten aber gehörten die itzt da hin verlegten Dörfer, Weltewitz, Gostemitz, Wölpern, und andere, ja auch Groitzsch selber, ehe es an den Bischoff in Merseburg und ans Kloster Petersberg kam, zum Schlosse und Burgward Eilenburg, wie §. 8. schon gezeigt worden. In Betrachtung dessen kann man sich auch hier kein dergleichen Schloß vorstellen.

§. 20.

Doch giebt der wendische Name Groitzsch, da es so viel heißt als ein kleines Schloß, einige Wahrscheinlichkeit an die Hand, daß etwan noch die Wenden hier an der Mulda zuerst ein kleines Werk erbauet und es nach ihrer Art bevestiget haben, um daselbst im Falle der Noth einige Sicherheit zu haben, obwohl dieses Wort sonst noch eine andere Herleitung und Bedeutung leidet. (S. §. 2.) So waren auch zur Zeit König Heinrich IV. viele dergleichen Schlösser in Sachsen erbauet worden, sonderlich auf den Bergen, die zu einer sichern Verwahrung dienen sollten, die aber sehr mißbraucht wurden, und billig den Namen der Raub-Schlösser verdienten; daher sie auch mit der Zeit zerstöret wurden. *l*)

Man hatte aber vor Zeiten auch anmuthige Lust-Schlösser, die zugleich mit einiger Verwahrung versehen

---

l) Fasti Corbei. in Harenbergi Monum. Hist. Fasc. I. p. 11. „ A. 1069. Rex Henr. IV. quædam Castella in Saxoniæ finibus posuit." Chron. Alberici Contin. T. II. Access. Leibnit. ad A. 1072. p. 115. „ Eo tempore Saxones „ manifeste regi rebellant, castellaque & munitiones, quas „ ibidem fecerat, dissipant." Chronogr. Sax. ad a. 1073. T. I. Leibn. p. 260. „ Saxones castella regis, quæ du„ dum ædificaverat, diruunt inpr. Hartesburg, ibique „ claustrum Canonicorum, multa furentes, deiiciunt &c." Lamb. Schaffnab. ad e. a. eiusmodi Castra etiam nominat, Wigantstein, Moseburg, Sassenstein, Spatenberg, Heimenb. & Assenb.

sehen waren. Dergleichen mochte etwa das §. 18. Not. *f*) bemerkte Schloß Wyn bey Taucha gewesen seyn. Soll nun Albini Zeugniß noch etwas gelten, und auch die da her entstandene Tradition nicht gar vergeblich seyn, so kann man sich vorstellen, wie gedacht, daß etwa vor alten Zeiten ein Eilenburgischer Graf, als Besitzer dieses Prædii, ein solches Lust-Schloß da hin gebauet habe, welches noch vor anno 1184 verwüstet worden seyn müsse; denn zu solcher Zeit hieß das hiesige Werk nur Possessio quædam Marchionis, ohne daß ein Schloß erwähnet wird. Nachher kam es an den Bischoff und an ein Kloster, welches hier einen Hof erbauete, wie bald bewiesen werden soll. Sollte dieser nicht, wie viele andre Oerter um Eilenburg, von den Hußiten verwüstet worden seyn, daß davon die noch kennbaren Ruinen herrühren könnten? Denn wollte man sagen, daß etwan einer von den erstern adelichen Besitzern hier ein Schloß aufgeführet habe, so ist Albinus selber darwider; denn er lebte um anno 1560, und gab anno 1580 seine Meißnische Chronik zuerst in Druck. In derselben bezeugt er, daß das angegebene Schloß schon damals wüste gelegen; mithin muß sich diese Tradition auf ältere Zeiten erstrecken. Mit einem Worte, es bleibt ungewiß. Ich will lieber etwas Gewisses melden, und zuförderst die eigentlichen Besitzer von unserm Groitzsch um anno 1160 und in folgenden Zeiten angeben, die zum Theil auch schon Mon. Pirn. Albinus und andere richtig bemerkt haben. S. S. 8. 12. auch S. 11. T. III.

§. 21.

Nach Marggrafs Conradi M. Tode fiel die Grafschaft Eilenburg, und mithin auch das darzu gehörige Gut Groitzsch, an dessen andern Sohn, Marggraf Dietrichen, in Lausitz, der ein sehr heroischer Fürst war, und unter andern das Schloß Landsberg erbauet,

sich

von dem Rittergute Groitzsch.

ſich auch davon geſchrieben hat. Er ſorgte auch noch vor ſeinem anno 1184 erfolgten Tode für unſer Groitzſch; denn er beſchied es ſeiner After-Gemahlin, Cunigund. und zugleich ihrem Sohne, dem mehr erwähnten Biſchoff Dietrichen zu Merſeburg, als poſſeſſionem proprietatis ſuæ. Hiervon geben nun die ältern Geſchichtſchreiber, und beſonders Conrad Lauterbergenſis, *m*) folgenden Bericht: „ *Tidericus*, „ (Theodericus) Marchio, (Orientalis Luſ.) *n*) „ frater Dedonis, *poſſeſſionem quandam ſuæ proprieta-* „ *tis, Groitz,* (Grutz nomine) ſuper Mildam (pro- „ pe Yleburg) *Cunegundi* Comitis ſuæ (quam ſuper- „ induxerat) & *Tiderico* (Theoderico) filio ejus, „ Merſeb. Ep. dedit, quam diu viveret (viverent) „ poſſidendam" &c. Albinus ſchreibt hiervon, daß „ Marggraf Dietrich auf dieſem Greutzſch ſein an- „ der Gemahl Cunig. beleibdinget, und in ſeines Soh- „ nes, Biſchoff Dietrichs zu Merſeburg, Schutz be- „ fohlen habe;" ohne aber zu erwähnen, daß der Biſchoff auch zugleich Beſitzer davon ſeyn ſollte. Ich will daher dieſe und andre hieher gehörigen Umſtände, beſonders aus dem belobten Petersb. Zeitbuche, anbey noch bemerken und erläutern.

§. 22.

Erwähnter Marggraf Dietrich erlebte anno 1175 das Unglück, daß ſein Sohn erſter Ehe und einzige männliche Erbe, Graf Conrad, bey einem Turnier zu Wien erſtochen wurde, und auch nicht ſogleich ein ehr-

---

m) in Chron. Mont. Ser. ad an. 1190. Ed. Maderi p. 57.
n) ut additur in Chr. March. Miſn. Struv. l. c. p. 693. daraus iſt auch, was bey dieſer Erzählung in parentheſi ſtehet. cf. M. Simons Eilenb. Chron. p. 511. not. *i*. wo er eben dieſe Stelle aus der alten Meißn. Chronick (ed. 2 Reineccio) anführet. Die hierinnen gemachten dubia werden aus gegenwärtiger Nachricht können gehoben und aufgelöſet werden.

ehrliches Begräbniß finden konnte. Denn weil bey dergleichen Ritterspielen bisher vieler verunglückt waren, so hatte der Erzbischoff Wichmann alle solche Wagehälse in den Bann gethan; mithin wurde auch dem entleibten Prinzen das ordentliche Begräbniß nicht erlaubt, *o*) bis sich noch endlich der Erzbischoff nach vieler Mühe gewinnen ließ, daß er ihm solches im folgenden Jahre den 18. Jan. auf dem Petersberge im Vorhofe der Kloster=Kirche verstattete. Es mußte aber auch der Vater dem Kloster 10 Hufen in Marggräfendorf zu Seel=Messen für diesen Prinzen opfern und vermachen. *p*) Hierauf entstund auch zwischen dem Marggrafen ein solcher Unwille gegen seine erstere Gemahlin, daß er sie verstieß, und sich die verwittwete Gräfin Cunig. von Plosigk beylegte, mit welcher er auch den einzigen Sohn gleichen Namens gezeugt, der anno 1200 Bischoff zu Merseburg worden. Hiervon heißt es in cit. Chron. March. Misn. *q*) „Theo-
„dericus Marchio, hoc dulci pignore (Conrado fi-
„lio) privatus dudum post separatus fuit cum (ab)
„uxore suo Dobergena (quæ & Lucardis vocaba-
„tur *r*) vivente ea, aliam superinduxerat, re-
„lictam

o) Chron. Mont. Ser. ad an. 1175. ap. Mad. p. 40. „Tum
„idem pestifer ludus in partibus nostris ita inoleverat,
„ut infra unum annum XVI. in eo milites referantur pe-
„riisse; pro qua re Wichmannus Æp. omnes eos fre-
„quentatores excommunicationis vinculo innoda-
„vit. Compertaque præfati Comitis Conr. morte —
„missis nunciis cum a sepultura præcepit ecclesiastica sepa-
„rari." cf. cit. Chron. Struv. p. 685. sq.

p) l. c. p. 41. „Sepultus est Conr. in Ser. monte XV. Kal.
„Febr. ante introitum Ecclesiæ maj. occidentalem —
„Obtulit a. Tidericus Marchio pro anima filii sui B. Pe-
„tro X. mansos in villa, quæ Marcgrevendorp dicitur. Von
seinen übrigen Vermächtnissen S. unten §. 29.

q) ap. Struv. p. 687.
r) cf. Chron. Mont. Ser. p. 49.

„lictam *Bernhardi*, Comitis de *Plofickе*, viduam, *s*)
„ex qua genuit *Theodericum*, Merseb. Ep." Weil
nun dieser billig als ein unächter Sohn anzusehen war,
so fand er einige Schwierigkeit bey solcher geistlichen
Würde. Er reisete aber anno 1201 mit dem Probst
Walter auf dem Petersberge und mit Marggraf *Conrado*,
Königs *Philippi* Abgesandten, zum Pabst *Innocentio*
nach Rom, und erhielt von ihm auf Fürbitte
des Marggrafens die Legitimation, der auch befahl,
daß ihn der Bischoff zu Hildesheim ordiniren sollte,
weil damals der Erzbischoff Ludolf zu Magdeburg,
dem eigentlich diese Amtsverrichtung gehörte, als ein
Favorite des Kaysers *Philippi* zu Rom nicht in Gnaden war. *t*) Damals mochte auch der Handel mit
unserm Groitzsch in Vorschlag gekommen seyn.

§. 23.

Die weite Reise nach Rom hatte dem Bischoff vieles
Geld gekostet. Der Probst hatte sich daselbst vermuthlich
auch der Angelegenheit desselben angenommen,
und verlangte dafür einige Gefälligkeit. Daher
mußte Groitzsch fort, da zumal auch damals des Bischoffs
Mutter nicht mehr am Leben seyn mochte, als
welche daran vermöge des Marggräflichen Vermächtnisses
auch Theil gehabt. Der Handel kam um anno 1203

---

s) cf. M. Thorschmidii Antiquitates Plocenſ. ed. Lipſ. 1725.
t) Chr. Mont. Scr. ad h. a. p. 79. sq. „Waltherus Scr. Montis
„Præpoſ. cum Conrado March. qui pro Phil. Rege apud
„Innoc. Papam legatione functus eſt, Romam profectus
„magnamque ſummi Pontificis gratiam conſecutus eſt
„— Eius Romana protectionis ſocius Tidericus Merſeb.
„Ep. electus, qui pro eo, quod non erat de legitimo matrimonio
„natus, non videbatur ſine licentia ſummi Pontificis
„poſſe promoveri. Sed interventu Conradi March.
„Papa eum legitimavit, & ut conſecrationem ab Ep. Hildenesheim
„acciperet, præcepit, quia Lud. Magd. Æp. pro
„favore Philippi Regis gratiam ſedis apoſtolicæ non habeat."
cf. Tenzelii Biblioth. T. I. p. 1114.

1203 zu Stande. Der Bischoff verkaufte solches Gut an gedachten Probst Walther, und an dessen Kloster auf dem Petersberge, wie solches umständlich in denen beyden genannten Chronicis beschrieben wird. *u*) Es setzte aber auch bey solchem Handel einige Schwierigkeit. Denn Marggraf Dietrich hatte solches Gut zwar seiner Cunigundi und ihrem Sohne, dem Bischoffe, auf Lebenszeit zum Besitze eingeräumet, nicht aber, daß sie es verkaufen und veralieniren durften, sondern daß solches nach ihrer beyder Ableben auf die nächsten Erben fallen sollte. Als nun gedachter Marggraf anno 1184 Todes verblichen war, so hatten sich dessen beyde Brüder, Marggraf Otto Dives, und Graf Dedo zu Rochlitz, in seine Verlassenschaft getheilet, wobey Graf Dedo Stadt und Schloß Eilenburg, und mithin auch die Anwartschaft auf das sonst darzu gehörige Groitzsch, welches zu seiner Zeit erwähnter Bischoff besaß, erhalten. Dieses Erbschafts-Recht fiel nach Graf Dedons anno 1190 erfolgten Tode auf seine beyden Söhne, Marggraf Conrad Jun. in Lausitz, und den oben erwähnten Graf Dietrich zu Sommerseburg. *x*) (S. §. 8. und Tab. III. §: 11.) Daher mußten diese beyde Herren bey solchem fürgenommenen Handel befriediget, und das ihnen darüber zuständige Jus proprietatis erkauft werden.

§. 24.

Dafür sollte der Probst an sie LX Mark zahlen, so daß einer von ihnen 30 Mark bekäme. Es wurde dabey 1 Hufe zu 10 Mark gerechnet, und so muß damals

u) Chr. M. S. p. 57. „Tempore proced. Waltherus possessio-
„ nem memoratam a Tid. Ep. emit &c." Mithin hat
nicht Conr. M. schon unser Groitzsch mit an das Kloster
vermacht, wie es in der Eilenb. Chr. p. 511. heißt. Doch
wird dergleichen daselbst von Conr. jun. vermuthet.
x) Chron. Mont. Ser. l. c.

mals das Gut an und für sich selber aus 6 Hufen bestanden haben. Man findet aber [anderwärts in hoc *Chron. Mont. Ser.* y) daß itztgedachter Probst IX Hufen in villa Groiz ans Kloster gebracht habe, z) weil nämlich damals sich daselbst noch 2 Bauergüter befunden haben mochten, a) die ebenfalls darzu verkauft worden. Es betrug aber zu der Zeit 1 Mark kaum 8 Thaler, mithin machte solche Erbabkaufs-Summa ohngefähr 480 Thaler aus. Es erließ aber an solcher ein ieglicher von denen beyden gütigen Herren noch 10 Mark um ihrer beyden Eltern (Seelen Seligkeit) willen, so daß 2 Hufen auf diese geschrieben werden sollten. b) Mithin sollten einem ieden noch 20 Mark bezahlt werden. Allein Marggraf Conrad schenkte mit der Zeit dem Probste, der sich mit der Zahlung nicht übereilt haben mochte, propter Deum, auch diese 20 Mark. Dargegen war Graf Dietrich nicht so freygebig, sondern nahm seine 20 Mark in Empfang, und gedachte wohl dabey, man müsse nicht alles an die Klöster und dasige müßige Kostgänger wenden und verschwenden. Man war aber auch im Kloster deshalber mit ihm nicht zufrieden, denn man schrieb: „ Conr. Marchio etiam reliquas XX marcas „ sibi promissas relaxavit, *cuius tamen factum laudabile frater imitatus non est.*" Indessen konnte man

sich

y) ad ann. 1205. p. 76.
z) l. c. p. 49. ad a. 1184. adpellatur Groiz villa cf. infra §. 29.
a) So wird auch in der Eilenb. Chron. p. 241. in Groizsch
  1. Pferdner und 1. Gärtner-Gut in alten Zeiten bemerket.
b) l. c. p. 57. „ Jus proprietatis a March. & Comite fratribus
  „ pro LX marcis comparavit (Waltherus) XIII marcis
  „ singulis eorum deputatis; quorum tamen uterque X
  „ marcas suæ partis remisit, ut duo mansi possessionis ejus,
  „ dem pro parte & jure vel potius (ut legitur in Chron.
  „ vet. Struv. p. 694.) pro patre & matre ipsorum ascribe„ rentur, quia singuli mansorum illorum X marcis con„ stabant."

252   *VII. Abhandlung*

sich daselbst auch nicht mit Recht wegen einer Ueberteurung beschweren, denn das Qvantum solches Kauf-Geldes, das für ein so ansehnliches Gut wirklich bezahlet werden mußte, betrug etwan 160 Thaler.

§. 25.

Was aber hierbey der Bischoff, als Verkäufer, bekommen und gewonnen, solches wird nicht gemeldet. Vielleicht hat er gar seinen Antheil pro remedio animæ dem Kloster geschenket, als ein sonst milder Prälate, wie man ihn rühmt, da er zumal des Probsts Gunst zu Rom genossen, auch in selbiges Kloster begraben worden, als er anno 1215 den 12. Octobr. c) nicht aber schon anno 1184. wie *Brotuff* schreibt, d) die Welt verlassen. Er hatte also die Ehre, daselbst bey Marggraf Conrado M. dem Stifter selbigen Klosters, als seinem Großvater, wie auch andern hohen Vorfahren e) zu ruhen. *Brotuff* setzt ihm dieses elogium: „Er hat der Kirchen Güter gemehret und ge-
„ bessert, nichts davon alieniret, ist eines keuschen, züch-
„ tigen Lebens gewest, gütig, milde, wohl beredt, ein
„ Liebhaber seiner Unterthanen, hat auch iedermann
„ gerne und mit Fleiß Rechts gepflegt." Groitzsch aber genoß seine bischöffliche Gunst nicht lange.

§. 26.

---

c) Chr. mont. Ser. ad h. a. p. 109. „Tidericus Ep. Merseb. „mortuus est IV. Idus Oct." Von seinem Begräbniß auf dem Petersberge findet man hier nichts, wohl aber sonst noch eines und das andere von ihm, und besonders, daß er sich daselbst bey verschiedenen Gelegenheiten finden lassen.

d) in der Merseb. Chron. L. II. c. 26.

e) Das Verzeichniß der ältesten hier begrabenen Herren findet man in Albini Meißn. Chr. Ed. in 4. p. 584. und darunter auch B. Dietr. dessen Sterbetag aber fälschlich der 4. Oct. genennet wird; auch sonderlich in Herrn Geh. R. von Dreyhaupt Saal-Kreiße T. II. bey Beschr. des Petersberges, p. 866.

§. 26.

So war auch der Probſt Walther ſchon anno 1205. den 31. Aug. Todes verblichen, f) und hatte alſo kaum ein paar Jahr den Seegen von dem erkauften Groitzſch mit genoſſen. Es war derſelbe anfänglich Canonicus im Petersberger Kloſter, und darauf des vorigen Probſtes Eckhardi daſelbſt Vicarius geweſen. Er hatte ſich in ſolchem Amte bey weltlichen und geiſtlichen Standesperſonen ſo beliebt gemacht, daß es bey der anno 1192 vorgefallenen Vacanz von ihm geheißen hat, Freund, rücke hinauf, oder wie man ſchreibt: g) „Quia à puero ab anteceſſo„re regulariter enutritus, bonis pollebat moribus „— tum etiam, quia in annis prioribus, cum in de„fectu eſſet Præpoſitus *Ekkehardus*, ipſe ejus *Vica*„*rius*, ſtrenue exteriora adminiſtrans, univerſis pro„vincialibus, præcipueque principibus, notus & ac„ceptus erat; unde quia in minori ſtrenuus & fi„delis apparuerat, etiam in majori futurus ſi„milis ſperabatur." Beſonders hatte er anno 1101 bey damaliger §. 22. erwähnter Anweſenheit zu Rom bey dem Pabſt Innocentio viele Gunſt gefunden, auch für ſeine Kloſterbrüder verſchiedene Freyheiten, und beſonders dieſe erhalten, daß ſie an gewiſſen Tagen Fleiſch eſſen durften. h) Anno 1205 hatte er dem prächtigen Beylager Marggraf Albrechts zu Brandenburg mit der Prinzeßin Mechthild, Marggraf Conrads in Lauſitz Tochter, i) auf dem Schloſſe Groitzſch bey Pegau beygewohnet, welches Graf Dietrich von Sommerſeburg mit vielen Unkoſten

---

f) Chr. Mont. Scr. ad h. a. p. 76. ſeq. Mortuus eſt II. Kal. Sept. „Sedit annis XII. menſibus VII. diebus V. ſepul„tusque eſt in dextera anteceſſoris ſui a Tiderico Mer„ſeb. Ep."

g) l. c. p. 61.

h) vid. Dipl. ej. P. R. ſub dat. Lat. XI. Kal. Apr. ib. p. 70. ſq.

i) v. §. 11. Tab. III.

sten daselbst ausgerichtet. *k*) Es war ihm aber diese Ehre und Freude so übel bekommen, daß er nach seiner Rückkunft ins Kloster alsobald erkranket, und nicht lange darauf verschieden. Den letzten Ehrendienst erzeigte ihm der vorgenannte Bischoff Dietrich zu Merseburg bey seinem Begräbniß.

§. 27.

Man schreibt ihm zum Ruhme nach, daß er im Kloster gute Ordnung gehalten. Doch heißt es auch, *l*) daß er der verfallenen Klosterzucht noch besser hätte aufhelfen können, wo er daran nicht durch seine und anderer besonders Marggraf Conrads, weltlichen Geschäfte und Angelegenheiten, die er mit großem Fleiß getrieben, wäre gehindert worden. Er hatte auch mit den Klostergütern wohl gewirthschaftet, und darzu noch manches schönes Stück käuflich gebracht, als 3 Hufen in Rockere (Röckern im Amte Delitsch und Landsberg *m*) 9 Hufen (wie §. 23. gedacht) in unserm Groitzsch, 5 Hufen zu Othmarsdorff, 7 Hufen zu Kobershagen (Robershayn bey Torgau) und 1 Mühle in Torgau ꝛc. *n*) Hiernächst hatte er auch das hiesige Groitzsch nebst Lubacisdorff gebauet,

k) Chr. M. S. p. 76. „ Cujus nuptias Tidericus Com. de „ Summerschenb. in castro Groitz cum magna gloria & „ expensarum copia celebravit. His nuptiis Waltherus, „ S. M. Præpos. a Conrado March. vocatus interfuit &c.
l) l. c. p. 77. „ Poterat ejus industria, religionis ruina ma-„ xima ex parte restaurata fuisse, si non eum & sua & „ aliorum negotia, & maxime Conradi March. Or. cuius „ rebus promouendis valde erat deditus, retardassent.
m) Zu Röckern hatte schon Probst Eckhard einige Zinsen von Marggr. Dedone in Lausitz erkauft, nachdem es dieser vom Kloster Pegau an sich gebracht und wieder eingelöset. v. l. c. ad annum 1185. p. 50. Dieser Handel mochte bey Pr. Walthers Zeiten vollends zu Stande gekommen seyn.
n) l. c. p. 77.

bauet, auch auf diesem Gute in die 150 Stück Rindvieh gehalten, wovon das Kloster einen großen Nutzen gezogen. o) Man darf sich aber hierbey keinen prächtigen Bau vorstellen, denn die Klöster baueten nach der Menage. Es mochte also der Probst die dasigen schlechten Gebäude nur in einen bessern Stand gesetzet haben. Man findet nach der Zeit auch hier, wie in dem Groiß bey Zörbig, nur einen Klosterhof p) Das hierbey genannte Lubacisdorf ist das Dörfgen Löbisdorf bey Zörbig, das zum Theil auch noch in das Amt Petersberg gehört. q) Es liegt nicht weit von dem itztgedachten Groiß, und dem kleinen Dorfe Löberitz. (S. §. 1.) Und dieses scheint das Lubarisdorf zu seyn, welches bereits der Probst Eckhard für 100 Mark, die Marggraf Otto Dives darzu geschenkt, aus Kloster gebracht hatte. r) Das Groiß, was der Probst Walther gebauet hat, ist nicht das itzt erwähnte bey Zörbig, denn dieses erhandelte erst um anno 1208 dessen Amtsfolger, der Probst Rudolphus, (cf. §. 1. sondern unstreitig das Eilenburgische. Indessen ersiehet man aus den itzt angeführten Oertern, daß die ehemaligen nahrhaften Klosterbrüder in denen Gegenden, wo sie sich einmal eingenistet hatten, immer weiter um sich zu greifen gewust haben.

§. 28.

Bey denen übrigen Pröbsten auf dem Petersberge will ich mich hier nicht aufhalten, da zumal bey ihnen

im

---

o) l. c. p. 77. „Allodia etiam Groiz & Lubacisdorp ædifica-
„vit, in quorum altero multitudinem armentorum, quo-
„rum usu commodum magnum fratribus præstavit. Et-
„iam vineam in Podegr. &c.

p) v. ill. Dreyhaupt l. c. T. II. p. 903.

q) v. Dietm. l. c. P. II. p. 627.

r) v. Chr. Mont. Scr. ad annum 1189. p. 55. it. ad annum 1211. p. 95.

im Chron. Mont. Ser. und sonsten *s*) nichts weiter von unserm Groitzsch angemerket worden, als daß solches bey dem Kloster bis auf die heilwärtige Reformation geblieben, und aus solchem hauswirthschaftlich bestellt worden sey. Es wurde solches Kloster auch anno 1540 selber gänzlich aufgehoben, und von Herzog Heinrich dem Frommen zu Sachsen secularisiret, und in ein weltliches Amt verwandelt, *t*) nachdem die dasige Wirthschaft und auch das klösterliche Regiment zu Groitzsch schon anno 1538 zur Endschaft gekommen war. Denn hiervon findet man diese Nachricht: *u*) „Hans von Canitz, Hofmeister zu Groitzsch bey Ei„lenburg um anno 1526, hat endlich nach der Refor„mation anno 1538 die Verwaltung des Klosters „niedergelegt, und ist von Herzog Georgens zu „Sachsen verordneten Commissariis, wegen seiner Ab„findung und Unterhalts, ein Vergleich mit ihm ge„troffen worden." Es war nämlich dieser Hans von Canitz von dem Probste gleiches Namens, der sich um anno 1504 — 1522 hier findet, *x*) als einem seiner Anverwandten, zum klösterlichen Hofmeister und Wirthschafts=Verwalter verordnet worden. Er heißt aber Hofmeister zu Groitzsch, weil er daselbst seinen ordentlichen Aufenthalt mochte gehabt haben. Beyde gehörten zu dem Hochadelichen Hause von Canitz in Thallwitz. *y*) Es wird auch des Hofmeisters insonderheit in denen dasigen Lehnbriefen gedacht; denn als anno 1519 Balthasar und Asmus von Canitz Thallwitz in Lehn und Würden empfiengen, waren
ihre

---

s) Einige Nachricht von solchen Pröbsten findet man in dem belobten Saal=Kreiße des Herrn von Dreyhaupt T. II.
t) l. c. p. 867.
u) in Val. Königs Adels=Historie T. II. p. 304. cf. Unsch. Nachr. 1715. p. 960.
x) v. ill. Dreyhaupt. l. c. p. 866.
y) Von diesen werden einige Besitzer genennet in Schöttgens Wurzn. Hist. p. 735.

von dem Rittergute Groitzsch.

ihre Mitbelehnte *Mich. de Canitz* in Eilenburg, und Hanns zu Groitzsch. Da auch anno 1528 Hieronymus und Christoph von Canitz gleiches Lehn erhielten, war dieser Hanns zu Groitzsch auch Mitbelehnter. Nun aber veränderte sich alles zu Groitzsch; denn es wurde daselbst ein Rittergut angelegt, wovon hernach.

§. 29.

Daß aber die Pröbste und ihre Klosterbrüder auf dem Petersberge Gelegenheit gesuchet haben, auch das ansehnliche Gut Groitzsch an sich zu bringen, ist kein Wunder, sondern ein abermaliger Beweis ihrer Habbegierde, da sie, wie gedacht, gerne weiter um sich griffen. Denn es gehörten ihnen damals schon seit langer Zeit die nahe gelegene und noch itzo sogenannte schöne Probstey-Dörfer, Weltewitz, Gösewitz, Bötzen, Gordemitz und Grabow, itzt eine wüste Mark, in dasiger Gegend. Denn diese Dörfer hat schon der milde Stifter des Klosters, Marggraf Conrad, der Große, darzu geschenkt, wie aus dessen Dipl. von anno 1156, darinnen er die da hin gegebene Dörfer und Güter bestätiget hat, erhellet. z) Unter solchen werden auch Weltewice mit 10. Hufen, Cestewize (welches ich für das nächst bey Weltewitz gelegene Gesewitz, sonst auch der faule Anger genannt, halte) mit zwey und einer halben Hufe, Buzene (Bötzen auch daselbst) mit 6 Hufen a) Gurdunewice (Gordemitz

---

z) v. Schötg. Conr. M. p. 27. und das hier angezeigte Diploma in ej. Append. & Cod. Probat. n. 26. p. 325. seq. auch eine Erläuterung derer darinnen befindlichen Oerter. ib. p. 96. sq. cf. ill. Dreyhauptii Saal-Kreiß T. II. p. 896. seq.

a) Sollte Buzene eine wüste Mark 3 Stunden von Delitsch nach Leipzig zu seyn, wie Schötgen p. 97. meynet, so könnte auch das im Dipl. mit 3 Hufen angesetzte Batsice das hiesige Boetzen seyn.

demitz ebenfalls in selbiger Pflege) mit 10 Hufen und Grabowize (**Grabower Mark**). *b*)

Mit der Zeit verehrte auch der §. 23 belobte und anno 1184 abgeschiedene gütige Marggraf Dietrich, als Graf in Eilenburg, zu seiner vermeynten Seelen-Ruhe, nämlich anno 1161 ans Kloster auf dem Petersberge das Lehn über die Pfarre *c*) und Schloß-Capelle zu Eilenburg, zu welcher auch das Dorf **Kültzsche**, nebst dem Holze, der **Lauch** genannt, das Dörflein **Nennewitz** (so itzt auch wüste seyn mag) in Eilenburgischer Pflege, nebst 2 Mühlen, ingleichen die Dörfer **Wölpern** und **Gostemitz**, ohnweit Weltewitz gehörten, nebst 5 Hufen in **Ride**. *d*) Auch gab erwähnter Marggraf eine Mühle über der Mulda im Dörflein **Groitz** (als unserm Groitzsch) an eben dasselbige Kloster. Zum Beweis dessen führe ich die eigentliche Nachricht hier an, die man davon im Chron. Mont. Ser. bey anno 1184 p. 49 findet, wo es heißt:
„ Hic (Tidericus Marchio) Parochiam in *Hileburg*
„ &

b) Grabowice hält Schötg. p. 99. für das Dorf Grabschitz bey Zwochau im Delitzscher Bezirk. Alleine es ist solches wahrscheinlicher die angegebene Mark bey Weltewitz.

c) Mithin hat solche Pfarrkirche nicht schon Conradus M. dem Kloster Petersberg zugeschlagen, wie es in der Eilenb. Chron. p. 210. heißt, wohl aber hat dieses seine Richtigkeit, daß dasige Kirche und Pfarre vom Probste daselbst nach der Zeit dependiret, so, daß derselbe den Pfarrer eingesetzt, daher mag es auch kommen, daß der Herr Ephorus zu Eilenburg noch Lehn- und Gerichts-Herr über Kültzsche ist.

d) Ride mit 5 Hufen hatte schon Conr. M. zum Petersberge geschlagen, v. Schötgen l. c. p. 68. 328. Dieser hält es für das Dorf Rieda in der Zörbiger Gegend. Vielleicht aber ist damals solches verhindert worden, bis Marggr. Dietrich diese Schenkung zur völligen Richtigkeit gebracht hat. Es kann aber auch das ein anders Riede seyn, was er vermacht hat, als Rödgen (Riedgen) bey Zscheplin, da solches zumal im Eilenburgischen eingepfarrt gewesen.

"& capellam ejusdem Castri, quæ in honorem Petri consecrata est (ad quam pertinet *Culsoë* villa, & silva, quæ *Lucb* dicitur, & duo molendina, *Gostemize* villa, *Welpride* villa (Dorf Wölpern) *Nennewize* villa & quinque mansi in *Ride*) Ecclesiæ *Sereni montis* contulit — Molendinum etiam super fluv. *Mildam*, in villa, quæ *Greiz* dicitur, præfatæ ecclesiæ dedit." Es ist auch das Bestätigungs-Diploma hochgedachten Marggrafens von ao. 1161 hierüber noch bekannt. e) Darinnen werden angezeigte legirte Dörfer genannt "*Culschowe* villa (Külzschau) & silva & duo molendina, *Hostelize* (statt *Gostemize*) villa, *Welpride* villa, *Ninewize* villa & quinque mansi in *Ritbe*."

§. 30.

Mithin waren ehedem Weltewitz, Gesewitz, Bötzen und Gordemitz nebst Grabow, durch Marggraf Conradi M. Schenkung, und sodann auch unter andern Wölpern und Gostemitz, Petersbergische Probstey-Dörfer worden. Diesen Namen haben sie auch zum Andenken der vorigen Probst- und Kloster-Herrschaft bis itzo behalten. Es ist aber von solcher Benennung in neuern Zeiten der Wahn entstanden, als wenn vor Alters auch zu Weltewitz selber eine kleine Probstey gewesen wäre. Darum schrieb der §. 3. not. *b.* angezeigte Poet von Marggraf Conrado M.

— — Als die Gemahlin todt,
Macht er durch Kloster-Plag ihm selbst erwählte Noth.
Der lautre Petersberg hierzu ward ausersehen,
Dazu viel Stiftungen aus milder Hand geschehen.
Dadurch ward dieser Ort (Weltewitz) gemachet zur Probstey,
Doch war dieß geistlich Thun gar nicht von Thorheit frey ꝛc.

---

e) T. I. Mencken. p. 761.

VII. Abhandlung.

Allein nicht Weltewitz, sondern der Petersberg war der Ort, wo eine Probstey oder ein Kloster, dessen Vorsteher der Probst war, angelegt wurde. Es schrieben sich indessen ehedem einige Pastores Pfarrer der sogenannten Probstey-Kirche Weltewitz und Fil. Wölpern und Gostemitz, welches aber in neuern Zeiten nicht geschehen ist. *f)* Es hat auch zu gedachtem Wahne das in Weltewitz bekannte und noch sogenannte Probstey-Gut etwas beygetragen; allein es sind vorgenannte Probstey-Dörfer nebst Groitzsch bis zur Reformation bey dem Kloster Petersberg geblieben, und nicht etwan einem besondern Probste zu Weltewitz überlassen worden. Daher ist es gekommen, daß nachher noch in neuern Zeiten, als das Kloster daselbst in ein weltlich Amt verwandelt worden, alljährig gewisse Zinßen von solchen Dörfern nach Petersberg gegeben werden müssen. *g)* Hiernächst hat sich weder im Chron. M. S. noch sonst in einer alten Schrift oder Diplomate, dergleichen auch viele noch von dem Kloster Petersberg aufbehalten worden, einige Anzeige von einem zu Weltewitz besonders gestandnen Probst gefunden.

§. 31.

Was aber das sogenannte Probstey-Gut daselbst anlangt, so findet sich deutlicher Beweis noch von anno 1408 und 1520, daß auch solches dem Probste und seinen Klosterbrüdern auf dem Petersberge zuständig

---

f) Wie hiervon aus meiner Zuschrift bereits in Herrn Past. Dietmanns Chursächß. Priesterschaft P. II. p. 847. seq. etwas gemeldet worden, wobey man aber an dem gebrauchten Ausdrucke von etwas prærogativischen billig keinen Antheil nimmt. Es hat auch ein dasiger Pfarrer sich nicht ganz ohne Grund also schreiben können, und zwar in Absicht auf vorige Zeiten, da solche Kirche und Dörfer zur Probstey und zum Kloster Petersberg gehöret haben.

g) S. Eilenb. Chron. p. 303.

dig gewesen sey. Es hieß ehedem ein Vorwerg, und konnte als ein Tafel-Gut des Probstes angesehen werden. Denn der Probst und Convent daselbst verkaufte oder verpachtete es nach Gefallen, und stellte darüber Kauf- und Lehnbriefe aus. Hier ist einer von anno 1408, der sich noch bey einem Besitzer desselben Guts zu unsrer Zeit erhalten hat, und also abgefaßt ist: b)

„Wir Conrad von der Gnade Gotes und des
„Stoles zu Rome Probst, Heinrich, Prior, Nic.
„Schulmeister, Andreas, Cüster, Lynime, Kamme-
„rer, vndte die gantze samßunge Gemeine des Gotis-
„hußes uff Sente Petersberg, wir thuen offenbaren
„dessen, das wir eintrechtiglich mit guten willen vndte
„mit wohlbedachten Muthe recht vnd redlich verkaufft
„v. vererbet Hanns Kamerat Ehrn siner eh lichen Eh-
„fruinnen vnd allen eren rechten Erben das Vor-
„werg, das da ist gelegen an Weltewitz, i) an Fel-
„dern und an Wißen, als das vor alters mit allen
„seinen renen worin getreben v. befahren ist; v. soll
„vns der vorgenannte Hans Kamerat alle Jahr
„jährlich vff Senthe Mich. Tag von den Güttern
„geben v. ynreichen an rechten Erb-Zinße dreye schock
„neuer silberner groschen Frieberger Müntze, alles
„der besten, da andere Herren ehre Zinße mette neh-
„men, vnd darnach vff Weyhnachten alle Jahr jähr-
„lichen sechs Raphäne v. uns hiervon den Zinß also
„ynrichen vff die Tagezent, als oben geschreben stehet;
„so sollen die vorgenannte alle Jahr jährlich von vnß
„von

---

b) So gut man noch die unleserliche Schrift ausbuchstabiren können. Etwas aus solcher Urkunde stehet auch bey Dietm. l. c. p. 848. seq.

i) Daß solches in ganz alten Zeiten, ehe es noch ans Kloster gekommen, etwan einem adlichen Geschlechte, das sich von Weltewitz genennet, zugehöret habe, bleibt l. c. eine Muthmaßung, von welcher niemand einen gewissen Grund wird ausfindig machen können.

„ von aller newerlich Vorbaß (Ueberlaſt) vnbehabet
„ ſeyn. Were auch, das dem obengenannten H. K.
„ — eine Gedrengnis geſchige oder aber iemandt eyne
„ Vberlaſt thete von Herrn Gewalte, von Voyten,
„ oder von einem Gewaltigen, ſo das dobi was ge-
„ ſchige, das da wehre von der Gütter wegen oder ge-
„ ſchige von des Vorwercks wegen, des wollen wir —
„ v. ſollen ſie des alles benahmen, alſo daß ſie deß
„ ſyn v. blyben ohne ſchaden. Das Hanns Kame-
„ raten — dieße beſchriebene Gütter v. Vorwergk zu
„ Weltewitz alßo verkaufft v. vererbet iſt, als oben ge-
„ ſchryben ſteht, das vollworthen wir oben genann-
„ ten Kunrad Probſt — v. die genannte Sammun-
„ ge Gemeine des Gotishußes vff Sente Petersber-
„ ge mit Krafft diſes offen Bryſes ohne allerley Arg-
„ liſt v. haben das zu Urkunde v. mehrere ſicherheit
„ vnßer Probſtey-Inſigell v. vnſer Capittels Inſigell
„ medt einander an diſen offen briff mit gutten Wil-
„ len v. Wißen laßen hengen. Geben nach Gotis
„ Geburth fierzehenhundert Jahr in den achten an
„ dem löbl. Sonntage als man ſingt Lætare Jeruſa-
„ lem."

(Das Inſiegel war ſo beſchädigt, daß man nichts
gewiſſes herausbringen konnte.)

Aus einem andern dergleichen zerſtümmelten Blatte
war noch ſo viel zu ſehen, „ daß der §. 28 erwähnte
„ Johann von Canitz, des h. Stuhls zu Rohme
„ Probſt zu Lauterbergk S. Petri untern dato anno
„ 1520 am Matthias-Tage Thies (Matthies)
„ Scheufflern verkaufft die eine Helffte des Forbergks
„ zu Weltewitz mit allen Freyheiten, eren, wirden —
„ das er jehrlich ein und ein halb ſilbern ſchock Zinß-
„ Groſchen und 3 Kaphähne vff Mich. ans Kloſter
„ entrichten ſollte."

§. 32.

von dem Rittergute Groitzsch.

§. 32.

Auch hieraus erhellet deutlich, daß damals zu Weltewitz nicht ein eigner Probst gehauset, sondern daß vielmehr die Pröbste auf dem Petersberge mit ihren Canonicis Herren und Besitzer von solchem Vorwerge und Gute gewesen sind, darum es auch das Probstey-Gut noch in neuern Zeiten genennet worden ist. Es war solches schon um anno 1520 laut Urkunden in 2 Güter vertheilet. Nach der Zeit aber sind aus selbigen 3 Bauer-Güter gemacht, und wie andere von der Gerichtsherrschaft zu Groitzsch in Lehn und Würden gegeben worden, iedoch so, daß die Besitzer davon noch einige Freyheiten zu genießen haben. So wurden auch nach der Reformation und nach der Veränderung mit dem Petersberger-Kloster, Weltewitz sowohl selber, als die übrigen sogenannten Probstey-Dörfer zum Hause Groitzsch geschlagen, nachdem die Durchl. Landes-Regenten daselbst ein Rittergut errichtet hatten. Indessen blieb Groitzsch nach ergangener Reformation noch eine Zeit lang, wie vorher, in der Pfarr-Kirche zu Eilenburg eingepfarrt, bis die Exemtion aus solcher erlangt, und das adliche Haus mit dem Gottesdienste nach Wölpern, als dem Filial von Weltewitz, verlegt worden. k) Es befand sich auch zugleich anfänglich noch das adliche Begräbniß in erwähnter Berg-Kirche, bis auch dießfalls eine Aenderung erfolgte, und die adelichen Leichen in Wölpern oder auch zu Weltewitz und Gossemitz ihre Ruhestätte fanden, wie davon bald einige Exempel vorkommen sollen.

SECTIO

---

k) S. Eilenb. Chron. p. 241. seq.

SECTIO II.
Von den Besitzern des Ritterguts Groitzsch.

§. 1.

Es war das Kloster Petersberg nach vorigem §. 28. bereits anno 1540 seculariſiret worden, da denn auch die ſonſt da hin gehörigen Oerter Groitzſch, Weltewitz, Wölpern und andere anfänglich unter Herzog Heinrichs, und ſodann Churfürſt Mauritii weltliche Jurisdiction gekommen, und nicht erſt 1553 weltlich Lehn worden ſind, wie es in erwähnter Wölperſchen Gedenk-Schrift heißt, wo auch noch dieſes gedacht wird, daß Churfürſt Mauritius von den Petersberger Kloſter-Gütern 4000 Thlr. aus Groitzſch der Academie Wittenberg geſchenkt, und davon auch die Kirche zu Wölpern wohl bedacht habe. Wenn und in welchem Jahre aber eigentlich das hieſige Rittergut errichtet worden ſey, kann man nicht wiſſen, weil die hieher gehörigen Urkunden fehlen, und beſonders die Lehnbriefe. Daher kann auch von den adelichen Beſitzern deſſelben keine ganz gewiſſe Nachricht ertheilet werden. Indeſſen will ich hier kürzlich melden, was mir aus Val. Königs Adels-Hiſtorie, *l*) und ſonſt, von ihnen zu Händen gekommen iſt.

§. 2.

Es waren ſolche

I. Herr Adolph von Ponickau, der vermuthlich bald nach anno 1540 hier mag angetreten ſeyn. In erwähnter Adels-Hiſtorie wird er ausdrücklich auf Groitzſch genennet, und ihm Frau Margaretha von Minkwitz zur Gemahlin beygefügt. Deſſen Sohn war

II. Herr Caſpar von Ponickau, der erſtere, ſtarb den 5. Mart. 1556, ætat. 40 Jahr. Er hatte zur Gemah-

---

l) P. II. p. 466. P. III. p. 163.

Gemahlin Frau Christinen, geb. von Einsiedel, aus Gnandstein. Sie starb den 1. Dec. 1591 als Wittwe. Beyde ruhen in der Berg-Kirche zu Eilenburg, wo auch ihre beyderseits in Stein gehauene Bildniße mit folgenden Epitaphiis noch zu sehen sind. m)

„Anno 1556 d. 5. Martii ist in seiner Behausung
„zu Gretzsch in Christo entschlafen der Gestrenge
„und Ehrenveste Caspar von Ponicka, seines
„Alters 40 Jahr. Leit allhier begraben. Dem
„Gott gnade!"

„A. 1591 den 1. Dec. welcher war der Donners-
„tag nach Andreas, ist die Edle und Viel Tugend-
„same Frau Christina von Ponicka, geb. von Ein-
„siedel, von Gnandstein, des Edlen, Gestrengen und
„Vesten Caspar von Ponicka zu Graitzsch, gottselige
„nachgelassene Wittfrau, in Gott seelig eingeschlaf-
„fen und verschieden, und den 5. Dec. zu Eilenburg
„in diese Kirche begraben worden. Der Seelen
„Gott gnade!"

III. Herr Joachim von Ponickau um anno 1561. Weiter habe ich von ihm nichts aufgezeichnet gefunden. Vermuthlich ist er des itzt genannten Herrns Sohn gewesen, gleichwie

IV. Herr Caspar von Ponickau, der andere, welcher um anno 1607 abgeschieden seyn mag. In der angezeigten Adels-Historie stehen als seine Gemahlinnen 1) Frau Margaretha von Kitzscher, und 2) Frau Agnes N.

§. 4.

V. Herr Caspar von Ponickau, der dritte, des vorigen Sohn, hatte wohl studirt, wurde 1627 den 5. Sept. Stiffts-Hauptmann zu Wurzen, 1630 Churfürstl. Apellations-Rath und 1632 Cammer-Rath.

―――――――――――――

m) S. M. Simons Eilenb. Chron. p. 157. 158.

Rath. *n*) Er stund bey Hofe in großen Ansehen, hatte auch die Ehre, daß er anno 1634 im Oct. die Chur-Prinzeßin, Magdalenen Sybillen, als Braut des Königl. Dän. Kron-Prinzens Christiani, nach Coppenhagen begleitete. Zu seiner Zeit fiel eine doppelte Veränderung mit seinen Probstey-Dörfern vor; denn anno 1609 vertauschte er diese an den Churfürsten gegen das nahe gelegene Peritzsch und Wöllmen. Anno 1633 aber bekam er gegen diese beyde Oerter die Probstey-Dörfer wieder. *o*) Allein auf allen diesen Dörfern erlebte er von Sturm-Wetter, Krieg und Pest vieles Unglück. Denn anno 1620 den 21. Jun. kam ein gewaltiges Hagel- und Schloßen-Wetter, welches um Peritzsch und Wöllmen, auch anderwärts dieß- und jenseits des Mulden-Stroms, sämtliches Korn, Waitzen, Gerste, Hafer, Erbsen, Wicken, Kraut, Obst, Lein und Wein darnieder schlug. Anno 1637 aber machte sonderlich Krieg und Pest in hiesiger Gegend unsägliche Noth und Jammer, ja fast alles zur Wüsteney. Wölpern wurde nebst der Kirche im Febr. *p*) gänzlich zerstört, und diese erst anno 1664 wieder erbauet. (S. §. 10. Sect. II.) So wurde auch

n) S. Schöttgens Wurzner Hist.

o) wie in der Rinckartischen angeführten Wölpr. Gedenk-Schrift stehet.

p) Es gieng diesem Winter überhaupt allenthalben im Lande sehr jämmerlich, wobey sonderlich die Schwedische Noth höchst empfindlich war. Denn es suchte sich die schwedische Bannerische Armee im Febr. als die kayserliche Macht unter dem General Hatzfeld d. 9. ej. bis Leipzig angedrungen war, zu Eilenburg und in selbiger Gegend zu behaupten. Sie hatte zu dem Ende viele Schanzen bey Cospa, Wölpern und Wedelwitz aufgeworfen, und sie mit vielen Stücken und Fußvolk besetzt, das bey dasiger Kälte sich in den Dörfern zu erholen und zu erhotten suchte, und dabey sehr übel hausete, bis sich diese Armee gegen Torgau zog. S. Eilenb. Chron. p. 698. seq. cf. Pufend. contin. Einleit. zur Hist. p. 617.

auch das halbe Dorf Welterwitz nebst der Pfarre und Schule in die Asche gelegt, wobey alle Kirchen- und Pfarr-Nachrichten verlohren gegangen. Das adeliche Haus Groitzsch stund zwar noch, es war aber daselbst alles ruinirt und ausgeleeret, daß niemand drinnen wohnen konnte. So blieb auch Wölpern nebst Gordemitz und Bötzen lange Zeit ohne Einwohner, da zumal die Pest einriß, und überall das ohnedem halb tode noch übrig gebliebene arme wenige Volk hinweggerafft. Daher klagt der sel. M. Rinckart in der angeführten Gedenk-Schrift billig:

Die Kirchen waren gleich den Vieh- und Pferdeställen,
Thür, Stühl und Bänke weg, (die Ohren müssen gällen
Dem, der es hört) man fand nichts als Verwüstungsgreul,
An Mangel Ueberfluß, an Schaden starkes Theil,
Zumal in dir, du Haus (zu Wölpern) der Dieb und Straßen-
     Räuber,
Und nicht mehr Gotteshaus, ein Haus der Freveltreiber
Man muste nennen dich. Aus Frevel ward Altar
Und Kanzel nicht verschont, Deck und was Holzwerk war,
Das muste in die Glut, und recht zum Lasterleben
Den Frevlern Wärm und Licht, und auch Wachfeuer geben.
Aus Frevel führte man die Wanderer hinein.
Was ieder hatte noch, das muste Beute seyn.
Das frevle Volk trieb sonst ohn Scheu nur Schand und
     Sünden,
Es raubte endlich gar die Glocken, die zu finden.
Es waren Höhler da, die drucktens Stehlern ab.
Was Galgen, Schwerd und Rad verdient, hier Hand hergab.
Im Dorfe war kein Mensch, ja nicht ein Hund zu spüren.
Unmenschen hielten Haus gleich denen wilden Thieren —

         — Die

VII. Abhandlung

— Die fast an Grimmigkeit sie übertreffen wollten.
Man sah Gesträuppe stehn, wo Häuser stehen sollten.
Rohr über Mannes hoch verschloß den Gassen-Weg.
Vor Dorn und Hecken fand man nirgend keinen Steg.
Das Feld war nicht mehr Feld, vielmehr nur Busch und Heyde.
Was noch zu sehen war, gab Ursach nur zum Leide. —

— Und so ergieng es auch an allen unsern Orten,
Zu Bötzen, Gordemitz, ja auch in denen Pforten,
Du vormals edles Groitzsch, und wohlgebautes Haus.
Hier war die Anmuth weg, hier war nur Furcht und Graus,
Und alles ausgeleert. Was lebte, war entlaufen,
Viel ward durch Brand nur Sand, Leim, Schutt und Aschen-
      Haufen.
Krieg, Hunger, Pestilenz, nahm täglich überhand.
Es konnte niemand hier noch halten sichern Stand.
Der Lehnsherr durfte sich hieher gar nicht getrauen.
Kein Pfarrhaus, keine Schul, kein Lehrer war zu schauen,
Kein Hirte, keine Heerd. Hier mangelte ein Kind,
Hier Mann, dort Weib, samt allem Hausgesind ꝛc.

Bey solcher Verwüstung konte an diesen Orten auch lange Zeit kein ordentlicher Gottesdienst gehalten werden. Da hieß es recht: „Da fragt man nicht nach Erbar-„keit, nach Zucht und nach Gericht; dein Wort liegt „auch zu solcher Zeit, und geht im Schwange nicht." Als sich endlich auch einige Leute wieder herbey funden, so war man doch nicht im Stande, zu Weltewitz einen eigenen Pfarrer zu halten, sondern der damalige Pastor zu Pehritzsch, M. **David Peck**, mußte hier bis anno 1652 das Amt mit verwalten, weil derselbe mit seiner Pfarre und seinem Dorfe sich bey der großen Gefahr noch erhalten hatte. *q)*

§. 5.

q) S. Dietm. Churf. Priestersch. P. II. p. 841. 852. seq.

§. 5.

Zeit während dieser betrübten Zeit der Unsicherheit und Verwüstung, mochte sich vorbelobter Herr Kammer-Rath zu Dresden aufgehalten, und daselbst verschieden seyn. Das eigentliche Jahr ist nicht bekannt. r) Ich will hier noch etwas von seiner doppelten Vermählung und Familie mit gedenken. Seine erstere Gemahlin war Frau Anna geb. von Hainitz, welche anno 1587. d. 27. Jul. zu Dessau gebohren war. Ihr Vater, Herr Hanns Gebh. von Hainitz, war daselbst Fürstl. Anhaltischer Hofjunker, der ihr aber im 6ten Jahre ihrer Kindheit durch den Tod entnommen worden. Ihr Großvater, Herr Hanns von Hainitz, aus dem Hause Droßin, war ebenfalls zu Dessau in Fürstl. Anhaltischen Diensten, anfänglich als Hofmarschall, und sodenn als Rath und Hauptmann gestanden, und mit Frau Anna Schlegelin, aus Beßig, Fürstl. Anhaltischen Hauptmanns zu Bernburg Tochter vermählt gewesen. Ihre Mutter aber war Frau Catharina, Herrn George von Hainitz, auf Alten Kötitz, und Frau Catharina, gebohrne von Ovsaß, aus Greppine, Tochter, die sich hernach als Wittwe mit einem Herrn von Könneritz wieder verehliget hat, und anno 1620 noch am Leben gewesen. Die Vermählung unsers Herrn Kammerraths aber erfolgte anno 1608 d. 21. Sept. zu Reichenbach. Er zeugte mit ihr 8 Kinder, von denen aber nur die erstgebohrne 4 sie überlebten, nämlich: 1) Fräulein Anna Catharina, 2) Caspar, 3) Hanns George, und 4) Fräulein Christina Elisabeth. Sie starb anno 1620 den 18. Jan. nach der am 12. ej. erfolgten Entbindung mit einem

---

r) Anno 1651 war erst an seine Stelle der Appellation-Rath, Herr Johann George von Ponickau, auf Pomsen, Stifts-Hauptmann worden. Doch hatte diese Stelle bisher wegen der Kriegstroublen eine Zeit lang ledig gestanden. S. Schötg. Wurzner Hist. p. 222.

270 VII. Abhandlung

nem toden Söhnlein, und hinterließ den Ruhm einer sehr gottseligen, milden und wirthschaftlichen Dame. Ihr Begräbniß fand sie den 31. Jan. so wie vorher ihr todgebohrnes Söhnlein den 17. ej. in der Kirche zu Weltewitz. *s*) Hiervon sind noch die gedruckten Denkmale vorhanden.

Die andere Gemahlin war Frau **Barbara Elisabetha**, gebohrne von Hartitzsch, so wie sich solche in erwähnter Adels-Historie, und auch anderwärts, nebst ihren Ahnen findet. Solche waren

George von Hartitzsch, auf Weißenborn und Pretzschenderf, Gem. eine Truchseßin von Wellerswalda.

- Adolph — auf Weißenborn, Pretzschen- und Jonsdorf und Mehlbeier. Gem. Fr. Elisabeth, Hn. Günthers von Bünau auf Radeburg Tochter.
  - Gr. Adolph — auf Weißenborn und Hennersdorf noch 1632. Gem. Barbara von Miltitz aus Munzig.
    - Barb. Elisabeth, als unsere Frau von Ponickau.
  - Moritz Albr.
  - Gr. Adolph.
  - Heinrich Günther, geb. 1617. † 1632.
  - Cath. Marg. 1617. † 1632.

Aus

s) nämlich M. Joh. Gentsches, t. t. Past. daselbst Fata puerperalia oder 2 Leichenpred. auf diese Wöchnerin und ihre

von dem Rittergute Groitzsch.

Aus solcher andern Ehe wird in der Adels-Historie auch 1 Tochter bemerket, nämlich Frau Sophia Augusta, Herrn Chr. Melchior von Hartitzsch (auf Oberdorf-Chemnitz) Gemahlin noch anno 1662.

§. 6.

Dessen Erben zu Groitzsch waren

VI. Die vorgenannten Söhne, Herr Caspar und Johann George von Ponickau mit ihren beyden Schwestern, von denen mir aber nichts weiter kund worden ist, außer daß anno 1652 durch die Churfürstl. Commissarien, Herrn Carl von Dießkau, auf Knauthayn, Zscheplin ꝛc. und Herrn Johann Fischern, Churfürstl. Amtsschössern zu Eilenburg und Weltewitz wieder, iedoch mit der Clausul: dem Juri Patronatus des Hauses Groitzsch, ein ordentlicher Pfarrer, nämlich der treue Knecht Gottes, M. Samuel Rinckart, berufen und gesetzt worden, *t*) und darauf das Rittergut Groitzsch nebst zugehörigen Probstey-Dörfern an das Hochadliche Güntherodische Geschlecht gekommen sey. Von diesem kann und soll nun theils aus gedruckten, theils aus geschriebenen Nachrichten, hier noch verschiedenes beygebracht werden. *u*)

§. 7.

kleine Leiche aus Luc. XVIII, 16. Lasset die Kindlein u. s. f. nebst beygefügten vielen lateinischen Zeugnissen großer Theologen, von der Seeligkeit solcher Christenkinder, die vor der Taufe sterben, und aus 2. Tim. IV, 6-8. Ich werde schon geopfert ꝛc. nebst Personalien und Epicediis, besonders einer langen Elegie von dem Sohne erwähnten Pastoris, Theodor Gentschen, Sittena. Grim. d. Z. Pf. zu Fürstenwalde, und Christoph Jenischen, von Augspurg, hernach Pfarrern zu Pehritzsch. (S. Dietm. Priesterch. P. II. p. 840.) gedr. Leipz. 1620. 4.

t) S. Dietm. l. c. p. 852. seq.
u) cf. Val. Königs Adelshist. P. II. p. 435. seq.

§. 7.

Es beſaß ſolches vor Alters das Schloß Ravenſtein bey Lengefeld, gegen Annaberg. Eine Branche von ſelbigem erlangte mit der Zeit das Rittergut Weistropp in der Dreßdner Gegend, welches vorher die Herren von Eckersberg im Beſitz gehabt. Von dieſer ſtammen die Beſitzer von unſerm Groitzſch ab, wie folgende Geſchlechts-Tafel lehret. x)

---

x) Solche iſt zum Theil aus der geſchriebenen Lebensbeſchreibung des anno 1701 ſelig verſtorbenen Herrn Kammerherrns, A. H. von Güntherod, genommen.

```
                        rau.
                   Jona von Döbitz.
            Albrecht ── §. 8.) Gemahlin
                        brt.
```

Heinrich, Freyherr, Ritter und Obrister, † 1614. (S. §. 9.)	Oker und den, und ritich von Ehr, und Fritwe zu Ligder, von de	Albrecht, fand sein Glück in der Pfalz.
VII. Albrecht — auf Groitzsch und Döbitz, Cammerherr und Ober-Schem 1671. (S. 10. 11.) Gemahl Sophia Elisabeth von Bollst aus Wallich, vermählt 16 (S. §. 12.)	eins- dem Roß L. och	Euphemia Catharina. Gemahl Jonas von Milkau, auf Gepülzig, Churfürstl. Cornet. Sie † 1632 den 20. Apr. mit dem ersten todgebohrnen Kinde.
VIII. Adam Heinrich — auf Weistropp, Groitzsch und Döbitz, Cammerherr, geb. 1654. † 1701 den 10. Oct. (S. §. 12) Gemahlin Aug. von Brockdorf, hatten 4 Söhne u. 6 Töchter, von denen 2 Söhne u. 2 Töchter in der Kindheit starben.		
Aug. Ferdinand.	Johann Elisabeth. geb. 16(Churfl.	Wilhelmina Christina.

y) S.

§. 8.

Aus diesem genealogischen Verzeichnisse bemerke ich noch eines und das andere bey etlichen Herren dieses Geschlechts, ehe ich noch auf unsere Groitzscher Besitzer komme, und zwar anfänglich von dem anno 1586 zu Freyberg abgeschiedenen Albrecht. Es war derselbe ein berühmter Kriegs-Obrister, der sich sonderlich in Frankreich unter dem dasigen königl. Feldmarschall, Herrn George Wilhelm von Berbisdorf, sehr ritterlich gehalten hatte. Er wandte sich mit den Seinigen nach der Zeit nach Freyberg, und brachte daselbst sein Leben in Ruhe hin. Anno 1572 d. 2. Jun. befand er sich bey dem gewöhnlichen Fürstl. Armbrust-Schießen. Anno 1586 d. 25. Sept. hatte er das Unglück, daß er auf der Burggasse in Moritz Thums Behausung ohnversehens etliche Stufen von der Treppe herabfiel, welcher Zufall so übel gerieth, daß er daran des Tages hernach im 54. Jahre sterben mußte. z)

Einen noch berühmtern Namen hatte sich der anno 1614 d. 11. Apr. zu Dresden verstorbene Herr Heinrich von Güntherod gemacht. Anno 1587 war derselbe noch Hauptmann in Chursächsischen Diensten, und wohnte zu Freyberg den 18. May der General-Musterung der Bürger bey. Er gieng darauf in kayserliche Dienste, wurde Obrister, und erlangte den Freyherren-Stand. Darauf war er Obrister in Französischen, und letzlich auch in Großbritannischen Diensten. Bey solchen wurde er auch Kriegs-Rath und Ritter des Ordens vom blauen Hosenbande. Er hatte sich aber zuletzt in Dresden aufgehalten, und daselbst im 43. Jahre sein Leben beschlossen. Den 8. May wurde er in dasige Sophien-Kirche beygesetzt. a)

§. 9.

z) S. D. Mollers Freyb. Chr. und Annales p. 305. 359.
a) S. Moller l. c. p. 305. Wecks Dresdn. Chron. p. 261. Oettrich l. c. p. 6. 49. 124. Daß er Gottschalks Bruder gewesen, wird in der angef. geschr. Güntherod. Lebensbeschr. gemeldet.

§. 9.

Weil mir zugleich von dem jüngern Bruder des erstern Güntherod, Besitzers unsers Groitzsches, Ernst Christophen, noch etwas kund worden, so füge ich auch solches hier noch bey. Es war derselbe als ein Knabe zu seinem Vetter, Herrn Albrecht von Güntherod, in der Pfalz gekommen, der ihn bey der Pfalzgräfin zu Birkenfeld, als Pagen, untergebracht, wobey er dritthalb Jahr verblieben, bis er mit einem Kriegsobristen zu Felde gegangen, und 2 Jahr lang mancherley Travaillen erlitten, auch wegen der evangelischen Religion nicht ohne Anfechtung geblieben; Denn es war dieser sein Herr Römisch-Catholisch, und wollte ihn auch zu seiner Religion zwingen. Als aber der junge Güntherod anno 1637 nach Augspurg kam, klagte er sein Bedrängniß dem damaligen Churfürstl. Sächß. Abgesandten, Herrn Friedrich Metzschen, Geheimden Rath und Ober-Consistorial-Präsidenten. Dieser half ihm los, und nahm ihn selber zu sich, verhalf ihm auch bey Herzog Mauritio zu einer Pagen-Stelle. Allein er bekam ein verzehrend Fieber, und starb anno 1639. d. 23. Febr. zu Dresden, als er nur ein Alter von 20 Jahren, 7 Wochen und 2 Tagen erreicht hatte. Man hat von ihm noch die gedruckte Leichen- und Gedächtnißschrift. *b*) Jedoch ich wende mich nun wieder nach Groitzsch selber.

§. 10.

Der VII. Hochadeliche, und der erste Güntherodische Besitzer hiervon war Herr Albrecht von Güntherod, auf Weißtropp rc. Um anno 1639 war er noch Fürstl. Hollsteinischer Kammerjunker, und um anno 1661 noch Churfürstl. Sächß. Oberschenke und Kammerjunker, auch um anno 1664 Gleits-Commissarius,

---

b) nämll. des Hofpred. Martin Gumprechts Leichenpr. aus Ps. 27, 4. nebst kurzen Personalien. Dresd. c. a. 4.

von dem Rittergute Groitzsch 279

sarius, letztlich aber Kammerherr und Oberschenke, bis er ao. 1671 zu Dresden im 58. Jahre Todes verblichen.

Das eigentliche Jahr, wenn er Groitzsch von denen Ponikauischen Erben überkommen, ist nicht bekannt. Vermuthlich aber mag es um anno 1652 geschehen seyn, (S. vorigen §. 6.) als um welche Zeit er sich auch mag vermählet haben. So hatte er auch das Rittergut Döbitz, welches sich auch nach ihm bey seinem Sohne findet. Es scheinet solches der sogenannte Sattelhof zu Dewitz, das auch Döbitz geschrieben wird, bey Taucha zu seyn. Diesen besaß ehedem um anno 1641 Herr Bartholomäus Eichhorn, von anno 1603 des Raths, und von anno 1630 Baumeister zu Leipzig, welcher solches Rittergut, noch ehe er den 22. Nov. 1658 im 90. Jahre verstorben, seinem Sohne, Herrn George Eichhornen, von anno 1624 des Raths, und von anno 1646 Stadtrichtern daselbst, überlassen hat. Als dieser den 25. Dec. 1650 im 57. Jahre starb, bekam es dessen Sohn, Virgilius Eichhorn, Handelsmann in Leipzig, der es verkaufte, und zwar, wie es scheint, an unsern Herrn von Güntherod. Um anno 1672 — 1678 aber findet sich auf solchem Sattelhofe Herr Johann Seyfried von Lüttichau, welcher Frau Elisabeth, Herrn Hieronymi von Dießkau, auf Groß-Stedteln und Koßbude, und Frau Brigittä, geb. Pflugin, aus Gersdorf, Tochter zur Ehe gehabt. Nach der Zeit schrieb sich der folgende Herr von Güntherod auf Groitzsch auch zugleich von Döbitz. Nach dessen Ableben aber kam dieses Gut um anno 1702 an Herrn Johann Haberkorn, Handelsherrn zu Leipzig, und sodann an die noch florirende Leipziger Oertelische Familie.

§. 11.

Besonders aber hat sich unser Herr Albrecht von Güntherod um das zerstörte Gotteshaus zu Wölpern
höchst-

höchstverdient gemacht; denn er ruhete nicht eher, als bis solches aus seiner Asche wieder erhoben, und aufs neue wohl erbauet war, so, daß es den 7. Febr. 1664 eingeweihet, und zum Seelen-Heil der dasigen Gemeinde gebraucht werden konnte. Und hierzu hatte auch theils der große Kirchen-Patron, Herr Heinrich von Taube, Chursächß. Geheimder Rath, Oberhofmarschall und Ober-Kammerherr, als Herr auf Pichen, wohin das nach Wölpern eingepfarrte Dorf Gallen gehöret, theils Herr Carl Heinrich von Vollstedt (Volckstedt) sehr vieles beygetragen, wie solches in der angezogenen Wölperischen Einweihungsschrift billig hoch gepriesen wird. Diesen Herrn von Vollstedt findet man auch auf Weißtropp und Groitzsch genennt, weil er an beyden Gütern einigen Antheil gehabt haben mochte. Es war derselbe ein Bruder der Frau Gemahlin des bisher belobten Herrns von Güntherod, und starb erst anno 1688 den 24. Febr. in einem ruhmreichen Alter von 78 und einem halben Jahre zu Weißtropp, wurde aber den 3. März ej. a. von dannen nach Groitzsch gebracht, und in der Kirche zu Gostemitz nächst seiner Gemahlin, nach seiner Verordnung, beygesetzt, wie sein dasiges Monument noch bezeuget, wobey aber die Schrift ganz unleserlich worden ist.

§. 12.

Die Frau Gemahlin aber des Herrn von Güntherod war Frau Sophia Elisabeth von Vollstedt, aus dem Hause Wallich, von der ich iedoch weiter nichts melden kann, als ihre Ahnen c) in folgender Reihe und Abstammung:

Herr

---

c) aus der angez. geschr. Lebensbeschr. cf. Val. Kœnig. l. c. P. II. p. 279.

von dem Rittergute Groitzsch.

Herr Hannß Chriſtoph von Vollſtedt, auf
Wallich und Klein-Mölſen.
Gem. eine von Brandenſtein, aus dem H. Wegmar.

— *Qvirinus* — auf Wallich und Klein-Mölſen. Gemahlin Frau Juliana von Vippach, aus Mark-Vippach.

— George — auf Wallich und Klein-Mölſen, H. Fridr.
Wilh. I. zu Sachſen Altenburg Kammer-Junker
und Ober-Forſtmeiſter.
Gem. Fr. Catharina, Herrn Haunß von Dommitzſch,
auf Dommitzſch und Vogelgeſang, und Frau Julianen
von Trotta, aus Judenburg, Tochter.

Carl Heinrich —	Sophia Eliſabeth,
auf Weiſtropp ꝛc.	verm. Frau von Güntherod,
† 1688.	auf Wilſtropp u. Groitzſch.

Ob dieſes die einzige, oder, wie es ſcheint, die andere
Gemahlin geweſen, ingleichen ob ſie mehrere Kinder
gehabt, als den folgenden Herrn auf Groitzſch, hat ſich
nicht gefunden.

§. 12.

Es war ſolches der Herr Kammerherr, Adam Heinrich von Güntherod, auf Weiſtropp, Groitzſch und
Döbitz, als der VIII. Hochadeliche Beſitzer des
Groitzſcher Ritterguts. Er erblickte anno 1654
den 23. Febr. zu Dresden das Licht der Welt, und
wurde von Kindheit an zu denen Studiis und Pflichten
des Chriſtenthums mit allem Fleiße angehalten. Hierbey war zuletzt ſein Informator M. Chriſtoph Krantz,
der ihn im 14. Jahre, anno 1668 auch nach Leipzig
auf die Academie begleitete, und daſelbſt als Hofmeiſter führte. Hernach aber anno 1670 Pfarrer zu
Ortrant, und 1673 Archidiaconus zu Freyberg wurde. d) Ihm folgte als Hofmeiſter daſelbſt Herr
Johann

---

d) S. M. Wilischens Freyberg. Kirchenhiſt. und Herrn Paſt.
Dietmanns Prieſterſch. P. I. p. 400.

Johann Wolf Rosenfeld, welcher mit der Zeit Fürstl. Sächß. Amtmann zu Zeitz worden. Unser junger Güntherus blieb 4 Jahr auf solchem Musensitze, hörte die Professores Philosophiæ und Juris, disputirte öffentlich, und hielt auch im Jan. 1671 eine lateinische Oration. Als e. a. sein Herr Vater zu Dresden noch bald und unvermuthet die Welt verließ, reisete er dahin, und wohnte seinem Leichenbegängnisse bey, gieng aber wider zurück nach Leipzig, und beharrete daselbst noch bis anno 1673 in seinem academischen Fleiße, worauf er mit seinem Hofmeister sich auf Reisen begab. Er wandte sich nach Italien, Frankreich, Holl- und Engelland, und besahe allenthalben, sonderlich an den Höfen, das merkwürdigste, blieb auch einige Zeit am Churpfälzischen Hofe, weil an solchem damals manches vorgieng, das betrachtenswürdig war. Im Frühjahre 1676 kam er bey allem Wohlseyn wieder nach Hause.

§. 13.

Er fand an dem Churſächß. Hofe alsobald seine Employe, als Kammerjunker bey J. K. H. der Churprinzeßin Anna Sophia, des nachherigen Churfürsten Johann George III. Gemahlin, und hatte die Ehre, sie nach Dännemark zu begleiten. Nach angetretener Regierung des hochgedachten Churfürstens wurde er bey demselben 1680 Kammerjunker, wohnte zugleich dessen Feldzügen bey, und hatte viele Fatiqven auszustehen. Nach dessen anno 1691 den 12. Sept. erfolgten seligen Hintritt, blieb er bey dem Durchl. Churfolger, Johann George IV. wirklicher Kammerjunker, that mit solchem einen Feldzug, auch darauf eine Reise mit an den Churbrandenburgischen Hof, wo er die Ehre hatte, den Ritterorden de la Generolité zu erhalten. Anno 1696 wurde er Amtshauptmann zu Nossen. *e)* Endlich ernannte ihn König Augustus anno

e) S. Knanths Alt-Zell. Chron. P. V. p. 35. seq.

von dem Rittergute Gröitzsch.

anno 1697 zum Kammerherrn, bey dem er auch in besondern Gnaden stund und blieb.

§. 14.

Nachdem er aus fremden Landen zurücke gekommen, und seine Güter übernommen hatte, vermählte er sich anno 1677 den 4. Nov. mit Fräulein Augusta, Herrn Heinrich von Brockdorf, auf Altenhof, Hammelmarkt und Rieß, Hochfürstl. Gottorpischen Amtshauptmanns zu Oppenrode in Hollstein, Fräulein Tochter, als damaligen Kammerfräulein bey J. K. H. der Churprinzeßin, und zeugte mit ihr binnen 24 jähriger Ehe 10 Kinder, (S. oben §. 7. Tab. Gen.) und besonders anno 1697 den nachherigen Königl. u. Churfürstl. Kammerherrn, Herrn Johann George von Güntherod. Er hinterließ den Nachruhm eines guten Christen und Patriotens. Er hatte seine Lust an Gottes Wort und andern guten Büchern, auch geistlichen Liedern, die er selber bey seiner Hausandacht mit den Seinigen zu singen pflegte, wie er denn auch seine Kinder recht in der Zucht und Vermahnung zum Herrn erzog. Er genoß Beicht und Abendmahl fleißig und mit vieler Andacht und Demuth vor dem Herrn, wandte manches auf Kirchen und Schulen, war ein großer Priesterfreund, und ein wahrer Vater seiner Unterthanen, ob solches wohl manche nicht erkannten, und wohl gar seine Gelindigkeit mißbrauchten. In seinem letztern Jahre 1701 empfand er immerzu eine bedenkliche Schwachheit. Diese war ein Vorbote des Schlagflusses, der ihn den 3. Oct. h. a. zu Weistropp auf der linken Seite betraf, und ihn alsobald dermaßen entkräftete, daß er sich seinen baldigen Abschied vorstellte. Um desto andächtiger schickte er sich auf solche seine letzte Veränderung, und genoß auch noch auf seinem Krankenlager das heilige Abendmahl, worauf er bey aller Gemüthsruhe und Gottgelassenheit beharrete, bis Gott

den

den 10. Oct. Vormittags um 10 Uhr seine theure Seele bey einer sanften und seligen Entschlummerung abforderte, nachdem er sein ruhmvolles Leben nicht höher, als auf 47 Jahr, 7 Monate, 2 Wochen und 2 Tage gebracht hatte. Er fand seine Ruhe in der adelichen Leichengruft zu Weistropp. Es wurde ihm auch zu Weltewitz eine Gedächtnißpredigt gehalten, wobey auch die vornehmsten Umstände seines Lebens, wie itzt erwähnt, abgelesen worden.

§. 15.

Seine Hochadlichen Erben überließen ihr Rittergut Groitzsch um anno 1702 käuflich an den Wohlgebohrnen Herrn, Herrn Johann Heinrich Funcken, d. Z. Hochfürstlich Braunschweig-Lüneburgischen Kloster-Rath und Oberhof-Gerichts-Assessor zu Wolfenbüttel, der sich auch mit seinem vornehmen Hause da hin gewendet, und es bestens, auch zum Trost seiner Unterthanen, bis an sein — erfolgtes seliges Ableben verwaltet hat. Es hatte sich derselbe zu zweyenmalen verheyrathet, und zwar erstlich — mit N. N. aus welcher Ehe noch der Hochwohlgebohrne Herr, Herr Ferdinand Wilhelm von Funck, auf Burgwerben, Marck Cleeberg ꝛc. Königl. Pohln. und Churfürstlich Sächsischer Land-Kammer-Rath und Oberaufseher zu Weißenfels, am Leben sind.

Nachdem solche erste Frau Gemahlin — — seel. von hinnen geschieden, vermählte sich derselbe — — mit der Wohlgebohenen Damoiselle Anna Maria, weyland Herrn Daniel Lohsens, Königl. Preußischen im Herzogthum Magdeburg hochbestallten Kammer-Raths und Ober-Amtmanns zum Giebichenstein, wie auch Frau Catharina Luciä, gebohrne Kühnin, Tochter, welche anno 1691 den 19. Sept. gebohren, und
den

den 9. Jun. 1759 in einem Ehren vollen Alter von 68 Jahren, als Erb-Lehn- und Gerichts-Frau zu Groitzsch, selig entschlafen ist, die auch nach ihres wohlseligen Eheherrns Absterben solches ihr Rittergut mit großen Seegen gebauet, ihr eigenes Haus göttlich regieret, ihre Seele bey einem frommen Wandel treulich besorget, ihre Unterthanen mütterlich geliebet, und ihnen wohlgethan, auch ihre Tugendwürdige Herren Söhne und Frauen Töchter, als Erben ihrer Güter, verlassen hat, welche waren:

1) S. T. Herr Carl August von Funcke, Hochfürstlicher Braunschweig-Lüneb. Commission-Rath.
2) Herr Johann Ferdinand August von Funcke, Königl. Pohln. und Churfürstl. Sächß. Hochbestallter Geheimder Rath und ehemaliger Gesandter am Rußisch Kayserl. Hofe zu Petersburg, welch sich anno 1760 den 5. May, mit den Hochwohlgebohrnen Fräulein Louise Sab. Christophora von Hohenthal, des Hochwohlgebohrn. Herrns Theodor August, Freyherrn von Hohenthal, auf Crostewitz, Cröbern rc. vermählet hat.
3) Herr Daniel Chr. von Funcke, Kön. Pohln. und Churfl. Sächß. Hauptmann, starb den 16. Oct. 1761 zu Erfurt, nachdem er immerzu sehr krank gewesen.
4) Frau Friderique Elis. Lucia, des wohlseligen Stifts-Kanzlers, Herrn Albini Zahns zu Wurzen hinterlassene Frau Wittwe. Und
5) Frau Louise Augusta, des Kön. Pohln. und Churfl. Sächß. General-Majors, Herrn Hanns Daniel Wilhelm von Geyer, Frau Gemahlin.

Diese alle wolle Gott ferner zum Seegen setzen, immer und ewiglich!

―――――

VIII.
M. I. F. R.

Aelteste Nachrichten
von dem
Bißthum Merseburg.

Der erste Abschnitt.
Von der Stiftung desselben.

Es ist gewiß, daß der Kayser Otto I. der Urheber dieses Bißthums gewesen. Alle andere Erzählungen, welche dasselbe älter machen, sind ungegründet. Ein altes Chronicon Saxon. sagt, daß Carolus M. selbiges anno 803 gestiftet. Brotuf in der Merseburgischen Chronicke f. 457 meldet davon nichts, aber er schreibet, dieser Kayser habe eine Kirche daselbst aufgebauet, selbige dem Evangelisten Johanni dediciret, und ein Collegium Canonicum regularium darbey verordnet, welches letztere noch vielen Zweifeln unterworfen, obgleich Vulpius in seiner Nachricht von Altenburg p. 6. einen Canonicum dieses Collegii Azo namhaft macht, welcher vitam Caroli M. in Wax soll geschrieben haben. Gedachter Brotuf will auch wissen, daß Kayser Henricus auceps willens gewesen, ein Bißthum hier zu stiften; weil er aber verhindert worden, habe er die Ausführung seinem Sohne, dem Kayser Otto I. übertassen. So viel ist richtig, daß vor Aufrichtung des Bißthums die St. Johannis-Kirche, nicht des Evangelisten, sondern Johannis des Täufers, allhier gestanden, welche Henricus aufgebauet, und daß der Bischoff in Halber-

Halberstadt die Auffsicht über diese und andere Kirchen in der Merseburgischen Pflege gehabt habe, wie in dem folgenden wird gemeldet werden.

Unter der Regierung Kaysers Otto I. waren viel Wenden über der Saale und Elbe zum christlichen Glauben getreten; und dieser Herr machte Anstalten, die wendischen Länder in Bißthümer einzutheilen. Er hatte große Neigung zu den Städten Magdeburg und Merseburg; und da sie so nahe an der wendischen Gränze lagen, beschloß er, nach Magdeburg den Erzbischoff, nach Merseburg aber einen Bischoff zu setzen. Was er anfänglich nur im Sinne hatte, das wurde anno 955 durch ein Gelübde vestegesetzet. Denn als er in diesem Jahre am Tage Laurentii mit den Ungern bey Augspurg eine Schlacht wagen wollte, that er ein Gelübde, *a)* wenn er durch Fürbitte des Laurentii gewinnen sollte, selbigem zu Ehren in der Stadt Merseburg ein Bißthum zu stiften, und eine Kirche oder Kloster aufzubauen. Daß es mit diesem Gelübde seine Richtigkeit habe, bezeugen auch andere Stellen. *b)*

Damals lebte ein Bischoff in Halberstadt, mit Namen Bernhard, welcher dem Kayser in seinem Vornehmen wegen Magdeburg und Merseburg sehr zuwider war. Der Bischoff Ditmar gedenket dieser Sache in seiner Chronicke Lib. II. nur kürzlich, und meldet, es habe der Kayser die Einwilligung desselben nicht

---

a) Ditmar Lib. II. Hoc fecit lacrymis votum profusis, si Christus dignaretur sibi tanti intercessione præconis dare victoriam & vitam, quod in civitate Merseburg episcopatum in honorem victoris ignium construere, domumque suimet magnam, noviter inceptam sibi ad ecclesiam vellet ædificare.

b) in bulla Papali in Leuckfelds Antiqv. Halb. p. 646. jubemus, ut Merseburgense monasterium, quod ipse piissimus Imperator, qua Ungros prostravit, futurum Deo devovit, in episcopalem tollatur sedem.

nicht erhalten können. Der Kayser wandte sich an den Pabst, und erlangte anno 962 eine Bulle, c) in welcher allen Erzbischöffen in Deutschland anbefohlen ward, die Anlegung der Bißthümer Magdeburg und Merseburg auf keine Art zu verhindern. Bischoff Bernhard kehrte sich daran nicht. Anno 967 im April folgete ein neuer päbstlicher Befehl, d) worinnen des Kaysers Vorhaben gebilliget, und allen, die sich darwider setzen würden, der Bann gedrohet ward. Daß aber auch dieser Bannstral den alten Bischoff Bernhard nicht gerühret, ist da her zu schließen, weil bey seinem Leben das Werk nicht zu Stande kommen ist. Man vermuthet nicht ohne Ursache, daß der Erzbischoff in Mainz, Wilhelm, den halberstädtischen unterstützet. Denn wenn der Kayser seinen Endzweck erhielte, verlohr der Erzbischoff viel von seinem Kirchensprengel, und bekam weniger Suffraganeos, indem bisher die Aufsicht über die wendischen Kirchen-Anstalten, und über die Bischöffe in Brandenburg und Havelberg ihm gehöret hatte. Dem Halberstädtischen Bischoffe stund nicht an, daß er nebst der Kirchen-Aufsicht auch einen Theil des bisher genossenen Zehendens hergeben sollte. Denn daß ihm der Zehenden am Herzen gelegen, kann man aus der Antwort e) schließen, welche sein Nachfolger im Amte gab, als er vor dem Synodo zu Ravenna gefraget wurde, ob er dieses Vorhaben des Kaysers billigen wollte. Es ist ungereimt, sagte er, um einiges Zehenden willen dasjenige zu hintertreiben, was so vielen Menschen zur Seligkeit gereichen kann.

Von

c) Leucfeld l. c. p. 645.
d) ibid. p. 647.
e) quod ad innumeri populi salutem pertinet, ob alicujus decimæ cupiditatem caffari absurdum efle professus est. v. Leucfeld. l. c. p. 651.

von dem Bißthum Merseburg.

Von diesem Streite zwischen dem Kayser und Bischoffe machen einige f) eine gar seltsame Erzählung. Sie sagen, der Kayser habe den Bischoff in Quedlinburg gefangen gesetzt, da er nicht einwilligen wollen. Am grünen Donnerstage aber habe der Bischoff in seinem Gefängniß seinen bischöflichen Habit angeleget, als wenn er Messe lesen wollte, und gebeten, daß der Kayser zu ihm kommen möchte. Bey Ankunft desselben habe er ihn in den Bann gethan, worüber der Kayser zwar anfänglich gespottet, hernach aber es mehr zu Herzen genommen, und ihn seines Arrests entlassen. Diese Geschichte hat Herr Leuckfeld g) in Zweifel gezogen, und es ist nicht zu läugnen, daß in den Neben-Umständen viel Erdichtetes vorkommt. Wenn man aber erwäget, daß der Kayser dem Bischoffe innerhalb 10 Jahren, von dem Jahre des geschehenen Gelübdes an gerechnet, mehr als einmal annehmliche Vorschläge gethan, und daß er anno 962 den päbstlichen Befehl vor sich gehabt, so werden die gemachten Einwürfe meistens wegfallen, und man kann diese Begebenheit in das Jahr 966 setzen, in welchem der Kayser das Osterfest in Quedlinburg gefeyert hat.

Der anno 968 erfolgte Tod beyder Herren, die sich widersetzet hatten, gab der Sache eine andere Gestalt. Der Bischoff Bernhard starb den 3. Febr. und der Erzbischoff Wilhelm folgte ihm den 2. März. Der Kayser war damals in Italien; er ließ den vom Capitul in Halberstadt neuerwählten Bischoff Hildeward zu sich nach Ravenna kommen, und übergab ihm den Bischoffsstab nach Ditmars Aussage nicht eher,

---

f) Chron. Halb. Tom. II. Leibnitii p. 115. Bodo in Chron. Cranzius in Saxonia Lib. IV. p. 83.
g) l. c. p. 202.

eher, bis er seine Einwilligung, etwas von seinem Sprengel abzutreten, gegeben hatte. Und damit diese Zusage desto vester würde, mußte Hildeward vor dem versammleten Synodo seine Einwilligung wiederholen, wo auch zugleich ausgemacht wurde, wie viel er hergeben sollte. Der neue Erzbischoff in Mainz Hatto ließ sich alles gefallen, und stellte einen Brief *b*) aus, daß in Magdeburg ein Erzbißthum, und in Merseburg ein Bißthum mochte errichtet werden. Es kam auch in diesem Jahre 968 alles zu Stande. Den 27. Dec. ward Boso zum ersten Bischoff nach Merseburg in der Stadt **Magdeburg** geweihet. Und obgleich bey Ditmarn und andern das Jahr 970 gelesen wird, so ist es doch als ein Schreibefehler zu achten.

Vor allen Dingen müssen wir sehen, wie groß der Kirchen-Sprengel gewesen, welcher dem neuen Merseburgischen Bischoffe angewiesen worden. Wir wollen ihn in zwey Kreiße theilen, welche die Saale machte. An der linken Seite dieses Flusses hatte der Halberstädtische Bischoff in dieser Gegend die Aufsicht gehabt. Hildeward trat nach Ditmars Zeugniß *i*) folgende Pflege ab: von Salzmünde herauf bis an den Einfluß der Unstrut in die Saale; die Unstrut hinauf bis an die Helme; an der Helme hinauf bis gen Wallhaußen; von dar nach Eißleben bis an den Bach Wilderbach; von da an die gesalzne See, und an der Salze hernieder bis wieder gen Salzmünde. Dieses war der größte Theil des Pagi Hassingau, der übrige Theil zwischen der Wipper, Saale und Wilderbach blieb bey dem Bißthum Halberstadt. Es ist das Nöthige von diesem Pago schon in dem ersten

---

b) v. Leucfeld l. c.

i) Lib. II. insuper idem charitative rogatus a Cæsare Augusto dedit domino, sanctoque Laurentio parochiam, jacentem inter fluvios Willerbizi & Salsum mare, & Unstrut, & Helmana, & foveam, quæ est juxta Valenhusum.

sten Theil dieser Beyträge abgehandelt worden, itzo setze nur darzu, daß der bey Halberstadt gebliebene Theil desselben vor Zeiten einen besondern Namen geführet, und Fresionefeld, oder auch Fresaci genennet worden, wo das Kloster Hirschfeld nach Anzeige des Annalistæ Sax. ad annum 840 den Zehenden von dem Bischoff in Halberstadt empfangen hatte, worüber nach der Zeit sehr großer Streit entstanden. Und von diesem Campo Fresonum hat eine Vorstadt in Eißleben den Namen Friesen-Straße, nicht aber von einer Niederlage der Frießen.

Die Gränzen dieses Sprengels an der Morgenseite der Saale zu bestimmen, ist etwas schwerer. Sie sind von dem Erzbischoff in Magdeburg k) anno 968 gesetzt worden, die Urkunde aber ist verlohren gegangen; doch ersetzet diesen Verlust in etwas eine Beschreibung der Zerstückung dieser Diöces, welche wir beym Ditmar l) lesen. Nach derselben ist sie von der Saale über die Elster bis an die Mulde gegangen, und hat gegen Mittag an die Pagos Plisni um Altenburg, Vedu, um Zeitz, und Tucherino, um Teuchern, gestoßen, aber sie nicht mit eingeschlossen, wie Junker in seiner Geographie p. 290, und Schötgen in der Nachlese P. III. p. 386 geglaubet haben. Gegen Mitternacht haben die kleinen Aemter oder Burgwarde Skeuditz, Cotug,

---

k) Ditmar. Lib. II. Archiepiscopus — omnes hos consecravit, disposita singulis quibusque parochia speciali.

l) Lib. III. pars episcopatus nostri, quæ jacebat inter Salam & Elistram ac Mildam fluvios, & Plisni, Vedu & Tucherino pagos cum villis Passini & Pisavi Friderico Cicensi datur episcopo. Volcoldo autem Misnensis ecclesiæ antistiti pars illa conceditur cum appertinentibus villis, Witteburg & Lostatowe, quæ ad Gutici orientalem pertinet, ac fluviis Caminici Albique distingvitur. Sibi autem retinuit Gisilerus novem urbes, quarum sunt hæc nomina, Scudici, Cotug, Worzin, Bigni, Ilburg, Dibni, Pug, Luibanici & Gezerisca.

Cotug, Wurzen, Pichen, Eilenburg, Düben, Poch, Löbnitz und Geseriske darzu gehöret. Gegen Morgen hat sie etwas über die Mulde gereicht. Zwar wenn es nach der Fundation des Stifts Meißen vom Jahr 965 gehen sollte, so würde alles über der Mulde zum Meißnischen Kirchensprengel müssen gerechnet werden. Allein bey der anno 968 erfolgten Setzung der Bischöffe ist von dem Erzbischoff nach der ihm gegebenen Vollmacht vieles geändert worden, daß also der Merseburgische ein gut Theil über der Mulde zwischen der Chemnitz und Elbe zu seinem Stift empfangen, wie denn die Burgwarde Wurzen, Düben und Poch auch über der Mulde liegen.

Der Bischoff und seine Domherren wollten auch Einkünfte haben, von welchen sie leben konnten. Das Laurentii-Kloster war ohne Zweifel von dem Stifter reichlich dotiret worden. Da es in ein Bißthum verwandelt worden, blieben zwar diese Güter, sie reichten aber nicht zu, einen Bischoff zu unterhalten, deswegen gab der Kayser, welcher zu der Zeit in Rom war, denen Marggrafen in diesem Lande Befehl, *m*) dafür zu sorgen, daß gnugsame Einkünfte für die Bischöffe in Merseburg, Zeitz und Meißen verschaffet würden. Daß der Kayser Otto I. vieles darzu hergegeben, bekräftiget der Kayser Heinrich in der Urkunde, *n*) worinnen er das Stift anno 1004 bestätiget. Man kann aber keine Stadt oder Dorf mit Namen nennen, welches anfänglich darzu gegeben worden; was aber nach und nach darzu geschenket worden, wird an seinem Orte angezeiget werden.

Einen

---

m) Leucfeld l. c. p. 656. ne vero iidem Episcopi pauperes & villanis similes æstimentur, volumus — qualiter sustententur, inveniatis.

n) facultatibus & sumtibus necessariis locum pro tempore sublimavit, additis suo debitis servitio tam reditibus quam prædiis.

von dem Bißthum Merseburg.

Einen großen Theil der bischöflichen Einkünfte machte der Zehende aus, welcher von allen Christen in der Diöces mußte abgetragen werden. Da der Merseburgische Sprengel weitläuftig und wohl angebauet war, würde der Zehende groß gewesen seyn, wenn er durchaus an Merseburg wäre abgegeben worden. Allein das Kloster in Magdeburg hatte schon anno 961 das Zehend-Recht in einigen Gegenden dieses Bißthums als in Wurzen und Eilenburg o) erhalten. Diesen mußte also der Bischoff missen; er hat aber dagegen auch in fremden Diöcesen Zehenden gehoben.

Zu Patronen hatte dieses Stift den H. Johannem, den Täufer, und Laurentium. Johannes wird insgemein vorangesetzet, nicht sowohl, weil ihm mehr Ehre gebühret, als Laurentio, als vielmehr aus der Ursache, weil die Dom-Kirche lange zuvor, ehe das Stift auffkam, von Henrico Aucupe dem H. Johanni geweihet gewesen. Denn daß aus dieser Johannis-Kirche die Dom-Kirche gemacht worden, bezeugt Ditmar L. I. deutlich, da er schreibt: Antiquum opus Romanorum muro Rex prædictus in Mersburg decoravit lapideo, & infra eundem ecclesiam, quæ nunc mater est aliarum. Man glaubt insgemein, daß hier die Stadt Merseburg ein alt Römisch Werk genennet werde. Es ist aber deutlich, daß ein alter Hof in der Stadt also geheißen, den Henricus ummauert, und an der Mauer die Johannis-Kirche angebauet. Aus diesem Hofe hat Kayser Otto I. das Kloster St. Laurentii und endlich den Thum gemacht. Es werden den gedachten zwey Haupt-Patronen zuweilen die beyden Märtyrer, Romanus und Maximus, zugesellet, weil der Stifter Otto ihre Cörper als große Heiligthümer in die Dom-Kirche verehret hatte.

Der

---

o) v. Sagittarii antiqv. Magdeb. §. 74.

VIII. Aelteste Nachrichten

Der erste Bischoff zu Merseburg hieß Boso, welches ein damals gewöhnlicher Tauf-Name war. Es sind also diejenigen unrecht berichtet, welche ihn zur adlichen Familie der Bosen rechnen. Er war von Geburt ein Bayer, und in Regensspurg in dem Kloster S. Emmerani als ein Mönch auferzogen worden. Hernach ward er Hof-Caplan am kayserlichen Hofe, und der Kayser gab ihm die Pfarren Merseburg, Memleben, Dornburg und Kirchberg, so, daß er die Einkünfte derselben genießen, und das Amt durch Vicarios bestellen konnte. Er selbst fand sein Vergnügen darinnen, daß er an der Bekehrung der Wenden im Osterlande arbeitete. Dadurch machte er sich bey dem Kayser so beliebt, daß er ihm auch das Pfarrlehn in Zeitz einräumete. Er legte auch nicht weit von Zeitz ein neues Dorf an, nannte es Bosau, und bauete da hin eine steinerne Kirche, welche lange hernach zu einem Kloster gemacht worden. Als anno 968 die drey neuen wendischen Bißthümer, Meißen, Zeitz und Merseburg, mit tüchtigen Männern sollten besetzt werden, ward auf diesen Boso besonders gesehen. Ditmar, aus dessen Chronico das Leben dieses Bosonis meistens genommen wird, schreibt, der Kayser habe ihm die Wahl gelassen, von erwähnten 3 Bißthümern anzunehmen, welches er wollte. In dem kayserlichen Briefe aber bey Leucfelden l. c. p. 656 wird ihm nur die Wahl unter dem Zeitzer und Merseburger gegeben. Er griff nach dem Merseburger, weil er zu Merseburg sicherer wohnen konnte, als unter den wilden Wenden in Zeitz; zudem war auch hier nicht so viel verdrüßliche Amts-Arbeit, als in der Zeitzischen Pflege, wo die meisten Einwohner noch Heiden waren. Und also wurde er anno 968 am dritten Weihnachtsfeyertage zu Magdeburg von dem Ertzbischoff geweihet. Bey seinem bischöfflichen Amte bewies er eben den Fleiß, welcher vorhero an ihm war gelobet worden.

den. Er verstund zwar die wendische Sprache, es mochte ihm aber die Fertigkeit im Reden mangeln; daher schrieb er seine Predigten auf, und las sie den Wenden vor. Damals ist das Stift mit einigen Gütern beschenket worden; der Kayser eignete ihm nicht nur einige Dörfer nahe bey Merseburg, sondern gab auch anno 970 ein Schloß da hin im Pago Chutizi, damals Medebure, itzo aber Magdeborn genannt, ohnweit Rötha. Zudem wurde auch dem Stifte die Kirche zu Helffte, nicht weit von Eißleben, incorporiret, welche der Kayser Otto I. in die Ehre der heil. Radegundis hatte aufbauen lassen. Boso starb anno 970 den 1. Nov. in seinem Vaterlande Bayern, nachdem er 1 Jahr, 10 Monate und 3 Tage diese Ehren-Stelle begleitet hatte. Der Leichnam ist nach Merseburg gebracht, und in der St. Johannis-Kirche vor dem hohen Altar begraben worden. Ihm folgte bald darauf

Der zweyte Bischoff, Gisiler oder Geißler, welcher von dem Capitel einmüthig p) erwählet worden. Es sind einige, welche eine vierjährige Vacanz annehmen, welche aber aus dem Nachfolgenden leichte widerleget werden können. Die Consecration ist anno 971 im Junio geschehen; sie hat aber nicht eher erfolgen können, weil der erwählte Gisiler zuvor die Bestätigung von dem Kayser, der damals in Italien war, einholen mußte. Es war dieser Herr von edlem Geblüte, und vermuthlich aus dem Geschlechte der Grafen von Nordheim. In dem Kloster zu Magdeburg war er auferzogen, und daraus an den kayserlichen

---

p) in bulla Papali de 981 in Herr Dreyhaupts Beschreibung des Saal-Kreißes T. I. p. 21. Gisilerus regimen ecclesiæ non cupiditate nefanda, sed publica electione consecutus est.

lichen Hof als Hof-Caplan gekommen. *q*) Sein bischöfflich Amt soll er schlecht versehen haben; es giebt ihm zwar Adamus Bremensis Lib. II. p. 52 das Lob, daß er durch seine Predigten und guten Wandel viele Wenden zum Christenthum gebracht: hingegen lassen ihm die Merseburgischen Geschichtschreiber wenig Ehre, und der Bischoff Ditmar schreibt, er habe nicht als ein Hirte, sondern als ein Miedling der Kirche vorgestanden. Von Amtsverrichtungen findet man nichts weiter, als daß er anno 972 im Herbste mit seinem Erzbischoffe und dem Bischoffe Focko von Meißen bey dem Synodo zu Ingelheim *r*) gegenwärtig gewesen. Hingegen hat er sich desto mehr zum Diensten am kayserlichen Hofe brauchen lassen. Der Kayser rühmet ihn in einer anno 978 gegebenen Urkunde, *s*) daß er ihm in Gesandschaften und Hof-Verrichtungen mehr als alle andere Dienste geleistet. Anno 980 reiste er mit dem Kayser nach Italien, und blieb länger als ein Jahr daselbst, während der Zeit der Erzbischoff zu Magdeburg das bischöfliche Amt allhier mit versahe. Das Stift kam unter ihm in großen Verfall. Anno 974 fielen die Pohlen und Böhmen in hiesige Lande, und verwüsteten *t*) unter andern auch dieses Bißthum; etliche schreiben, daß sie

q) Chronographus Saxo ad 982. Giselerum Otto Imp. quia stirpis, morum & industriæ nobilitate pollere cognoverat, de claustro Magd. assumtum capellæ suæ præfecerat, & defuncto Merleb. Episcopo Bosone quorundam interventu ipsum illi substituerat.

r) v. Eccardi genealogia Principum Sax. fol. 298.

s) ibid. f. 146.

t) in Vita S. Henrici Cap. 3. Merseburgensis ecclesia tempore M. Ottonis assiduis incursionibus & hostili vastatione sclavorum ad nihilum redacta est. Et quia violentiis vicinarum nationum non poterat resistere, in possessionibus, in religione, & in omnibus, quæ ad pontificalem dignitatem pertinebant, penitus cœpit deficere.

sie die Thum-Kirche zerstöret, welches unerweißlich ist. Sonderlich machte der Bischoff in Halberstadt vielen Verdruß; er verlangte, wo nicht alles, doch das meiste, wieder zurücke, was er zuvor hergegeben hatte, und es scheinet, als habe er Gewalt gebrauchet, und vieles wieder zurück genommen, worüber nach Ditmars Bericht sich Gisiler bey dem Pabste vielmal beklaget.

Was dem Bißthum auf einer Seite entzogen war, wurde durch allerley Beschenkungen wieder ersetzet. Anno 973 an dem Himmelfahrts-Tage kam der Stifter Otto nach Merseburg, und erzeigte ihm allerley Wohlthaten, weil er wegen seines langen Aufenthalts zu Rom bisher wenig thun können. Der Kayser Otto II. ist gleich bey dem Anfang seiner Regierung gegen dasselbe freygebig gewesen; er hat es nach Ditmars Bericht *u*) mit Zwencka, der Stadt Merseburg, einem Walde bey Rochlitz, Choron, Nerchau, Bucithi, Cotug und Boronthizi beschenket, wozu der Annalista Saxo *x*) noch die Abtey Poelde und das Dorf Gundorf bey Skeuditz setzet. Wären die darüber ausgefertigten kayserlichen Urkunden vorhanden, würde man bessere Nachricht davon geben können. Man hat aber bisher keine weiter gesehen, als diejenige, welche wegen des Waldes bey Rochlitz ao. 974 den 29. Aug. in Alstet gegeben worden, und in

u) Lib. III. pauperem adhuc episcopatum largi flua pietate respexit, & ejus provisori Gisillero, quia hunc multum dilexerat, Swccowam civitatem cum appertinentibus cunctis ad servitutem S. Johannis baptistæ tradidit, & quicquid Merseburgensis murus continet urbis, cum Judæis & mercatoribus ac moneta, & foresto inter Salam ac Mildam fluvios, & Svisuli atque Plisni pagos jacenti, Choron, & Niricchua, Bucithi & Cothug ac Borontizi permisit, & hæc omnia scriptis manu propria corroboratis affirmans.

x) ad 973. primo Abbatiam in Paletin, dein Svencam civitatem — Borontizi & Guntorp.

VIII. Aelteste Nachrichten

Wideburgs Diff. de Pagis Misniæ p. 148 gelesen wird. Die Urkunde wegen der Stadt Zwenckau hat Brotuf zu seiner Zeit noch in Händen gehabt, und daraus y) angemerket, daß diese Stadt im Pago Scutizi und in Comitatu Guntheri marchionis gelegen, doch hat er nach seiner Gewohnheit auf die Zahlen nicht Achtung gegeben. Da er aber erwähnet, es sey anno regni XIII, imperii VII. datiret gewesen, so siehet man, daß diese Schenkung auch im Jahr 974 geschehen. Von den übrigen Orten ist noch etwas zu gedenken. Das ansehnlichste Geschenke war ohne Zweifel die Stadt Merseburg, mit den Jüden, Kaufleuten und der Münze. Dieses alles hatte bisher der Kayser genutzet, denn Merseburg war seine Erb-Stadt. Es war zwar ein Graf allhier, allein derselbe hatte nicht mehr, als ihm zu seiner Besoldung war angewiesen worden. Die Renten von der Stadt, die Einkünfte von der Handlung und der Münze hatte der Kayser gezogen, und nunmehro sollten dieselben dem Stift heimfallen. Choron, wird auch Coryn und Thorun geschrieben, ist ein Ort zwischen Merseburg und Rochlitz. Denn als Ditmar anno 1017 nach Rochlitz reisen wollte, kam er unter Weges auf sein Gut Corin. vid. Chron. Lib. VIII. Es ist also entweder der Marktflecken Kohren, bey Borne, oder das Dorf die Röhre, bey Belgershayn, zu verstehen. Junker legt es von Thorant, bey Dresden, Schötgen aber von Kühren, bey Wurzen, aus. Nirchua, oder wie es der Annalista nennet, Nircowe, ist vermuthlich das Städtlein Nercha, ohnweit Grimme, wovon unten ein mehrers vorkommen wird. Krause in Diff. II. de Theoderico Buzicio p. 8. will Nirckendorf an der Pleiße daraus machen. Bucithi, oder nach dem Annalisten, Butizi, soll nach einiger Meynung Pausitz an der Mulde, oder Butze, nicht weit von

y) Merseb. Chronicke f. 562.

von Nirckendorf, seyn. Ich halte es für Pötzsche, nicht weit von Magdeborn. Cotug wird auch Gotung und Coltili geschrieben. Daraus hat man Cöthen, Költchau, ein Dorf im Weisenfelßischen, oder Gorhe, bey Eilenburg, gemacht. Junker in Geographia medii ævi p. 209 kommt der Wahrheit am nächsten, wenn er schreibet, daß es in der Gegend Tauche gelegen. Borontizi hat viel Aehnlichkeit mit dem Städlein Brandis, und es sind auch mehrere Gründe vorhanden, welche es wahrscheinlich machen, davon itzo nichts weiter kann gesagt werden.

Außer diesem, was anno 974 dem Bischoffe ist gegeben worden, finden sich noch einige Schenkungen in folgenden Jahren. Anno 975 hat die Aebtißin Mechtild in Quedlinburg eine Hufe Landes in Geusau dem Stifte gegeben, davon die Urkunde in Ludewigs Reliquiis. T. XI. p. 538. zu lesen, wo aber das datum geändert werden muß. Anno 977 bekam der Bischoff Gililer den Hof Prießnitz, oder Presnize von dem Kayser, davon Leuber in Stapula Sax. No. 1612 den Brief abdrucken lassen. Es giebt viele Dörfer, die diesen Namen führen. Vielleicht ist hier Frauen Prießnitz zu verstehen, zum wenigsten haben die Schenken von Tautenburg noch anno 1509 einige Dörfer bey Frauen Prießnitz von dem Stift in Lehn genommen. v. Struvii historia Pricernarum p. 111. Anno 978 bat Gisler den Kayser, daß er ihm etwas zu seinem Gute Mackerode, welches er gebauet, schenken möchte. Darauf bekam er das Dorf Beißingen in der Grafschaft Siberti. v. Eccard. in genealogia principum p. 146. Dieser Sibert hatte seine Grafschaft in der Gegend des Klosters Pölde, wo auch die Dörfer Beißingen und Mackenrode zu finden. Gisler war aus jener Pflege gebürtig, und Mackenrode war ohne Zweifel ihm im Erbe zugefallen. Der Bischoff Ditmar gedenket auch Lib. VII. des Dorfs Rölitz, welches des

Kayser-

kayserlichen Prinzens Ludolphi Wittwe, Ida, zum Stifte gegeben. Daraus siehet man, daß ein Bischoff in Merseburg gnugsamen Unterhalt gehabt. Allein der Hochmuth des Bischoff Gisilers brachte endlich das Stift in Verfall.

Der zweyte Abschnitt.
Von der Zerstreuung dieses Bißthums.

Albrecht, der Erzbischoff zu Magdeburg, war anno 981 den 20. Jun. gestorben, und die Domherren hatten Otricum zum Nachfolger gewählet. Er reiste sogleich nach Italien zum Kayser, und hatte etliche Domherren und Stiftssassen bey sich. Diese wanden sich an den Bischoff Gisiler, welcher bey dem Kayser viel vermochte, und damals in Italien war. Sie kamen aber übel an. Er gieng zwar zum Kayser, und that den Vortrag, aber nicht zu des Otrici, sondern zu seinem eigenen Vortheil. Denn er bat den Kayser aufs demüthigste, bey Besetzung dieser Stelle auf ihn zu sehen. Er erhielt auch bald eine günstige Antwort. Da aber die Versetzung eines Bischoffs zu einem andern Stifte ein solcher Fall war, den der Kayser ohne dem Pabst nicht entscheiden konnte, so steckte sich Gisiler hinter die Cardinäle, er beschenkte sie reichlich, und brachte es da hin, daß sie ihm allen Beystand versprachen. Darauf ward die Sache dem Pabste vorgetragen, welcher vermuthlich von dem Kayser schon gestimmt war. Es wurde deswegen den 10. Sept. anno 981 ein Synodus zu Rom gehalten. So weit gehet die Nachricht, welche uns der Bischoff Ditmar gegeben. Wie listig aber die Sache auf diesem Synodo angegriffen worden, kann man am besten aus der päbstlichen Bulle lernen, welche damals ausgefertiget worden, und in des Herrn von Dreyhaupts Beschreibung des Saal-Kreißes T. I. p. 21. zu finden ist.

Nämlich

von dem Bißthum Merseburg.

Nämlich es ward anfänglich feste gestellet, daß das Merseburgische Bißthum kein ächtes, und den Kirchen-Satzungen gemäßes Bißthum sey; denn es habe der Bischoff in Halberstadt seine Einwilligung nicht schriftlich von sich gestellt, und also habe Otto I. wider Recht und Billigkeit gehandelt, da er einen Bischoff da hin verordnet. Zudem sey der Kirche in Halberstadt dadurch so viel entzogen, daß sie nicht wohl bestehen könne. Darauf fiel das Urtheil einstimmig da hin aus: Der Kirche in Merseburg den bischöfflichen Titel zu nehmen, sie dem Bischoff zu Halberstadt wieder zu unterwerfen, den Kirchensprengel aber über der Saale unter die Bischöffe in Meißen und Zeitz einzutheilen. Nunmehro hieß Gisiler ein Bischoff, und hatte doch kein Bißthum mehr. Darauf ward bey dem Pabste angefraget, ob es nach den Kirchen-Rechten erlaubt, denselben, weil er kein Bißthum hätte, zum Erzbischoffthum in Magdeburg zu befördern. Der Synodus billigte es sogleich; und darauf geschahe die Wahl zu Rom: die kayserliche Bestätigung erfolgte, und der Pabst gab ihm das Pallium. Alles dieses geschahe den 10. Sept. Der neue Erzbischoff Gisiler machte sich nach etlichen Tagen auf den Weg, und hielt den 30. Nov. seinen Einzug zu Magdeburg.

Merseburg hatte nun keinen Bischoff mehr, und der Kirche daselbst war die Ehre abgesprochen worden, ein Bischoffthum zu heißen. Nach einigen Jahren änderte man am päbstlichen Hofe diese Grundsätze. Man erkannte, daß dieser Kirche der Titel eines Bißthums mit Recht nicht habe können entzogen werden. Man sagte also, daß Gisiler 2 Bißthümer zugleich besäße, das Magdeburgische und Merseburgische, und dieses wurde in den damaligen Zeiten für unerlaubt gehalten. Es sind aber noch mehrere Beweise übrig, welche bestätigen, daß der Titel eines Bißthums demselben abgenommen worden. Der Kayser Heinrich
klagt

klagt in der neuen Bestätigung dieses Bißthums de ao. 1004 darüber also: Honorabile illud episcopii caput & *nomen* in Abbatiam flebiliter commutatum. Und bey dem Chronographo Sax. findet man ad annum 982 diese Erzählung: Adeptus Archiepiscopatum, postposito dei & vindicis Laurentii honore, Merseburgensis episcopatus sedem pariter *cum nomine* destruxit, illumque pro Abbatia Archiepiscopo adjiciens tenuit.

Gisiler hatte kaum Besitz von Magdeburg genommen, so ward die Vertheilung des Merseburgischen Kirchensprengels, wie es zu Rom beschlossen worden, in Erfüllung gebracht. Denn wo kein Bischoff ist, kann auch keine parochia episcopalis oder bischöffliche Diœces seyn. Es sind einige, welche schreiben, es habe Gisiler einige Jahre die Merseburgische Diœces beybehalten, und sie nur anno 987, oder gar 996 an die Herren Nachbarn abgegeben; allein das Chronicon Halberstad. und Lambertus setzen diese Vertheilung mit Recht in das Jahr 982. Der eine Kreiß über der Saale mit der Stadt Merseburg kam wieder an Halberstadt, wo hin er ehemals schon gehöret hatte. Der andere Kreiß dißeit der Saale sollte nach dem erwähnten Synodal-Decret unter die Bischöffe in Meißen und Zeitz vertheilet werden; allein Ditmar berichtet, daß Gisiler nicht leer ausgehen wollen, sondern etwas davon zum Magdeburgischen Erzbißthum gezogen.

Dem Bischoff Friedrich in Zeitz ward der Theil davon eingeräumet, welcher zwischen der Saale, Elster und Mulde lag. Wo also die Elster in die Saale fällt, an der Elster herauf bis Leipzig, und von Leipzig nach Wurzen. Diese Linie ward zur Scheidung gemacht. Was von derselben an gegen Mittag bis an die pagos Plisni, Vedu und Tuchurino, zur Merseburgischen Diœces gehöret hatte, kam nunmehro nach

Zeitz;

Zeiß; nämlich die Aemter Borne, Pegau, Zwencka, Leipzig, und Weißenfels zum Theil. Was aber von dieser Linie gegen Mitternacht lag, eignete sich Gisiler selbst zu. Es bestund aber dieser District aus 9 Burgwarden, nämlich: Skeudiß, Cotug, Pichen, Wurzen, Eilenburg, Düben, Poch, Löbeniß und Geserizka, welches leztere eingegangen, und in der Gegend Wölcke gelegen hat, wo noch izo ein Dorf, Göriz, zu finden. Das übrige, was noch über der Mulde zum Stift Merseburg gehöret hatte, von der Chemniz an bis an die Elbe, bey Dommazsch, ward dem Bischoff in Meißen, Volcoldo, zu besorgen überlassen, wie auch etwas dißeit der Mulde, in den Aemtern Colditz, Rochliz und Penig, so viel davon zu dem pago Chutizi gehöret.

Die Stifts-Städte, Dörfer, Wälder und Zinsen wurden auch zerstreuet. Ditmar z) berichtet, daß Gisiler dieselben zum Theil selbst behalten, zum Theil andern überlassen. Der Bischoff in Zeiz bekam die zwey Dörfer Paslini und Pisavi, welche Herr Schötgen a) vor Possenhayn bey Naumburg, und Pissen bey Lüzen hält. Im Ditmar wird fälschlich gelesen cum villis passim & piscinis, welches der Annalista ad 981 besser also geschrieben, cum villis Paslini & Pisavi; auch hat der Zeizer Bischoff den Zehenden in den zwey Burgwarden Tuchumuzi und Trebuni bekommen, davon hernach etwas wird gemeldet werden. Der Bischoff in Meißen verlangte von den Stifts-Gütern, außer etlichen Dörfern, 2 Städte, Wisseburg und Lostatawe, welche in dem Pago Chutizi lagen. In der Urkunde bey Straußen b) stehet zwar, duas villas

---

z) Lib. III. præcepta, quæ munera regalia f. imperialia detinebant, aut igni comburebat, aut ecclesiæ suæ, mutato nomine designari fecit mancipia, & totum, quod Merseburg respicere deberet, ne unquam colligeretur, sponte dispergit.
a) in der Nachlese P. III. p. 396.
b) in Diss. de Rudolpho Svevico p. 29.

villas in pago Schuzi & pagos in episcopatu sitas, nomine Wisseburg & Lostatawa. Allein nach einer andern Abschrift muß gelesen werden, duas villas in pago Schutizi & proprietates in episcopatu Merseburgensi sitas Wissebuchg & Lostatana. Vieles ist an weltliche Herren überlassen worden. Es wird hernach erwähnet werden, daß der Graf Esico in Merseburg die Stadt Merseburg, die Jüden, Kaufleute und Münze bis anno 1004 besessen, welche er von Gisilern getauscht hatte. Der Marggraf Eccard hatte den Wald bey Rochlitz bekommen, darüber hernach großer Streit entstund.

Das meiste behielt Giseler für sich. Außer dem Ditmar bestätiget solches ein alter Geschichtschreiber. c) Die Betrügerey mit den Urkunden ist zu allen Zeiten groß gewesen. Gisiler ließ die Merseburgischen Briefe abschreiben, anstatt Merseburg ließ er Magdeburg setzen, und die ächten Urkunden verbrannte er. Dergleichen Zeichen der Verfälschung trifft man in den 2 Urkunden an, welche Herr Eckard in !geneal. Princip. p. 186. aus einem Magdeburgischen Copial-Buch drucken lassen. Das Stift Merseburg hatte vom Kayser 2 Oerter, Coren und Presnize erhalten. Hier werden 2 Briefe gefunden, welche beyde anno 983 an einem Tage datiret sind, und einerley Worte haben, darinnen diese beyden Dörfer dem Erzstift Magdeburg zugeeignet werden. Es kann aber auch seyn, daß er viele Merseburgische Stifts-Güter mit Genehmhaltung des Kaysers behalten. Wenn es an dem ist, was oben aus dem Annalista Sax. erzählet worden, daß das Kloster Pölde dem Stift Merseburg unterwürfig gewesen, so kann man sehen, warum es

anno

---

c) Vita S. Henrici Cap. 3. factum est, ut Merseburgensis episcopatus penitus destrueretur. Et quæ potiora erant illius ecclesiæ, in prædiis, in ministerialibus, in ornamentis, in ditionem Magdeb. Ecclesiæ transferrentur.

anno 981 den 23. Sept. etliche Tage nach der Wahl Gisilers zum Erzbischoff an Magdeburg gekommen, wovon Leucfeld in Antiquit. Pœld. p. 32. den Brief anführet. Nercha hatte nach Merseburg gehöret, aber ao. 991 wird dieser Ort unter die proprietates ecclesiæ Magdeb. gerechnet, und an einen Grafen Bezelin vertauscht. v. Leuberi stapula No. 1618, und auf diese Art mögen viele Güter in hiesigen Landen nach Magdeburg gekommen seyn. Einige alte Meißnische Chronicken schreiben, daß der Erzbischoff in Magdeburg anno 1220 Tauche zur Stadt gemacht, und ummauert; wenn Gisiler Cotug dem Stift Merseburg entzogen, so haben seine Nachfolger in dieser Gegend leichte einige Herrschaft ausüben können. Anno 1121 fundirte der Erzbischoff Rucker das Kloster Neuwerk bey Halle, darzu gab er, wie der Herr von Dreyhaupt in Beschreibung des Saal-Kreißes T. I. das Document anführet, die Kirche zu Brandis. Man wundert sich, wie er zu dieser Gerechtigkeit gelanget. Hat aber Gisiler das Merseburgische Borontzi seinem Stifte zugeeignet, so offenbaret sich einiger Grund darzu.

Doch es sind noch einige Stifts-Güter bey Merseburg geblieben. Denn es wurde in dem erwähnten Synodo ausgemacht, daß anstatt des Bißthums ein Kloster erbauet, und mit einem Abt versehen werden sollte. Dieses ist auch von Gisilern erfüllet worden. Er stiftete eine Abtey, d) setzte Mönche aus dem Kloster Bergen da hin, bestätigte anno 982 den 26. Apr. Ortradum zum Abte, und unterwarf dieses Kloster dem Erzstifte. Ortrad lebte noch anno 992, und war bey der Einweihung des Stifts Quedlinburg zugegen.

---

d) Ditmar Lib. III. Abbatiam ibi statuit, eidemque Otradum, venerabilem de S. Johanne monachum præfecit, postqua Heimonem de eodem monasterio constituit.

Nach deſſen Tode übergab Giſiler dieſes Amt dem Heimoni. Daß die Einkünfte dieſer Abtey von den Stifts-Gütern genommen worden, kann mit dem Zeugniß eines alten Geſchichtſchreibers e) beſtätiget werden.

Der dritte Abſchnitt.
Von der Wiederaufrichtung des Stifts Merſeburg.

Bald nach dieſer Verwüſtung verfolgete dem Kayſer ein Unglück nach dem andern. Anno 982 den 13. Jul. verlohr er eine Schlacht in Calabrien, und kam darbey in Gefahr ſeines Lebens. In eben dem Jahr den 29. Jul. verwüſteten die Wenden Havelberg und Brandenburg, und fielen in die alte Mark ein. Das Jahr drauf ſtarb er zu Rom. Dieſe Unglücksfälle ſahe man an als eine Strafe Gottes wegen Zerſtörung dieſes Bißthums. Der Chronographus Saxo erzählet, daß man dem Kayſer vorhergeſagt, wie der H. Laurentius habe in einem Geſichte die Vernichtung ſeines Stifts zu beſtrafen gedrohet; der Kayſer aber f) habe darüber gelacht. Nach ſeinem Tode ſetzten die Geiſtlichen ſeiner hinterlaſſenen Wittwe heftig zu, weil ſie die Vormundſchaft über den jungen Kayſer führete, und beredeten ſie, daß ihr Gemahl keine Erlöſung aus dem Fegefeuer zu hoffen habe, ſo lange dieſer Schade nicht erſetzet werde. Sie ließ es auch an Vermahnungen bey dem jungen Kayſer nicht ermangeln. Baronius in ſeinen Annalibus ſagt, der

---

e) vita S. Henrici C. III. de quibusdam reliquiis poſſeſſionum, quæ Merſeburg remanſerant, Abbatia inibi conſtruebatur.

f) ad annum 982. Imperator hanc viſionem auditam parvipendens, non correxit errorem, & idcirco minoravit Deus dies temporis ejus, & in ipſis eum omni profudit confuſione.

der Kayser Otto III. habe schon anno 984 den Anfang gemacht, die Wiederherstellung dieses Stifts zu bewerkstelligen; allein Ditmar schreibt, daß er die Hand ans Werk geleget, nachdem er mündig worden, welches ohngefähr in dem Jahre 996 mag geschehen seyn.

Vor allen Dingen mußte er die Zurückgebung des Kirchensprengels auswirken, und es scheinet, als habe er bey dem Bischoff in Halberstadt großen Ernst, wiewohl vergeblich, gebraucht; denn Brotuf *g*) hat ein Diploma von diesem Kayser gesehen, nach welchem er die Herrschaft bey dem Wasser Willerbitz, und Sulze, bey Eckersberg, und zwischen den Wassern Unstrut, Saale und der Ilme, und die Grube, welche ist bey Wallhaußen gelegen, dem Bißthum Merseburg gegeben. Es ist augenscheinlich, daß in dieser Urkunde dem Stifte die Diöces aufs neue confirmiret worden, welche ehemals der Bischoff Hildiward an Merseburg abgegeben, wie die Worte oben angeführet worden. Allein Brotuf hat die Namen der Flüsse unrecht erkläret, aus der Salza hat er Sulze, aus der Helmaßa die Ilme gemacht.

Nachdem es da hin gekommen, daß wieder ein Bischoff nach Merseburg gesetzt werden konnte, verlangte er von Gisilern, daß er das Erzstift niederlegen, und wieder sein voriges Amt annehmen sollte. Dieser wegerte sich; der Kayser verklagte ihn anno 998 bey dem Pabste. Es ward ein Concilium in Rom gehalten, dessen Acta in den Sammlungen der Concilien *h*) gefunden werden. Es ward ihm Schuld gegeben, daß er zwey Bißthümer zugleich hätte, welches wider das Kirchen-Recht wäre. Also behauptete man

---

g) in der Merseburgischen Chronick f. 563.
h) v. Harduini Concilia Tom. VI. p. 754. 763. causâ Gisileri ventilata est, qui accusatus fuit, quod duas parochias minorem & majorem, Merseburgensem & Magdeburgensem teneret.

man nunmehro am päbstlichen Hofe, daß Merseburg noch ein Bißthum sey, ob es gleich vor 17 Jahren von einem Pabste war annulliret worden. Der päbstliche Hof richtete sich nach der Gesinnung des Kaysers. Gisiler ward nach Rom citiret; er wendete aber eine Unpäßlichkeit vor, und erschien nicht. Anno 1000 kam der Kayser aus Italien in Deutschland an, und brachte einen päbstlichen Legatum mit, welcher diesen Handel zu Ende bringen sollte. Den Palm-Sonntag kamen der Kayser und Legat nach Magdeburg. Der Kayser ließ ihm aufs neue befehlen, i) daß er Magdeburg verlassen, und Bischoff in Merseburg werden sollte. Gisiler brachte es durch Geschenke da hin, daß 8 Tage drauf die Sache in einem Synodo zu Quedlinburg möchte ausgemacht werden; weil er aber wieder krank ward, mußte alles bis auf den 1. May, an welchem ein Reichstag zu Aachen sollte gehalten werden, ruhen. Auf diesem Reichstage gieng es nicht nach seinem Wunsche, er appellirte deswegen an ein allgemeines Concilium; und also blieb die Sache liegen, und der Kayser konnte bey seinem Leben die Wiederaufrichtung dieses Bißthums nicht zu Stande bringen. Nachdem der folgende Kayser, Henricus Sanctus, die nöthige Ruhe im Reiche hergestellet, gedachte er an Merseburg, welches ihm vor vielen andern Städten lieb war, weil es vor Zeiten seinen Vor-Eltern erblich gehöret hatte. Es wird gemeldet, daß er schon anno 1003 den 2. May mit dem Bischoff in Halberstadt in Unterhandlung wegen des Kirchensprengels getreten, und ihm dafür 100 Hufen und die Stadt Ilsenburg zu geben versprochen habe. Anno 1004 im Jenner kam er nach Dornburg an der Saale; der Erzbischoff erschien auch allda, ward aber krank, deswegen der Kayser in sein Logis

---

i) Chronographus Saxo ad 1000. ut dans honorem Deo, priori suo, uno & legitima contentus esset episcopio.

Logis schickte, und ihm sagen ließ, er sollte das Erzstift niederlegen, und wieder Bischoff in Merseburg
werden. Gisiler bat sich 3 oder 4 Tage Bedenkzeit
aus, und ließ sich auf sein Schloß Tribur oder Treiber bringen, welches nicht weit von Dornburg liegt,
und ihm vor 4 Jahren geschenkt worden war; *k*) zwey
Tage drauf, als er daselbst angekommen, starb er,
nämlich den 25. Januar, wodurch alle Schwierigkeiten auf einmal gehoben waren.

Anno 1004 ohngefähr den 24. Febr. ward der
kayserl. Capellan Wigbert zum Merseburgischen Bischoffe erwählet, geweihet und installiret. Die kayserl. Confirmation des wieder hergestellten Bischoff-
thums erfolgte den 3. Mart. und ist in Straussii Diss.
de Rudolpho Svevico p. 58 zu lesen. Es soll auch
bald darauf Pabst Johann XVIII. dasselbe confirmiret, und nach Ditmars Aussage mit vielen Privile-
gien versehen haben. In den alten Editionen des
Ditmars ist ein Schreibefehler eingeschlichen, und anstatt 1004 das Jahr 1005 gesetzt worden, welches viele verführet. Niemand darf glauben, daß dieses
Bißthum sogleich zu seinem vorigen Stand und Größe gelanget, sondern es ist vielmehr zu beweisen, daß
es niemals alles wieder bekommen, was es zuvor gehabt hatte. Ueber der Saale hat sich die Diöces,
wie oben bewiesen worden, über die Aemter Freyburg,
Querfurt und Eißleben bis an Wallhaußen erstrecket.
Nunmehro mußte der neue Bischoff mit dem Amte
Merseburg zufrieden seyn, das übrige behielt der Bischoff in Halberstadt. Der Kayser hatte sich zwar
alle Mühe gegeben, die ganze Gegend wieder darzu zu
bringen, er konnte aber nichts mehr auswirken, als
das Burgward Merseburg, wie Ditmar saget, und
auch dieses mußte er theuer erkaufen. Aus der Gränz-
beschreibung des Bißthums Halberstadt, vom Jahr
1011.

---

k) v. diploma in Felleri monumentis ineditis p. 18.

1011 *l*) kann man genau lernen, wie weit die neue Diöces gegangen, nämlich von der Bach, welche durch Bicndorf fließt nach Kriegsted und Peine und so ferner bis an die Ueberfurth in Corwethe. Was innerhalb dieses Halb-Circels lag, machte den neuen Sprengel aus, und so ist es auch geblieben.

Dießeit der Saale hatten sich 3 Bischöffe in die Diöces getheilet. Sie haben auch nicht alles wieder herausgegeben. Tageno, der neuerwählte Erzbischoff, stellte sich bereitwillig, alles zu thun, was zur Aufnahme dieses Stifts gereichen könnte. Allein wir haben schon oben gehöret, daß er viele Stiftsgüter behalten, darüber Bischoff Ditmar so vielmal bey dem Kayser und Erzbischoffe Klage geführet. Doch muß er etwas gethan haben, weil ihn der Kayser einigermaßen schadloß gehalten, und ein Gut *m*) dafür geschenket, welches nach dem Chronico Magdeb. die Stadt Tuchtum soll gewesen seyn. Was mit der Abtey vorgenommen worden, ist unbekannt; Brotuf meldet zwar in seiner Chronicke p. 583, daß die Mönche mit Canonicaten wären versorget worden; allein es kann auch seyn, daß sie auf die Alteburg transferiret worden. Denn eben dieser Brotuf schreibet p. 607, es wären vor dem Jahre 1092, da die Abtey St. Petri gestiftet worden, daselbst Mönche gewesen; er weis aber nicht anzugeben, wie sie da hin gekommen.

l) in Leibnitii Script. Brunsv. T. II. p. 121. per ascensum Salæ usque in rivum, qui transit Bogendorf, qui rivus separat diœces. Halberst. & Merseb. inde per viam, qua itur per Cricslide usque Bunove, abhinc usque ad transitum Salæ in Curewate.

m) Chronogr. Saxo ad 1094. Rex reversus Magdeburch, ne quod ex hac institutione Archiepiscopo incusaretur intulisse damnum, quoddam sui juris eidem cum legali testamento tradidit prædium, cum omnibus pertinentiis suis, in Zeudici provincia situm.

men. So wird auch um das Jahr 1080 ein Abt *n*) mit Namen Willeram erwähnet, welcher ein schönes Carmen de nuptiis Christi & Ecclesiæ geschrieben hat. Wegen des Kirchensprengels wurden viele Schwierigkeiten gemacht, ehe etwas davon zurück gegeben ward. Der Bischoff Ditmar hat deswegen bald bey dem Kayser, bald bey dem Erzbischoff Ansuchung gethan. Endlich ließ sich anno 1015 der Erzbischoff Gero noch erbitten, von den 9 Burgwarden, welche Gisiler nach Magdeburg gezogen, viere zurück zu geben, *o*) Wurzen, Pichen, Cotug und Skeuditz. Die Kirchen-Aufsicht über die übrigen 5 Städte und ihre Pflege ist bey Magdeburg geblieben, außer daß Düben und Poch nach der Zeit durch einen Vergleich an Meißen gekommen. Daher auch in einer päbstlichen Bulle *p*) vom Jahr 1138 der Anfang der Magdeburgischen Diöces bey einem Gränzstein des Burgwards Pichen gemacht wird. Da diese 5 Burgwarde dem Stifte Merseburg entzogen wurden, fiel auch der Zehende weg, welcher anfänglich daraus nach Merseburg abgetragen worden, und man hat Nachricht, *q*) daß der Erzbischoff selbigen bis auf das Jahr 1163 in dem Burgward Löbnitz eingesammlet, da er an Meißen vertauscht worden.

---

n) Monachus Pirnensis in Menkens Scriptoribus II. p. 1505. Willeram war Abt zu Merseburg an der Saale MLXXX bey Kayser Heinrich III.

o) Ditmar Lib. VII. Gero archiantistes & ego ejusdem comes, ad locum, qui Mucherini dicitur, veniebamus, ibi tunc ego de promissis dulcibus eum admonens, percepi ab eodem cum baculo ejus, quem hodie teneo, parochiam super has IV. urbes Scudici, Cottili, Bichini & Wurzin. VIII. Cal. Nov.

p) in des Herrn von Dreyhaupt Beschreibung des Saal-Kreißes T. I. p. 30. a lapide posito ad australem partem cujusdam Burchitall, quod dicitur Bichin.

q) v. Schötgens Nachlese Part. III. p. 405.

Der Bischoff in Meißen war ebenfalls schwierig, alles zurück zu geben. Außer den beyden Städten Wisseburg und Lostataw, wovon die angeführte Urkunde vom Jahr 1004 redet, gab er von dem Kirchensprengel weiter nichts her, als was an der linken Seite der Mulde in den Aemtern Penig, Rochlitz und Kolditz lag. Das übrige zwischen der Chemnitz und Elbe wollte er bey Meißen behalten. Bischoff Ditmar klagte deswegen einigemal bey dem Kayser, es wurde auch dem Meißnischen Bischoffe die Restitution anbefohlen; es war aber alles vergebens. Der Ausgang des Processes gereichte dem Stift Merseburg zum größten Nachtheil: denn anno 1017 ward die Sache in einem Synodo zu Magdeburg in Gegenwart des Kaysers also entschieden, daß hinführo die Mulde die Gränze zwischen beyden Bißthümern machen sollte. Folglich verlohr Merseburg alles, was es suchte, und mußte noch darzu die Pfarren cediren, welche in den beyden Burgwarden, Wurzen und Pichen, über der Mulde gegen Morgen lagen, und nur vor zwey Jahren von Magdeburg waren abgetreten worden, dafür nichts weiter vergütet wurde, als daß der Bischoff in Meißen einige Pfarren, welche er noch unter seiner Inspection an der Abendseite der Mulde in den Aemtern Penig und Rochlitz behalten hatte, abtrat. Die Worte Ditmars sind würdig, daß sie hier *r*) gelesen werden. Der Marggraf Hermann, Schutzherr des Stifts

r) Ditmar Lib. VII. in Cathedra S. Petri, cum sederet Imperator, & præsentes episcopi adessent, Gero, Meinwercus, Wigo & Ericus & Eilbartus, surrexi, & lamentationem feci. Tunc Imperator & archiantistites, a quibus sperabam auxilium, jusserunt mihi Deus scit, invito, qui his resistere non præsumsi, ut parochiam in orientali parte Mildæ fluminis jacentem, id est, in burgwardis Bichini & Wurzin, Eilbardo concederem, & quam ille in occidentali ripa tunc teneret, mihi, hoc nunquam desideranti, relinqueret, id concambium baculis firmavimus nostris.

Stifts Meißen, hat ohne Zweifel diese Vortheile seiner Kirche bey dem Kayser ausgewirket. Denn daß er sich derselben sehr angenommen, kann man bey einem andern Proceß wahrnehmen, welchen Ditmar beschreibet: Es verlangte das Stift Merseburg drey Dörfer, welche vor Zeiten da hin eigenthümlich gehöret, und bey der Zerstreuung des Stifts an Meißen kommen waren. Marggraf Hermann und der Bischoff in Meißen wollten sie nicht wieder her geben: Es kam vor den Kayser; dieser gab Befehl, daß sie der Marggraf entweder dem Bischoff in Merseburg gutwillig abtreten sollte, oder beschwören, daß sie das Stift Meißen mit Recht besäße.

Der Bischoff in Zeitz machte die wenigsten Schwierigkeiten; der Kayser schenkte ihm drey bey einander liegende Dörfer, die zusammen den Namen Crozuwa führeten, und ohne Zweifel das Dorf Crossen ausmachen; dafür trat er nicht nur die Diöces wieder ab, sondern gab auch den Zehenden in Treben und Tuchamuzi zurücke, wie in der Bestätigung des Merseburgischen Stifts vom Jahr 1004 gelesen wird. Der Autor vitæ Ditmari nennet diese beyden Burgwarde Tribni und Tuchus, und giebt fälschlich vor, daß sie zur Zeit Bischoff Ditmars zum Stifte gekommen. Diese beyden Oerter liegen unter dem Amte Weisenfels, und machen ein groß Theil desselben aus. Von Treben ist nichts mehr übrig, als eine Kirche an der Saale, welche nach Dölitz gehöret. Es ist aber vor Zeiten ein Burgward oder ein klein Städtlein gewesen, zu welcher viele Dörfer zwischen der Saale und Rippach, und insbesondere das Dorf Tauche gehöret. Anno 978 hielt sich der Kayser einige Tage daselbst s) auf. Anno 1041 wird das Dorf Tauche

---

s) Eccardi hist. geneal. p. 146. ad locum quendam Trebuni nominatum, in quo tunc temporis moravimus, ultra Salam fluvium situm.

oder Tuchin erwähnet, s) in burcwardo Trebeni in pago Zeudici. Und anno 1108 gab der Kayser dem Stift Meißen u) acht Hufen in burcwardo & villa Tribene, tres autem in villa Chrowati juxta fluvium Sala. Man darf sich nicht wundern, daß dieser Ort in dem Merseburgischen Bestätigungsbrief eine Stadt genennet wird; denn alle Burgwarde heißen nach damaligen Stylo Städte, und sind doch viele darunter niemals in dem Verstande Städte gewesen, wie man itzo das Wort Stadt auslegt. Dergleichen sind die oben erwähnten Oerter, Pichen, Löbnitz und Poch. Es haben auch viele angemerket, daß in Nieder-Sachsen die Dörfer zuweilen Städte genennet worden. Da man anfieng, die alten Burgwarde zu vereinigen, und Fürstliche Aemter daraus zu machen, ist dieses Treben zum Amte Weisenfelß gezogen worden. Wo die Stadt Tuchamuzi gelegen, ist nicht so deutlich. Brotuf und andere haben bemerket, daß die Stadt Weisenfelß vor Zeiten Tauchelitz geheißen. Dieser Name hat viele Aehnlichkeit mit jenem; es ist aber hier nicht nöthig, mehrers davon zu sagen. Oben ist gedacht worden, daß der Bischoff in Zeitz von dem Stift Merseburg die Dörfer Passini und Pisavi erhalten. Wenn diese zurück gegeben worden, weis man nicht. Es finden sich aber bey dem Autore vitæ Ditmari zwey Oerter, Pissi und Passini, welche Bischoff Ditmar ans Stift soll gebracht haben, und diese scheinen die erwähnten zu seyn. Wie die andern entwendeten Güter aus den Händen der weltlichen Herren wieder ans Stift kommen, wird hin und wieder bey Beschreibung der ältesten Bischöffe erwähnet werden.

Also siehet man deutlich, daß das Stift Merseburg bey der neuen Aufrichtung seine vorige Größe in Ansehung

---

s) in Sagittarii diss. de Eccardo II.
u) v. Hornii commentatio in epistolam Adelgoti p. 7.

von dem Bißthum Merseburg. 315

sehung der Dioces, und seinen Reichthum in Ansehung der Güter nicht wieder erhalten habe; daher Ditmar zu seiner Zeit über das schlechte Einkommen nicht unbillig geklaget hat. Doch ist mit der Zeit der Verlust durch andere Schenkungen ersetzet worden.

Der vierte Abschnitt.
Von den ältesten Bischöffen, welche diesem Stifte nach der Wiederaufrichtung vorgestanden.

Der dritte Bischoff, Wiprecht, von 1004 — 1009. wird auch Wippertus, Guilbertus und Ymbertus geschrieben. Sein Nachfolger im Amte, Ditmar, hat Lib. VI. Chron. das nöthigste von seinem Leben aufgezeichnet. Er war aus Thüringen gebürtig, und hatte eine Pfründe in Magdeburg. Der Erzbischoff Giseler konnte ihn wohl leiden. Er war von schöner Leibesgestalt und muntern Geiste. Er gerieth aber mit seinem Erzbischoff in einige Mißhelligkeit, deswegen gieng er weg, und nahm am kayserlichen Hofe die Stelle eines Capellani an. Bey dem Kayser machte er sich so beliebt, daß er ihm anno 1004 im Monat Febr. das erneuerte Stift Merseburg übergab. In eben diesem Jahre gieng er mit der kayserlichen Armee nach Pohlen zu Felde, und wohnte unterwegens den 8. Aug. der Einweihung des Klosters Nienburg an der Saale bey. v. dipl. in Eccardi hist. geneal. p. 151. Anno 1005 den 7. Jul. war er auf dem Synodo zu Dortmund in Westphalen, v. vita Adalberonis. In seinem Amte hat er sich viel Mühe gegeben, das abergläubische Wesen des gemeinen Volks zu tilgen. Er hat deswegen einen Wald, Zutibure, das ist, ein verbotener Wald, lassen umhauen, weil die Wenden im Osterlande da hin Wallfarthen aus Aberglauben anzustellen

VIII. Aelteste Nachrichten

ken pflegten, und hat dem H. Romano zu Ehren eine Capelle da hin aufbauen laſſen. Lucum, Zutibure dictum, ab accolis, ut Deum, in omnibus honoratum, & ab ævo antiquo nunquam violatum radicitus eruens, Sancto martyri Romano in eo eccleſiam conſtruxit. Dieſe Worte Ditmars Lib. VI. p. 385 hat man in neuern Zeiten unrecht ausgelegt, und aus dem Namen eines Waldes einen heidniſchen Goͤtzen gemacht. Ob dieſer Wald bey Merſeburg an der hohen Bruͤcke, oder im Amte Luͤtzen bey Skeitbar gelegen, iſt ungewiß. Die Stiftsguͤter haben unter ihm einen ziemlichen Zuwachs bekommen. Die Stadt Zwenka war bey der Zerſtreuung des Stifts in fremde Haͤnde gerathen. Der Kayſer brachte es dahin, daß ſie wieder mußte zuruͤck gegeben werden, und beſtaͤtigte ſolches durch eine Urkunde, welche bey Leucfeld de bracteatis Merſeb. p. 26 geleſen wird. Den Wald bey Rochlitz, welchen der Erzbiſchoff Giſiler an ſich gezogen, und anno 997 gegen einen andern Wald bey Semeringen an den Marggraf Eckard vertauſchet hatte, erhielt Biſchoff Wiprecht auch wieder, v. Ditmar Lib. VIII. Anno 1004 im Decemb. ſtarb der Merſeburgiſche Graf Eſico ohne Erben in Leipzig, und ward in der Thumkirche zu Merſeburg begraben. Er hatte bey der Zerſtreuung des Stifts von Gißlern die Gefaͤlle von der Kaufmannſchaft und den Juͤden an ſich gebracht, und bis an ſein Ende behalten. Nunmehro wurden nicht nur dieſe Einkuͤnfte vom Kayſer, der ſich der ganzen Verlaſſenſchaft des Grafens annahm, dem Stift reſtituiret, ſondern derſelbe gab auch noch das Dorf x) Ophauſen bey Querfurt, und 2 ſilberne Leuchter zum

x) Chronogr. Saxo ad 1004. deinde reverſus Rex Merſeburg venit, ubi pro remedio animæ cujusdam Eſiconis comitis prædium quiddam Uppuſin dictum cum candelabris duobus argenteis altari tradidit, inſuper & Wipperto Epiſcopo mercatores & Judæos ab Giſilhario primitus acquiſitos, ac diu commutatos, reddidit.

zum Seelengeräthe für diesen Grafen. Der Bischoff Ditmar meldet, daß Wiprecht 2 ganze Dörfer, Sibigeshausen und Werben, und in Terbingen 9 Hufen, in Dalwin 7 Hufen, und in Neustadt 3 Hufen dem Stifte verschaft, auch von seinen eigenen Erbgütern 7 Hufen in Uphausen, und einen Wald, den schönen Berg genannt, verehret. Das Chronicon Episcoporum Merseb. y) berichtet auch, daß er Betfriderode, oder Getfriderode, wo ein Goldbergwerk wäre, von dem Kayser erhalten. In den zwey letzten Jahren seines Lebens war dieser Bischoff sehr krank; man glaubt, daß er durch einen vergifteten Trank verderbet worden. Er war untüchtig zum Amte, doch wurde z) solches mit Genehmhaltung des Kaysers von seinem Thumprobste, Gero, versehen. Daß aber die bischöfflichen Kammergüter darunter Schaden gelitten, und sonderlich die Officianten in Zwenkau, und auf andern bischöfflichen Gütern an der Elster, übel Haus gehalten, hat sein Nachfolger Ditmar, nach seinem eigenen Bericht, gefunden. Eine Stifts-Bibliotheque hat er angeleget, welche von seinem Successore vermehret worden. Man kann aber schlüßen, daß sie eben nicht zahlreich wird gewesen seyn. Von seinen Canonicis findet man nichts erwähnet. Brotuf will a) wissen, daß der Abt Heimo und seine Mönche mit Canonicaten wären versorgt worden, und daß sie als Thumherren nach Kloster-Art an einem Tische gegessen, und beysammen in einem Hause geschlafen. Es ist aber dieses Vorgeben noch vielen Zweifeln ausgesetzt. Der Abt Heimo würde ohne Zweifel die erste Präbende oder die Probstey erhalten haben, da doch Ditmar

---

y) in Ludewigii Reliquiis T. IV. p. 348.

z) Ditmar Lib. VI. nec minus quam decem annos toxicata cum gratia Regis per Geronem præpositum vocavit. Diese Worte müssen also verbessert werden: nec minus quam duos annos toxicatus, cum gratia &c.

a) Merseb. Chron. f. 582.

mar *b*) schreibet, daß der Probſt zu Wiprechts Zeiten Gero, oder wie andere wollen, Gezze, geheißen, welcher anno 1009 noch gelebet, und daß dieſer Gero als Probſt das Dorf Rögelitz inne gehabt und genutzet. Daß dieſer Probſt Gero ſeinen Biſchoff bey dem Kayſer verkleinert, und in Ungnade gebracht, iſt ein Irrthum, welchen die falſche Erklärung einiger Worte Ditmars verurſachet, aus welchen man vielmehr, wie ſie vorhin verbeſſert worden, lernen kann, daß Gero des kranken Biſchoffs Amt verſehen. Dieſe Krankheit nahm anno 1008 im Herbſte ſo zu, daß der Kayſer zu Weihnachten ſchon wegen eines Nachfolgers Anſtalten machen wollte. Es verzog ſich aber ſein Ende bis den 25. März 1009, ſo daß er 5 Jahr, 3 Wochen und 5 Tage im Amte geweſen. Dieſe Chronologie iſt ſowohl in Anſehung des Antritts, als des Todes unſtreitig. Es iſt alſo nicht der Mühe werth, Brotufen, Vulpium, Hübnern und andere, beſonders zu widerlegen. Wie ſich denn auch die hiſtoriſchen Fehler dieſer Geſchichtſchreiber von ſich ſelbſt offenbaren werden, daß man nicht Urſache hat, ſelbige bey dieſen und folgenden Biſchöffen zu entdecken.

Der vierte Biſchoff, Dietmar, von 1009 — 1019. Von dieſem Biſchoffe hat man viele Nachricht. Er hat nicht nur ſelbſt in ſeiner Chronicke das Nöthige von ſeiner Perſon und Leben aufgezeichnet, ſondern es hat auch ein Merſeburgiſcher Mönch deſſelben Leben beſchrieben, welches Tom. IV. Reliqv. des Herrn von Ludwigs zu finden iſt. In Mcibomii Walbeckiſchen Chronicke, welche Caſper Abel ediret, findet man alles beyſammen. Es ſoll daher hier weiter nichts bemerket werden, als was zur Erläuterung der Sächſiſchen Geſchichte erfordert wird. Sein Name wird ordentlich

b) Lib. VIII. Chron.

von dem Bißthum Merseburg.

lich Ditmar oder Thithmar geschrieben, man findet aber auch Thimo, welches vermuthlich von der Aussprache herrühret, sintemal der Marggraf in Lausitz, Ditmar, und andere mehr, zuweilen Thimo sind genennet worden. Er ist gebohren anno 977 den 25. Jul. In seiner Chronicke stehet zwar 976. es sind aber die meisten Zahlen in diesem Buche durch die Abschreiber unrichtig copiret worden. Sein Vater war Siegfried, Graf zu Walbeck, und des Vaters Bruder, Lotharius, war Marggraf in der alten Mark Brandenburg. Graf Siegfried hatte noch mehrere Kinder, von welchen Graf Heinrich und Graf Friedrich unten gedacht werden sollen. Ditmar stieg nach und nach in den geistlichen Würden. Anno 991 im Herbste ward er Domherr zu Magdeburg, anno 1002 bekam er die Probstey zu Walbeck. Es ist völlig ausgemacht, daß er anno 1009 den 24. April. als Bischoff in Merseburg consecriret worden, obgleich die meisten das Jahr 1012 setzen. Der Kayser hatte zu der Zeit das Recht, zu den vacanten Bißthümern eine Person zu denominiren, welche er wollte, das Capitel aber und die Stiftsstände mußten einwilligen. Damals war der Kayser in Augspurg, und war willens, einen, mit Namen Ethelger, zum Bischoff in Merseburg zu machen. Der Erzbischoff Dagino aber brachte es durch seine Recommendation so weit, daß dieser Ditmar dran kam. Gleich nach der Wahl reiste der Kayser nach Neuburg, in der Pfalz, ab; Ditmar gieng auch mit dahin, und daselbst wurde er den 24. April. geweihet. Den Sonntag Rogate ist er in Merseburg eingewiesen worden. Vielleicht würde er nicht zu dieser Ehre gelanget seyn, wenn nicht sein vieles Vermögen hoffen lassen, daß er etwas davon dem Stifte legiren würde. Weil die deutschen Bischöffe Schlösser und Städte besaßen, welche Reichslehen waren, mußten sie eben sowohl, als die weltlichen Herren, Kriegsdienste leisten,

leisten, und ihre Mannschaften stellen. Daher erzählet er von sich, daß er einigemal wider die Pohlen mit zu Felde gegangen. Er wurde auch commandiret, die Städte Lubusua und Meißen zu befestigen. Und weil er in der Marggrafschaft Meißen Lehngüter hatte, mußte er sich mit seinen Soldaten nach Meißen, wenn ihn die Ordnung traf, in Garnison legen. Die Synodos hat er fleißig abgewartet, er hat Messen gelesen, Altäre consecriret, und sonderlich an hohen Festen selbst geprediget. Ob er aber in seiner Inspection über die Geistlichen gehörigen Fleiß bewiesen, kann man nicht wissen. Zum wenigsten kann man sein eigenes Bekenntniß nicht billigen, da er Lib. VIII. schreibet, er wäre anno 1018 noch nicht in die Gegend Rochlitz gekommen, welche doch zu seinem Kirchensprengel gehörete. Da bey seinem Antritt das Stift noch große Klage über Vorenthaltung eines großen Theils des Sprengels, und vieler Dörfer und Zinsen führete, hat er sich der Sache eifrig angenommen. Daß er aber wenig ausgerichtet, ist schon oben gezeiget worden. Das merkwürdigste ist, daß er anno 1015 den 18. Maj. den ersten Grundstein zu einer neuen Dom-Kirche geleget, ob er gleich selbige bey seinem Leben nicht ausgebauet. Daß der Kayser selbst den Grundstein geleget, wie einige schreiben, kann nicht bewiesen werden. Es ist auch eine irrige Vorstellung, wenn etliche melden, es habe Ditmar zwey Kirchen, nämlich die Johannes- und Laurentii-Kirche abbrechen lassen, und eine einzige daraus gebauet, denn es ist damals noch keine Laurentii-Kirche in Merseburg gewesen. Das Stift hatte zwar Laurentium zum Patron; aber die Stifts-Kirche war Johanni dem Täufer geweihet. Diese wurde erweitert, und hernach beyden Patronen zugleich dediciret. Unter ihm ist das Stift ansehnlich beschenket worden. Ich will von den Altären, Heiligthümern, Kirchen-Ornaten,

Kelchen,

Kelchen, Glocken und Büchern nichts erwähnen, welche der Kayser da hin gegeben, wovon Ditmar viel Wesens macht, sondern nur der Dörfer und Zinßen gedenken. Wenn das Buch Ditmars, Martyrologium genannt, noch vorhanden wäre, würde man mehr davon schreiben können; denn er hat alle Schenkungen in dasselbe eingetragen. In Ermangelung desselben müssen wir uns mit der Nachricht behelfen, welche der Autor vitæ Ditmari hinterlassen. Der Kayser soll also in einer Urkunde dem Stifte alle diejenigen Dörfer, deren Besitz in etwas streitig mag gewesen seyn, confirmiret haben, nämlich Trautschen, Rölitz, Positz, Bündorf, Werben, Schladewitz, Stöntzsch, Tornau, Pissen, Botfeld, Schman, Poßenhayn, Brießnitz, Tragart, Gostau, 3 Hufen in Geusau, 3 Hufen in Moschau, 1 Hufe in Schönberg, und 1 Hufe in Skeitbar. Desgleichen der Peters-Kirche auf der Altenburg, das Dorf Zölsche, und einen Weinberg bey der Vorstadt gegeben haben. Das Jahr darauf soll der Kayser den Hof Atinested oder Mensted dem Bischoff geschenkt haben. Ditmar schreibt am Ende des sechsten Buchs seiner Chronicke, der Kayser habe anno 1013 zwey Höfe von seinem Eigenthum, das er in Sachsen und Thüringen besessen, der Kirche gegeben. Mensted wird wohl einer von denselben seyn. Ein Herr, mit Namen Ludolph, hat sein Gut in Broditz bey Mölsen dem Stifte zum Seelengeräthe legiret. Des Bischoffs Bruder, Graf Heinrich, hat mit Einwilligung des andern Bruders, Graf Friedrichs, das Dorf Tondersleben im Magdeburgischen der Kirche geschenket, welches auch bey Merseburg geblieben, bis es anno 1233 dem Abt des Klosters Berge verkauft worden, vid. Meibomii Chronicon Bergense p. 301. Er selbst, der Bischoff Ditmar, soll nach Brotufs und anderer Meynung die Schlösser Eichsdorf, im Amte Lützen, und Redmersleben, im Magdeburgischen, ans Stift überlaſſen haben, welche er von ſeinem Vater geerbet, worzu andere noch Heslingen, im Amte Obsfeld, ſetzen. Allein der Autor ſeines Lebens ſchweiget davon, hingegen berichtet er, daß Ditmar in dem Burgward Skölen die Zinßen an Geld, Flachs und Wolle, welche der Kirche daſelbſt bisher gegeben worden, und den Honig- und Schwein-Zehenden, welcher ihm als Erbherrn zugeſtanden, desgleichen auch zwey Dörfer, Deuben und Rudigaſt, zum Stift verehret habe. Dieſes Burgward Skölen liegt im Amte Lützen, und muß mit dem Skölen in Weiſenfelß nicht verwechſelt werden. Es gehörte zu demſelben auch das Dorf Skorlup nach einer Urkunde in Herrn Schötgens Hiſtorie Graf Wiprechts p. 3. Wie aber Biſchoff Ditmar in dieſer Pflege die beyden Burgwarde, Skölen und Eichsdorf, erblich erlangen können, ob es von ſeiner Mutter, einer gebohrnen Gräfin von Stade, herrühre, und auf was Art die Stadiſchen Grafen allhier eine Grafſchaft und ſo viele Burgwarde, als Groitzſch, Skölen, u. a. m. bekommen, davon in dem Leben Graf Wiprechts von Groitzſch Meldung geſchiehet, kann hier nicht unterſucht werden. Ferner hat Ditmar zu ſeinem Seelengeräthe allerley Zinßen gekauft in den Dörfern Burkersdorf, Telka, Audenmark bey Salzmünde, Wicker, Ophauſen und Tautenberg. Anno 1017 hat der Kayſer einen Tauſch beſtätiget, da das Stift von einem Herrn, Hathold genannt, das Dorf Rögelitz an ſich gebracht, worzu noch ein Forſt von Herrn Hager, des Hatholds Bruder, erkauft worden. Den Tag drauf ſchenkte der Kayſer dem Biſchoff das Jus patronatus über die Parochial-Kirchen und ihre Filiale in Leipzig, Oelſcha und Geuſau, vid. Ditm. Lib. VII. Von Geuſau bey Merſeburg kann man das völlige Diploma in Wideburgs Diſſ. de pagis Miſniæ p. 142 leſen. Anno 1018 hatte Ditmar einen verdrüßlichen Handel

wegen

wegen des Waldes bey Rochlitz. Weil aber dieser Streit von den meisten unrichtig erzählet wird, so sollen hier die etwas dunklen Worte Ditmars Lib. VIII. erläutert werden. Dieser Wald war anno 974 ans Stift kommen, wie oben berichtet worden. Bey der Verwüstung hatte Gisiler selbigen behalten, und ihn anno 997 an Marggraf Eckarden und seine Söhne erblich abgetreten gegen einen andern Wald bey Semmeringen; denn er lag dem Marggrafen sehr bequem, nämlich in der Flur seiner beyden Burgwarde, Rochlitz und Titibutz. Bey der Wiederaufrichtung des Stifts mußten die Erben Marggraf Eckards, Marggraf Hermann und Graf Eckard, den Wald wieder hergeben. Hermann gab sich viele Mühe, denselben tauschweise wieder zu erlangen; allein der Bischoff Ditmar wollte nicht. Endlich fieng er gar einen Proceß deswegen an, und producirte die Lehnbriefe über Rochlitz und Titibutz, darinnen die Dörfer und Wälder in denselben seinem Vater und ihm wären übergeben worden. Weil aber diese Briefe nicht so alt waren, als die Schenkung an das Stift vom Jahr 974, so wurde dem Marggrafen das Recht abgesprochen. Das Jahr drauf wollte sich Graf Eckard desselben mit Gewalt anmaßen; daß es darüber zu Gewaltthätigkeiten gekommen, wird weitläuftig von Ditmarn beschrieben und beklaget. Das Burgward Ticibuzi ist gänzlich eingegangen, und ist nur die Teuditz-Mühle davon übrig bey Rochlitz. In diesem Jahre 1018 ist ein Comet erschienen, von welchem der Autor des Chronici Qvedlinb. c) glaubet, daß er die Pest bedeutet, welche dieses Jahr angegangen, und das Jahr darauf

---

c). ad annum 1018. Cometa pestilentiam misero mundo nunciavit, qua clade obiit Thietmarus Episcopus Merseburgensis. Chronogr. Saxo ad 1019. piæ memoriæ Thietmarus Episc. Merseb. migravit ad Christum, cui successit Bruno.

darauf fortgedauert, an welcher auch dieser Bischoff gestorben. Sein Tod fällt also in das Jahr 1019, und zwar nach einer alten Grabschrift *d*) den 1. December. Und also haben diejenigen völlig recht, welche schreiben, daß er 42 Jahr, 4 Monate und 5 Tage alt geworden, und 10 Jahr, 7 Monate und 7 Tage Bischoff gewesen.

Der fünfte Bischoff, Bruno, von 1020—1036. Wer dieser Bruno dem Geschlechte nach gewesen, wird nicht so leichte können entschieden werden. Das Merseburgische Chronicon nennet ihn einen Bayerischen Grafen, woraus Albinus gar einen Bayerischen Herzog gemacht. Einige alte Sächsische Chronicken und auch Brotuf schreiben, er wäre ein Sohn des Marggrafen Lotharii gewesen, aus dem gräflich Wallbeckischen Hause, und also ein naher Anverwandter des vorhergehenden Bischoffs. Daß er von dem Kayser an Ditmars Stelle verordnet worden, kann aus dem vorhin angeführten Zeugniß des Annalisten bestärket werden. Es hat daher Leuber im Catal. Episcop. Merseb. gefehlet, wenn er einen mit Namen Erich darzwischen einschaltet, und ist ohne Zweifel durch einen Schreibefehler in Werners Magdeburgischen Chronicke darzu verleitet worden, wo der Habelbergische Bischoff Ericus bey dem Jahr 1012, und sonst mehr, Bischoff in Merseburg heißt. Dieser Bruno hat zwar eine ziemliche Zeit gesessen, man findet aber doch nicht viel von ihm aufgezeichnet. Der Graf Theodericus von Wettin hat nach dem Chronico Merseb. Episc. das Gut Peternig, oder Preternig anno 1020 dem Stifte gegeben. Es liegt dasselbe in der Grafschaft Wettin, und wird itzo nach dem Zeugniß des Herrn von

---

d) in Meibomii Walbeck. Chronicke p. 51. cui (Deo) se commisit prima sub fronte decembris.

von Dreyhaupts Tom. II. p. 901 Gömritz genennet. Das wichtigste ist, daß er die von seinem Vorfahren angefangene Thum-Kirche ausgebauet, und den 1. Oct. 1021 in Gegenwart des Kaysers eingeweihet. Acht Tage vorher wohnete der Kayser der Einweihung der Qvedlinburgischen Stifts-Kirche bey, von dar gieng er e) nach Merseburg, wo hin ihn ohne Zweifel viel Bischöffe werden begleitet haben. Der Autor Chronici Merseb. Episcoporum meldet, daß diese Kirche anno 1021 den 1. Oct. eingeweihet worden, ob sie gleich noch nicht ganz fertig gewesen. Daraus kann man sehen, wo her es gekommen, daß diese Kirchen Einweihung anno 1023 zu Ostern wiederholet, oder nach dem Chronographo Sax. f) gar zum drittenmale celebriret worden. Dieser Schriftsteller sagt selbst, daß es eine fast unerhörte Sache gewesen, daß eine Kirche so vielmal hinter einander geweihet worden. Man sollte bald glauben, daß die alte Erzählung von einem etlichemal hinter einander geschehenen Einsturz des Gewölbes, welcher in den Zeiten des Bischoffs Hunoldi soll erfolget seyn, von den Jahren 1021 bis 1023 müsse erkläret werden. Bey dieser Gelegenheit hat der Kayser Heinrich seine Freygebigkeit wieder sehen lassen, und hat nach dem Chronico Episc. Merseb. nicht nur in einem Diplomate der Kirche den Besitz der beyden Städte, Skeuditz und Zwenkau, bestätiget, sondern derselbigen auch in einem andern Briefe die Derter, Windhausen, Therecino und Hammersleben, geeignet. Eben damals ist den 5. Oct. ein kayserlich

Schrei-

---

e) Chronicon Qvedl. ad h. a. in Menkenii S. R. S. Tom. - f deinde Meresburgensis Ecclesiæ dedicationem — non impari tripudiavit gloria.

f) ad an. 1023. Imperator albas festaque paschalia principibus turmatim undique concurrentibus Merseburch rite peragens, quod rarum, vel penitus inauditum videtur, terna unius ejusdemque templi dedicatione gratificatur.

Schreiben in Merseburg ausgefertiget worden, darinnen dem Bischoff die Stadt Leipzig geschenket worden. Die Abschrift dieser Urkunde, wie sie in Drucke vorhanden, hat vieles in sich, welches sie verwerflich machen könnte. Denn der Kayser schreibt sich darinne nicht Imperatorem, sondern Regem, der Bischoff wird Ditmar genennet, da er doch Bruno heißen sollte, und von dem Stift Merseburg wird gesagt, daß es zur Ehre der Jungfrau Maria gestiftet worden, welches doch wider die Wahrheit ist. Vielleicht aber sind das nur Fehler der Abschreiber, wie dergleichen bey dem dato desselben auch gefunden werden. Die Freygebigkeit des Kayser Heinrichs gegen das Stift Merseburg ist allerdings groß gewesen. Man darf sich also nicht wundern, daß die abergläubischen Leute haben können beredet werden, daß der H. Laurentius, als Patron dieses Stifts, demselben bey seinem anno 1024 erfolgten Tode die Seligkeit verschaft habe. Denn also berichten viele alte Geschichtschreiber, g) es wären die Sünden des Kaysers gegen dessen gute Werke gewogen worden, und jene wären schwerer gewesen, so daß der Teufel schon bereit gestanden, die Seele in sein Reich zu führen; es sey aber der H. Laurentius gekommen, und habe den goldenen Kelch, welchen er der Kirche in Merseburg geschenket, noch in die Schale der guten Werke mit solcher Heftigkeit geworfen, daß ein Stück davon abgesprungen; dadurch hätten die guten Werke überwogen; man hätte auch hernach wirklich an dem Kelche wahrgenommen, daß ein Stück davon abgebrochen gewesen. Wie es nun mit solchen Fabeln pflegt her zu gehen, daß sie von verschiedenen Orten erzählet werden, also, sagt man, soll

dieses

---

g) Anonymus Saxo in Historia Imperatorum T. III. Menk. f. 85. compilatio chronologica in Pistorii Tom. I. pag. 734.

dieses in Eichstädt, *b*) oder auch in Bamberg, geschehen seyn. Anno 1027 finden wir diesen Bischoff Bruno bey dem Synodo, welchen der Erzbischoff in Mainz, Aribo, *i*) zu Frankfurt angestellet. Endlich erzählet der Autor Chronici Episc. Merseb. von ihm eine Probe seiner Großmuth. Ein vornehmer Herr, Eico, der zu dem Gräflich Ammenslebischen Geschlechte gehöret, hatte sich die Marggrafen in Meißen, Hermann und Eckard, zu Feinden gemacht. Der Bischoff schützte ihn so, daß die Marggrafen ihre Rache an ihm nicht auslassen konnten. Marggraf Hermann bot dem Bischoff eine Probstey in Naumburg, und Eckard eine Abtey in Jena an, wenn er diesen Eico abandoniren wollte; allein sie konnten nichts erlangen. Ist Bruno ein Graf von Wallbeck gewesen, so ist wahrscheinlich, daß Eico dessen Anverwandter, und daß also viele Ursachen da gewesen, dieses ansehnliche Geschenke auszuschlagen, obgleich der angeführte Autor des Chronici dieses Verfahren mißbilliget. Endlich ist er anno 1036 den 13. Aug. nach dem Zeugniß bewährter Schriftsteller *k*) gestorben, und zwar vermuthlich an der Pest, welche in demselben Sommer viele Sächsische Bischöffe aufgeräumet.

Der sechste Bischoff, Hunold, von 1036—1052. Er war ein edler Herr aus Thüringen, und bisher einige Jahre Thum-Probst in Halberstadt gewesen. Der Kayser Conrad bestätigte ihn im Monat October, und der Erzbischoff in Magdeburg, Hunfrid, gab ihm die Weihe. Mit diesem Erzbischoff ist er anno 1040

b) v. Chron. Leob. ad ann. 1008. in Pezii Tom. I. f. 764. Cosmas Prag. f. 2009.

i) Wolferus in vita S. Godehardi Cap. IV. a sinistris Hunfridus Parthenopolitanus Archiepiscopus cum suis, Hilduwardo, Citicensi, Brunone Mersburgensi, Luizone, Havelb. Theoderico, Misnensi.

k) Annalista Saxo ad 1036. und Annales Hildes. ad h. a.

1040 in Hirschfeld gewesen, *l*) und hat die Kloster-Kirche daselbst consecriren helfen. Von der Thum-Kirche erzählet man, daß das Gewölbe im Chor drey-mal nach einander eingefallen, so, daß Hunold ge-nöthiget worden, zwey starke Thürme auf beyden Sei-ten anzubauen, mit welchem Bau er anno 1042 zu Stande kommen, daß er den 29. Jun. die Kirche wie-der einweihen können. Es ist oben gedacht worden, daß der dreymalige Einsturz des Gewölbes vielleicht zur Zeit Brunonis geschehen sey. Ferner soll Hunold eine neue Pfarr-Kirche aufgebauet, die halbe Stadt darein gepfarret, und sie anno 1045 dem H. Sixto dediciret haben. Der Autor Chronici Episc. Mer-seb. meldet, daß zu seiner Zeit noch 6 kayserliche Di-plomata übrig gewesen, welche dem Stift zu gut zur Zeit Hunoldi ausgefertiget worden. Erstlich sey das Stift aufs neue bestätiget worden, hernach sey dem Bischoff das Dorf Kötzsche, ferner das Dorf Malikersdorf, das itzo bey Schafstedt wüste liegt, und das Dorf Sper-ge geschenket worden. Weiter hätte der Bischoff Schönberg und Catulenrode vertauscht, und Grafen-dorf dafür empfangen, und endlich sey das Dorf Pö-genitz bey Wettin dem Stifte geeignet worden. Der Kayser Heinrich der dritte hat sich offte in Merseburg aufgehalten, daß also Hunold Gelegenheit gehabt, seinem Stifte Wohlthaten auszubitten. Sein Tod soll nach vieler Meynung anno 1050 erfolget seyn; da aber das Chronicon Magdeb. f. 287 schreibet, daß er anno 1051 im März den neuen Erzbischoff in Mag-deburg, Engelhard, consecriret habe, so folget, daß sein Tod später anzusetzen. In einer alten Grab-schrift

---

l) v. Maderi antiquit. Brunsv. p. 157. quam dedicarunt Hum-fridus Magd. Caso, Nuenburgensis, & Hunoldus Merseb. Episcopi.

schrift m) wird gelesen, daß er den 5. Febr. verschieden. Wegen Zusammenhangs der Geschichte muß also angenommen werden, daß er anno 1052 den 5. Febr. verstorben, und zwar vermuthlich sehr plötzlich, weil er kein Seelengeräthe bestellet, wie in der Bischoffs-Chronicke stehet; doch hat der Probst Friedrich gewisse Zinßen in dem Dorfe Ockendorf nach der Zeit darzu ausgesetzet.

Der siebente Bischoff, Albericus, von 1052 — 1053. Es sind die Geschichte der meisten Bißthümer in diesem Seculo sehr dunkel. Dem Merseburgischen Stifte gehet es auch also. Das Chronicon Magdeb. f. 288 schreibet, der Magdeburgische Erzbischoff Engelhard habe zwischen den Jahren 1051 bis 1063 vier Bischöffe nach Merseburg ordiniret. Diese Nachricht nebst einigen Urkunden soll der Leitfaden seyn, aus der Verwirrung zu kommen. Albericus, welcher auch Alberinus geschrieben wird, ist also der erste, den Engelhard consecriret. Es wird von ihm als etwas besonders angemerket, daß er der erste Bischoff sey, der von dem Capitel erwählet worden. Es ist aber schon oben bewiesen worden, daß Bischoff Gisiler durch die Wahl des Capitels ans Stift kommen. Vermuthlich ist Albericus der erste, welcher e gremio Ecclesiæ in die Wahl kommen. Der Autor der Bischoffs-Chronicke hat eine einzige Urkunde gesehen, nach welcher der Kayser Heinrich diesem Bischoff das Dorf Nemsdorf bestätiget. Es kann auch nicht viel Merkwürdiges unter ihm geschehen seyn; denn weil anno 1053 im Sept. schon ein anderer Bi-

---

m) v. Hübners in politischen Fragen P. VIII. p. 653.
  Clarus erat, quia gnarus erat, bene nostra regebat
  Commoda multa suæ contulit ecclesiæ.
  Carne nonas Februi resolutus adit Paradisi
  Gaudio perpetui.

schoff auf dessen Stuhle saß, so kann Albericus kaum 1 Jahr das Amt geführet haben; daß also Brotuf und andere irren, wenn sie ihm 3 Jahr beylegen, und seinen Tod ins Jahr 1054 setzen.

Der achte Bischoff, Winther, von 1053 — 1054. Diesen Bischoff, der auch Günther heißt, setzen die meisten weit hinaus, nämlich ins Jahr 1071, er ist aber anno 1053 ohnstreitig schon Bischoff gewesen. Der Kayser Heinrich hielt in diesem Jahre zu Ostern einen Reichstag *n*) in Merseburg; vielleicht ist damals die Bestätigung geschehen: denn den 29. Sept. war dieser Winther zu Goseck *o*) bey der Einweihung des dasigen Klosters. Er soll aus Franken gebürtig, und zuvor Thumherr in Würzburg gewesen seyn. Als anno 1051 das Stift Magdeburg vacant war, kam ein Herr, mit Namen Winther, in die Wahl, *p*) es gieng aber wieder zurück. Es scheint, als sey es eben dieser gewesen, der 2 Jahr darnach Bischoff allhier geworden; wiewohl auch damals ein Winther oder Günther Probst in Goßlar und kayserlicher Canzler war, welcher anno 1060 Bischoff in Bamberg wurde. Brotuf hat ihm schlechtes Lob gegeben; er soll hochmüthig und verschwenderisch gewesen seyn. Er trieb es aber nicht länger, als ein Jahr, wie einhellig berichtet wird. Sollte der 24. März sein Todestag seyn, wie man bey Brotufen liest, so wäre er anno 1054 den 24. März gestorben.

Der neunte Bischoff, Ekkelinus, von 1054 — 1058. Der Bischoff in Hildesheim, Azelinus, soll seiner Mutter Bruder gewesen seyn. Man kann aber deswegen noch nicht sagen, aus welcher Familie er gewe-

n) v. Hermannus contractus ad h. a.
o) v. diploma apud Monachum Gosec. p. 212.
p) Adamus Brem. Lib. II. Cap. 63.

von dem Bisthum Merseburg. 331

gewesen. Brotuf macht ihn zu einem Herzog aus Bayern; und er soll zuvor als Capellan an der kayserl. Capelle gestanden haben. Nachdem der erwähnte Azelinus anno 1054 den 8. März gestorben, hat dieser Ekkelin, der auch Ezzelus heißt, selbigen ein Anniversarium in Merseburg gestiftet. Man rühmet von ihm, daß er unter den Geistlichen gute Zucht gehalten, selbst geprediget, und den Gottesdienst wohl bestellet. Daß aber zu seiner Zeit die Thumherren nach Brotufs Bericht noch sollten zusammen an einem Tische gegessen, und in einem Schlafhause geschlafen haben, ist nicht wahrscheinlich, da wir schon im Leben Bischoffs Wiprechts gehöret, daß der Thum-Probst seine abgetheilte Reventien gehabt: Nach der Bischoffs-Chronicke hat er den Thumherren 8. Hufen in Clobica geeignet. Insgemein giebt man vor, daß er 5 Jahr Bischoff gewesen, und den 27. Octobr. gestorben. Das fünfte Jahr wird wohl nach wahrscheinlichen Gründen noch nicht völlig aus gewesen seyn, daß man also seinen Tod ins Jahr 1058 den 27. Octobr. ansetzen kann.

Der zehnte Bischoff, Offo, von 1059 — 1065. Dieser ist der vierte Merseburgische Bischoff, welchen der Erzbischoff Engelhard consecriret, wie in dem Chronico Magdeb. f. 288 gelesen wird. Das Jahr kann zwar nicht mit Gewißheit angegeben werden, doch ist zu vermuthen, daß Offo zu Ausgange des Jahrs 1058 von dem Kayser denominiret, und im Anfange des 1059. Jahres geweihet worden. Der Kayser Heinricus IV. war im December 1058 in Merseburg gegenwärtig, und der Abt Hildebrand, welcher nach der Zeit Pabst geworden, soll auch da hin gekommen seyn, und dem Kayser gerathen haben, sich in die Wahl der Bischöffe nicht zu mengen. Offo, den einige auch Woffo und Onuffrius schreiben, soll

von

von Geburt ein Bayer und Thumherr zu Eichstedt gewesen seyn; und weil das Stift Eichstedt die Heiligen Willebald und Wynebald als Stifts-Patronen verehret, soll dieser, nachdem er Bischoff worden, daß Dorf Gerbsdorf gekauft, und es legiret haben, daß dieser Heiligen Verehrung auch in Merseburg geschehen möchte. Zu seinem Seelengeräthe soll er nach der Bischoffs-Chronicke einige Geldzinßen in Roßbach gegeben haben. Wenn er nach Brotufen 5 Jahr und 2 Monate das Amt bekleidet, so muß er anno 1064 den 16. April. gestorben seyn.

Der eilfte Bischoff, Werner, wird anno 1071 das erstemal auf einem Reichstage q) in der Stadt Meißen als Zeuge angeführet; und also ist Brotufs Rechnung offenbar unrichtig, da er seine Erwählung ins Jahr 1073 setzet. Hübner hat das Jahr 1067. Weil er aber insgemein dem Bischoff Benno in Meißen, welcher anno 1066 zum Amte kam, vorgesetzt wird, so kann man daraus folgern, daß er eher, als jener, Bischoff worden, und man also den Anfang seines Amtes gar füglich ins Jahr 1065 setzen könne. Er war aus Thüringen gebürtig, und dem Ansehen nach aus einem Reichsgräflichen Hause. Nach Brotufs Bericht hat seine Schwester einen Marggraf zu Meißen zur Ehe gehabt, mit welchem sie eine Tochter, Paulinam, gezeuget, welche mit ihrem Sohn, Graf Werner, das Kloster Pauliner Zell in Thüringen gestiftet. Wenn man aber das Geschlechts-Register dargegen hält, welches Jovius r) aus alten Nachrichten von dieser Paulina hinterlassen, so hat entweder Brotuf falsch gelesen, oder Jovius geirret; denn der Paulinen Vater soll Moricho, und die Mutter Uta geheißen haben. Moricho und Marchio können leichte

ver-

---

q) v. Schötgens Nachlese P. VII. p. 386.
r) in der Schwarzburgischen Chronicke f. 137.

verwechselt werden. Man wird den Namen Moricho nirgends antreffen. Sollte es aber Marchio heißen, so wird wieder eine große Schwierigkeit entstehen, was es für ein Marggraf gewesen. Doch hier ist nicht der Ort, wo von diesem dunkeln Geschlechts-Register mehrers kann gesagt werden, da ohnedem Brotuf sich widerspricht, und an einem andern Orte *s*) die Paulinam für Bischoff Werners Bruders Tochter ausgiebt. Werner lebte zu einer Zeit, da Sachsen in vollen Kriegsflammen stund; man findet also von ihm mehr Kriegs- als Amtsgeschäfte aufgezeichnet. Anno 1073 verbunden sich die meisten Sächsischen Bischöffe und Fürsten mit einander wider den Kayser; darbey wird dieser Merseburgische Bischoff ausdrücklich *t*) genennet. Ein Merseburgischer Canonicus, Bruno, hat ein Buch von diesem Sächsischen Kriege geschrieben, und es dem Bischoff Werner dediciret, welches Freher in dem ersten Theil eindrucken lassen, aus welchem wir vieles nehmen werden. Gleich im Anfange dieser Kriegs-Unruhe begegnete ihm ein ungewöhnlicher Zufall, *u*) bey Haltung der Messe, welches als ein böses Zeichen angesehen wurde; er ließ sich aber nicht abschrecken, sondern wohnte anno 1075 der Schlacht bey Regelstadt in Thüringen bey, wo die Sachsen unglücklich waren. Die Fürsten sahen sich genöthiget, bey dem Kayser Gnade zu suchen; und da sie im Monat November bey demselben erschienen, wurden sie gefänglich angenommen, und Werner ward als ein Staats-

s) in Schöttgens Nachlese P. XII. p. 184.
t) Lambertus ad h. a. Erant in hac conjuratione principes isti. Wazel Magdeb. Archiepiscopus, Werner, Merseburgensis Episcopus &c.
u) Bruno de bello Saxonico p. 188. dum Wernherus sacra Missarum solemnia celebraret, & more solito sangvini dominico partem corporis Christi imponeret, fundum calicis pars illa petebat, ac si caro Christi in plumbum versa fuisset.

Staatsgefangener in das Kloster Lorsch in Verwahrung geschickt, von dannen er das Jahr drauf nach Mainz geschaft worden. Die meisten Gefangenen kamen ohne Urlaub zurücke. Werner soll aber so gewissenhaft gewesen seyn, daß er nicht eher in sein Bißthum zurück kehren wollen, bis er vom Kayser ausdrücklich Befehl erhalten. Das geschahe auch anno 1076 im August, er mußte aber eidlich versprechen, dem Kayser hinführo treu zu seyn, und sich Mühe zu geben, die andern Sächsischen Fürsten zum Frieden zu bereden. Allein er brach sein Wort, und hielt es wieder offenbar mit des Kaysers Feinden, welche anno 1077 den 20. Febr. dem Herzog in Schwaben, Rudolph, zum Kayser aufwurfen. Mit diesem gieng er zu Felde, und wohnte anno 1078 der Schlacht bey Mellerstadt, und anno 1080 der Schlacht bey Fladenheim bey, war aber beydemal darbey unglücklich, daß er geplündert, und das einemal ganz nackend von den Feinden ausgezogen wurde. Bruno schreibt, daß er sich eine große Ehre daraus gemacht, daß er um das Vaterland wäre nackend ausgezogen worden. Anno 1080 war dem Stift Merseburg ein groß Unglück zugedacht. Der Kayser rückte mit einer Armee an, und der König in Böhmen kam durch Meißen angezogen, und plünderte zwischen Wurzen und Leipzig alles aus. Es geschahe eine Schlacht an der Elster, worinnen der Sächsische König, Rudolph, tödlich verwundet ward. Weil aber die Kayserlichen die Flucht nahmen, so gieng das nahe Ungewitter vorüber, und Werner konnte seinen König Rudolph mit vieler Pracht in Merseburg ruhig begraben. Das Grabmaal ist noch zu sehen, und ist von Herr M. Strausen in einem besondern Tractat beschrieben. Das Jahr drauf erwählten die Sachsen einen neuen König, Hermannen von Lützelburg, bey dessen Krönung unser Bischoff gegenwärtig gewesen. Der Kayser Heinrich war damals in Italien, von dem Bißthum Merseburg. 335

lien, daher konnten die Sachsen thun, was sie wollten; als er aber wieder zurück kam, machte er neue Anstalten, in Sachsen einzubrechen. Es wurde aber zuvor die Güte versucht, und anno 1085 im Jenner ein Convent in Gerstungen angesetzt, wobey auch Werner erschienen, und für andern das Wort x) geführet. Es war aber alles fruchtloß: doch ließen sich einige Sächsische Fürsten willig finden, dem Kayser Treue zu versprechen, worunter dieser Bischoff auch gewesen. Daher war er im März mit dem Erzbischöffen in Maintz und Bremen, welche des Kayfers Parthey hielten, zu Goseck y) gegenwärtig, als der Pfalzgraf Friedrich seinem entleibten Sohne ein Begängniß hielt, und ein Seelengeräthe legirte. Herr Schötgen hat diese Urkunde in dem Inventario diplomatico ins Jahr 1075 gesetzet, da doch der Erzbischoff in Maintz, Wezilo, nur anno 1084 ins Amt kommen war. Es ist aber unstreitig, daß der Mord dieses jungen Pfalzgrafens anno 1085 geschehen ist. Ob aber unser Werner gleich im Frühjahr willens war, auf die kayserliche Seite zu treten, so änderte er doch seinen Sinn bald. Zu Ostern war er auf dem Convent zu Quedlinburg, und ließ sich in ein neues Bündniß wider den Kayser ein. Als der Kayser solches erfuhr, stellete er einen Synodum zu Maintz an, und ließ die Bischöffe von Merseburg, Zeitz, Meißen und viele andere dahin citiren; sie erschienen aber nicht. Daher wurden sie auf diesem Synodo abgesetzt, und dieses Verfahren von einem päbstlichen Legaten bestätiget. Nun fehlete es an der Execution. Der Kayser brach also im Junio mit einer Armee in Sachsen ein. Niemand widerstund ihm. Es wurden also an verschiedenen Orten andere Bischöffe verordnet, als in Magdeburg, Halberstadt, Meißen

---

x) v. Walram in Apologia Lib. II. C. 19. Chronographus Saxo ad 1085.

y) v. Monachus Gosec. edit. Maderi p. 217.

hen und so ferner; ob aber dergleichen auch in Merseburg geschehen, davon findet man nichts. Die Neuern schreiben viel von einem Eppo, den sie intrusum nennen; sie sind aber in Ansehung der Zeit und der Umstände mit sich selbst uneins. So viel ist gewiß, daß die abgesetzten Bischöffe im September dieses 1085. Jahres ihre Stühle wieder einnahmen, und die neuen *z*) vertrieben. Es wird aber auch *a*) geschrieben, daß einige Bischöffe bey der Ankunft des Kaysers Pardon gesuchet. Vielleicht ist Werner einer von diesen gewesen, und ist also bey seinem Amte geblieben. Man findet von der Zeit an nichts weiter von ihm. Es hat ihn zwar der Bischoff in Halberstadt, als das Haupt der Rebellen, anno 1087 erfordert, der Einweihung *b*) des Klosters Ilsenburg beyzuwohnen; man kann aber daraus noch nicht folgern, daß Werner noch den rebellirenden Sachsen angehangen. Der Kayser hielt dieses Jahr *c*) einen Reichstag in der Stadt Merseburg, welches vermuthen läßt, daß der Bischoff auf seiner Seite gewesen. Das Stift hat bey so unruhigen Zeiten mehr Ab- als Zugang an Gütern gehabt. In der Bischoffs-Chronicke wird geschrieben, daß das Dorf Robersleben demselben geeignet, und die Probstey Sulze ihm von dem Pfalzgraf Friedrich unterworfen worden, welches letztere aber wieder zurück gegangen. Weil der Bischoff anno 1075 in dem Kloster Lorsch Arrest halten müssen, hat er sein Andenken daselbst zu erhalten gesucht, *d*) da er gewisse Einkünfte

darzu

---

z) v. Walram L. II. C. 28.

a) ibid.

b) v. Engelbrechti Chronic. Ilsineb. bey Leuckfeld in Addendis ad Antiqvit. Pœldens. p. 223.

c) v. vita Wipperti, it. Dodcchinus.

d) v. Necrologium Laurish. bey Schannal Vind. I. p. 24. II. Id. Jan. Wernheri Episcopi Merieburg. Huius petitione natalis S. Maximi festiva apud nos celebratur, & eodem die fratribus ex ipsius traditione plenum servitium datur.

darzu beſorget, daß der Tag des heiligen Maximi daſelbſt celebriret würde. Den Wenden in ſeiner Diöces ſoll er ſelbſt in wendiſcher Sprache geprediget, oder vielmehr wendiſch geſchriebene Predigten vorgeleſen haben. Brotuf ſchreibet ihm die Aufbauung des Glockenthurms an der Thum-Kirche zu. Das Merkwürdigſte iſt, daß er bey der St. Peters-Kirche ein Benedictiner-Kloſter geſtiftet, und daſſelbe anno 1091 den 1. Aug. einweihen laſſen. Ob vorher ſchon ein Kloſter daſelbſt geweſen, ob es verwüſtet, oder noch bis da hin in gutem Stande geweſen, davon iſt hier nicht der Ort, zu handeln. Von der Stiftung deſſelben hat Brotuf eine kurze Nachricht geſchrieben hinterlaſſen, welche Herr Schötgen im Parte XII. der Nachleſe eindrucken laſſen. Endlich iſt er anno 1093 den 12. Jan. aus dieſer Welt gegangen, und in dem Peters-Kloſter begraben worden. Brotuf ſetzt ſeinen Tod weit hinaus, er widerſpricht ſich aber ſelbſt; bald ſoll er anno 1121, bald anno 1101 verſchieden ſeyn. Vulpius will wiſſen, er habe anno 1095 Alters wegen reſigniret, und ſey anno 1103 den 12. Jan. geſtorben. Wegen des Tages iſt nichts einzuwenden, da das vorhin gedachte Necrologium Lauriſheim. damit übereinſtimmet. Das Jahr aber 1093 ſetzet ein alter Geſchichtſchreiber, Bertholdus Conſtantinus, und die Lebensumſtände ſeines Nachfolgers werden es noch mehr bekräftigen.

Der zwölfte Biſchoff, Albuinus, wird auch Albin, oder Alcuinus geſchrieben, und iſt anno 1093 Biſchoff worden. In dem Leben Graf Wiprects ſtehet zwar, daß dieſer Graf anno 1092 nach Böhmen gereiſt, und bey ſeiner Zurückkunſt das Kloſter Pegau zu bauen angefangen, und den Biſchoff Albuin nebſt andern zur Weihung des Platzes gebeten. Man könnte daraus ſchließen, daß Albinus ſchon ao. 1092

Bischoff gewesen; allein der Graf ist zwar anno 1091 nach Böhmen gereist, aber nach seiner Retour verzog sich der Anfang des Baues bis 1093. Denn in eben diesem Leben Graf Wiprechts wird gesagt, daß der Bau in 3 Jahren fertig gewesen, daß die Einweihung anno 1096 im Jul. in Gegenwart des Bischoffs Albuini hätte geschehen können. Man muß aber dabey aus der Reichs-Historie zum Grunde setzen, daß damals wegen Besetzung der Bißthümer großer Streit im Reiche gewesen. Eine Parthey wollte dem Kayser das Recht, die Bischöffe zu setzen und zu investiren, zuschreiben; die andere, welche die päbstliche Parthey hieß, erkannte die von dem Kayser investirte Bischöffe nicht für rechtmäßige Bischöffe, verjagte selbige, wo sie die Gewalt hatte, und setzte andre da hin. Dieser Bischoff Albuinus ist damals von den päbstlich gesinnten Sachsen hieher verordnet, aber nicht von dem Kayser investiret worden; daher er auch von der kayserlichen Parthey nicht für einen Bischoff gehalten worden. Auf diesen Streit zielet die Merseburgische Bischoffs-Chronicke, wenn es heißt, daß nach dem Tode Bischoff Werners die Merseburgische Kirche propter scissionem regni über 4 Jahr ohne einen Hirten geblieben. Als aber der Kayser anno 1097 aus Italien, wo er einige Jahre gewesen, wieder in Deutschland ankam, und sich die meisten Reichsstände, die bisher päbstlich gesinnet gewesen, mit ihm vertrugen, wird auch wohl Albuinus desselben Gnade gesucht, und die Bestätigung seines Amtes von ihm angenommen haben. Denn in einer bischöflichen Urkunde vom Jahr 1105 den 13. Sept. e) rechnet er seines Bißthums das neunte Jahr, welches vom Jahr 1097 im Sommer an gerechnet, vollkommen eintrifft. Er hat aber seine Jahre von dem Tage der kayserlichen Investitur

an

e) v. vita Wipperti und Schwarzii Mantissam ad historiam comitum Leisnig. f. 1007. Tom. III. Menck.

an gezählet, weil er von der Zeit an am kayserlichen Hofe viel gegolten, und bis an sein Ende der kayserlichen Parthey zugethan geblieben. Es ist also offenbar gefehlet, wenn Brotui dessen Antritt in das Jahr 1101, Vulpius 1096, und Hübner gar 1107 setzet. Wer er von Geburt gewesen, ist ungewiß. Die meisten halten ihn für einen Bayer, und wohl gar für einen bayerischen Prinzen. Bey dem reichen Graf Wiprecht in Groitzsch hat er wohl gestanden: daß er anno 1093 und 1096 der Einweihung des Klosters Pegau beygewohnet, ist schon erwähnet worden. Anno 1106 hatte er auch eine traurige Amtsverrichtung bey ihm zu thun, indem er dessen Gemahlin zu Grabe bringen mußte. Gegen das Kloster Pegau hat er sich liebreich bewiesen, da er anno 1105 demselben den Bischoffs-Zehenden in vielen Dörfern zwischen der Wirra und Mulde geschenket. Dieses ist die erste bekannte Urkunde, welche ein Bischoff in Merseburg ausgestellet. Man lernet daraus, daß er sich schon damals Dei gratia Episcopum Merseburgensem geschrieben, daß der Thum-Probst sich Vice-Dominum genennet, und daß schon damals mehr als eine Schule bey dem Stifte gewesen; denn es werden Hubert, Vice-Dominus, Diethold, Decanus, und Walther, Magister Scholarum, als Zeugen angeführet. Bey dem Kayser hat er in großen Gnaden gestanden. Anno 1105 feyerte derselbe das Pfingstfest in der Stadt Merseburg, wo der Erzbischoff Heinrich von Magdeburg consecriret wurde, und anno 1108 den 29. Maji hielt er einen Reichstag allhier, wobey dem Stift Meißen f) einige Dörfer geschenkt wurden. Albinus hielt sich auch oft an dem kayserlichen Hof auf, und ließ sich als Zeugen in den kayserlichen Urkunden gebrauchen. Anno 1108 den 28. Dec. trifft man g)

ihn

---

f) v. Hornii commentatio in Epistolam Adelgoti p. 7.
g) v. Schötgens Leben Graf Wiprechts in App. p. 9.

ihn zu Goßlar auf, und ao. 1110 gieng er mit dem kayserl. Hofe nach Worms, und wohnte der Einweihung der dasigen Stifts-Kirche bey. Trithemius hat davon Nachricht gehabt; er setzet aber diese Weihe fälschlich ins Jahr 1118, wodurch viele in der Zeitrechnung irre gemacht worden, daß sie geglaubet, Albuinus sey anno 1118 noch am Leben gewesen. Allein Schannat *b*) hat uns das rechte Jahr angewiesen. Endlich ist er anno 1112 den 22. Octobr. gestorben. Den Tag findet man in dem Calendario Pegav. *i*) angemerket, und wird also wohl richtig seyn. Das Jahr aber muß nur gemuthmaßet werden, weil anno 1114 ein anderer Bischoff allhier gefunden wird. Und also haben diejenigen recht, welche ihm 16 Jahr in seiner Regierung zuschreiben; denn er pflegte selbst, wie wir gehöret, von dem Jahr 1097 seine Jahre zu zählen. Auf diese Art sind alle chronologischen Scrupel, welche Herr Hübner und andere hier gefunden, gehoben. Brotuf und Hübner haben das 1117. Jahr zum Sterbe-Jahr angenommen. Vulpius aber ist der Wahrheit näher getreten, da er das Jahr 1111 oder 1112 setzet. Zu seiner Zeit soll die oberwähnte Paulina 2 Capellen bey dem Peters-Kloster gestiftet, und ein fürnehmes unverehlichtes Frauenzimmer, Theodicea, daselbst eine Clause errichtet, und darinnen ein sehr strenges Leben geführet haben. Man hält sie insgemein für Kayser Heinrichs Schwester-Tochter, welches aber schwer zu beweisen seyn wird. D. Hieronymus Dungersheim soll *k*) ihr Leben beschrieben haben.

Der dreyzehende Bischoff, Gerhard, oder Gebhard, wurde entweder im Schlusse des Jahres 1112,

oder

---

b) in Historia Wormatiensi f. 62.

i) in Menckenii script. R. S. Tom. II. f. 147. X. Cal. Nov. depositio Albuwini Episcopi Merseb.

k) v. Vulpii Merseburgische Chronicke p. 25.

von dem Bißthum Merseburg.

oder im Anfange 1113 von dem Capitel im Beyseyn des Erzbischoffs Adelgoti und anderer Bischöffe erwählet, und von dem Kayser Henrico V. investiret. Es scheint, als sey der Kayser selbst gegenwärtig gewesen, und habe diesen **Gerhard** durch seine Autoritæt pousiret, so daß auch der Erzbischoff aus Furcht vor dem Kayser, an dem Wahl-Tage nichts eingewendet. So bald er aber mit seiner Armee, welche damals das Stift Halberstadt plünderte, zurück gegangen, wegerte sich Adelgot, diesen Bischoff zu consecriren. Gerhard reiste nach Rom, nahm 2 Merseburgische Thumherren und 2 Stiftsstände mit sich, und beklagte sich bey dem Pabst. Dieser gab ihm 2 Briefe mit, davon einer an den Erzbischoff, der andere an das Stift Merseburg gerichtet war, welche Herr Hahn *l*) abdrucken lassen. Darinnen wird befohlen, die Sache des erwählten Gerhards zu befördern, oder die Ursache der Wegerung zu berichten. In den päbstlichen Briefen stehet das Jahr nicht angemerket, sondern nur, daß sie den 26. Octobr. zu Rom datiret wären. Es hat aber Herr Schötgen in dem Inventario diplomatico solche bey dem Jahr 1113 angebracht, und die folgenden Geschichte bestätigen es. Warum der Erzbischoff ihm die Weihe verwegert, kann man nicht sagen. Es scheinet, als sey dieser Gerhard ein Anverwandter des Graf Hojers in Mannsfeld gewesen, der sich durch sein eifriges Attachement an den Kayser bey den päbstlich gesinnten Sächsischen Fürsten verhaßt gemacht hatte. Zudem wollte man die von dem Kayser gesetzten Bischöffe nicht paßiren lassen. Der Kayser hatte damals einige päbstlich gesinnte Fürsten gefangen genommen, sie um viel Geld gestraft, und die andern in solche Furcht gejagt, daß sie es äußerlich nicht weiter merken ließen, daß sie ihm zuwider wären. Daher ist zu glauben, daß der Erzbischoff endlich

l) in Monumentis ineditis T. I. p. 121.

lich aus Furcht die Consecration verrichtet; denn anno 1114 den 25. Aug. hielt sich der Kayser zu Erfurt auf, und bestätigte m) das Kloster Paulin-Zell in Thüringen. Dabey waren gegenwärtig der Erzbischoff Adelgot mit vielen andern Bischöffen, worunter der Bischoff in Merseburg, Gerhard, ausdrücklich genennet wird. Doch was Adelgot gethan, hat er nur aus Furcht und Verstellung gethan; kurze Zeit hernach brach der Haß gegen den Kayser öffentlich aus. Die Bischöffe und Fürsten vereinigten sich zusammen, und lieferten dem Kayser anno 1115 den 11. Febr. eine Schlacht bey dem Wölfisholze im Mannsfeldischen, welche der Kayser verlohr. Nun konnten die päbstlich gesinnten Sachsen thun, was sie wollten; sie hielten also den 8. Sept. dieses Jahres einen Synodum zu Goßlar n) im Beyseyn eines päbstlichen Legati, wo alle vom Kayser investirte Bischöffe, und also auch der Merseburgische, Gerhard, abgesetzet wurden. Er nahm seine Zuflucht an den kayserlichen Hof; weil aber die Sachsen die Oberhand hatten, konnte er keine Hülfe erlangen. Er blieb also bey dem Kayser, und wird noch anno 1119 und 1120 in kayserlichen Briefen o) unter dem Titel Bischoff zu Merseburg als Zeuge angeführet. Wo hin er hernach gekommen, und wenn er gestorben, findet man nicht. So viel ist gewiß, daß er den bischöflichen Stuhl in Merseburg naht wieder bestiegen. Dieser Gerhard ist ohne Zweifel der Eppo intrusus, von welchem die Catalogi der Merseburgischen Bischöffe reden, der nach Brotufs Bericht auch Errard, oder Eberhard soll geheißen haben. Eben dieser Brotuf erzählet von ihm, daß er vom Kayser Henrico V. eingesetzt, nach der

---

m) v. Jovii Chron. Schwarzburgicum f. 149.

n) v. Annales Hildesheim. f. 738.

o) v. Tom. III. Menck. f. 1011. Leucfeld in Appendice ad Antiqv. Pœld. p. 253.

der Schlacht am Wölfisholtze aber von den Sachsen wieder verjaget worden, welches vollkommen mit den Geschichten Gerhards übereinstimmet. Die übrigen Zusätze sind offenbar falsch, daß Eppo an Werners Stelle gekommen, daß Werner anno 1115 seine Station wieder eingenommen, und daß Eppo endlich Bischoff in Zeitz geworden.

Der funfzehnte Bischoff, Arnold, ist zuvor ein Thumherr in Magdeburg gewesen, und gleich nach der Absetzung des Gerhardi ans Stift kommen. Der Erzbischoff Adelgot in Magdeburg soll p) ihn geweihet haben. Unter dem Schutz der Sächsischen Fürsten erhielt er sich bey seinem Amte, und der andere Bischoff, Gerhard, mußte in der Irre herum gehen. Bey dem Erzbischoff Rutger in Magdeburg, welcher anno 1119 ins Amt gekommen, stund er wohl angeschrieben. Er war ihm bey Aufbauung des Klosters Neuwerk bey Halle behülflich, welches der Erzbischoff in einem Schreiben q) rühmet. Anno 1124 hat er der Einweihung des Klosters Bosau beygewohnet; ist auch im Kloster Pegau gewesen, als Graf Wiprecht den Mönchsstand erwählete. Anno 1126 hat er mit dem Kayser Lothario einen Feldzug nach Böhmen gethan, ist aber in der den 18. Febr. gehaltenen Schlacht ums Leben gekommen. Diese Nachricht giebt uns ein glaubwürdiges Chronicon, r) welches nicht allzu lange darnach verfertiget worden. Es scheinet aber, als sey er in der Schlacht nur tödlich verwundet, hernach auf das Schloß Zwenka gebracht worden, wo er den 12. Jun. gestorben; denn das Calendarium Pegav. s) setzt diesen Tag ausdrücklich, wiewohl es keinen gewissen

---

p) v. Chronicon Magdeb. p. 323.
q) v. Tom. III. Mencken. f. 1013.
r) Chronicon montis sereni ad 1126.
s) T. II. Menckenii f. 134.

wissen Grund giebt, auf den Todestag zu schließen. Der Bischoff in Naumburg, Udo, *t*) soll bey seinem Begräbniß gewesen seyn. Man hat eine alte Tradition, als sey er in Zwenka von seinen Blutsfreunden umgebracht worden. Der Pirnische Mönch, Lange, Brotuf, und viel andere mehr, haben es also berichtet. Da aber das Chronicon Montis Sereni mehr Glauben verdienet, so halte dafür, daß sich diese Tradition auf eine andere Geschichte gründe, welche zu Magdeburg paßiret ist. Daselbst war anno 1126 im Frühjahr ein Thumherr, Arnold, zum Erzbischoff mit vielem Widerspruch erwählet worden; die Bürger aber haben ihn nicht angenommen, sondern in einem Tumult *u*) erschlagen. Diese beyden Arnoldi sind ohne Zweifel in folgenden Zeiten vermenget worden, weil sie zu einer Zeit ums Leben gekommen. Weil der Pirnische Mönch *x*) und Brotuf *y*) den Tod des Merseburgischen Arnoldi ins Jahr 1133 fälschlich gesetzet haben, so hat der, welcher den Indicem zu den Menkenischen Scriptoribus verfertiget hat, zwey Arnoldos aus einem gemacht. Der erste soll 1126 in der böhmischen Schlacht geblieben, der andre aber anno 1133 in Zwenkau ermordert worden seyn; allein es ist unstreitig, daß anno 1129 Meingott schon Bischoff allhier gewesen, von dem zu anderer Zeit wird gehandelt werden.

t) v. Langii Chron. Numburg. f. 21.
u) v. Dodechinus ad 1126. Arnoldus Magdeburg. Episcopus occiditur. cf. Lentz von Magdeburg p. 109.
x) T. II. Menken. f. 1453.
y) in der Merseburgischen Chronicke f. 611.

IX.
Von den Schicksalen
der
verbotenen Priester-Ehe
nach der Reformation
in Sächsischen Landen,
durch
M. S. Schneidern.

§. 1.

Es äußerte sich von sothanem Verbote noch 1537 eine ziemliche Unlauterkeit sogar zu Wittenberg; denn es suchten damals etliche Juristen hiervon zu profitiren, aber zum höchsten Mißfallen des Churfürstens. Denn dieser rügte in einigen Beschwerden, welche er h. a. an D. Luthern und D. Pommern besonders wegen der von Philippo geänderten Augspurgischen Confeßion gelangen lassen, *a)* auch dieses: „Daß die „Juristen zum Theil die Priester-Ehe in ihren Le-„ctionen und sonst öffentlich beredten, davon den Leu-„ten Ursach gegeben würde, wenn die beweibten „Priester verstürben, daß ihre Freunde ihre Erbschaft „fordern thäten, und wollten ihre Kinder nicht Erben „von lassen; ingleichen daß sich etliche ärgerten und „sich Bedenken machten, von Priestern, die von „päbstlichen Bischöffen nicht geweihet wären, das „Sacrament zu empfahen, und besonders von Prie-„stern,

a) Die in Cypriani Hist. der A. C. p. 163. seq. stehen.

„ſtern, die das andere oder dritte Weib genom-
„men, ob die gleich von päbſtlichen Biſchöffen ge-
„weihet worden; daher denn zu beſorgen, daß es die
„Schüler auffaßten, und darnach ſich unterſtünden,
„ſolches auch für Recht zu vorteydingen, daher der-
„gleichen nicht zu gedulden, und einwurzeln zu laſſen,
„u. ſ. f." Was nun D. Luther darauf geantwortet
habe, und was ſonſt deshalber weiter verfüget worden,
findet man nicht, welches auch der Herr von Seckendorf, der dieſer Vorfälle ebenfalls gedenket,*b*) be-
dauret.

§. 2.

Es zeigten ſich aber wegen des Ehe-Verbots
auch hier zu Lande ſehr betrübte Folgen, und ſo
gar ſchwere Verfolgungen. Denn Herzog George
ſuchte nebſt den Biſchöffen ſolches ſo, wie überhaupt
die alte unlautere Religion zu ſtützen und aufrecht
zu erhalten, ſo ernſtlich und löblich er auch wider
das bisherige ärgerliche Concubinen-Weſen geeifert
hatte. Er ließ daher verſchiedene beweibte Prieſter
in ſeinem Gebiete, und auch noch anno 1538, als dem
Jahre vor ſeinem Ende, den Verfaſſer des bekannten Revocations-Briefs, Johann Pogenern,
Pfarrern zu Hartmannsdorf, durch den Biſchoff von
Meißen in das üble Gefängniß zu Stolpen bringen;
welche Begebenheit, meines Wiſſens, ſonſt nirgends
noch im Druck angezeiget worden iſt. Eine ſo unglei-
che Geſinnung gegen verehlichte Geiſtliche hatte er
auch anno 1532 bey einer Unterredung mit Fürſt
Joach. von Anhalt zu Leipzig geäußert; denn als dieſer den Freund Lutheri, M. Nic. Haußmannen, gerühmet und zugleich gemeldet, daß er nebſt ſeinem Herrn
Bruder, Fürſt Georgen, dieſen wackern Lehrer als
Hofpre-

b) in Hiſt. Lutheraniſmi Lib. III. p. 165. Edit. in fol. de anno
1692.

der verbotenen Priester-Ehe.

Hofpredigern nach Deſſau beruffen hätte, c) wurde der Herzog darüber bewegt, und ſprach ziemlich im Unwillen: „Ich kenne ihn wohl. Er iſt ein rechter Bube.
„ Das wird das erſte ſeyn, daß er Ew. Liebden darzu
„ bringen wird, das Sacrament unter beyderley Geſtalt zu empfahen, und daß die Pfaffen ſollen Weiber nehmen, und wird die Meſſe verwerfen u. ſ. f.
„ meynte auch, der Fürſt ſey von Haußmannen auf
„ den ſchlüpfrigen Weg geführet, nun würde er vollends herabſchlüppern." Allein der löbliche Fürſt erwiederte: „Er hätte dieſe Meynung länger denn ein
„ Jahr bey ſich gehabt, und hätte ſie nicht erſt itzt von
„ Haußmannen. d)

§. 3.

Zum beſondern Wohlgefallen des Herzogs regten ſich auch die Biſchöffe wider die Prieſter-Ehe mit aller Macht. Wie B. Adolph zu Merſeburg bereits anno 1522 verſchiedene Pfarrer ſeiner Diöces, als Johann Stumpfen zu Schönbach, Franz Klotzſchen in Großbuch, Conrad Klugen in Machern, Johann Kalbfleiſchen in Polenz, und andere in Bann gethan, weil ſie das heilige Nachtmahl nach Chriſti Einſetzung ausgeſpendet und ſich verehlichet hatten, ſolches iſt allbereits in dieſen Beyträgen e) und auch anderwärts einigermaßen erwähnet worden. Ich bemerke

alſo

c) S. von ihm Herrn Paſt. Dietmanns Churſächſ. Prieſterſchaft P. I. p. 380. ſeq. und ſonderlich Herrn M. Wilſchens Freyb. Kirch. Hiſt. P. I. wo auch in Cod. Prob. p. 199. ſeq. ein ſehr gutes Zeugniß dieſes Fürſtens von Hausmanno befindlich iſt.

d) S. D. Beckmanns Anhält. Hiſt. T. II. p. 58. ſeq.

e) von an. 1758. VI. St. p. 729 aus P. II. der Kapp. Nachl. zur Ref. Hiſt. wo ſich p. 557 — 570. die hieher gehörigen Urkunden finden. cf. Seckend. l. c. p. 219. ſeq.

also hier nur noch dieses, daß die beyden erstern auf ergangene Citation endlich vor dem Bischoffe erschienen, und sehr freudig geantwortet, ob er sie wohl sehr harte angelassen, als da er zu ihnen gesagt: „Ich will „euch, ob Gott will, noch da hin bringen, daß ihr mir „folgen sollt. Ich sags allein darum, daß ihr alle „Dinge mit Bibel und Evangelio beweisen wollt, und „so gar nichts auf die Lehre geben."

So hatte auch der Pfarrer zu Polenz bey der Visitation anno 1524 zu Grimma sich seiner getroffenen Ehe halber tapfer vertheidigt. Dergleichen hatte auch der evangelische Prediger zu Borne (vermuthlich M. Wolfg. Fusius) gethan, als welcher den Bischoff gefragt: Ob es erlaubt sey, zu heyrathen, indem er Gewissens halber sich darzu verpflichtet achte, oder ob es besser sey, sich mit einer Concubine zu behelfen? Der Bischoff antwortete: Neutrum licere, affirmabat tamen, per animæ suæ salutem satius esse, ut concubina uteretur. So hatte er auch zu Borna noch einem Priester befohlen, die Frau abzuschaffen. *f*) Allein bey allem Ernste konnte es dieser Bischoff *g*) nicht da hin bringen, wo hin er wollte, da zumal erwähnte

Pfarrer

---

f) ex Seckend. l. c.

g) Vor Zeiten hatte derselbe dießfalls eine bessere Einsicht gehabt. Der Fürst George von Anhalt bezeugte, daß er, als sein Vetter, noch ehe er etwas von Lutheri Vorhaben gehöret hatte, sich zu mehrernmalen verlauten lassen: „Wo dereinst noch ein Concilium zu Stande kom„men sollte, er selber rathen und helfen wollte, daß „denen Priestern die entzogene Ehe wieder freyge„lassen würde, da zumal viele Priester, um ihren Ge„wissen zu rathen, mit ihren Concubinen heimlich ei„nen Ehe-Vergleich eingegangen wären." S. Chemnitii Ex. C. T. p. 518. b. allein die ungesunde Röm. Luft mochte ihn nachher so stark angewehet haben, daß er darüber alle vorige gute Erkenntniß verlohren, und verleugnet.

Pfarrer unter Churfürstl. Gebiete und Schutze sich befanden. Um deswillen konnten auch in diesem Stücke die Bischöffe zu Meißen, ja auch sogar der Erzbischoff zu Magdeburg nicht völlig nach eignem Gefallen verfahren. Denn als der evangelische Pastor und Probst zu Kemberg, M. Barthol. Bernardi, von Feldkirchen, sich zuerst unter denen Lutherischen Geistlichen im Churfürstenthum anno 1521 am S. Bartholomæi, als seinem Namenstage, verehliget hatte, so regte sich sein Metropolitan, der Erzbischoff Albrecht zu Magdeburg, gar ernstlich darwider. Er verlangte auch von Churfürst Friedrichen, daß er ihn zur Verantwortung nach Halle stellen sollte. Allein der Weg da hin war gefährlich. Der weise Churfürst wollte ihn darzu nicht nöthigen, sondern war zufrieden, daß der Probst durch Melanchthonem eine Apologie aufsetzen, und darinnen kürzlich die Ursachen an den Erzbischoff wissen ließ, warum er sich verehlichet hätte, und wie durch das päbstliche Verbot die von Gott gebotene und eingesetzte Ehe nicht gehindert werden könnte. Diese Schrift stehet T. II. Luth. Jen. Lat. f. 463. seq. und auch in D. *Feustkings* Clerogamia Evangel. S. Sched. de primo, hoc sacerdote marito Lutherano. (ed. Witt. 1703. 4. §. 21. p. 31.) Die Erzbischöfflichen Räthe suchten darauf den Churfürsten noch mehr wider den Probst in Harnisch zu jagen. Sie schryen und schrieben: „iniisse Bartholomæum nuptias sacri„legas summa cum sanctissimorum votorum contu„melia." Es ließ aber der Probst eine demüthige Schutz-Schrift an den Churfürsten gelangen, und rettete darinnen seinen ehrlichen Ehestand nochmals bestens. Selbst Lutherus bewunderte die Herzhaftigkeit dieses Ehefreundes, und schrieb deswegen an Philippum: *b)* „Cameracensis novus maritus mihi „mirabilis, qui nihil metuit, atque adeo sic festina-
„vit

---

b) v. T. I. Epp. p. 330. b.

„ vit in tumultu isto. Regat eum Dominus, & mi-
„ sceat ei oblectamenta lacturis suis!" Er
blieb auch darauf bey seinem heiligen Amte und Ehestande ungekränkt, bis anno 1547, da die feindlichen Spanier in Kemberg so übel hauseten, und ihn so mißhandelten, daß sie ihn bey seinem grauen ehrwürdigen Haupte an einem Stricke in seiner Studirstube aufhiengen, wovon ihn aber seine angstvolle Ehegattin bald wieder loßmachte. Sie schleppten ihn sodann mit gefänglich bis in das Lager vor Torgau. Allein auch hier half ihn Gott durch einen christlichen Officier loß und davon. Er starb den 21. Jul. 1551 im 64. Jahre, wie von allen diesen Herr D. Feustking l. c. ein mehrers meldet. *i*)

§. 4.

Besonders aber kommen hierbey die beyden Bischöffe Johannes VII. und VIII. zu Meißen in Betrachtung, als welche die **Priester=Ehe** in ihrem Sprengel durchaus nicht leiden und einreißen lassen wollten. Es hatten daher diejenigen, welche sich in den Ehestand gewagt, oder auch das heilige Nachtmahl unter beyderley Gestalt ausspendeten, in Stolpen gewiß Bande und Trübsal zu gewarten. Denn so erzeigte sich Bischoff Johannes VII. (ein Herr von **Schleinitz**, aus dem Hause **Ragewitz**, welcher anno 1518 angetreten) gegen die Pfarrer in Herzog Georgens Landen deshalber sehr strenge. Dargegen mußte er mit denen, die unter Churfürstlicher Hoheit stunden, wie gedacht, glimpflicher und manierlicher verfahren. Denn so wurde z. E. Nic. Clajus, Pfarrer zu Schmiedeberg bey Kemberg, als er anno 1521 im Begriff war, sich zu verehlichen, von dem Bischoff citirt.

---

i) cf. Seckend. l. c. L. I. §. 104. p. 170. auch Herr Past. Dietmanns **Chursächß. Priestersch.** im 4. Th. pag. 611. seq.

der verbotenen Priester-Ehe. 351

citirt. So sollten sich auch anno 1522 die Pfarrer zu Lochau und Düben wegen ihrer Lehre und Heyrath stellen. Allein sie erschienen nicht. Daher beschwerte sich der Bischoff bey dem Churfürsten, bekam aber von demselben zur Antwort: „Er hätte vorlängst gerne ge-
„ sehen, daß der unchristlichen und schweren Lästerung,
„ ingleichen dem unzüchtigen Wesen, daß die Pfaf-
„ fen Weiber und Concubinen ohne Scheu bey sich
„ hätten, mit Ernste gesteuret worden, es sey aber am
„ Tage, daß man wenig darzu gethan, hingegen wohl gar um Geldes willen conniviret. u. s. f.

Der Pfarrer zu Lochau stellte sich endlich zum Verhör, und wurde in Gegenwart des Decani und D. Ochsenfarts, des bekannten heftigen Theologi von Leipzig, darüber vernommen: 1) Warum er das Sacrament sub utraque gereichet, und 2) warum er einen Mönch copuliret, der doch immerwährende Keuschheit gelobet hätte? darauf antwortete er dem Doctor: „Dieß habe ich aus christlicher Liebe ge-
„ than, um seinem Gewissen zu rathen, weil der arme
„ Mensch das Gelübde nicht halten können, u. s. f.
Ja, er sprach zum Bischoffe, als dieser ihm seinen Ungehorsam bey der erstern Citation vorhielte, ohne Scheu: „Ich habe aus einem Land-Gerichte gehört,
„ daß ihr den Pfarrer zu Glaßhütte (unter Herzogs
„ Georgens Hoheit) im Gefängniß erwürget, da habe
„ ich mich als ein Mensch gefürchtet." Der Bischoff wurde darüber so entrüstet, und befahl dem damals gegenwärtigen Herrn Johann von Minckwitz, daß er ihm den Mann zu Rechte verwahrlich behalten sollte, u. s. f. Und eben dieser Herr von Minckwitz hatte dem Churfürsten schon die Nachricht hinterbracht, daß ein unschuldiger Pfarrer erwürget worden. k) Es hieß
dieser

---

k) vid. Seckend. H. L. L. I. §. 124. p. 202. seq. & delisit. Episc. in Electoratu §. 130. p. 120. sq. auch aus solchen
und

dieser Glaßhüttner Pfarrer Jacob Seidler. *l*) Bey dem Lochauer Pastor aber durfte der Bischoff damals nicht weiter verfahren, sondern mußte ihn in Frieden abgehen lassen. Er hieß Franciscus Günther, war damals Theologiæ Licentiatus, und hernach Doctor, starb 1528. *m*) Der Pfarrer zu Düben aber ist noch unbekannt. *n*)

§. 5.

Es kam hierauf dießfalls zu einem noch größern fleischlichen Eifer, nachdem zum Ende des Jahrs 1522 der Schluß der Reichs-Stände zu Nürnberg erfolget war, den auch sowohl Herzog George selber, als die Bischöffe seines Landes, alsobald publiciren lassen. In solchem war nicht nur wider das ärgerliche Leben der Clerisey und Möncherey, sondern auch wider verheyrathete Priester und diejenige Mönche und Nonnen, die aus ihren Klöstern gelaufen, Erinnerung gethan worden. Um desto mehr hielt sich nun auch vorgedachter Bischoff für berechtiget, in seinem bisherigen Ernste fortzugehen. Er ließ zu dem Ende anno 1523 unterm 25. Junii an seine untergebene Priesterschaft eine scharfe und weitläuftige Verordnung ergehen. *o*) in welcher er unter andern klagt: „Presbyte-
„ros & sacerdotes fœderis cum Deo initi oblitos,
„contra

---

und andern Nachr. M. Senfs Stolp. Kirchen- und Ref. Hist. p. 119. seq.

l) S. von ihm auch die Beyträge von Augsp. 1758. VI. St. p. 728. p. 394. seq. wo aber das beygesetzte D. nicht statt findet.

m) S. Dietmanns Priestersch. P. IV. p. 449. seq. von diesen Pastoribus zu Annaburg (sonst Lochau) ein mehrers.

n) Man hat zwar l. c. im II. Th. p. 917. auch Seriem dasiger Pastorum, aber nur von anno 1550. an, beybringen können.

o) Sie stehet bey M. Senfen l. c. p. 401. seq.

von der verbotenen Priester-Ehe. 353

„ contra votum ordini annexum ab eisdem sponte
„ susceptum, Deo & suis Prelatis juratum, ad vetita
„ & sacrilega non tam matrimonia, quam contuber-
„ nia in suarum animarum incompensabile dispen-
„ dium multorumque Christi fidelium offendiculum
„ convolare; religionis professos — p. ad incon-
„ cessas voluptates & scelestam scortationem, p.
„ non tam conjugale fœdus, quam sacrilegum con-
„ nubium inire &c. So ungöttlich schreibt dieser
Prälate wider den heiligen Ehestand der Priester,
scheuet sich auch nicht, verschiedene nichtige Schein-
gründe wider solchen beyzubringen. Am Ende folgt
der gewöhnliche Bann-Stral in diesen Worten:
„ Hos Dei nomine excommunicamus & anathemate
„ ferimus; & ipsos ita excommunicatos publice
„ singulis diebus Dom. denunciari volumus &c."
Doch bekennt derselbe im Anhange noch ziemlich auf-
richtig, daß der Priesterstand wegen der bisher getrie-
benen Hurerey denen Layen sehr verdächtlich und ärger-
lich worden sey. Daher sollten auch binnen 2 Monaten alle Concubinen und verdächtige Köchinnen abge-
dankt und hinweggeschaft werden. Indessen heißt es
auch hier: „Sacerdoti semper matrimonio & mulie-
„ rum amplexu carendum esse." Schlechter Trost
für solche, denen auch bey dieser Wahrheit Vernunft
und Schrift die Augen geöfnet hatte! Der Bischoff
schloß seine finstere Augen anno 1537 den 13. Oct. *p*)

§. 6.

Ihm folgte im Bißthum sein Vetter und bisheriger
Decanus, auch seit 3 Jahren Coadjutor Johannis VIII.
ein gebohrner Herr von Maltitz, zum Anfange des
Jahrs 1538. Er trat in die Fußtapfen seines Vor-
gängers

p) Ein mehrers von ihm S. l. c. p. 67. seq. 70—86. sq. 359.
seq.

Beytr. VI. Th.   Z

gängers im Amte, und suchte das alte Wesen ebenfalls noch beyzubehalten. Er begab sich zu dem Ende hin zum Kayser Ferdinand nach Budißin, als sich derselbe e. a. Montags nach Cantate allda huldigen ließ, und bat, daß Ihro Majestät bey der Religion in der Ober-Lausitz nicht alles zu Grunde gehen lassen sollten; denn es war daselbst und auch in der Nieder-Lausitz fast alles schon evangelisch, *q*) und zwar schon seit verschiedenen Jahren.

Auch war das Licht des Evangelii bereits in der Gräflich Promnitzer Herrschaft Sorau, und in dem benachbarten Schlesischen Fürstenthum Sagan, welches unserm Herzog Georgen zuständig war, *r*) aufgegangen. Hiervon dient der mehrmals genannte Pastor Pogener in Hartmannsdorf, das zu diesem Fürstenthum gehörte, zum Beweis. Es war auch vor ihm schon ein evangelischer Lehrer an diesem Orte gewesen. Der geistliche Arm eines Meißnischen Bischoffs reichte bis in alle diese Gegenden; mithin konnte derselbe sowohl, als Herzog George, nach Gefallen hier handthieren.

Bald darauf wohnte er nebst dem Bischoffe zu Merseburg dem von Herzog Georgen zu Leipzig angestellten Landtage bey. Der Herzog erinnerte hier seine Bischöffe ihres Amts, weil gute Ordnung in so merklichen Verfall gekommen sey; diese aber schoben alle Schuld auf die Pfaffen, weil sie ihr Fleisch nicht bändigen und kreuzigen wollten, sondern, wie die Hengste nach Wei-

---

q) S. l. c. p. 149. seq. cf. M. Jo. Ge. Küntschkii Diss. III. de Lus. §. 15. 16.

r) Sagan kam anno 1474 an Sachsen, und anno 1549. an K. Ferd. in Böhmen. v. Henelii Silesiograph. L. VIII. p. 328. Sächß. Merkwürdigkeiten p. 415. auch Dresdn. Gel. Anzeiger 1754. n. 41. p. 354. seq. it. 42. p. 369. seq.

der verbotenen Priester-Ehe.

Weibern wieherten. s) Damals soll auch der Meißn. Bischoff gerathen haben, daß sowohl die Priester-Ehe, als das völlige Sacrament, freygelassen werden sollte, t) welches aber fast nicht wahrscheinlich ist; denn er verfuhr noch in eben diesem 1538. Jahre nach voriger Strenge, indem er auf Herzog Georgens Befehl im Sept. den armen Hartmannsdorfischen Pastor als einen vermeynten Delinqventen um deswillen einkerkern ließ, „weil er (wie er selber in dem elenden „Briefe bekennet, u) sich nicht nach Ordnung der „Christl. (Röm.) Kirche gehalten, sondern sich ver- „ehligt, und auch die Satzung in Reichung des Sa- „craments zuweilen überschritten hätte." Er mußte auch 3 Wochen lang, nämlich bis den 15. Octobr. als den Tag Hedwig, in solchem üblen Behältniß aushalten, „alsdenn ließ ihn der gnädge Herr von „Meißen (wie er ebenfalls schreibt) loß, weil er sich „wieder unter dem Gehorsam der Kirche begeben „hatte. Dabey aber mußte er zusagen, sein ver- „meyntes Weib, das er der Kirche zuwider genom- „men, lassen, und sich des ganz und gar äußern wolle." Dieses war nun von dem geistlichen gnädigen Herrn strenge genug verfahren. Allein er mußte Amts, obwohl Zweifels ohne nicht Gewissens halber, über dem strengen Ehe-Interdict halten, wollte er anders nicht selber in päbstliche oder herzogliche Ungnade fallen.

§. 7.

Es erhellet hieraus, daß man damals über solchem ungöttlichen Verbote noch eben so ernstlich, wie zu Pabst Gregorii Hildebrands Zeiten, gehalten, und

in

---

s) v. Seckend. l. c. L. III. f. 184.

t) Wie aus Lutheri Tisch-Reden p. 377. bey M. Senfen angezeiget wird.

u) der in den Beytr. vorigen Jahres im VI. St. mitgetheilet worden ist.

in dergleichen Fällen mit dem Banne fulminiret hat, ob solcher wohl fast allenthalben ein fulmen mutum & brutum worden war. x) Es klagte auch der elende Pogener, vielleicht nolens volens, „ daß er mit seiner unternommenen Heyrath in die Excommunica-„ tion verfallen, und gleichwohl sacra officia gehal-„ ten, da er doch irregularis worden wäre." Von solchem Banne aber konnte ihn nicht einmal der Bischoff entledigen; es wurde darzu vielmehr eine besondere Gnade von Rom erfordert. O schweres Joch! Mithin hatte das Eheverbot auch viele neue Sportuln nach Rom gezogen; denn es setzt Pastor Pogener ausdrücklich, „ daß er von päbstlicher Heiligkeit „ Legaten entbunden werden sollte." Es wurden daher in den Ablaß-Briefen auch immer die Vota religionis und castitatis ausgenommen, und die Erlassung derselben allein dem Röm. Stuhle vorbehalten, wie in diesen Beyträgen ehedem y) hiervon ein mehrers beygebracht worden. Dem füge ich hier noch bey, daß man dergleichen Clausul auch in der anno 1515 erhaltenen weitläuftigen Instruction des Cardinals und Erzbischoffs Albrechts für die päbstlichen Unter-Commissarios beym Ablaß-Krame findet. z)

§. 8.

Es mußte also unser Pogener noch auf die Gnade eines päbstlichen Legatens oder Ablaß-Commissarii warten.

x) S. hiervon die Beytr. von A. und N. 1758 im 1. St. p. 27—41.

y) bey dem ao. 1755 im IV. St. d. K. Beytr. p. 422. mitgetheilten Indulgenz-Briefe Pabst Julii II. in den Anmerk. bey anno 1756. 1. St. p. 25. seq. und 2. St. p. 172. seq.

z) Sie stehet deutsch und lateinisch in der Rappischen Sammlung von Ablaß-Schriften n. VI. p. 93. seq. S. p. 155. seq. 247. auch dessen Schaupl. des Tez. Ablaß-Krams p. 3.

warten. Er mußte zugleich bey damaliger noch großer Röm. Gewalt in Herzog Georgens Gebiete, wollte er anders bey der Pfarre bleiben, in einen sehr herben Apfel beißen, nämlich depreciren und revociren, auch dabey sein geliebtes Weib, ja was noch mehr, sogar die erkannte göttliche Wahrheit sammt allen dabey empfundenen Gewissens-Stichen verleugnen. Dabey wurde er, leider! einer von denen, die bey damaliger Zeit der Anfechtung abfielen. Bey dieser so großen Anfechtung glaubte er nicht, daß eine Erlösung von dem bisherigen Joche so nahe sey, welche durch Gottes Gnade bald erfolgte, als nämlich Herzog George im folgenden Jahre den 17. Apr. schlafen gieng. Zweifels ohne wird der so geschreckte Pogener sich alsdenn eines bessern besonnen, und seine bey der Revocation bewiesene Untreue nicht nur gegen die evangelische Wahrheit, sondern auch gegen seine Ehegattin, ja wohl diese selber, revociret haben. Seine fernere Lebens-Umstände sind nicht bekannt. Vielleicht ist von ihm zu Hartmannsdorf noch etwas ausfindig zu machen. Ich wende mich nunmehr in das Wurzner Stift.

§. 9.

Auch daselbst fand endlich die bedrängte evangelische Wahrheit und die verfolgte Priester-Ehe die längst gewünschte Freyheit. Schon anno 1538 resignirte der Canonicus und Probst zu Wurzen, auch um anno 1522 gewesener bischöflicher Kanzler, M. Gregorius von Rotschütz, aus Pirna gebürtig, und wurde im folgenden Jahre evangelischer Pastor Primarius in Budißin, heyrathete auch Meister Gregorii Falkens, eines Messerschmidts, Tochter. a) Anno 1542 aber erfolgte daselbst bey der von Churfürst Joh. Friedrichen veranstalteten Visitation die völlige Einrichtung

---

a). S. Schötgens Wurzner Hist. p. 195.

IX. Von den Schicksalen

der evangelischen Religion. Aus denen hierbey vorgeschriebenen Articuln bemerke ich nur folgende Verordnung: „Die Domherren, Vicarien und andere
„ Stifts-Personen, welche nicht ohne Ehe leben
„ könnten, noch sich zu enthalten vermöchten, soll-
„ ten in Gottes Namen in den Ehestand treten,
„ weil Unzucht und Concubinen zu halten nicht länger
„ sollte geduldet werden.   Würden sie aber ehelich,
„ so möchten sie von ihrem Einkommen für ihre Wei-
„ ber und Kinder etwas ersparen, welches sie hiebe-
„ vor mit Huren und Buben schändlich verthan hät-
„ ten, könnten auch wohl mit Bewilligung des Stifts
„ ohne Abbruch des Capituls ihren Kindern etwas zu-
„ wenden. Wären etliche geschickt, daß sie Gottes
„ Wort vermöchten zu predigen, oder Pfarr-Amt zu
„ versorgen, die sollten nach eines ieden Gelegenheit
„ darzu befördert werden." *b*)

§. 10.

Gehe ich von dannen in die Zeitz-Naumburgische Stifts-Pflege, so siegete daselbst die verfolgte Priester-Ehe zugleich mit dem lautern Evangelio auch gar bald; doch gieng es dabey ebenfalls nicht ganz ohne Verfolgung ab. Es war auch in diesem Stift, sowohl in ältern, als neuern Zeiten, bey der Clerisey und sonst ein ärgerliches Wesen im Schwange gegangen; denn so findet man z. E. schon bey anno 1200 angemerkt, daß der in solchen Sprengel gehörige Propst zu Laußnitz bey Eisenberg sich durch sein verschwenderisches und unzüchtiges Beginnen die Absetzung zugezogen habe.   Dieses wird im Chronico Montis Sereni *c*) also erzählet: „ Anno 1200 *Alvero*, Præposi-
„ tus de *Lusinitz* de dilapitatione rerum ecclesiæ
„ suæ & incestatione foeminarum, quibus præerat,
„ multi-

b) l. c. p. 126.
c) Ed. Maderi p. 62.

"multipliciter infamatus, a *Bartholdo* Nuemburgensi Ep. ab administratione remotus est, & successit ei Marcwardus Sereni montis Canonicus." Rühmlich war es, daß man solchem Aergerniß damals mit Nachdruck steuerte. In neuern Zeiten fehlte es an dergleichen Ernste. Die Verbrecher kamen immer leidlicher durch. Es befand sich sogar in Zeiz ein von der Stiftsregierung privilegirtes öffentliches Hurenhaus, welches das gemeine Frauen-Haus genennet wurde. Unser seliger Lutherus rügte solches noch 1540 in einem Briefe *d*) an das Dom-Capitul, und besonders an den Dechant, D. Wilden, unter andern folgendergestalt: "Liebe Junkern — wenn ihr strafen wollt, sollt ihr billig von euch selbst anfangen, und eure Hurenhäuser, Mordgruben und Kirchraubstahl verbessern." Bey solchem und andern unlautern Wesen fand das Licht der Wahrheit bey dasigen Bürgern um desto mehr Beyfall. Sie bezeugten gegen solche schon anno 1520 einen großen, iedoch noch ziemlich freyen und unzeitigen Eifer; denn als h. a. die päbstliche Bann-Bulle wider Lutherum da hin kam, stürmten sie die Curien der Domherren und rissen die angeschlagene Bulle wieder ab. *e*) Es geschahe dieß in der ersten Hitze, welche vielmals zu weit gehet. Es verzog sich im Stifte auch mit der völligen Reformation noch etliche Jahre; denn zu Naumburg erhielt man erst anno 1531 die Freyheit, einen evangelischen Prediger anzunehmen. Indessen aber hatten seit anno 1520 viele auf den Dörfern Gelegenheit gefunden, das Wort Gottes zu hören. Zu Zeiz mußte man sich dießfalls noch länger gedulden. *f*)

§. 11.

d) T. VII. Altenb. f. 422. b.
e) S. Herr Advoc. Grubners Nachr. von denen Zeitzer Decanis p. 16. seq.
f) v. Seckend. l. c. Lib. III. §. 106. p. 390. seq. Ein mehrers von allen diesen wird in der versprochenen Naumb.

§. 11.

Es hatte sich der dasige Bischoff und Pfalzgraf, Philippus, bisher mehrentheils in seinem andern Bißthum zu Freysingen, aufgehalten, und indessen hier zu Lande die Domherren und Stifts-Räthe schalten und walten lassen, die auch dann und wann gar sträflich gegen verehlichte Geistliche verfahren wollen. Allein der Churfürst war ihnen ebenfalls auf dem Dache gewesen, g) denn so war z. E. dem evangelischen Prediger im St. Georgen-Kloster und zu St. Marien Magdalenen, M. Wolffgang von Rotschütz, zu Naumburg, welcher ehedem selber ein Canonicus gewesen, vom Dom-Capitul eine Präbende entzogen worden, weil er lutherisch und auch ehelich worden war. Er führte aber darüber anno 1534 bey dem Churfürst Klage, und erhielt endlich anno 1536 den gnädigsten Bescheid, es sollte ihm die Präbende gelassen werden, woferne keine andere Ursache obhanden wäre. b)

In

Zeitzer Ref. Historie erwähnten Herrn Grubners zu finden seyn.

g) v. Seckend. l. c. §. 96. p. 387. seq.
h) S. B. Schamelii Beschr. des St. Georgen Klosters p. 76. seq. Ich kann hierbey auch ein gleichmäßiges, iedoch auswärtiges Exempel, von einer so guten evangelischen Gesinnung der hohen Landesherrschaft im Mecklenburgischen beybringen. Es wagte sich nämlich der erste evangelische Prediger, M. Joachim Slüter, zu Rostock anno 1528 ebenfalls in den heiligen Ehestand, wobey ihm aber von der noch blinden päbstlichen Stadt-Obrigkeit und Clerisey allerley Tort angethan wurde, als, daß denen Spielleuten untersagt wurde, bey der Trauung und Procession aufzuwarten rc. Allein statt dieser Music ließ der fromme Slüter die Glocken lauten, und einen Psalm singen. Er hielt seinen Kirchgang mit wohl 300 Personen unter großem Jubelgeschrey. Als der evangelische Herzog Heinrich hiervon Nachricht

der verbotenen Priester-Ehe.

In eben diesem Kloster war auch der letzte Abt, Thomas Hebenstreit, ein Freund Lutheri, und zugleich ein frommer und gottesfürchtiger Ehemann worden, wie ihn Lutherus selber nennt, i) der auch von ihm rühmt, daß er (gegen anno 1538) auf eigne Kosten von seinem Einkommen eine Schule angerichtet, nachdem er die päbstlichen Greuel ausgerottet, und die faulen Mönche weggeschaft, worüber er aber viel Ungemach erdulden müssen. Er starb 1542.

Es verursachten auch die Thum-Pfaffen und ihr Anhang dem Rector, Johann Fabern, und andern Schuldienern unsäglichen Verdruß, ja Lebensgefahr. Der Rector kam deshalber unterm dato 1545 Freytags nach Kilian mit einer Suppliqve bey dem Churfürst klagbar ein; k) allein der bald erfolgte unglückliche Smalkaldische Krieg machte, daß die Hülfe außenblieb. Es wurde auch anno 1547 bey solchem erwähntes Kloster sammt der Schule von den Spaniern verwüstet, als sie mit dem gefangenen Churfürsten hieher kamen. l) Nun wurde auch eine bedenkliche Veränderung beym Bißthum; und gleichwohl wurde die evangelische Religion sammt der Priester-Ehe nicht eben so heftig angefochten, sondern in denen zu dieser Diöces gehörigen Oertern, als z. E. in Plauen, gedul-

---

richt bekam, ließ er sich vernehmen, wenn ihn der Umstand mit den Spielleuten wäre bekannt worden, so hätte er alle seine Trompeter und Hof-Musicanten zur Brautmesse schicken, und also die Trauung recht fürstlich verrichten lassen wollen. (Allein die Glocken- und Psalmen-Music war dem priesterlichen Ehepaar anständiger und auch andern erbaulicher.) S. D. Grapii evangel. Rostock p. 43. seq.

i) in den Tisch-Reden. c. 39. f. 776.
k) v. Schamel. l. c. p. 74. wo sich diese Urkunde befindet.
l) l. c. p. 87. seq.

geduldet. Denn daselbst war bereits um anno 1521 die evangelische Lehre empor gekommen, nachdem sonderlich George Eulner, dasiger Comthur des Deutschen Ordens, sich darzu bekannt, und bis anno 1538 in solcher Stadt das evangelische Lehramt verwaltet hatte. Sein Amts-Folger war George Rura, ein vormaliger Dominicaner-Mönch, der schon anno 1525 daselbst als ein evangelischer Prediger berufen worden: anno 1538 aber nicht nur das Pastorat, sondern auch das Superintendur-Amt erlangt, und sich im vorher gehenden Jahre mit Jungfer Catharina, Johann Hempels, eines Bürgers in Plauen, Tochter verehlichet, auch mit ihr verschiedene Kinder gezeuget hat. Er starb anno 1547 am heil. Ostertage, nachdem er am Charfreytage vorher auf der Kanzel für Schrecken über das vernommene Geschrey, daß die kayserliche Armee im Anmarsche sey, vom Schlage gerühret worden. *m*)

Noch von einem unter das Stift Naumburg gehörigen beweibten evangelischen Pfarrer meldet der Herr von Seckendorf dieses: *n*) Anno 1523 war Michael Cramer, Pastor im Dorfe Kunitz, unweit Jena, unter Herzog Georgens Hoheit, wegen vermeynter lutherischen Ketzerey, gefänglich eingezogen worden. Er sollte nun dem Bischoffe zu Naumburg, als seinem Ephoro und Quasi Inquisitori hæreticæ pravitatis, zugeschickt werden, entwischte aber unter Weges. Jedoch seine römische feindliche Jäger erhaschten ihn wieder bey Altenburg; allein durch Gottes gnädige Fügung fande er nochmals Gelegenheit, zu entrinnen und nach Wittenberg, als in ein Asylum, zu kommen,

---

m) Ein mehrers hiervon S. in J. P. Oettels Plauischen Superintendenten-Hist. p. 14. seq. und daraus in III. Th. der Dietmannischen Priesterschaft p. 556. seq.

n) in H. L. L. II. §. 10. n. 11. p. 31.

der verbotenen Priester-Ehe. 363

men, auch darauf das Pastorat in Dommitzsch zu erlangen. o) Er wurde endlich um anno 1526 Pfarrer zu Luccau. Nur aber war er bey seiner Ehe mit 2 Weibern sehr unglücklich gewesen, weil sie beyde ihm entlaufen waren. Die eine war nach Leipzig entwichen, und hatte sich mit dasigen Mönchen bekannt gemacht, die auch vermuthlich ihr Gelübde an den Nagel gehangen haben mochten. Auf deren Eingeben (a monachis instructa) hatte sie einen Gewissens-Scrupel vorgeschützet, als wenn ihre bisherige Ehe nicht rechtmäßig gewesen wäre. Die andere aber hatte öffentlich als eine Canaille gelebt. Gleichwohl wurde er schlüßig, sich zum drittenmale zu verehligen, um zu bezeugen, daß er kein Freund vom Cœlibate sey. Dabey aber fragte er Lutherum um Rath, da zumal bey den ersten beyden Weibern keine ordentliche Ehescheidung erfolgt war. Dieser schrieb an ihn und an den Rath zu Dommitzsch unterm 18. Jan. 1525, daß hier Pauli Regul 1. Cor. VII, 15. wegen der Ehescheidung statt hätte. Nach 3 Jahren wurde er, als indessen die Beförderung nach Luccau erfolgt war, bey der Visitation angegeben, daß er noch 3 lebende Weiber habe. Er rückte aber mit Lutheri brieflichen Decision hervor. Diese fand auch statt, so, daß er nach Erkenntniß und Untersuchung seiner Gewissens-Sache völlig freygesprochen wurde, wie dieses alles der Herr von Seckendorf l. c. anführet. Ich wende mich nun bey der Naumburgischen Stifts-Historie auch noch in folgende Zeiten.

§. 12.

Der Bischoff Phil. war anno 1541 den 6. Jan. Todes verblichen. Das Dom-Capitul hatte den bedenklichen Julium Pflugen als Canonicum und Probsten

o) daraus ist gedachte Priestersch. im IV. Th. p. 758. bey Dommitzsch zu suppliren.

Probsten zu Zeitz, auch kayserlichen Rath zum Nachfolger erwählet, der aber dem Churfürsten gefährlich zu seyn schien, da er es zumal niemals mit der Augspurgischen Confeßion redlich gemeynet hatte. *p*) Darum wurde auf Churfürstliche Vermittelung statt dieses bedenklichen Herrns der evangelische Theologus, D. Nicolaus Amsdorf, der ebenfalls ein Herr von Adel war, zur bischöfflichen Würde erhoben, *q*) und den 20. Jan. *r*) 1542 eingeweihet, wobey Lutherus selber die gewöhnliche Predigt hielte. *s*) Unter ihm gieng es völlig nach dem Wunsche der Freunde Lutheri. Die evangelische Gemeinde im Stifte hatte Friede, und bauete sich ie mehr und mehr. Es hatte auch niemand wegen der Priester-Ehe weiter einige Anfechtung, ob der neue hochwürdigste Bischoff gleich selber im Cœlibate lebte. Er mußte sich aber, leider! nach der anno 1547 im May bey Mühlberg vorgefallenen fatalen Schlacht entfernen, und sich nach Magdeburg in Sicherheit begeben. Dargegen trat der vormals erwählte Julius Pflug das bischöffliche Regiment nun wirklich an, und blieb auch bey solchem bis an sein anno 1564 den 3. Sept. erfolgtes Ableben. Er hatte sich, wie bekannt, bey dem gefährlichen Interim einen üblen Namen gemacht, und auch anno 1552 dem Concilio zu Trident beygewohnet. Man war seinethalben anfänglich bey so critischen und mißlichen Umständen in großer Sorge und Furcht. Um desto mehr aber waren die Wunder der göttlichen Güte zu preisen, als unter seinem Regimente die evangelische Religion und Priesterschaft die vorhin genossene Ruhe und Freyheit

---

p) v. Seckend. l. c. p. 388. & de Pflugio p. 389. it. M. Bieck vom dreyfachen Interim p. 26. seq.

q) de quo v. Seckend. l. c. p. 391. seq. & 394. & inpr. Schötgens Wurzner Hist. p. 746. seq.

r) bey Schamel. l. c. p. 75. stehet der 17. Jan.

s) v. Seckend. l. c. p. 392.

Freyheit ungekränkt behielt. Man achtete ihn auch für einen heimlichen Lutheraner. Er kam sogar bey einigen Päbstlern selber nebst dem im vorigen erwähnten D. Johann Groppern, dem Churcöllnischen Abgesandten zu Regenspurg, besonders bey dem Artickel von der Rechtfertigung in Verdacht, daß er der gegenseitigen Meynung sey, wie ebenfalls der Herr von Seckendorf erzählt, *t*) der auch von ihm also schreibt: *u*)
„Præfuit subditis insigni cum integritate & æqui-
„tate. Nihil duri adversus eos decrevit, qui con-
„trarias partes secuti erant. — Ex ejus factis &
„dictis judicari potest. Evangelicæ veritatis satis
„gnarum non solum, sed & ei non parum addictum
„fuisse. Cur vero eam publice profiteri noluerit,
„Deus novit." Allein, er hatte die Ehre bey den Menschen lieber, denn die Ehre bey Gott. (Joh. XII, 43.)

t) l. c. §. 89. p. 368.
u) ib. p. 395. cf. J. H. Ackeri ipsius vita simul c. Orat. de ord. rep. Germ. Altenb. 1724. ed. it. B. D. Jöcher.s Gelehrten-Lexicon P. III. p. 1489. seq. wo auch dessen Schriften angezeiget werden.

X. Von

X.

Von den Schicksalen der

bestrittenen Priester-Ehe

beym Interim,

bey und nach dem Concilio Tridentino,

durch

M. S. Schneidern.

§. 1.

Es fand auch sogar bey dem verfänglichen Interim, welches vorgedachter Bischoff, Julius Pflug, zu Naumburg anno 1548 zu Augspurg schmieden helfen, die Priester-Ehe einige Bedeckung und Sicherheit, indem solche nach dieser Schrift, nebst dem völligen heiligen Nachtmahle, an evangelischen Oertern bis auf ein allgemeines Concilium noch erlaubt seyn und bleiben sollte. Es war auch damals, gleichwie ehedem bey der Augspurgischen Confeßion und bey denen Smalcaldischen Artickeln, von denen römischen Prälaten in Vorschlag gebracht worden, daß man evangelischer Seits nur dem Pabste sein Ansehen und seine Unfehlbarkeit, auch denen Bischöffen und Mönchs-Orden ihre Gewalt, nebst der Freyheit, ihre geistlichen Güter zu behalten, einräumen sollte, so würde auch der Gebrauch des Kelchs, und die Priester-Ehe desto leichter gestattet werden. x) Gleichmäßige Vorschläge

waren

---

x) S. die Beträge von A. und N. anno 1760. im III. St. p. 292. aus denen Dialogues entre S. Pierres & Jules II. à la Porte du Paradis.

waren auch bereits anno 1541 zu Regenspurg geschehen, um beyde Religionen näher zu vereinigen. Es war damals zugleich allda ein dem Interim ähnliches Formular, und zwar, wie einige glauben, von D. Groppern abgefasset worden, welches man das Regenspurgische Interim nannte. Hierzu kam am Ende des Jahrs 1548 auch das Leipziger Interim. Von diesem dreyfachen Interim ist des gelehrten Pastoris, M. Johann Erdmann Biecks, zu Eißleben, Historie anno 1721 zu Leipzig in 8. zum Vorschein gekommen, wo auch p. 200. seq. diese zu Regenspurg aufgesetzte Pacifications-Schrift selber eingerückt stehet.

Hieraus wiederhole ich hier nur kürzlich, was zu meinem gegenwärtigen Zwecke dienet, und sich bey Art. XXII. de Discipl. Eccl. p. 259. seq. befindet. Es werden nämlich darinnen verschiedene Canones aus vorigen Conciliis vom Cœlibat und von der Priester-Ehe angeführt, so wie zuletzt diese: „Daß in
„ neuern Zeiten verboten worden, verehlichte Priester
„ zum Amte zu lassen; ingleichen, daß diejenigen, wel-
„ che sich vor der Ordination verheyrathet hätten,
„ ihre Weiber abschaffen, und daß auch die Ehen,
„ welche nach der Ordination getroffen worden, ge-
„ trennet, und für ungültig erkläret werden sollten.
„ Dabey müßte es auch künftig sein Bewenden ha-
„ ben. Dargegen sollten auch die Gesetze wider die
„ Concubinen-Freunde vollzogen werden." Denn so heißt es zum Beschlusse ap. Bieck. l. c. p. 263. „In hac g.
„ canonum diversitate, si postremi canones omnino
„ posthac retinendi sunt, necessarium quoque erit, ut
„ censuræ, quæ in *fornicarios* in veteribus Canoni-
„ bus distinguuntur, in usum quoque revocentur,
„ ne publicum scandalum ex impura ministrorum
„ vita ecclesiæ ingeratur." Allein darein konnte man billig evangelischer Seits nicht willigen,
als

als zum Ende des Aprils von beyderseitigen Theologen darüber conferiret worden war. *y*) Der löbliche Kayser gab sich dabey selber noch viele Mühe. Es wurde daher auch noch schriftlich und mündlich verschiedenes abgehandelt; allein die protestantischen Stände erinnerten: „Daß, wenn eine wahre Ein„tracht und Besserung in der Kirche erfolgen sollte, „das Evangelium rein und lauter gelehret, der Ehe„stand denen Priestern gestattet, und die Jugend „wohl unterwiesen werden müsse." *z*) Indessen hoffte man noch das beste von einem allgemeinen Concilio, worauf sich auch der Pabst selber bezog.

§. 2.

Es zerschlug sich also diese mühselige Unterhandlung endlich ganz fruchtloß, da zumal die päbstlichen Bischöffe und Theologen, und insonderheit der wunderliche Johann Eck, der nebst Julius Pflugen und Johann Groppern, bey denen gepflogenen Unterredungen sich mit Phil. Melanchthone, Martino Bucero, und Joh. Pistorio, als evangelischen Theologen eingelassen hatte, selber sehr darwider waren. *a*) Ja, es war Johann Eck weder mit der aufgesetzten Schrift, noch mit seinen beyden Collegen zufrieden, denn er beschul-

---

y) Sleidan. de Statu Relig. L. XIV. sub init. „De quibusdam
„ locis convenire non potuit — de Missa, de usu integri
„ Sacramenti, de cœlibatu." &c.

z) v. Sleidan. l. c. it. Seckendorf. l. c. L. III. §. 88. p. 359. qui
refert: „Evangelici ad sua scripta provocant, quibus osten-
„ derint, præceptum de Cœlibatu pugnare cum lege div.
„ & naturæ. it. Quæ contra vota monastica scripserint;
„ repetunt, tamen summatim argumenta pro legitimo
„ sacerdotum conjugio; addunt monitum de alendis ex
„ reditibus monasteriorum pastoribus.

a) Id. L. XIV. p. 208. b. „Senatus principum magna sui
„ parte constat ex episcopis. Itaque vicit eorum nu-
„ merus, qui & librum a Cæsare propositum & actio-
„ nem omnem colloquii rejiciebant."

der bestrittenen Priester-Ehe.

schuldigte sie, als wenn sie dem Gegentheil allzu viel zugestanden hätten, da er wegen Krankheit nicht selber allen Unterredungen hätte beywohnen können. „Erat enim (wie Sleidan. l. c. schreibt) impatiens „atque morosus; nam & librum fastidiebat & so-„cios minime probabat." Er protestirte sogar darwider bey den Ständen, und nannte dieß Regenspurgische Interim: „librum insulsum, in quo tam „multos deprehendisset errores; itaque non esse re-„cipiendum; nam omissa patrum & ecclesiæ con-„svetudine, *Melanchthonis* in eo vestigia modum-„que loquendi passim animadverti," wie solches Sleidanus l. c. ebenfalls meldet. Maimbourg aber ist der Meynung, Bucerus habe bey solcher Schrift vieles gethan, und seine Irrthümer mit einfließen lassen. *b*) Hierdurch nun hielten sich Pflug und Gropper für beleidigt, und verlangten um deswillen von den Ständen eine Ehrenrettung, die sie auch von dem Kayser erhielten, als welcher ihnen dieses gute Zeugniß schriftlich ertheilte: „fecisse eos, quod bonos viros deceat." Da nun also Gegentheil hierbey selber mit sich uneins wurde, so konnte um so viel weniger der gesuchte Zweck erreicht werden; und wegen der Priester-Ehe war eine dergleichen Zwietracht nicht ohne Nutzen, da man selbige damals ohnedem nicht völlig gelten lassen wollte. Ein mehrers wurde derselben auch darauf bey dem Augspurgischen *Interim* nicht eingeräumet.

§. 3.

Diese Schrift findet man unter andern völlig in Lucæ Osiandri Epit. H. E. Centur. XVI. p. 425 seq.

---

b) l. c. p. 348. „Manum ei admovisse & venenum hære-„seos suæ subtiliter instillasse Bucerum, Eccl. Arg. & ex „ordine Dominicano apostatam.

in lateinischer Sprache, deutsch aber in erwähnten M. Biecks Historie p. 266 seq. und darinnen auch p. 102 seq. ein christliches Bedenken, was hiervon anzunehmen und zu verwerfen sey. Den Inhalt derselben aber meldet kürzlich Sleidanus de S. Rel. L. XX. p. m. 332 und auch D. Ad. Rechenb. in Diss. de Interim Aug. Edit. Lips. 1683. §. 13. Hieraus bemerke ich nur den 26. Artikel, woraus erhellet, daß damals die Priester-Ehe nebst dem Kelche ebenfalls nicht gänzlich untersagt, sondern noch, aber nur bis zum Schlusse eines allgemeinen Concilii, erlaubt worden sey. „ Licet optandum sit, (heißt es) pluri-
„ mos inveniri Ministros ecclesiæ, qui caste vivant,
„ tamen, quod multi passim uxores habeant, quas
„ nolint repudiare, neque sine gravi turba mutari
„ nunc istud possit, expectandum esse concilii decre-
„ tum, idem quoque placere de iis, qui *cœnam Domini*
„ sub utraque specie percipiunt &c. “ Es war aber alles hierbey auf Schrauben gesetzt, so, daß die päbstliche Religion wenig verlohr, und man auch die Genehmhaltung von Rom erwarten müsse. c) Es wurde zugleich wegen der Priester-Ehe die Clausul beygefügt: „ Doch kan man nicht leugnen, wie-
„ wohl der Ehestand, nach der Schrift, für sich selbst
„ ehrlich ist, daß gleichwohl der, so kein Eheweib
„ nimmt, und wahrhaftig Keuschheit hält, besser
„ thue nach derselben Schrift, 1. Cor. 7. “ d)

§. 4.

Der alte 81 jährige Pabst Paulus III. (von dem man nicht viel Gutes vorgab,) e) nahm sich, dem
Scheine

c) Sleidan. l. c. „ Etsi totus fere Papismus in eo stabilitur, ta-
„ men quod adversariis essent concessa nonnulla, Pontifi-
„ cem prius esse consulendum placuit.
d) v. M. Bieck l. c. p. 358.
e) Man beschuldigte ihn sogar in einer öffentlichen Schrift nicht nur der Hurerey und des Ehebruchs, sondern auch
der

der beſtrittenen Prieſter-Ehe. 371

Scheine nach, dieſer Ehe-Angelegenheit nicht eben ſo gar ernſtlich an; doch ließ er dem Kayſer deshalber, wie auch wegen des h. Nachtmahls, die Vorſtellung und Erklärung thun: „Ut presbyter ordina-
„ tus ducat uxorem, & ſacrum officium admini-
„ ſtret, eſſe inauditum; conſvetudinem etiam illam
„ ſumendi Cœnam Dom. *sub utraque* eſſe abrogatam,
„ & in his duobus indulgendi facultatem nulli com-
„ petere, præterquam Pontifici Rom. & Concilio;
„ religionis antiquæ ſectatores non eſſe his dogma-
„ tis alligandos &c." *f*) Dieſe animadverſiones dienten auch dem Kayſer zu einer Lection, daß er ſich nämlich der Religions-Sachen nicht allzu ſehr annehmen ſollte. Ja er verlangte ſchlechterdings: „I's,
„ qui jam ſunt ſacerdotes, aut poſtea fient, abſti-
„ nendum eſſe a conjugio." *g*) Mithin ſolte dieſe widerrechtliche Menſchenſatzung noch ferner bey voriger Kraft bleiben. Dargegen handelte auch der Erzbiſchoff zu Cöln der kayſerlichen Abſicht beym Interim nicht gemäß, als er die ſchon getroffene Prieſter-Ehen trennete, und ſie für blutſchänderiſch, auch die erzeugten Kinder für Baſtarte erklärte. *h*) Die Evangeliſchen aber verlangten damals und auch in dem Leipziger *Interim i*) die völlige Erlaubniß der Prieſter-Ehe,

A a 2 indem

der Blutſchande mit ſeiner eigenen Tochter, leiblichen Schweſter und Enkelin. Es ſtarb dieſer alte Menſch der Sünden 1549. den 10. Nov. cf. Sleidan. l. c. LXXI. p. m. 354. „Libellus exierat ejusmodi Italicus, vehemens in
„ illum atque gravis, priusquam diſcederet.

f) l. c. L. XX. p. m. 333. b.
g) l. c. cf. Rechenb. l. c. §. 16.
h) ib. §. 22. ex Thuano.
i) v. M Bieck l. c. p. 381. Von dem Leipziger Interim, und dem anno 1548 daſelbſt deshalber gehaltenen Landtage findet man Actenmäßige Nachrichten in dem Chemnitzer Altem aus den Geſchichten P. I. n. 5, 6. P. II. n. 3.

indem es darinnen ausdrücklich heißt: Die Ehe soll in diesem Lande nach Gottes Einsetzung bey allen Ständen gehalten werden.

§. 5.

Darüber hat auch unsere evangelische Kirche allenthalb'n treulich gehalten. Deshalber hat sie sich nicht nur in der Augspurgischen Confeßion, sondern auch in den Smalkaldischen Artikeln P. III. N. XI de *Conjugio Sacerdotum* mit unserm lieben Luthero gegen die Widersacher also öffentlich erkläret: „Quod conju-
„gium isti prohibuerunt & divinum ordinem sa-
„cerdotum *perpetuo coelibatu* onerarunt, malitiose
„sine omni honesta caussa fecerunt — ac caussam
„praebuerunt multis horrendis, abominandis in-
„numeris peccatis terrarum libidinum, in quibus
„adhuc volutantur. — Quare ipsorum *spurco
„coelibatui* assentiri nolumus, nec illum etiam fere-
„mus, sed *conjugium liberum* habere volumus, sicut
„Deus illud ipse ordinavit & instituit, cujus opus
„nec rescindere, nec destruere, nec impedire vo-
„lumus; Paulus enim dicit, *prohibitionem conjugii*
„esse doctrinam daemoniorum, 1. Tim. IV, 3. "

Es waren aber diese Smalkaldischen Artikel bereits anno 1537 von unserm Luthero aufgesetzt worden, daß sie bey einem etwa noch zu hoffenden Concilio zur Richtschnur dienen sollten, was man bey der evangelischen Religion einräumen oder verwerfen könne und müsse. Allein wie schwer man zu Rom an ein allgemeines Concilium gegangen sey, *k*) und wie nöthig Lutherus solches selber geachtet habe, um dem eingerissenen

k.) S. hiervon auch Pufendorfs Einleitung zur Historie p. 801. seq. it. Cyprians Historie der Augspurgischen Confeßion p. 53.

der bestrittenen Priester-Ehe.

nen Verderben und Unheil zu steuern, bezeugt er in der Præf. §. 3. mit diesen nachdrücklichen Worten: „Romana ista curia adeo formidat Christianum liberumque Concilium & lucem turpissime fugit, ita ut etiam ipsis Pontificiis spes Concilii non tantum convocandi, sed etiam ferendi & concedendi prorsus adempta sit." it. §. 8. „In episcopatibus videmus possim multas parochias plane desertas & vacuas, ita ut præ dolore cor hominis pii extingvi facile possit. Et tamen nec Episcopi nec Canonici curant miserorum hominum vel vitam vel mortem — Et hoc movet me, ut exhorrescens vehementer metuam, ne Christus ipse aliquando convocet Concilium angelicum contra germaniam quo funditus deleamur, sicut Sodoma & Gomorrha, quandoquidem tam temere ipsi illudimus nomine & prætextu Concilii."

§. 6.

Endlich aber zeigte sich einige Hofnung zu einem, obwohl nicht freyen Concilio, denn Pabst Paulus III. kündigte ao. 1542 dergleichen zu Trident an, das aber erst anno 1545 daselbst seinen rechten Anfang nahm. Es gieng auch hierbey die pábstl. Willens-Meynung dahin, daß man auf solchem Concilio, ohne von Rom die Einwilligung erhalten zu haben, nichts schlüßen sollte; daher schrieb auch hernach der kayserliche Rath, Andreas Dudith, an kayserl. Majestät *l*) : „Episcopi in hoc concilio non homines sunt, sed simulacra, quæ alienis nervis moventur; sunt quasi vtres, rusticorum musica instrumenta, quos, ut vocem emittant, inflare necesse est. Roma tanquam Delphis oracula exspectant. Roma Spiritus S. adfertur tabellarii manticis inclusus." Um so viel weniger konnte sich demnach hier die

---

l) v. Hildebr. Hist. Concilior. p. 332.

die evangelische Wahrheit und verehligte Priesterschaft einigen Trost versprechen. Es wurde auch bey allen Seßionen nur bey dem Alten gelassen, und mit keinem wahren Ernste an die höchst nöthige Verbesserung der so tief verfallenen Kirchen-Zucht gedacht. Und endlich zerschlug sich anno 1547 hier wegen eingerissener Seuche die Versammlung, und wich zum Theil nach Bologna, um daselbst die Sessiones fortzusetzen.

§. 7.

Daselbst befand sich h. a. bey dem französischen Abgesandten auch der gelehrte Theologe, Claud. Espencæus, von Paris, von welchem der sel. D. Johann Gerhard so manches treffliche Zeugniß der Wahrheit pro Conjugio Clericorum angeführet hat, als z. E. aus dessen ersten Buch de Continentia C. 13. dieses: „Romanos Pontifices, *Siricium* inpr. & *innocentium*, „quibuscum Iovianum, execror — Proinde non „intelligo — quo sensu, coniugii præsertim ante „ordines sacros contracti usum Cleri sui sanctimo„nia indignum, & carnis esse immunditiem, in „qua Deo placeri non possit, vocare non dubita„verint. &c." *m*) Und gleichwohl blieb derselbe bey Pabst Paulo IV. zu Rom, wo hin er anno 1555 mit dem Cardinal von Lothringen gekommen war, so in Gnaden, daß ihm ein Cardinalshut zugedacht wurde, welchen er aber nicht bekommen, und vermuthlich auch nicht verlangt hat. Er starb 1571 den 5. Octobr. zu Paris. *n*)

Bey

m) v. Gerhardi Conf. Cathol. p. 817. b. cf. p. 837. a. 838. b. &c. ea, quæ commentatur Espencæus ad Tit. I, 8. 1. Cor. VII. 5.

n) S. von ihm und seinen vielen Schriften das Jöcherische Gelehrten-Lex. P. II. p. 402. seq.

der bestrittenen Priester-Ehe.

Bey dieser Gelegenheit gedenke ich auch noch des gelehrten Italieners, Polyd. Vergilii, der um selbige Zeit ebenfalls als ein Zeuge der Wahrheit pro Clerogamia, sehr helle rufte und auch gründlich schrieb, wie denn vorbelobter D. Gerhard davon gleichergestalt l. c. viele Stellen beygebracht hat. Es war derselbe anfänglich päbstlicher Cammermeister zu Rom, wurde aber nach Engelland geschickt, wo er sich beym König Henrico so in Gunst setzte, daß er ihn zum Archidiaconus in Wells machte. Er bekannte sich zwar äußerlich bis an sein Ende zur Röm. Catholischen Religion; vertheidigte aber in Hist. Angliæ und Lib. de inventoribus und in andern Schriften die Priester-Ehe sehr frey und großmüthig, eiferte auch wider den ungöttlichen Bilder-Dienst und andere schnöde Mißbräuche und Gebrechen seiner Kirche und Clerisey ohne Scheu. Im Alter gieng er wieder nach Urbino, als seiner Vaterstadt, und starb daselbst anno 1555. o) Indessen war anno 1551 das Concilium zu Trident wieder eröfnet worden.

§. 8.

Der neue Pabst Julius III. hatte solches auf inständiges Begehren des K. Ferdinandi I. von Bologna wieder da hin verlegt. p) Allein man versprach sich evangelischer Seits auch unter diesem geistlichen Oberhaupte daselbst nicht viel ersprießliches, da zumal selbiges

---

o) v. l. c. P. IV. p. 1532. seq.
p) Sleidan. L. XXI. p. m. 357. b. „ Joh. Maria Montanus, qui
„ Tridentini atque Bononiæ præfectus fuerat concilio d. 7.
„ Febr. 1550. creatus Pontifex, mutato nomine, Julium
„ se vocabat ejus nominis Tertium. it. Lib. XXII. p. 364. b.
„ Is crebro solicitatus a Cæsare, sub Id. Nov. e. a. con-
„ scripto diplomate, Bullam ipsi vocant, concilium decer-
„ nit, suum esse confirmans, indicere & dirigere Conci-
„ lia, cupere etiam se Germaniæ tranquillitati consu-
„ lere &c.“

biges eben so anbrüchig und übel berüchtiget war, wie sein Vorfahrer, ja eines so greulichen Lasters beschuldiget wurde, daß mans nicht gerne nennet. Es giengen auch damals in Italien sogar noch sodomitische Greuel im Schwange; kein Concilium hatte sie tilgen können. Joh. Casa, Erzbischoff zu Benevent, und letzlich auch Staats-Secretair zu Rom hat um diese Zeit in laudem Sodomiæ ein italienisches Gedichte geschrieben, und solches höllische Laster darinnen divinum opus genennet. *q*) Er starb 1556. *r*) Es nahm auch bey aller damaligen Bemühung, auf dem Concilio einen Vergleich zu treffen, die feindliche Wuth gegen die Augspurgischen Confeßions-Verwandten, und besonders gegen verheyrathete evangelische Priester mehr zu, als ab; denn als z. E. solche anno 1551 von Augspurg vertrieben wurden, bat einer von diesen gebeugten Männern um Erlaubniß, daß er vor seiner Entweichung nur seine in Kindes-Nöthen kämpfende Gattin noch besuchen dürfe; allein der Bischoff von Arras sprach hierbey höhnisch: Uxorem is vocat, quæ scortum est. *s*) Um desto mehr trugen die evangelischen Stände Bedenken, einige von ihren Theologen nach Trident zu schicken.

§. 9.

Der glorwürdigste Churfürst Mauritius in Sachsen wegerte sich zwar nicht, seine Theologen da hin abzuordnen; er stellte sich aber hierbey das Exempel des

q) v. Hildebr. Hist. Concil. p. 334. Chemnit. l. c. p. 514. a.

r) S. ein mehrers von ihm im Jöcherischen Gel. Lex. P. I. p. 1712. seq.

s) Sleidan. Lib. XXII. p. 375. dieser gedenket auch L. XXIII. p. 382. b. daß er selber als Straßburgischer Abgeordneter dem Concilio beygewohnet habe. Mithin sind seine Nachrichten hiervon auch desto zuverläßiger.

der beſtrittenen Prieſter-Ehe.

des nicht gehaltenen Salvi Conducti zu Coſtniz vor. Indeſſen ſchrieb er deshalber an den Kayſer, und bat ſich für ſie, auch von denen verſammleten Patribus und Aſſeſſoribus des Concilii ein ſicheres Geleite aus. t) Dergleichen erfolgte zwar, aber in ſehr kurzen und kaltſinnigen Terminis. u) Endlich wurde für ſie, auf Vorſtellung der Churfürſtlichen Geſandten m. Jan. a. seq. noch ein anders kurzes Blatt ausgefertiget. x) Es waren aber die Churfürſtlichen Geſandten, Herr **Wolfgang Koller**, (Colerus) Eqv. Thur. und der berühmte Leipziger Bürgermeiſter, D. **Leonhard Badehorn**, welche den 7. Jan. 1552 zu Trident eingetroffen waren, und den 10. ej. ſich mit denen Kayſerl. Legaten unterredet, auch den 22. ejusd. einer öffentlichen Seßion beygewohnet, und dabey das Nöthige wegen verſprochener Sicherheit erinnert hatten; wie denn auch D. **Badehorn** den 24. ejusd. in pleno Conſeſſu eine treffliche Rede gehalten, y) und darinnen unter andern erinnert: „ eum, qui vulgo ſit in Pon-
„ tificiorum templis, cultum & agendi modum,
„ non eſſe veram religionem, ſed fucum & umbram
„ religionis — it. in promtu eſſe, *quanta & quam*
„ *gravia vitia in Clericorum ordinem & vitam invaſe-*
„ *rint*, quibus reformatione magna opus ſit — er-
„ go ſerio tractandum eſſe de vero Dei cultu, de
„ tollendis erroribus atque abuſibus, de reforman-

Aa 5 „ dis

---

t) l. c. L. XXII. p. 374.

u) ib. Lib. XXIII. ſub initio fere: „ Hi Patres np. pauciſſimis
„ verbis & admodum neglecte formulam conſcripſerunt,
„ nullo adhibito ſigno vel teſtimonio publico, licere vi-
„ del. omnibus Germanis indifferentur, ut ad Concilium
„ accedant &c. "

x) v. ipſam hanc formulam ſub dato 25. Jan. demum 1552.
pro ipſis A. C. addictis in Dreſſeri Iſag. Hiſt. Millen. VI.
p. 270 ſeq. cf. Sleidan. l. c. p. 390. ſeq.

y) Summam ejus Orat. v. ap. Dreſſer. l. c. p. 262.

„ dis moribus populi, *tam in capite*, quam in mem-
„ bris &c." z) Welche Rede auch dem Secretair
beym Concilio schriftlich eingehändiget worden. a)
Bey solcher am 25 ejusdem gehaltenen Seßion wurde wegen der protestantischen Theologen, die nun erwartet wurden, die fernere Handlung bis auf den 19.
März ausgesetzt. b) Es waren auch die hierzu ernenn-
te Gottesgelehrten, als Melanchthon, Sarcerius und
Pacæus, bereits zu Nürnberg eingetroffen, nebst
schriftlicher Churfürstlicher Instruction, darinnen die
eingerissenen großen Kirchen-Uebel nochmals gerügt
worden, mit beygefügter Ermahnung ans Concilium,
solche mit Ernst abzuthun. c) Sie erhuben sich auch
nach Augspurg; allein hier wurden sie am Ende des
Febr. von dem Churfürsten befehliget, sich auf die
Rückreise zu machen, weil man keine hinlängliche Sicherheit, auch nichts fruchtbares hoffen konnte, da zumal von ihnen die angemaßte päbstliche Ober-Gewalt
übers Concilium nicht eingeräumet werden konnte. d)
Man hatte auch Ursache, wegen der äußerlichen Sicherheit um desto mehr besorgt zu seyn, nachdem am
7. Febr. der Chur-Trierische Theologus, Ambrosius
Pelargus, ein Dominicaner, über den Text von
Ausjätung des Unkrauts geprediget, und den fameu-
sen Satz: Hæreticis non esse fidem servandam, mit

einflie-

z) l. c. p. 266. seq.

a) v. Sleidan. L. XXIII. p. 390.

b) l. c.

c) „ Negari sane non potest (monet Elector) multos magnos &
„ haud ferendos errores, viciaque intoleranda in eccle-
„ siam invecta esse — His ergo tot tantisque incommodis
„ ut idonea reperiantur media, etiam atque etiam curan-
„ dum vobis, Patres Concilii, esse existimabitis. Quod
„ superest, Filium Dei oro, ut hæc vulnera ecclesiæ sanet
„ & concordiam restituat." v. Dresser. l. c. p. 273.

d) l. c. p. 271. seq. it. Sleidan. l. c. p. 391.

von der bestrittenen Priester-Ehe.

einfließen lassen, worüber sich auch D. Badehorn beschweret hatte, sich aber mit einigen kahlen Bemäntelungen abweisen lassen müssen. Hierzu kam das Gerüchte von Churfürst Mauritii Kriegs-Zuge wider den Kayser, wobey auch denen Churfürstlichen Gesandten selber nicht wohl zu Muthe war, da man sie beschuldigte, als hätten sie davon Wissenschaft gehabt, da ihnen doch seit langer Zeit aus ihrem Lande keine Nachricht zu Händen gekommen war. Sie sahen sich in augenscheinlicher Gefahr, und wusten nicht, wie sie derselben entrinnen möchten; doch wagten sie den 13. März bey frühem Morgen in aller Stille die Flucht, und wandten sich nach Brixen, kamen auch endlich glücklich anheim. Wegen des angegangenen Kriegsfeuers zerschlug sich auch im Anfange des Maymenats die ganze Versammlung und gab Reißaus. e) Sie war so beschaffen, daß weder die Wahrheit des Evangelii, noch insonderheit die Priester-Ehe dabey einen Trost zu gewarten hatte. Darum habe ich mich bey solcher fast länger verweilet, als meinem Zwecke gemäß ist; darzu aber hat mich auch meine geliebte Vaterlands-Historie, die hier berühret worden, mit veranlaßt.

§. 10.

Es wurde zwar von Pabst Pio IV. anno 1561 endlich solches Concilium zu Trident aufs neue in Gang gebracht, iedoch ohne Beyseyn einiger evangelischen Theologen. Es fanden sich aber hierbey andere, und zwar recht ansehnliche Zeugen der Wahrheit, in Ansehung der bisherigen üblen Sitten der Clerisey, und der nöthigen Freylassung der Priester-Ehe. Denn so rügte z. E. bey der XVII. Seßion der französische Gesandte, Guido Faber, die häßliche Lebensart der Geistlichkeit seines Landes, und verlangte deren Abstellung. Er mußte

e) v. Sleidan. l. c.

mußte aber von denen anwesenden leichtsinnigen italienischen Prälaten das Spottwort hören: Gallus cantat. Nichts artiger und sinnreicher, auch nichts erbaulicher war hierbey, als die Antwort des Franzosens: „Utinam, wünschte er: hoc gallicinio Petrus „ad relipiscentiam excitetur! daß nämlich der vermeynte Nachfolger Petri zu Rom auch, wie jener „tiefgefallene Petrus, durch solches Hahnen-Geschrey „zu Buß-Thränen möchte erweckt werden!" f) Eben dieser wackere Gesandte, wie auch selbst K. Ferdinand und sein Schwiegersohn, Herzog Albrecht in Bayern, verlangten bey der XX. Seßion die Freylassung des Kelchs und der Priester-Ehe. Es hielt auch deshalber anno 1562 den 7. Jun. der Bayrische Gesandte, Herr Augustin Baumgärtner eine sehr nachdenkliche Rede, g) darinnen bezeugte er ebenfalls nicht ohne Wehmuth, wie lasterhaft es bey der Clerisey in seiner Provinz gehe, als: „Clerus sal terræ esse „debuit, sed infatuatus est, nec ad eam rem, ad „quam debuit, utilis— In visitatione nuper habita, „*quanta omnis generis flagitia in moribus Cleri reperta* „*sint,* quanta socordia & supina negligentia *in qui-* „*busdam* proceribus s. ecclesiarum prælatis, aurium „pudore, ne manifestentur, prohibemur. Ipsa *mo-* „*rum turpitudo* efflagitat, ne maneant diutius in-„emendata— *Clerus insolescit*, gulæ libidinibusque „indulget, quasi velit in contemtum Dei hominum- „que omni genere vitiorum se coopertum potius „palam cognosci, quam minima aliqua in re emen- „datum animadverti — *Tam frequens concubinatus* „*repertus fuit,* ut vix inter centum tres vel quatuor „inventi sint, qui aut *manifesti concubinarii* non fue- „rint,

---

f) v. Hildebr. Hist. Concil. p. 336.
g) Solche ist befindlich in Calixti Collect. Scriptor. & Actor. h. temp. ed. c. ipsius Diss. de Communione sub utraque. Helmst. 1642. in 4. n. 2. p. 13 seq.

"rint, aut clandestina matrimonia non contraxe-
"rint &c." So erhub dieser Augustin seine Stimme recht, wie eine Posaune, und schonte nicht. Das Licht der evangelischen Wahrheit mochte auch in dem finstern Bayerlande in seine Augen geleuchtet haben, ja tief in sein Herz gedrungen seyn. Er war auch mit andern erleuchteten Männern der Meynung, daß der bösen Sache nicht besser gerathen werden könne, als wenn die Priester-Ehe gestattet würde, nicht anders nämlich, wie er ferner redete: " Nisi more primitivæ
" ecclesiæ, *docti mariti* & ad docendum instructi ad-
" mittantur ad sacros ordines — quum non sit legis
" div. *ut oporteat hominem sacerdotem esse cœlibem*, li-
" quidem constet ex veterum monumentis, *maritos*
" sacris ordinibus initiatos esse & non modo ad sacer-
" dotii dignitatem, sed etiam ad sublimitatem epi-
" scopi pervenisse &c." Diese Vorstellung ist mir so wichtig vorgekommen, daß ich nicht umhin gekonnt, sie hier etwas umständlicher zu wiederholen. So ließ auch damals der Kayser selber nachdrücklich erinnern, daß man zuerst die Verbesserung der Sitten, und sodann die Lehrpuncte vornehmen sollte. Er ließ auch deshalber verschiedene christliche Postulata übergeben. Unter diesen hieß es n. XIII. "Ut liceat alicubi lati-
" nis canticis preces vernacula lingua feliciter ver-
" sas immiscere; n. XIV. Cogitandum, qua ratione
" *Clerus* ad vitam priorem reducatur; n. XV. cum
" ordine monastico, it. n. XIIX. *Conjugium Clericorum*
" aliquibus nationibus concedendum &c." *h*) Gleiche Vorstellung wegen der Priester-Ehe hatte auch schon anno 1556 der Pohlnische Gesandte im Namen seines Königs und der Republic bey Pabst Paulo IV. thun müssen. *i*) Allein weder dieser noch jene fanden Gehör;

---

h) v. Calixti Collect. cit. p. 57. seq. cf. Gerh. Conf. Cathol. p. 818. b. 830. a.
i) v. Gerh. l. c. p. 819. a.

Gehör; denn der kayserliche und bayerische Gesandte erhielte von den Bischöffen auf dem Concilio zur Antwort: "Sollte die Priester-Ehe gestattet werden, so würde dadurch die ganze Kirchen- oder vielmehr geistliche Römische Monarchie übern Haufen geworfen, und der Pabst nicht besser, als ein anderer gemeiner Bischoff geachtet werden." *k*) Auch dieses war ein Zeugniß der Wahrheit von dem wahren Principio bey der verbotenen Priester-Ehe zu Rom; dern wollte man daselbst bey Ehren bleiben, so durfte dieses Verbot nicht wieder aufgehoben werden.

§. II.

Indessen waren damals auf dem Concilio bey Ueberlegung dieses Puncts gleichwohl die Meynungen ungleich ausgefallen; denn so sehr auch einige behaupteten, es könne hierbey keine Aenderung und Dispensation statt finden, weil dergleichen niemals in der Occidentalischen Kirche eingeräumet worden, (ut sacerdotes np. uxores ducerent; atque hoc per traditionem Apostol, non ratione voti aut ulla constitutione Eccl. obtinuisse &c.) so stritten dargegen doch andere darwider, und hielten dafür: "Daß zwar denen Secular-Geistlichen wegen ihres heiligen Amts und Standes vermöge der Kirchen-Gesetze, auch denen Regular-Geistlichen, als Mönchen und Nonnen, wegen ihres Gelübdes, die Ehe eben nicht erlaubt sey, daß aber gleichwohl hierbey ein Pabst dispensiren könne, (Prohibitionem sc. matrimonii ob Constitutionem Eccl. a P. R. auferri posse, & tametsi ea fixa maneat, Pontificem dispensare de ea posse) wie denn auch Exempel bekannt wären, daß die Dispensation erfolgt sey, und daß, wenn ja "ein

---

k) Hildebr. l. c. p. 337. "Ad hoc patres resp. eo ipso Hieromonarchiam ecclesiæ everti & pontificem in simplicem episcopum redactum iri."

„ ein Priester sich verehlichet hätte, doch die Ehe
„ nicht getrennet worden, sondern nur etwan die Ab-
„ setzung vom Amte ergangen, welches auch bis auf
„ Pabst Innocentii II. Zeiten verblieben sey, als wel-
„ cher eine solche Ehe zuerst für unächt erkläret habe,
„ wie Petrus Suavis dieses alles meldet." *l*) Allein
auch diese Erinnerungen waren nicht gültig. Es blieb
bey dem ergangenen unmenschlichen Verbote.

Bey dem anno 1563 endlich erfolgten Beschlusse
dieses 18 jährigen Concilii, *m*) wurde solches Verbot
nochmals erneuert und bestätiget. Es wurden auch
alle Uebertreter mit der gewöhnlichen Bann-Formul
bedräuet und geschreckt. Hiervon dienen folgende Canones der XXVI. Seßion zum Beweis, *n*) als n. VI.
„ Si quis dixerit, matrimonium ratum non consum-
„ matum per solennem religionis (vitæ sc. monasti-
„ cæ) professionem alterius coniugum non dirimi:
„ anathema sit n. XI. Si quis dixerit, *Clericos* in sa-
„ cris ordinibus constitutos vel regulares, castita-
„ tem solemniter professos, *posse matrimonium contra-*
„ *here contractumque validum esse*, non obstante lege
„ ecclesiastica vel voto; & oppositum nihil aliud
„ esse,

l) Hist. Concil. Trident. L. VII. p. 792. ap. Gerh. l. c. p. 834. a.

m) Solches hat erwähnter Petrus Suavis, oder, wie sein eigentlicher Name war, Paul Sarpius, Venetus, Servit. Ord, weitläuftig und gründlich beschrieben. v. Rechenb. Append. Isag. ad LL. SS. p. 21. seq. und zwar in italienischer Sprache. Es ist aber dieses Werk hernach lateinisch übersetzt worden. Er kam zu Rom wegen des vertraulichen Umgangs mit den Lutheranern in Verdacht, und hatte viele widrige Schicksale. S. D. Jöchers Gel. Lex. P. IV. p. 150. seq.

n) v. Chemnitii Ex. Conc. Trid. P. III. pag. 449. seq. it. D. Paul Antonii Concilii Trid. doctr. publ. ed. Hal. 1697. 8. p. 168. seq.

"esse, quam matrimonium damnare, posseque omnes
"contrahere matrimonium, qui non sentiunt, se
"castitatis, etiamsi eam voverint, habere donum,
"anathema sit: cum Deus id recte petentibus non
"deneget, nec patiatur nos supra id, quod possumus,
"tentari. & n. X. Si quis dixerit, statum conjugalem
"anteponendum esse statui virginitatis vel coeliba-
"tus, & non esse melius ac beatius, manere in vir-
"ginitate aut coelibatu, quam jungi matrimonio,
"anathema sit!" Allein hierbey denkt die evangeli=
sche Wahrheit: Ein unverdienter Fluch trift nicht.
Prov. 26, 2.

Indessen hatte man auf diesem Concilio, um den
Coelibat noch bey Ehren zu erhalten, und zugleich de=
nen kayserlichen, französischen, bayrischen und an=
dern Klagen und Beschwerungen einigermaßen ab=
zuhelfen, ziemlich ernstlich scheinende Anstalten vorge=
kehret, das bisher im Schwange gegangene ärgerliche
Wesen zu verbessern, und besonders dem häßlichen
Concubinate zu steuern; *o*) denn es wurde auch dieser
Schluß gemacht: "Ut Clerici si ter admoniti con-
"cubinas non ejecerint, excommunicentur; quod
"si per annum in concubinatu permanserint, con-
"tra eos ab Ordinario (Episc.) seuere procedatur;
"concubinæ, si ter admonitate, non paruerint, gra-
"viter puniantur & extra oppidum vel diœcesin,
"si id NB. ejusdem Ordinariis videbitur, (diese konn=
"ten es also noch halten, wie sie wollten) invocato,
"si opus fuerit, brachio seculari, ejiciantur." *p*)
Es mochte aber nicht eben so rigoreus in folgenden
Zeiten mit dergleichen Verbrechern und Verbrecher=
innen verfahren worden seyn, weil Pabst Pius V. anno
1566 solche Gesetze schärfen mußte, da er denen
Bischöf=

o) v. D. Anton. l. c. p. 165.
p) cf. P. Suavis Hist. Conc. Trid. L. VIII. p. 708.

der bestrittenen Priester-Ehe.

Bischöffen folgendes insinuiren ließ: "Monemus omnes locorum Ordinarios & in veritate sanctæ obedientiæ eis præcipimus, ut statuta Concilii Trid. *contra Concubinarios*, tam *clericos*, quam laicos edita, distincte faciant observari, reddituri Deo ac nobis, si id omiserint, rationem;" *q*) allein es hielt schwer damit. Quo semel est imbuta recens &c. Dieses sahe auch Pabst Pius V. selber wohl ein, und war daher gegen die Priester-Ehe nicht so gar ungeneigt; denn es meldete der französische Gesandte Lisleus zu Rom, welcher ehedem auch dem Concilio zu Trident beygewohnet hatte, unterm dato den — Nov. 1569 an K. Carln IX. "es habe sich dieser Pabst bey einer Unterredung gegen ihn verlauten lassen, er sey stets der Meynung gewesen, daß sowohl Communio sub utraque, als die Priester-Ehe, Juris positivi sey, und daher auch bey beyden eine Aenderung gestattet werden könne; wegen dieser Gesinnung sey er auch beym letztern Conclavi in Verdacht gekommen, daß er ein heimlicher Lutheraner sey." *r*)

§. 12.

Zu bewundern war es, daß bey allen gefundenen Schwierigkeiten der fromme und sanftmüthige Kayser Ferdinand I. gleichwohl nicht müde wurde, in diesen und andern Stücken für das Seelen-Heil seiner Unterthanen zu sorgen, denn er suchte auch nach geendigten Concilio noch zu Rom Freyheit sowohl wegen des völligen H. Nachtmahls, als auch wegen der gefesselten Priester-Ehe. Er erhielt auch daselbst wegen des

---

q) v. Septim. Decretal. L. V. Tit. 16. c. 2. it. C. Thomas. de Concub. p. 46. 47.
r) v. Gerh. l. c. p. 815. 2.

des erstern, was er verlangte, aber ebenfalls mit einer solchen Einschränkung, die nicht viel besser war, als die vorige Sclaverey; denn es sollte dabey sein Bewenden haben, was schon im Concilio veste gesetzt worden, daß nämlich zwar der Kelch gestattet werden sollte, aber unter keiner andern Bedingung, als daß man auch sonst in allen Stücken der päbstlichen Kirche beypflichten sollte. s)

So ließ auch der belobte Kayser in einer besondern Schrift bey Pabst Pio IV. wegen der Priester-Ehe noch diese Vorstellung thun, „ daß es für den Ueber-
„ rest der alten Religion, und zu Tilgung der (ver-
„ meynten) Irthümer sehr dienlich seyn würde, wenn
„ diejenigen Priester, die der Ehe halben abgesetzt
„ worden, wieder zu ihren Aemtern gelassen würden,
„ so, daß sie ihre Weiber behalten dürften; ingleichen
„ wenn bey so großem Mangel unverehligter Geistli-
„ chen fromme und untadeliche Ehemänner zum Amte
„ gelassen würden." Und dieses suchte er nicht nur für sich, sondern auch für seinen Schwiegersohn, Herzog Albrecht in Bayern. Dieser bewarb sich auch selber um solche Vergünstigung, und zwar nur auf einige Zeit, „ daß nämlich verehlichte Priester mit
„ der Kirche wieder ausgesöhnet, und auch verehligte
„ Personen zum Predigt-Amte ordiniret werden dürf-
„ ten." Diesem gerechten Petito des Herzogs war zugleich sogar eine Schrift von etlichen deutschen Röm. Catholischen Theologen beygefügt worden, in welcher sie eine gleichmäßige Vorstellung thaten, „ se negare
„ scil. non posse, sacram utriusque Testamenti
„ scripturam uxores sacerdotibus permittere. &c."
Allein der Pabst blieb bey dem allen unbeweglich, und härter,

---

s) v. Calixti Collect. cit. p. 40. 65. seq. ibique post Dedic. etiam edictum pientissimi Imp. ideo d. 18. Jul. 1564. Viennæ in æde S. Stephani promulgatum.

härter, als ein Stein. Die auf dem Tridentinischen Concilio abgefaßten Schlüsse dienten ihm zum Behelfe, daß er in nichts willigen könnte. *t*) Daher ließ der Kayser noch kurz vor seinem seligen Ende durch die beyden gelehrten Männer, George Cassandern, und *Georgium Wizelium*, Summarium quoddam doctrinæ Cathol. aufsetzen, und darinnen die Wahrheiten der Augspurgischen Confeßion erklären, und zum Dienst des Ministerii Eccl. in seinen Landen mit nützlichen Anmerkungen versehen. Auch ließ er durch andere zu gleichem Zwecke einen besondern Methodum als eine Kirchen-Agenda fertigen. Und hieraus erhellet, wie wenig sich der erleuchtete Monarche an die päbstlichen Sätze des Concilii Trid. und auch an das darinnen so oft wiederholte Anathema gekehret habe. Unter diesen höchst seligen Verfügungen starb dieser große Kayser anno 1564 am St. Jacobi-Tage, und bekam unter andern von Thuano L. XXXVI. dieses höchst verdiente Elogium: „ Pietatis in illo & pacis in Do-
„ mo Dei constituendæ præcipuum fuit studium —
„ in religionis negotio non igne & ferro grassari —
„ sed colloquiis, disputationibus, amicis collatio-
„ nibus, conciliis denique sive nationalibus, sive
„ œcumenicis rem gerere tutius judicabat." *u*)

§. 13.

Sein Thronfolger, der ebenfalls höchst löbliche Kayser Maximilianus II. trat völlig auch in Ansehung der Religions-Gesinnung in seine Fußtapfen. Er wagte sich sogar wegen Freylassung des Kelchs und der Priester-Ehe nochmals an den erwähnten unerbittlichen Pabst, und führte unter andern in dem an ihn

---

t) Plura de his v. ap. Gerh. l. c. p. 818. b. seq.

u) v. de his Calixt. l. c. p. 64-68.

ihn abgelaſſenen Reſcripto *x*) dieſe wichtige Motiven in gar ernſtlichen Terminis an: „Abſurdum eſſe, „*ſacerdotes conjugatos removere, ſcortatores* vero, qui „contra legem div. & hum. ſimul peccant, delinquen- „tes pati. Quodſi caſtitatis voto adſtringendi vi- „deantur, certe ad ſacerdotium promoveri non „debere, niſi qui provecta ætate jam ſint, & de „quibus ſpes certa concipi poſſit, vt cœlibatum „pie & inviolate colant &c." wie ſolches auch Thuanus l. c. anführt, der aber zugleich auch hinzuſetzt, daß auch dieſer Kayſer mit allen ſeinen wichtigen Motiven und gründlichen Vorſtellungen, und bey der Sachen dringenden Nothwendigkeit nichts ausrichten können; denn weil der Pabſt bey dem nun entlaſſenen Concilio ſeinen Zweck völlig erreicht zu haben glaubte, ſo nahm er nun keine noch ſo nachdrückliche Erinnerungen weiter zu Herzen. Dargegen that nunmehr auch der Kayſer, was er wollte, oder was er vielmehr als ein chriſtlicher Regente, nach der Ueberzeugung ſeines Gewiſſens, thun mußte. Er ſchafte nämlich ſelber in ſeinen deutſchen Landen zum Theil die bisherige Unlauterkeit ab, oder erlaubte doch ſeinen Unterthanen die Freyheit der evangeliſchen Religion, und dabey auch denen Prieſtern die Ehe. Bey Einrichtung des evangeliſchen Gottesdienſtes in Oeſterreich war ihm unter andern der berühmte Roſtockiſche Theologe, D. Dav. Chytræus, bedient, den er auch mit einer allergnädigſten Handſchrift an ſeinen Landesherrn in Mecklenburg ſub dato den 15. Aug. 1569 wieder entließ und

---

x) quod T. I. Goldaſti Conſt. Imp. p. 380. ſeq. cum quibusdam S. Cæſ. Maj. Conſiderationibus ſuper matrimonio ſacerdotum, Patribus Concil. Trid. transmiſſis, inſertum legitur. cf. P. Suavis l. c. L. 8. p. 961. & Gerh. l. c. p. 819. a.

der bestrittenen Priester-Ehe.

und beurlaubte. y) Wie betrübt es aber in diesen Ländern in Ansehung der evangelischen Religion und Priester-Ehe bey den folgenden Kaysern ergangen sey, würde zu weitläuftig fallen, wenn ich davon hier Bericht erstatten sollte. Etwas weniges hiervon ist auch schon berühret worden. Es soll auch dieses der Beschluß meines historischen Abrisses von der Priester-Ehe seyn.

y) v. Calixt. l. c. p. 68. seq. wo auch diese Handschrift befindlich ist. Ein mehrers von allen diesen wird in Raupachs evangel. Oesterreich zu lesen seyn.

XI.

Rechtliche Bewährung,

daß in den Hochfürstlichen Sächsischen Coburg- und Hildburghäußischen Landen die Eheleute, bey der daselbst hergebrachten Communione bonorum, in Ermangelung ein anders besagender Ehepacten, oder errichteter letzten Willens-Verordnungen, zwar ab intestato einander erben, doch aber eher und anderer Gestalt nicht, als wenn sie ein Jahr lang zusammen in wirklicher Ehe gelebet haben.

I.

Daß in den allermeisten Provinzen Deutschlandes, zumal in den ältern Zeiten, die Vermögens-Gemeinschaft unter denen Ehegatten üblich gewesen sey; solches ist ein vorlängst von denenjenigen bewährter und bescheinigter Satz, welche de communione bonorum inter conjuges ganze Bücher, oder academische Abhandlungen geschrieben haben.

2.

Ob nun wohl solche alte Verfassung an einigen Orten, zumal durch das römische Recht, nach und nach, theils überhaupt, theils secundum quid, wieder verdrungen worden; so ist sie dennoch fortwährend geblieben, fürnemlich in Franconia orientali, als worunter auch das Bißthum Bamberg und die fürstliche Sachsen-Coburg- und Sachsen-Hildburghäusische hier dießeits des Thüringer Waldes gelegene Lande gehören.

3.

Solche Communio bonorum inter conjuges wirket aber anderer Gestalt nicht, und auch nicht ehender ein Jus hæreditarium, sive jus conjugi prædefuncto (scil. in Ermangelung derer ein anders besagenden Ehepacten, und wenn der Verstorbene keine rechtsbeständige letzte Willens-Verordnung hinterlassen hat) ab intestato succedendi, als nur sodann erst, wenn beyde Eheleute mit einander wenigstens ein ganzes Jahr in wirklicher Ehe gelebet haben. Dahingegen, wenn sich der Erbfall innerhalb des ersten Jahres zuträget, die successio ab intestato, sive legitima, nach Vorschrift der gemeinen römischen Rechte reguliret und beurtheilet werden muß. Hoën in Historia Coburgica, Lib. II. pag. 156. verbis: Vor Verfließung des Jahres und Tages geschiehet die SUCCESSIO, wenn kein Erbe zu hoffen, noch vorhanden, secundum Jus COMMUNE. Dieses gemeine Recht aber besaget aufs Deutlichste: z. E. in L. vn. §. 6. C. de rei uxoriæ Actione, verbis: Si decesserit mulier, constante matrimonio, dos non in lucrum mariti cedat, nisi ex quibusdam pactionibus, sed ad mulieris hæredes trans-

transmittatur. Add. tot. Tit. C. unde vir & uxor.
Nov. LIII. & Novell. CXVII. cap. 5.

4.

Dieses ist zumal beständigen Herkommens, nicht nur in den Landen des Hochstifts Bamberg: Justi Veracii Libellus Consvetudinum Principatus Bambergensis, ann. 1681. & recusus ann. 1733. in 12mo, Tit. de Communione bonorum inter conjuges. Quæst. II. pag. 66—68. verbis: Modus constituendi is solus atque unicus est, utriusque conjugis cohabitatio per integrum annum & diem, a primo momento contracti matrimonii, continuata, post quam & quidem vltimo die absoluto resultat in unoquoque conjugum dominium, in utriusque bona & jura absque ulla alia voluntatis declaratione. Dn. de Ludolf. in Vol. II. Observ. 171. p. 386. ibi: Nachdem die Eheleute ein Jahr und Tag, ohne andere Meynung zu declariren, beysammen gewohnet haben; sondern auch in mehr andern Landen deren Meldung geschiehet in Abrahami a Wesel. Commentatione de connubiali bonorum societate. Tract. I. p. 10.

5.

Welches spatium annuum sogar auch bey unterschiedlichen alten Völkern erforderlich gewesen. Sic apud priscos Romanos quoque, sicubi usu contrahebatur matrimonium, uxor ante annum post cohabitationem completum saltim MATRONA, non materfamilias: post annum completum vero fiebat & vocatur MATERFAMILIAS, atque inde ab hoc demum tempore inter conjuges oriebatur absolutus bonorum communionis effectus; beat. Just. Henning. Boehmer. in Jur. Eccles. Protestant. Lib. IV. Tit. XX. §. 54—71. Dn. Ayrer. in disp. Goettingensi ann. 1736. de Jure connubiorum apud Romanos. §. 32. ibique

ibique laudati Hotomannus & Brissonius: de Ritu nuptiarum, dergestalt, daß an der cohabitatione binnen solcher Jahres-Frist, nicht einmal 3 Nächte, sive das Trinoctium, fehlen dürfte. Hotomannus de veteri Ritu nuptiarum, cap. XXII. in Tom. VIII. Thesauri Antiquitatum Rom. Græviani p. 1129. seqq. Barnab. Brisson. de veteri nuptiarum ritu. cit. Tom. VIII. Thesaur. Græv. pag.

6.

Allermeist aber ist dieses ganz unläugbaren und ohnstrittigen Herkommens in dem in ältern Zeiten also genannten Sächsischen Ort Landes zu Franken, oder in der damals gleichergestalt so betitulten Pflege Coburg, das ist, in denenjenigen Städten, Flecken, Dörfern und Orten, welche das Hochfürstliche Haus Sachsen hier dießseits des Thüringer Waldes, in Franconia orientali, secundum situm Geographicum considerata besessen hat, und noch besitzet, obgleich solche, nach ihrer politischen Verfassung betrachtet, nicht zum Fränkischen, sondern vielmehr zum Obersächsischen Creyße gehören. D. Jo. Frider. Kobii Commentatio de pecunia mutuaticia tuto collocanda. Gœttingæ 1761. §. 47. p. 81. seqq. Es sind demnach nicht nur die itzige Städte und Aemter des Fürstenthums Coburg, sondern auch die Städte und Aemter des itzigen Fürstenthums Hildburghausen; z. E. Hildburghausen, Veilsdorf, Eisfeld, Schalkau, Heldburg und Königsberg, von Alters her wahre Pertinentien der vormaligen Pflege Coburg, oder des Sächsischen Ort Landes in Franken.

7.

In allen diesen Städten, Aemtern und Orten ist nun von uralten Zeiten her bis itzo die Communio inter conjuges, und zwar so viel den Effectum successionis

onis ab inteſtato anbetrift, mit ſolchem Anhang, Erläuterung und Reſtriction hergebracht, daß, in defectu pactorum dotalium & ultimarum voluntatum rite declaratarum, ein Ehegatte den andern eher und anderer Geſtalt nicht, ab inteſtato erben kann, als wenn ſie von dem Tage der prieſterlichen Trauung und cohabitationis corporalis an gerechnet, ein volles Jahr mit einander in der wirklichen Ehe gelebet haben.

8.

Solches nun wird unwiderleglich dargethan und erwieſen:

A.) Durch die Rechtslehrer hieſiger Gegenden, und ihre einmüthige Zeugniſſe.

B.) Durch die mancherley und ebenfalls gleichſtimmige Statuta derer Coburgiſchen und Hildburghäuſiſchen Städte. Wie ingleichen

C.) durch die hierüber ertheilte triftigſte gerichtliche Atteſtata.

Von welchen allen nunmehr beſonders gehandelt werden ſoll.

9.

A.) Zu denen Rechtslehrern hieſiger Gegend gehören über dieſen Punct allermeiſt

  a.) Herr D. Georg Paul Hönn, und

  b.) Herr Johann Burkhard Rößler.

Erſterer war beynahe an die 50 Jahre lang Hochfürſtlich Sachſen-Coburgiſcher gemeinſchaftlicher, anfänglich Archivarius, hernach Rath und Amtmann des weitläuftigen Fürſtl. Sächſiſchen Amtes Coburg, und iſt vor etwa erſt 10 Jahren in einem hohen Alter ſelig geſtorben. Dieſer gab anno 1700 in 2 Büchern heraus seine überall bekannte Sachsen=Coburgische Historie in 4. In solchem Werke Lib. I. cap. XV. handelt er von des Fürstenthums Coburgs Rechten, Gerechtigkeiten und hergebrachten Gewohnheiten 2c. und daselbst §. 8. pag. 156. bezeuget er unbewunden folgendes:

> In dem ganzen Fürstenthum Coburg wird alles dasjenige, was Eheleute zusammengebracht, ein vermengtes Gut, und erbet ein Ehegatte, wenn keine Kinder oder Testament vorhanden, das andere NB. nach Jahr und Tag (NB. vor Verfließung solcher Zeit geschiehet die SVCCESSIO, wenn kein Erbe zu hoffen, secundum JUS COMMUNE) ex Asse, sogar, daß auch die Eltern, doch unabgekürzt ihres Mußtheils (rectius Pflichttheils) von dem überlebenden Ehegatten ausgeschlossen werden. Daß diese denen kayserlichen Rechten ganz unconforme Gewohnheit sowohl in dem Fürstlichen Coburgischen, als auch NB. in dem Hildburghäusischen Antheil, in beständiger Observanz; das hat Herr Rößler in Decis. jur. Sect. V. Decis. 1. & 2. stattlich ausgeführet, und mit verschiedenen Responsis bestefet.

10.

Der zweyte Testis omni exceptione superior, ist der schon belobte Herr Johann Burkhard Rößler. Er war von anno 1680 an wirklicher Hof= und Regierungs=Rath in Coburg, wurde daselbst ao. 1688 Fürstlicher Sächsischer Geheimder Rath und Canzler, (vid. Hœnnii Hist. Coburg. Lib. I. pag. 53.) und starb in solchem angesehenen Amte zu Anfang des zweyten Decennii vom gegenwärtigen Seculo. Dieser große und erfahrne JCtus schrieb und edirte zu Coburg anno 1699. in 4. ein beynahe aus dritthalb Alphabet bestehendes

stehendes Buch, unter dem Titul: Jo. Burchardi Rœsleri, Serenissimi Ducis Saxo-Coburgici Consiliarii intimi & Cancellarii, Decisiones, quibus Jus successionis hæreditariæ, tam regulare ex testamento, & ab intestato, quam anomalon ex pacto, in usum fori, luci exponitur, & Responsis Prudentum firmatur. Worbey er sich dann sowohl derer dasigen Canzleyen und Aemter-Acten, als auch derer Urthel des von anno — bis 1643 alldort gewesenen Fürstlichen Sächsischen Hof-Gerichts und Schöppen-Stuhls bedienet hat. Beynahe durch solches ganze Buch bestätiget er dasjenige, was oben bereits angeführet ist, daß nemlich Kraft der Communionis bonorum, ein Ehegatte sodann erst erbe, wenn sie beyde mit einander ein ganzes Jahr hindurch in wirklicher unzertrennter Ehe gestanden sind. Von welchen Stellen man folgende, und zwar mit des Herrn Auctoris selbst eigenen Worten, hieher setzen will.

Sect. V. Decis. I. num. 124. p. 225. ibi: In Kraft kundbarer Landes- und der Stadt Hildburghausen Gewohnheit. ibid. Decis. I. num. 127. pag. 226. ubi judicatum de anno 1599. quod sequentia verba continet: Dessen auch ein gemeiner Gebrauch und Gewohnheit, wenn nämlich Eheleute über Jahresfrist ihres ehelichen Beyschlafens, eines ohne Leibeserben abgehet, daß alsdenn sein, des Verstorbenen, Haab und Güter, liegend und fahrend, dem noch lebenden erblich zu und heimfallen. Immassen durch beygefügte Kundschaft und Beweis, daß NB. zu Hildburghausen, und Gezircks herum, eine solche Gewohnheit eingeführt, zur Nothdurft bescheiniget ist. Eod. Decis. I. num. 142. p. 230. ubi Referens in casu quodam de anno 1600 testatur hisce verbis: Ut & mihi notum, Civitatem *Hilperhusanam* aliquando hic (Coburgi) coram Regimine Principis palam testatam, ipsorum

jura,

jura, statuta & consvetudines, præsertim HANC (scil. de successione conjugum post annum (pendere a Juribus & statutis CIVITATI COBURGI. Sect. V. Decis. I. pag. 213. verbis: Esse in Ducatu Coburgico, in der Coburgischen Pflege, consvetudine inveterata introductum, quod Conjuges POST annum & diem, deficientibus liberis, ab intestato, exclusis defuncti propinquis, sibi invicem succedant. Citata pag. 213. ibi: Consvetudinem allegatam esse notoriam, & in contradictorio judicio firmatam. Eadem pag. 213. ibi: Haben NN. und NN. Jahre und Tage im Ehestand mit einander gelebet ꝛc. pag. 424. media ibi: nach dem Herzogischen Landbrauch nach verstandenen Jahr und Tag, Mann und Weib in gesamten Gütern sitzen. Sect. V. Decis. VII. pag. 249—251. ubi speciatim vom Amte Eisfeld. Sect. V. Decis. I. num. 169. pag. 233. sq. ubi judicatum des Amtes Hildburghausen, de anno 1619. verbis: Wenn nämlich eines der Eheleute nach Jahr und Tag ohne Leibes-Erben verstirbet, daß alsdenn die Güter auf das Lebende fallen sollen. Dict. Sect. V. Decis. 6. num. 11. pag. 248. ibi: Und vermöge kundbaren Landesbrauchs ein Ehegatte das andere, nach Verfließung Jahres und Tages mit seiner ganzen Erbschaft befället. Cit. Sect. V. Decis. XV. de anno 1636. num. 69. ibi: Dafern nun diese seine Wittib Jahr und Tag mit ihrem Ehemann in der Ehe gelebet; so hat sie vermöge kundbaren, und in judicio contradictorio ausgeführten Land- und Stadtbrauchs ꝛc. Dict. Sect. V. Decis. 8. pag. 251—254. ubi docetur: Daß unter den Worten: Jahr und Tag ein annus civilis, nämlich 365 Tage verstanden werden, und daher, wenn auch daran nur ein einziger Tag fehlet, die Successio conjugum nicht statt finde. Add. arg. L. 51. §. 2. D. ad. Leg. Aquil. L. 4. §. 5. De statu liber. & L. 134. D. de Verb. signif.

11.

Solchergestalt wird nun wohl schwerlich eine andere rechtmäßige Gewohnheit seyn, welche zu ihrem Beweis so gar viele Zeugnisse, als eben die gegenwärtige aufweisen könne. Doch es werden überdem noch ferner ad B) die ein gleiches besagende S. Coburgische und S. Hildburghäußische *Statuta* hier nicht zu übergehen seyn. Denn eben dieses, daß nämlich, Kraft der communionis bonorum, kein Ehegatte den andern ab intestato erben könne, ohne nur, wenn sie beyde ein ganzes Jahr hindurch zusammen in wirklicher Ehe gestanden sind; solches besagen mit den allerdeutlichsten unbewundensten Worten folgende Statuta:

α) der Stadt Coburg, nach der Anfuge sub Num. I.

β) der Stadt Hildburghaußen, nach dem Adjuncto Num. II.

γ) der S. Hildburghaußischen Stadt Eisfeld nach der Beylage Num. III.

δ) der S. Hildburghäußischen Stadt Heldburg, nach der Beyfuge Num. IV.

ε) der Stadt Schalckau Num. V.

anderer zu geschweigen.

12.

Und schlüßlichen sind ad C) noch zu berühren, und hier vor zu legen die hierüber ertheilte obrigkeitliche Attestata; zumal ζ) das Zeugniß der Hochfürstlich-Sächsischen Hochlöblichen Regierung zu Hildburghaußen, vom dato 21. Januar. Anno 1732 nach dem Anschluß Num. VI.

η) die Stelle von dem Proceß-Gebrechens-Abschied d. d. Hildburghaußen, den 30. Januarii Anno 1747. §. XVII. secundum Adjunctum Num. VII. Ob, und wieferne ein Eheweib bey dem über ihres Mariti Vermögen entstandenen Concurs-Proceß ihre Illata zurück fordern könne.

9) der Hochgedachten Hochfürstlichen Regierung Resolution d. d. Hildburghaußen 10. Jul. 1747 nach der Beygabe sub Num. VIII. Und endlich

ι) Mehr Hocherwähnter Regierung feyerlichstes Gerichtliches Attestatum vom dato 24. Jan. 1748. sec. Adjunct. Num. IX.

Beylagen
zur vorstehenden rechtlichen Bewährung.

Num. I.
Extract aus denen Statuten der Stadt Coburg,

wie solche im Druck beym Kreyſigio in ſeinen Beyträgen zur Hiſtorie derer Chur- und Fürſtl. Sächſiſchen Lande Part. I. p. 354 — 399 zu leſen.

Articulus concernens.

Art. XIV. §. 1. Wenn zwey Eheleute **über Jahr und Tag**, vom ehelichen Beylager an zu rechnen, im Eheſtand beyſammen gewohnet; ſo erbt eins das andere in allen und jeden Gütern, wo ſie keine Kinder überkommen: Es ſterbe eins vom andern über kurz oder über lang: und werden alle und jede Blutsfreunde, auch des Verſtorbenen Eltern, von dem überlebenden Ehe-Menſchen ganz und gar ausgeſchloſſen ꝛc. Haben ſie aber Kinder, ſo wird des verſtorbenen Ehe-Menſchen Verlaſſenſchaft ꝛc. in die Häupter vertheilet, und heißt: So manch Mund, ſo manch Pfund.

Daß gegenwärtiger Auszug mit dem beym Kreyſig angeführten Ort pag. 378. befindlichen Abdruck der Coburgiſchen Statuten von Wort zu Wort übereintreffe: Solches wird hierdurch bezeuget. Hildburghauſen, den 11. Januarii 1762.

(L. S.) Fürſtl. Sächſ. Canzley daſelbſt.

Johann Ernſt Beatus Bauer,
Regiſtrator.

Num. II.
Extract der Statuten der Stadt Hildburghaußen.
Articulus concernens.
Tit. XII.
von Succeßionen, Erbschaften ab intestato und Jure Collationis.

Artic. I.
Eheleute, so über Jahr und Tag beysammen gewohnet, erben einander, da sie keine Kinder verlassen.

Wenn zwey Eheleute über Jahr und Tag, von dem ehelichen Beylager an zu rechnen, im Ehestand beysammen gewohnet; So erbet eines das andere in allen und jeden Gütern, wenn sie keine Kinder überkommen: es sterbe eines vor dem andern über kurz oder lang; so werden alle und jede Bluts-Freunde, auch des Verstorbenen Eltern, von dem überlebenden Ehe-Menschen ganz und gar ausgeschlossen. Es wäre denn, daß sie in der Ehe-Beredung, oder durch ein Testament, ein anderes disponiret. Haben sie aber Kinder, so wird des verstorbenen Ehe-Menschen Verlassenschaft, darzu des Ueberlebenden Eingebrachtes conseriret und eingeworfen werden muß, in die Häupter vertheilet, und heißets: So manches Mund, so manches Pfund. Doch hat das überlebende Ehe-Mensch die Proprietæt davon seine Lebens Zeit über, doch unverändert.

Daß vorstehender Extract mit der bey Fürstl. Regierungs-Canzley allhier befindlichen vidimirten Copey quod passum concernentem gleichstimmig sey: solches wird hierdurch in fidem beurkundet. Hildburghaußen, den 11. Januarii 1762.

(L. S.)   Fürstl. Sächs. Canzley daselbst.

Johann Ernst Beatus Bauer.

Num. III.

von der Stadt Eisfeld.

A.)

Extract aus dem vom Stadt-Rath zu Eisfeld an die Fürstliche Sächsische Regierung zu Coburg, wegen derer Erbfälle, erstatteten Bericht, de dato 9. Martii, anno 1612.

Articulus concernens.

Wenn zwey Eheleute, nach Jahr und Tag ihres gehaltenen Hochzeittages beysammen am Leben bleiben, daß alsdenn beyder Theile Eingebrachtes, erworbenes und gewonnenes Gut, doch im Fall nicht etwa zwischen ihnen ein anders beständig bedinget, für ein gesamtes, unzertheiltes und gemengtes Gut geachtet worden, und auch dafür gehalten wird. Dargegen, da in währender Ehe Schulden gemacht worden; die Weiber, ohne einigen Behelf, selbige auch von ihrem Einbringen zu zahlen verbunden gewesen ꝛc. Wann denn solcher Gebrauch von undenklichen Jahren her, und über lang verjährte Rechtszeit, auch allhier in der Stadt bis dato in viridi observantia gehalten, und ex longinqua consvetudine continuiret; als gelanget an E. Gestreng Edlen und Herrlichkeiten unser unterthäniges und sehr fleisiges Bitten, Sie wollen uns bey dieser vor Jahren, auch mit den andern Städten dieses Orts Landes zu Franken, insgesamt berichteten, und iho besonders angezogenen wohlhergebrachten Stadtbrauch förderst großgünstig schützen und erhalten, und mit nichten geschehen lassen, daß deme entgegen, ein widriges, durch etwa neuerlicher Weise vorhabende Actus eingeführet, sondern vielmehr wir und unsere Nachkommen darbey ruhiglich gelassen werden mögen. ic.

B.)

Extract des von eben demselben Stadt=Rath zu Eisfeld an die Hochfürstlich=Sächsische Regierung zum Friedenstein in Gotha erstatteten Berichts. d. d. 6. Martii anno 1650.

Articulus concernens.

Auf deroselben Begehren geben wir nachrichtlich zu vernehmen, daß bey uns ein sonderbarer, und vordessen in Judicio contradictorio ausgeführter Stadt-Brauch: Wenn sich zwey Ehemenschen zusammen verheyrathet, und die Jahresfrist mit einander überleben, ist alsdenn das Ihrige, so sie in währender Ehe erwerben, gewinnen und einerben, ein gesammt Gut. Wenn aber hernach solcher Ehemenschen eines vor dem andern ohne vorhandene Leibeserben Todes verfähret ic.

C.)

Extract derer Statuten der Stadt Eisfeld, de mense Novembr. 1664.

Articulus concernens.

Wenn sich zwey Ehemenschen zusammen verheyrathen, und die Jahresfrist mit einander überleben, ist alsdann das Ihrige, so sie in währender Ehe ererben, gewonnen und erworben, ein gesammt und gemengt Hab und Gut ic.

Num.

Num. IV.

Extract aus den Statuten der Fürstlichen Sachsen-Hildburghaußischen Stadt Heldburg, wie solche von weyland Herrn Herzog ERNESTO Pio zu Sachsen-Gotha den 26. Septembr. anno 1672. auch von weyland Herrn Herzog Ernst Friedrich II. zu Sachsen-Hildburghaußen Hochfürstl. Durchl. d. d. 24. Januar. anno 1731 gnädigst confirmiret, und integraliter zu lesen sind in Kreysigii Beyträgen zur Historie der Chur- und Fürstl. Sächsischen Lande, Part. III. pag. 215—250.

Articulus concernens.

Wenn zwey Eheleute über Jahr und Tag, von dem ehelichen Beylager an zu rechnen, (so beyde lediger Weise, ohne in voriger Ehe erzeugter Kinder, zusammen kommen) im Ehestand beysammen gewohnet; so erbet eines das andere in allen und jeden Gütern, wenn sie keine Kinder überkommen, es sterbe eines von dem andern über kurz oder lang; so werden alle ihre Blutsfreunde, auch des Verstorbenen Eltern, von dem überlebenden Ehemenschen ganz und gar ausgeschlossen: Es wäre denn, daß sie in der Eheberedung, oder durch ein Testament ein anders disponiret.

Num. V.

Extract derer Statuten der Stadt Schalckau, (wie solche in Kreysigii Beyträgen zur Historie der Chur= und Fürstl. Sächsischen Landen Part. II. p. 252 — 269. in Abdruck zu lesen.)

Articulus XII.

De successione ab intestato, & jure collationis.

§. 1.

Wenn zwey Eheleute über Jahr und Tag, vom ehelichen Beylager an zu rechnen, im Ehestand beysammen gewohnet; so erbet eines das andere in allen und jeden Gütern, wo sie keine Kinder überkommen, es sterbe eines über kurz oder lang, und werden davon alle Blutsfreunde, auch derer Verstorbenen Eltern, ausgeschlossen; es wäre dann; daß sie in Eheberedungen, oder durch ein Testament ein anders disponiret. Haben sie aber Kinder, so wird des verstorbenen Ehemenschens Verlassenschaft, darzu das überlebende sein Eingebrachtes conferiren und einwerfen muß, in die Häupter vertheilet, und heißet es: So mannig Mund, so mannig Pfund.

Daß vorherstehende Extracte sub Num. IV. & V. mit denen aus dem Kreyßig angeführten Stellen in allen concordiren, wird hierdurch in fidem attestiret. Hildburghaußen den 11. Januarii 1762.

(L. S.) **Fürstl. Sächs. Canzley daselbst.**
Joh. Ernst Beatus Bauer,
Registrator.

Num. VI.

Attestatum der Hochfürstlich-Sächsischen Hochlöblichsten Regierung zu Hildburghaußen, wegen der Communionis bonorum inter conjuges,
d. d. 21. Januarii 1732.

Des Durchlauchtigsten Fürsten und Herrn, Herrn Ernst Friedrichs, Herzogs zu Sachsen, Jülich, Cleve und Berg, auch Engern und Westphalen ꝛc. Unsers gnädigsten regierenden Fürsten und Herrn, Wir zu Sr. Fürstl. Durchl. Regierung Verordnete, fügen hiermit zu wissen: Was maßen uns die erbare Frau Martha Maria Pflugin zu Bedheim, schriftlich zu vernehmen gegeben, wie sie eines folgende Puncte in sich haltenden Attestati, daß nämlich:

1) Das hiesige Fürstenthum, und insonderheit darinnen das Gericht Hildburghaußen, worunter auch das Dorf Bedheim begriffen, zur ehemaligen Pflege Coburg gehörig gewesen, und daß

2) der durchgängige, und in Judicio contradictorio erhaltene hiesige und Coburgische Landes-Gebrauch, dieses ausdrücklich vermöge, daß, wenn zwey Eheleute Jahr und Tag mit einander in der Ehe leben, und keine Kinder erzeugen, das überlebende das verstorbene ex Asse ererbe; bey vorhandenen Kindern aber, nach beschehener Collation seines vor sich habenden Vermögens, in portionem virilem succedire.

benöthiget, mit angeführter Bitte, Wir, ihr darunter an Handen zu gehen, nicht entstehen möchten. Wann wir dann solchem ziemlichen Suchen zu deferiren kein Bedenken gefunden; als attestiren und bezeugen Wir hiermit, daß, wie es ohnedem eine bekannte Sache ist, das allhiesige Fürstenthum, und besonders darinnen das Gericht Hildburghaußen, mithin das Dorf Bedheim, als welches da hin gehörig, der ehemaligen Pflege Coburg einverleibt gewesen, mithin ebenfalls notorisch, daß der durchgängige, und in Contradictorio erhaltene hiesige und Coburgische Landes-Gebrauch dieses ausdrücklich vermöge, auch darauf bey Fürstlicher Regierung sowohl, als andern Dicasteriis, bey vorkommenden Fällen, jedesmal erkannt worden, daß wenn zwey Eheleute Jahr und Tag mit einander in der Ehe gelebet, und keine Kinder erzeuget, das überlebende das verstorbene ex Asse erbet: bey vorhandenen Kindern aber, auf vorgäng beschehene Collation seines eingebrachten, und im Ehestand erworbenen Vermögens, in portionem virilem succedire.

Urkundlich ist gegenwärtiges Attestat unter gewöhnlicher Unterschrift und Beydruckung des Fürstl. Canzley-Signets also wissendlich auszustellen befohlen worden. So geschehen Hildburghaußen, den 21. Januarii Anno 1732.

(L. S.)

Daß vorstehende Abschrift sub Num. VI. mit dem wahren Original-Concept, welches bey den Acten sub rubro: Attestata Regiminis, die im hiesigen Fürstl. zum Ober-Sächs. Creyß gehörigen Lauden herkömmliche Successionem & communionem

nem inter conjuges betrl. lieget, verbotenus gleichlautend befunden worden, solches wird hierdurch in fidem bezeuget. Hildburghaußen den 11. Jan. 1762.

(L. S.) Fürstl. Sächs. Canzley daselbst.
Johann Ernst Beatus Bauer,
Registrator.

Num. VII.

Extractus der Hochfürstlich-Sachsen-Hildburghäußischen gedruckten Verordnung zu Verbesserung einiger Proceß-Gebrechen de dato 30. Januarii Anno 1747.

Articulus concernens XVII. pag. 17. seq.

Dieweiln auch bey Bürger- und Bauers-Leuten vieler Unfug in Concurs-Processen damit getrieben wird, daß die Eheweiber ihre Illata zurück fordern, und damit denen andern rechtmäßigen öfters mit gerichtlichen Unterpfändern versehenen Gläubigern fürdringen wollen, da doch in hiesigen zum Ober-Sächsischen Creyß gehörigen, hie dießeits des Thüringer Waldes gelegenen Landen, nach uralten teutschen Herkommen und Rechten, die Gemeinschaft der Güter unter denen Ehegatten ganz notorischermassen hergebracht, Kraft deren auch ein Ehegatte den andern ab intestato entweder völlig, oder, wenn Kinder vorhanden sind, zu einem Kindes-Theil, erbet, und sich annebst meistentheils befindet, daß die Eheweiber zu der schlimmen Haushaltung ihrer Ehemänner vieles mit beygetragen; so ordnen und wollen Wir,

daß

daß in Ansehung derer Schulden, welche währenden Ehestandes gemacht worden, kein Eheweib ihre Illata zurück zu fordern, noch deshalb ein Vorrecht zu begehren befugt seyn solle, sie habe sich dann des Ehemannes Vermögen vor das deutlich zu benennende eigentliche Quantum illatorum gerichtlich verschreiben lassen: Als welches die Eheweiber binnen längstens einer sechs monatlichen Frist von dato an, sonsten aber, und aufs künftige, binnen drey Monaten von Zeit der Priesterlichen Trauung oder wirklichen Einbringen, an gerechnet, zu suchen und auszuwirken schuldig seyn, oder im Unterbleibungs-Fall sodann weiter nicht gehöret werden sollen. So viel aber die itzo bereits rechtshängige Concurs-Processe anbetrifft, mögen die Partheyen ihre zu haben vermeynte Rechte und Vorrechte, der Illatorum halber, gegen einander, so gut sie können und vermeynen, anführen.

Daß gegenwärtiger Extract mit dem bey Fürstl. Regierungs-Canzley befindlichen gedruckten Exemplar concordiret, wird hierdurch in fidem bezeuget. Hildburghaußen, den 11. Jan. 1761.

(L. S.)   Fürstl. Sächs. Canzley daselbst.

Johann Ernst Beatus Bauer,
Registrator.

Num. VIII.

Resolution der Hochfürstlich=Sächsischen Hochlöblichsten Regierung zu Hildburghaußen de dato 10. Julii 1747.

Die zur Fürstlichen Sächsischen Regierung anhero verordnete Präsident und Räthe laßen dem allhiesigen Hof-Advocato, Johann Arnold, auf sein übergebenes Schreiben vom dato den 6. hujus, worinnen er um ein Attestat, daß die Communio bonorum inter conjuges, und was deren anhängig, in hiesigen zum Ober=Sächsischen Creyß gehörigen Landen herkömmlich sey, nachgesuchet, hierdurch zur Resolution vermelden,

daß es eines besondern Attestati über diese an sich Land kündige und unwidersprechliche Sache um so weniger bedürfe, da deren Richtigkeit noch letzthin selbst durch das Hochfürstliche Landes-Herrschaftliche, mit der gesammten Landschaft Vorwissen und Beyrath, erlaßene Mandat wegen der Proceß=Gebrechen, de dato 30. Januarii anni currentis, §. XVII. gegen allen an sich unerheblichen Widerspruch gnugsam verwahret worden.

Signatum Hildburghaußen, den 10. Julii Anno 1747.

Fürstl. Sächs. Canzley daselbst.

Num. IX.

Atteſtat der Hochfürſtl. Sächſiſchen Hochlöblichſten Regierung zu Hildburghaußen, wegen der Communionis inter Conjuges d. d. 24. Januarii Anno 1748.

Wir, zur Fürſtlichen Sächſiſchen Regierung allhier verordnete Präſident und Räthe, urkunden und bekennen hiermit: Demnach bey Uns von einigen derer hieſigen Hof-Advocaten, wasmaßen von einigen auswärtigen Rechts-Collegiis, an welche die Acta in Proceß-Händeln zum Spruch verſendet worden, in Sachen die Erb-Folge derer Ehegatten, und die Bezahlung derer in währender Ehe gewirkten Paſſiv-Schulden, betreffende, lediglich nach denen Römiſchen Rechten, mit Vorbeygehung derer Landes-Gebräuche, geſprochen werden wollen; die beſchwerende Anzeige, und darnebenſt die geziemende Anſuchung gethan, daß Wir, um dieſen Inconvenientien aus dem Grunde abzuhelfen, **das wahre Herkommen hieſiger Fürſtlichen Lande** durch ein beglaubtes Atteſtat ein vor allemal bewähren mögten: Und dann nicht zu leugnen, ſondern mit vielem Verdruß wahrzunehmen geweſen, daß durch ſolcherley auswärtige Urthel in dergleichen Fällen eine Zerrüttung derer in hieſigen Landen, von uralten Zeiten her, üblichen teutſchen Rechte und löblicher Gewohnheiten eingeführet werden wollen: Uns aber, was dieſe beſagen, aus denen, ſo neuern, als ältern, Actis am zuverläßigſten bekannt ſeyn muß; Als bezeugen Wir hierdurch, der offenkundigen, mithin ganz unleugbaren, Wahrheit gemäß, daß, wie die Gemeinſchaft derer Güter unter Eheleuten ſchon in denen alleräleſten teutſchen Rechten ihren guten Grund hat;

alſo

also dieses Jus Germanicum inbesondere auch in der ganzen vormals also genannten Pflege Coburg, wohin fürnämlich auch die Aemter Hildburghaußen, Heldburg, Königsberg, Eisfeld, Schalckau und Veilsdorf, ganz unstrittig gehörig und derselben incorporiret gewesen, nach dem Zeugniß nicht nur so vieler bewährter Geschicht-Schreiber und Rechts-Gelehrten, zum Exempel des Herrn Rath Hönns in der Coburgischen Chronic Lib. II. Cap. XXV. des sel. Herrn Canzler Rößlers in seinen Decisionibus juris, des Herrn Reichs-Hofraths von Berger in Oeconomia Juris Lib. II. Tit. IV. §. 37. not. 9. und vieler andern mehr, sondern auch derer in denen Städten vorhandenen Statuten, und des beständigen Herkommens in denen sämmtlichen vorernannten Fürstlichen Aemtern, unverruckt und dergestalt beybehalten, auch in Contradictorio vielfältigst behauptet, und darnach sowohl in Unserm Regierungs-Collegio, als auch in denen Aemtern und vor denen Stadt-Räthen, wie nicht weniger in den Adelichen Vogteyen, darnach gesprochen und sententioniret worden, daß

1) Wenn zwey Eheleute mit einander Jahr und Tag in der Ehe gelebet, und keine Kinder nach sich verlassen, der überlebende Ehegatte den verstorbenen ab intestato ex Asse erbe: Bey vorhandenen Kindern aber

2) der überlebende, auf vorgängig beschehene Collation seines zugebrachten Vermögens mit denen Kindern in portionem virilem succedire, und daß

3) der überlebende Ehegatte die währender Ehe gewirkte Schulden, ohne Unterschied, entweder, wenn er nämlich Hæres ex Asse, vollständig, oder sonst pro rata hæreditaria, agnosciren, gelten und bezahlen müsse; und die Illata nicht zurück fordern oder abziehen könne.

Gestalten

Gestalten auch die Richtigkeit dieses allgemeinen Landes-Gebrauchs noch letzthin in der Hochfürstlichen Sachsen-Hildburghäußischen Verordnung zu Verbesserung einiger bisher angemerkten Proceß-Gebrechen de dato 30. Januarii Anno 1747. §. XVII. von neuem wiederholet, bezeuget und bestätiget, mithin außer allem Widerspruch gesetzet worden.

Urkundlich ist demnach gegenwärtiges Attestat unter gewöhnlicher Unterschrift und Beydrückung des Fürstl. Canzley-Signets also wohl wissentlich ausgefertiget worden. So geschehen Hildburghaußen den 24. Januarii Anno 1748.

(L. S.)

Daß vorstehende Copeyen sub Num. VIII. & IX. mit denen wahren Original-Concepten, welche bey den Acten sub rubro:

Attestata Regiminis, die in hiesigen Fürstl. zum Ober-Sächßl. Creyße gehörigen Landen herkömmliche successionem & communionem bonorum inter conjuges betreffend,

liegen, verbotenus gleichlautend befunden worden, solches wird hierdurch in fidem attestiret. Hildburghaußen, den 11. Jan. 1762.

(L. S.)   Fürstl. Sächs. Canzley daselbst.
Johann Ernst Beatus Bauer,
Registrator.

Register

der im 5ten und 6ten Bande vorkommenden vornehmsten Personen und Sachen.

Adelheid, Otto I. Gemahlinn, ihr Leibgedinge V. p. 119.
Adelingi, nobilis primi ordinis V. 287.
Advocatus, potestativus V. 395.
Agnes, Henrici III. Wittwe V. 119.
Albericus und *Albuinus*, Bischöffe zu Merseburg VI. 329. 343.
Albrecht, Burggraf zu Altenburg V. 410. VI. 154.
Altenburg, hat eine Burggrafschaft V. 387. ist ein feudum imperii 399. bleibt lange bey einem Geschlechte 400. bey welchen? 400. hatten in der Stadtweichbilde nichts zu sagen 404. die Marggrafen von Meissen bekommen es zur Lehn 405. wer davon geschrieben? 387. Kloster VI. 103. S. Virginis 154. der Barfüßer 156. der Maria Magdalena 161. Kirche zu Nicolai 153. Amtleute 160. 161. 166. 167. dabey wird ein entflohener Prediger erhascht 362.
Amsdorf (Nic.) Bischoff zu Zeitz VI. 364.
Arborici, VI. 25.
Augustus, postulirter Administrator zu Magdeburg. V. 168.

Register über den fünften und sechsten Band.

B.

Badehorn, (D. Leonhard) Bürgermeister zu Leipzig, Deputirter nach Trident VI. p. 377.

Bann, Reichs-Blut- V. 390. Heer 453. Gerichts-Bann 394. was ein jeder sey?

Berbisdorf, (Georg. Wilh. von) VI. 277.

Bernhard, Bischoff in Halberstadt VI. 287.

Bernhardi, von Feldkirchen VI. 349.

Bertha VI. 135. u. f. S.

Bischöffe befördern die Bekehrung der Sorben-Wenden, VI. 88. sind Feinde der Priester-Ehe 347.

Bisthümer, ihre Aufrichtung bey den Sorben-Wenden VI. 86.

Bonifacius, Apostel der Deutschen, insonderheit der Thüringer VI. 88.

Bosau, Dorf und Kloster VI. 87.

Boso, Bischoff zu Merseburg VI. 91. 294.

Bruno, Bischoff zu Merseburg VI. 324.

Brunus, Canonicus zu Merseburg VI. 333.

Budsecia in Lusatia V. 295.

Burgding, V. 409.

Burggrafen in Meisen, welche es waren? V. 387. welche sich nur so schrieben 388. deren erste Erwähnung 387. ihr Ursprung 389. Haupt-Begriff 396. Alterthum 397. ihre lateinische Namen 397. Amt 398. 407. ob sie erblich waren? 400. Eintheilung 401. Eigenschaften e. d. haben einen Lehn-Herrn 403. Gebräuche bey dem Antritt eb. das. Einkünfte 404. Officianten 408. Ansehen 409. Ehre 410. ob sie mehr als Grafen waren? 412. gehen ein 413. Wie sich ihre Söhne nennen 414. titulares e. d.

Bürgerstöchter heirathen zur Zeit der Reformation Priester VI. 357. 362.

C.

Castellanus hieß ein Burggraf V. 398.

Chemnitz, ob der Apostel Bonifacius daselbst ein Kloster erbauet

-bauet habe? VI. p. 58. ob es auf einem Schlachtfelde erbauet sey? 64. wenn? 102. Recht des Abtes daselbst 160.

Christii Suselitium V. 113.

Christliche Religion nehmen die Sorben-Wenden an VI. 52. Anfang darzu 54. ihre ersten Lehrer 58. Fortgang 70. weitere Ausbreitung 88.

Chytracus (David) richtet in Oesterreich den evangelischen Gottesdienst ein VI. 388.

Coburg, eine rechtliche Bewährung für diese Lande VI. 389.

Communio bonorum unter Eheleuten VI. 389.

Conradus, M. Marggraf in Meißen und Lausitz VI. 229. Geschlechts-Tafel desselben e. d.

Cramer, (Michael) wie er zugleich 3 Weiber gehabt habe? VI. 362.

Crucifix, wie es die Wenden gemishandelt haben? VI. 76.

D.

Dalemincier, VI. 70.

Ditmar, Bischoff zu Merseburg VI. 115. 318. seine Lebens-Beschreibung e. d. seine Chronike e. d. Anmerkungen darüber 151. seine Nachläßigkeit 93.

Dohna, (Burggrafen zu) V. 400. Schöppen-Stuhl daselbst 409. wer von ihnen geschrieben? e. d.

Dornburg, Aufenhalt der sächsischen Kaiser VI. 16. eine Pfarre daselbst 77.

Dörfel, (George) dessen Historie von Wildenfels VI. 151. ist ein falscher Name s. Vorrede zum 6ten Theile.

E.

Ehe der Priester war verboten, ihre Schicksale nach der Reformation in Sachsen VI. 345. bey dem Interim, bey und nach dem Concilio Tridentino 366.

Eheleute, wenn sie einander erben? VI. 389.

Eilenburg, (Grafen zu) VI. 222. 226.

Ekkelin, Bischoff zu Merseburg VI. 330.

F.

Faber, (Guido) beantwortet scharffinnig einen Spott VI. 380.

Fachs, (Ludewig) I. V. D. und Ordin. zu Leipzig VI. p. 135.
Ferdinand I. Kaiser sucht die Freyheit wegen des heiligen Abendmahls und der Priester-Ehe VI. 385.
Flösberg, (von) sind Burggrafen zu Altenburg V. 403.
Frauenhaus (gemeines) zu Zeiß VI. 359.
Fredum, V. 406.
Froburg, (von) sind Burggrafen zu Altenburg V. 403.
Frylingi nobiles secundi ordinis V. 287.

G.

Gau, s. Pagus
Gebhard oder *Gerhard*, Bischoff zu Merseburg VI. 340.
George, s. Herzoge zu Sachsen
Gerbehäuser werden in der Stadt nicht geduldet V. 234.
Gißler oder *Geißler*, Bischoff zu Merseburg VI. 6. 295. 307.
Gograf, wie er von einem Burggrafen unterschieden sey V. 399.
Goseck, (Grafen zu) VI. 236.
Groitzsch, dessen adliches Hof- und Rittergut historisch beschrieben VI. 212. mancherley Oerter dieses Namens 214. dessen Bedeutung 215. ob es das alte Geriska oder Gerischo sey 216. 217. Erbauung 219. gehörte den Grafen von Eilenburg 222. ob auch den Pfalzgrafen von Sachsen und Grafen zu Sommerseburg? 223. hatte ein Schloß 242. fiel an Dietrichen Marggrafen in der Lausitz 246. wird an das Kloster zu Petersberg verkauft 250. weltliche Besitzer 264.
Grüne Donnerstagsgeschenke werden verbothen V. 230.
Güntherod, (Ernst von) Geschlechts-Tafel VI. 273.

H.

Hainitz, (von) VI 269.
Hand, (Ambrosius) Bürgermeister zu Senftenberg legirt 1000 rthl. der Schule daselbst V. 72.
Hartitzsch, von VI. 270.
Hebenstreit, (Thomas) letzter Abt zu Zeiß VI. 361.
Henneberg, (Grafen zu) Wilhelm I. V. 148. 150.

Register über den fünften und sechsten Band.

Henneberg, (Grafen zu) Wilhelm II. V. p. 149. 150.
— — — III. V. 149. 153.
— — — IV. V. 149. 156. 238. 246. 250. 264.
— — (George Ernst) V. 149. 156. 159. 237. 273. 279.
Heerbann, V. 393.
Hefenführer in Francken V. 147. Ihre Schutz und Lehnbriefe 148. 151.
Heydnische Religion war bey den Sorbenwenden VI. 52. wird abgeschafft 54. 88. wo sie sich am längsten erhält 104. 108. 109.
Heydnischer Aberglauben und Gebräuche bleiben VI. 116.
Hildburghausen, rechtliche Bewährung für diese Lande VI. 389.
Hohenstein wird vertauscht V. 121.
Holm, eine Stadt in Pago Siusli V. 110.
Hunold, Bischoff zu Merseburg VI. 327.

J.

Interim (dreyfaches) wird zu Augspurg, Regenspurg und Leipzig abgefasset VI. 367. das A. enthält einige Bedeckung der Priester-Ehe 366. das R. dringt auf den ehelosen Stand 367. das L. hingegen auf die völlige Erlaubniß zu heyrathen 371.
Jugend, (gute Unterweisung der) nutzet zur Eintracht und Besserung in der Kirche. VI. 368.
Juristen sind Feinde der Priesterehen VI. 345.

K.

Kaiser, (römische) Augustus VI. 24. 44.
— — Maximianus VI. 26.
— — Constantinus VI. 74.
— — Carolus M. V. 2. VI. 3. 5. 65.
— — Conradus I. VI. 2. 71. 72.
— — Henricus Auceps V. 2. 8. VI. 2. 87. 88.
— — Otto I. V. 111. 119. 120. VI. 74. 82. 88. 286.

Dd 3 Kaiser,

Register über den fünften und sechsten Band.

Kaiser, (römische) Otto II. V. p. 110. 111. 394. VI. 8. 94.
— — — III. V. 119. 402.
— — Conradus II. V. 111. VI. 76.
— — Henricus III. V. 8. 119.
— — Henricus IV. V. 8. 392. VI. 331.
— — Conradus III. V. 389. 327.
— — Fridericus, Barbarossa. V. 392. 395. VI. 17. 144. 256.
— — Henricus VI. VI. 142.
— — Adolph V. 7. VI. 145. 214.
— — Albert I. VI. 145.
— — Ludovicus V. V. 400. 405.
— — Carl IV. V. 8. 34. 332. 401. 413.
— — Wenceslaus V. 9.
— — Maximilian I. V. 148.
— — Carl V. V. 14.
— — Ferdinand I. V. 6. 12. VI. 375. 385.
— — Maximilianus II. VI. 170. 387.

Kittel, (Johann) Archidiac. zu Senftenberg V. 32.
Klöster, werden aufgerichtet in Sachsen VI. 99-103.
Knauth, (Joh. Conrad) Churf. Historiographus V. 32.
Köteritz, (die von) V. 33. 415.
Krause, (Jo. Gottlieb) s. die Vorrede des 5ten Theils.
Kreysig, V. 32. ist aus Dörfel gebürtig, und nennt sich davon, s. die Vorrede des 6ten Theils.

L.

Laubachische Linie der Grafen von Solms VI. 203.
Leipzig wird dem Bischoffe von Merseburg geschenkt VI. 326. ein Interim wird daselbst verfertiget 367. eine Disputation wird daselbst 1519. gehalten V. 13.
Libertatis egregiæ vir V. 120. 187. 192.
Libussa, Königinn von Böhmen V. 3.
Lobmen wird vertauscht V. 121.
Luccau ein Priester daselbst Mich. Cramer.

Magde-

Register über den fünften und sechsten Band.

M.

Magdeburg hat eine Burggraffschaft V. p. 400. ein Bißthum VI. 287.

Mainz, (Erzbischöffe zu) Wilhelm VI. 287. Hatto 290.

Mansfeld, (Graf zu) Hans George V. 135.

Margaretha, der Churfürstinn zu Sachsen Leibgedinge V. 35.

Mathild, Aebtissin in Quedlinburg V. 119.

Mauritius, s. Herzoge, Churfürsten zu Sachsen.

Mechtild, Friedrichs des Isten, Kaisers Gemahlinn VI. 144.

Meinungen, Statuta dieser Stadt V. 237.

Meißen, (Marggrafen zu) Eckard I. VI. 10. 13. 23.
— — Herrmann VI. 18. 22. 23.
— — Heinrich V. 8.
— — Otto der Reiche VI. 255.
— — Theodoricus Afflictus VI. 144.
— — Henricus Illustris VI. 145.
— — Conrad der Große VI. 137. 140. 230.
— — Fridericus Admorsus V. 7. VI. 145.
— — Fridericus Strenuus V. 335.
— — Wilhelm V. 12.
— — Gunzelin VI. 12. 13. 14. 18.
— (Bischöffe zu) V. 88. Johannes VII. VI. 350.
— — VIII. VI. 353.
— (Burggrafen zu) V. 400.

Merseburg (Bisthum zu) Stifter VI. 88. 286. Hindernisse seiner Stiftung 287. Bischöffe vom 1. bis 15ten 290. 294. u. f. S. Kirchensprengel 290. Einkünfte 292. Patron 293. Laurentii-Kloster 292. Geschenke 295. 298. 299. 315. 321. 325. Verfall 296. 300. wird für unächt erkläret 301. vertheilt 303. wieder aufgerichtet 306. Bibliothek 317.

Register über den fünften und sechsten Band.

Miriquidvi oder Miriquido, ein Wald im Erzgebirge VI. p. 17.
Missionarii, wovon die ersten bey den Sorben-Wenden erhalten wurden VI. 78.

N.

Nauenhof, ein ansehnliches Amt V. 157.
Naumburg hat Burggrafen V. 400. Bischöffe, Theodoricum VI. 85. 102. 306. Jul. Pflug V. 14.
Neujahrsgeschencke werden verbothen V. 230.

O.

Oda, S. Hilaria Palatina ihre Nachkommen VI. 228.
Osterland, VI. 70.

P.

Pagus oder Gau Siusli V. 110.
— — Zwickouwe VI. 122.
— — verschiedene andere VI. 122.
Päbste, (römische) Clemens V. 300.
— — Nicolaus V. 300.
— — Nicolaus VI. V. 308.
— — Iohannes XVIII. VI. 309.
— — George Hildbrand VI. 355.
— — Paulus III. VI. 370.
— — Iulius III. VI. 375.
— — Paulus IV. VI. 374. 379.
— — Pius V. VI. 384.
— — Pius IV. VI. 386.
Penzig (von) Besitzer von Senftenberg V. 34.
Petersberg (Closter daselbst) VI. 245. 260. 264.
Pfalzgrafen zu Sachsen VI. 235.
Pfarrkirchen werden bey den Sorbenwenden aufgerichtet VI. 84. die ältesten 97.
Pflug, ein Project der Genealogie dieses Geschlechts V. 1. stammt aus Böhmen 3. Wappen e. b. Güter 4. Verdienste um das Lutherthum und Sachsen 7. ihr Stammhaus 8. aus was für verschiedenen Häusern sie
sind

sind 11, 14. wovon die Geschlechter V. p. 15. die merk-
würdigsten dieses Namens 3, 14.
Pflug (Iulius) Bischoff zu Zeitz V. 14. VI. 363.
Pleiße, wie Pagus und terra Plisnensis unterschieden sind
VI. 144. ihr Ursprung VI. 146.
Pogner (Johann) Pfarrer zu Hartmannsdorf VI. 346.
Polenz, (von) Besitzer von Senftenberg VI. 34. 416.
Pönig wird vertauscht V. 121.
Ponikau (von) Besitzer des Ritterguts Groitzsch VI. 264.
Präfectus hieß ein Burggraf V. 398.
Primislaus, Erbauer Prags V. 3.
Priester-Ehe, s. Ehe, verheirathete VI. 346. 347. 348.
351. 352. 357.

R.

Reichsherrschaften, wie sie entstanden? V. 398.
Reichsstädte, (freye) wie sie entstanden? V. 392.
Ronneburg, kömmt an die Herren zu Wildenfels VI.
192. 164.
— — (ein anderes) ohnweit Hannover VI. 42.
Roch, (I. F.) handelt vom Pago Siusli V. 110.
— — von den alten Burggrafschaften des Meis-
nerlandes V. 387.
— — über den Ursprung der Thüringer VI. 36.
— — älteste Nachrichten von dem Bisthume
Merseburg VI. 286.
— — von der Bekehrung der Sorbenwenden
VI. 52.

S.

Sacherigen, (Ioh. Rud.) Cant. zu Senftenberg V. 32.
Sachsen, (Churfürsten zu) Friedrich I. V. 8. VI. 162. 164.
— — Friedrich II. V. 12. 35. 372.
416. 418.
— — Ernst V. 7. 10. 35. 375. 419.
— — Friedrich III. V. 7.
— — Johannes VI. 163. 164.
— — Joh. Friedrich VI. 148. 167.

Register über den fünften und sechsten Band.

Sachsen, (Churfürsten zu) Mauritius V. p. 12. 121. VI. 168. 192. 264. 376.
— — Augustus VI. 169. 170. 178. 195.
— — Christianus II. V. 37. VI. 169.
— — Io. George I. VI. 176. 281.
— — Io. George II. V. 364. VI. 181.
— — Io. George III. VI. 181. 182.
— — Io. George IV. VI. 282.
— — Friedrich August VI. 181. 197. 283.
— — (Herzoge zu) Albrecht V. 10. 35. 220. 365. 375. 380.
— — Bernhard V. 366
— — Ernst V. 366.
— — Ernst Ludewig V. 366.
— — Friedrich I. V. 364.
— — Friedrich II. V. 367. 368.
— — Friedrich Wilhelm I. VI. 173. 174.
— — — — II. V. 363.
— — George V. 64. 221. 421. VI. 163. 195. 346. 354.
— — Heinrich V. 12. VI. 256. 264.
— — Iohannes VI. 173. 189.
— — Iohann Ernst V. 361.
— — Lotharius VI. 109.
— — Mauritius V. 378.
— — Otto VI. 71.
Schönberg, (von) Friedrich und Caspar V. 135.
Schönburg, (Grafen von) Ernst und George, Haugen und Wolf V. 121. 122.
Schönburgischer Tausch V. 121.
Schneider, dessen Abhandlung vom Schicksale der Priesterehe VI. 345. 366.
Schöttgen, handelt von den Burggraf. zu Altenb. V. 387. zu Dohna 409. vom Ursprunge der Thüringer VI. 24.
Schulze, (Johann) V. 1.
Schwanenfeld um Zwickau VI. 123.

Schwarzburg,

Register über den fünften und sechsten Band.

Schwarzburg, (Graf zu) Günther V. p. 135.

Seidler, (Jakob) ein Priester ward wegen seiner Verheirathung erwürgt VI. 352.

Senftenberg, eine Stadt in Meisen, wem sie sonst gehörte? V. 32. hat eigne Herrn 33. Kommt an die von Köteriz e. b. von Penzig und Polenz 34. wird an Sachsen verkauft 34. der Churf. Margaretha Leibgedinge 35. fället an die albertinische Linie e. b. dahin gehörige Dörfer 36. das Vestungshaus, Amt-Hauptleute 40. Amtleute und Schösser 45. Recht und Beschwerden der Stadt 48. Rathscollegium von 1500 e. b. Bürgerschaft 51. Kirch- und Schulverfassung 53. Ministerium 63. Pastores 64. Archidiaconi 67. Diuconi oder wendische Capläne 70. Schule 71. Rectores und Collegæ 72. gelehrte und geehrte Stadtkinder 74. Feuer- Kriegs- Pest- Wetterschaden und Theurungsgeschichte 75-84. casus tragici 88-104. geistlichen Stadt- Schloß- und Festungsgebäude 104-109.

Siusli ein wendischer l'agus V. 110. wo er lag 112. stund unter Thüringen, kam unter die sächsischen Kaiser, fiel dem Reiche heim 119.

Salvi V. 2. Slavus, was es bedeutet V. 2.

Solms, (von) Genealogie der Grafen. VI. 203.

Sonnefeld, chronologisches Verzeichniß der Urkunden und Schriften, welche das ehemalige Kloster und ietzige Amt daselbst angehen V. 300. s. die Vorrede des 5ten Theils.

—	—	(Abtissin zu)	Adelheid V. 331.
—	—		Agnes V. 319.
—	—		Anna Marschalkin V. 342.
—	—		Catharina V. 300. 348.
—	—		Elisabeth V. 300. 340. 341.
—	—		Irmingardis V. 304.
—	—		Iutta V. 306. 315. 318. 319.
—	—		Margaretha V. 301. 316.
—	—		Mechtild V. 315.
—	—		Ottilia V. 329.

Sorben-

Register über den fünften und sechsten Band.

Sorbenwenden waren Heyden, VI. p. 52. werden Christen 54. s. christliche Religion, wo ihr Reich war 66. dessen Fürsten trennen sich 67. werden überwunden e. b. empörten sich 72. werden wieder bezwungen 76. ihre ersten Bischöffe 88. ihre Sprache 91. Klöster werden unter ihnen aufgerichtet 99. viele bleiben Heyden 103. was ihr erstes Christenthum war 103. behalten viele Aberglauben und heydnische Gebräuche 114.

Statuten des Städtgens Weisenberg V. 16.
— — der Stadt Weisenfels V. 168.
— — der Stadt Meinungen V. 237.
— — coburgische und Hildburghäusische werden angeführt VI. 397.

Sodomiæ laus VI. 376.

Sommerseburg, (Grafen zu) VI. 233, 237.

Suselitz ein altes Schloß V. 112.

Strehla, Stammhaus der Herren von Pflug V. 2. gehört zu Naumburg, Burggrafen daselbst V. 400. Leibgedinge der Tochter Boleslai VI. 15.

Stollberg, Amt im Erzgebürge, Urkunden dahin gehörige V. 372.

T.

Themar, Fürstl. Amt, dessen Grenzbeschreibung V. 136.

Theodoricus Buzicius, nobili genere natus V. 290. *vir egregiæ libertatis* 292. *dynasta* 296. *liberi* eb. das. Geschlechtstafel VI. 226.
— — *episcopus Merseburgensis* VI. 249. 254.

Thüringen, (Landgrafen von) Friedrich Bellicosus V. 415.
— — Günther VI. 13.
— — Wilhelm VI. 187.

Thüringer, ihr Ursprung VI. 24. 36.

Trauung, (merkwürdige) eines Priesters. VI. 360.

Tridentinum Concilium VI. 366. Geschichte desselben 373-383. darauf wird das Verboth der Priester-Ehe
aller

Register über den fünften und sechsten Band.

aller Vertheidigungen ungeachtet erneuert und bestätiget p. 374-383.

V.

Vergilius Polyd. ein Vertheidiger der Priester-Ehe VI. 375.
Voigte, ob sie mit den Burggrafen einerley sind V. 397.
Vollstedt, (H. Christoph von) VI. 281.

W.

Wechsel oder Tauschbrief V. 121.
Wechselburg wird vertauscht, hieß sonst Zschillen V. 121
Weblen wird vertauscht V. 121.
— — ein Schloß und Städtgen, Urkunden dahin gehörige V. 415.
Weimar, (Grafen von) ihre Genealogie VI. 12.
Weisenberg, ein Städtgen, dessen Statuten V. 16.
Weisenfels, eine Stadt, dessen Statuten V. 168.
Weller, (Joh. George) handelt vom Pago Zwickouwe VI. 122.
Wendische Sprache VI. 91. 92. Lieder 93.
Werner, Bischoff zu Merseburg VI. 332. 92. 112.
Wettinense, castrum V. 295. Grafen zu Wettin V. 226.
Wildenfels, (der Herrschaft zu) Historie VI. 151. wo sie liegt? 151. ihr Ursprung, Alterthum und Wappen 152. Geschichte 152. Lehn- und Begnadigungsbriefe 195. Besitzer 207. woraus sie besteht eb. das. Fröhnen und Beschwerungen der Bürger 208 Gränzreinung 209. Amtleute 210.
— — (Herren von) VI. 152.
Wildenfelsische Linie der Grafen von Solms VI. 203.
Wilhelm, Erzbischoff in Maynz VI. 288. 280.
Winter, Bischoff von Merseburg VI. 339.
Wiprecht, . . . VI. 315.

Zehende,

Z.

Zehende, Ursprung des VI. p. 79. der Kleiderzehende 80. Honigzehenden 80. Rodezehenden 81. was decimæ scrobonum sind? eb. das.

Zeitz, Bischöffe daselbst VI. 88. Hugo 7. Friedrich 7. 302. Philipp 360. Jul. Pflug 363. Amsdorf 364. ein öffentliches Frauenhaus daselbst 359. Eifer der Bürger eb. das. Pfarre daselbst 86. der Bischöffl. Sitz wird nach Naumburg verlegt. 98.

Zschillen, ietzt Wechselburg V. 121.

Zutibue, ein Wald VI. 315.

Zwickouwe, ein Pagus VI. 122.

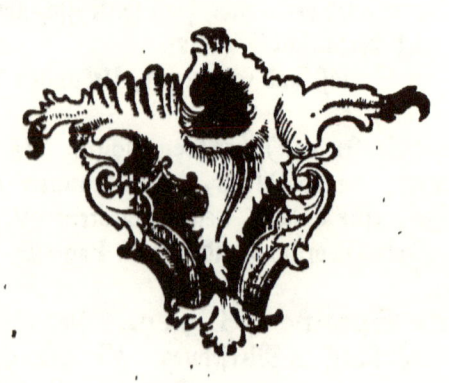

In der
Richterischen Buchhandlung in Altenburg
sind nachstehende Bücher zu bekommen:

Beytrag zur Historie von Dreßden, oder Untersuchung des Ursprungs von den Namen der Gassen dieser Stadt, 8.

— — zu dem Ehrengedächtniß Philipp Melanchtons, worinnen zugleich ein seltenes Buch mit dessen nach dem Original beygehend in Kupfer vorgestellten Handschrift bekannt gemacht wird, 8.

Comédies greeques d'Aristophane trad. en françois avec des Notes critiques & un Examen de chaque Piece selon les Regles du Théatre par Madame Dacier, 8.

Dejeans gründliche Abhandlung vom Destilliren. Eine Anweisung, wie die französischen Liqueurs verfertiget werden. Aus dem Französischen übersetzt, 8.

Ellers Physiologia und Pathologia, das ist, gründliche Untersuchnng und Demonstration aller Bewegungen, Wirkungen, Verrichtungen und Functionen im menschlichen Körper. Vermehret von D. Zimmann. 2 Th. 8.

Erythraei Orationes, cum Praefatione Fischeri, 8.

Falschheit (die) der neuen Propheten, 4 Stücke 8.

Fehrens Anmerkungen über Lehfelds Tractat, die Herrlichkeit der Kirche Christi in der letzten Zeit, 8.

— — Erklärung der Offenbarung St. Johannis, mit Herrn D. Crusius Vorrede, 4.

Gozzi Briefe mancherley Art. Aus dem Italienischen übersetzt, 2 Theile, 8.

Grundlehren von der Experimentalchymie, welches ein Versuch ist, diesen Theil der Naturlehre in ein regelmäßiges System zu bringen. Von dem Verfasser des neu eröfneten Laboratoriums. Aus dem Englischen übersetzt, 2 Theile, groß 8.

Hardions allgemeine heilige und weltliche Geschichte. Aus dem Französischen übersetzt, von M. Salomon Ranisch, 6 Theile, 8. wird fortgesetzt.

Jahrmarkts- und Meß-Lexicon, 8.

Klotzii

Klotzii Ridicula Litteraria, 8.
- - Funus Petri Burmanni II. 8.
- - Mores Eruditorum, 8.
- - Genius Seculi, 8.
- - Acta Litteraria, Vol. P. I. II. 8.

Locke, von dem menschlichen Verstande. Aus dem Englischen übersetzt, und mit Anmerkungen versehen von Poley, 4.

Mackenzie's Geschichte der Gesundheit, und die Kunst dieselbe zu erhalten. Aus dem Englischen übersetzt, 8.

Malouin's medicinische Chimie, welche in sich enthält die Weise, wie man die gewöhnlichen Arztneyen bereiten und sie zur Heilung der Kranken anwenden soll, 2 Theile, gr. 8.

Nesbitt's Osteogenie, oder Abhandlung von Erzeugung der Knochen im menschlichen Körper. Mit Kupfern, groß 4.

Oettels Chronika des Städtgens Eubenstock, 8.

Popens Mensch, ein philosophisches Gedichte. Deutsche Uebersetzung mit der englischen Urschrift, 4.

Richters Annabergische Chronika, 4.

- - Regeln vom lateinischen Stylo, 8.

Schöttgenii et Kreysigii Diplomataria et Scriptores hist. German. medii aeui cum Sigillis, Tom. III. fol.

Treille (de la) Predigten über verschiedene Schriftstellen. Aus dem Französischen übersetzt von M. Salomon Ranisch, 8.

Versuche über das Schöne, da man untersuchet, worinnen eigentlich das Schöne in der Naturlehre, in der Sittenlehre, in den Werken des Witzes, und in der Musik bestehe. Aus dem Französischen übersetzt von Baron 8.

Wimmers ausführliche Liedererklärung, 4 Theile, 4.

- - vita Gregorii Pontani trium Saxonic. Electorum Cancellarii ad histor. de Aug. Conf. vber. illustr. 8.

Zehn Geschichtstafeln, auf welchen die Geschichte des Volks Gottes, der vier Monarchien und des Sachsenlandes, nebst der Kirchengeschichte Neuen Testaments, der Geschichte der Weltweisheit, auch der vornehmsten Personen, Lehren, Schriften und Merkwürdigkeiten, deutlich und kürzlich vorgestellet wird, fol.

www.ingramcontent.com/pod-product-compliance
Lightning Source LLC
Chambersburg PA
CBHW020538300426
44111CB00008B/710